相互保险组织运作及风险管理研究

RESEARCH ON ORGANIZATIONAL OPERATION AND RISK MANAGEMENT OF MUTUAL INSURANCE

主　编◎梁　涛

副主编◎何肖锋　任建国

中国金融出版社

本书编委会

序　言

保险新“国十条”、保险业“十三五”规划相继发布以来，保险业的内涵和外延逐步拓展，业已成为服务国家治理体系和治理能力现代化的重要力量。为更好地服务国家大局、保障改善民生、助推实体经济，行业积极适应经济新常态，深入落实供给侧结构性改革，取得了丰硕成果。其中，引进创新市场主体，打造构建层次丰富、健康发展、良性互动、回归保障的保险市场体系，是现代保险业发展的主要着力点之一。

相互保险是国际成熟、主流的保险组织形式之一，在近四百年发展历程中不断完善、历久弥新，在经济社会变迁和发展的各个阶段都表现出极强的灵活性和风险抵御能力，有效弥补了既有经济体系无法满足的新兴风险保障需求。据 Sigma 统计显示，2008 年国际金融危机以来，全球相互保险保费增速始终高于保险业整体水平，市场份额逐年提升，目前已逾 27%，在全球保险市场体系中占据重要地位。作为新兴保险业态，相互保险在中国具有独特的发展活力和竞争优势，蕴含巨大的发展空间，有望成为保险业增长的新引擎和基层社会管理的新工具。同时，相互保险具有不追求股东盈利和经营成本低廉等鲜明特点，可以为股份制保险难以覆盖的中低收入人群、高风险领域提供简便灵活的保险服务，从而有效扩大保险覆盖面，提升保险服务经济社会能力。可以说，引进相互保险是提高保险服务经济新常态能力的题中之意，也是进一步推进中国保险供给侧结构性改革、促进普惠金融发展、完善多层次保险市场体系的重要探索，有利于突破保险业现有的商业模式的局限，补齐行业供给短板，打造回归保障、科学发展的行业形象。

有鉴于此，党中央和国务院多次发文提出发展相互保险，中国保监会在相互保险的制度、实践和研究方面亦进行了积极的探索和积累：出台

《相互保险组织监管试行办法》填补制度空白；稳步推进宁波、瑞安等地的农村保险互助社试点工作并总结经验；借鉴国际经验，对我国相互保险的设立、治理、财务等关键问题进行深入研究。多方筹谋，玉汝于成，目前，我国首批试点的三家相互保险组织均已获批开业，相互保险在中国正式开启了实践探索。

由中国保监会发展改革部会同中国保险保障基金有限责任公司开展的"相互保险组织运作及风险管理"课题研究，是相互保险研究工作的重要一环。立项一年多以来，课题组对相互保险的运作及风险管理进行了扎实的研究分析，开展了大量系统性、开创性的研究工作，形成了深入翔实的学术成果并编纂成本书，对介绍域外相互保险组织的运作模式、组织定位，完善相互保险中国语境下的风险管理机制有着重要的参考价值和学术价值，对本土化相互保险市场体系和监管体系建设亦有重要贡献和意义。当然，我们也应看到，与西方发达国家自下而上、自发生成的相互保险市场不同，我国相互保险的发展有其特殊的内生条件和外部环境，不能照搬他国的发展模式和思路。如何求同存异、融会贯通，对于相互保险的市场主体和监管机构而言，是严峻的挑战，需要我们以大智慧琢磨，花大时间培育，下大力气摸索。

继往开来，新常态特征日益凸显的经济环境、崛起的普惠保险需求、创新的资本补充工具、数字技术引领的共享经济兴起，为相互保险的发展注入了强劲动力，相互保险在全球或将迎来发展的崭新阶段。随着保险回归本源，全面服务实体经济发展，具有独特优势的相互保险将有很大的发展空间，希望大家紧抓机遇，汇众智、聚众力，深入挖掘相互保险蕴藏的巨大发展潜力和社会效用，开辟出一条中国特色的相互保险之路。

是为序！

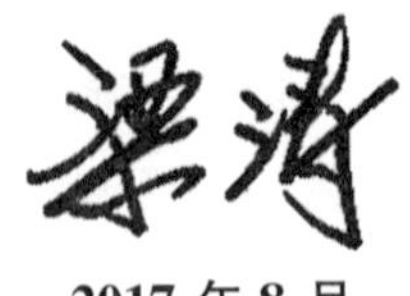

2017 年 8 月

前　　言

相互保险组织是保险行业最为悠久的组织类型之一，从出现伊始就以互帮互助、同舟共济、服务成员作为组织发展的理念。在漫长的演变过程中，相互保险在不同国家及地区形成了形式各样、不同风格且极具地域特色的组织形态，其中既有相互保险公司、友谊社，也有互助社、交互保险社、自保公司及风险自留集团等。在相互保险的组织体中，有发展成为与大型股份制保险公司规模相似的相互保险公司（互助社），有为数众多的服务于社区及特定职业群体的友谊社（风险自留集团），还有集中服务于某一地区或者行业的小型互助社。虽然在规模上、组织名称上及监管规则上存在差异，这些活跃在世界保险市场上的组织体，在拥有本国独特特性的同时，在运营上也不同程度地体现了相互保险组织的共性。

悠久的发展历史以及在世界保险市场中的重要作用，充分说明了相互保险作为保险行业重要的组织形态，有着极为强大的生命力及广阔的发展潜力。目前，国内关于相互保险组织的研究主要集中于介绍相互保险组织的历史及引入中国的可行性，对相互保险组织具体运作及风险管理的研究较为薄弱。本书以美国、德国、日本和英国作为样本国家，将域外比较成熟、主流的相互保险组织形态，如美国、英国、日本的相互保险公司以及德国的大型保险互助社作为主要研究对象，形成主要研究成果及内容如下。

一、主要研究成果

（一）组织形态与法律定位

相互保险主要是起源于西欧社会的一种组织形态，在漫长的历史发展过程中形成了形式多样的组织体，这些组织体在各国有着不同的组织名称、法律规定及运营特色。本书在对各国主要相互保险组织研究的基础上，取得以下成果：一是按照主要历史脉络梳理了早期相互保险组织的发展过程及重要历史节点，论述了这一保险组织在发展过程中遇到的困难、障碍及成功之处，也从历史的梳理过程中总结了相互保险所蕴含的运作理念；二是通过对域外相互保险组织的形式进行研究，本书形成了相互保险组织基本形态的归纳与整理；三是通过对域外国家理论及法律规定的考察，论述了相互保险组织与合作社、相互保险组织与非营利组织之间的联系与区别；四是对相互保险组织内部的两组重要概念——相互保险公司与保险互助社、大型相互保险组织与小型相互保险组织进行了对比研究；五是通过考察域外主要国家相互保险的立法模式，包括独立立法模式、保险法典专章规定模式、区分业务种类立法模式，结合中国的立法体例，本书认为相互保险组织在我国可以定位为互助社，以专门立法或者保险法另行规定的方式进行立法。

（二）组织运作与风险管理

通过对不同国别下相互保险组织的运作原理、监管法律、会计规则及实践案例进行系统性研究，本书在相互保险组织运作与风险管理方面取得了以下成果：一是通过对相互保险组织从设立、出资、融资、盈余分配、组织治理到会员的权利义务、破产、清算及重整等问题进行研究，回应了涉及相互保险组织日常运营方面的核心问题；二是通过对相互保险组织风险管理的监管规定，如偿付能力监管、资金运用、财务制度等进行综合研究，在此基础上，总结了世界主要保险市场上相互保险的监管规则；三是对涉及相互保险组织运营的难点问题，如初始运营资金的出资与偿付问题、成员的权利分配问题、成员代表的选举问题、盈余分配问题，通过结合各国法律规定及运营实践，在案例研究的基础上，总结了一般操作模式及监管规定。

二、主要研究内容

本书研究内容主要包括上篇“相互保险组织的专题研究”与下篇“相

互保险组织的国别（地区）研究”两大部分，内容安排如下：

上篇“相互保险组织的专题研究”共分为八章，主要内容安排如下：

第一章“相互保险组织的形态与法律地位”，首先介绍了相互保险在漫长历史过程中形成了形式多样的组织形态，出现了包括相互保险公司、互助社、交互社、友谊社、互惠社、合作社、自保公司、风险自留团体等在内的组织体，其中，相互保险公司与大型互助社是发展较为成熟、主流的相互保险组织，也是本书主要的研究对象；其次，从各国的理论、实践与法律规定出发，分析了域外相互保险组织与合作社、非营利组织概念之间的联系和区别；最后，对我国相互保险组织的法律定位与立法给出了建议。

第二章“相互保险组织的出资与融资”，重点介绍了相互保险组织初始运营资金的来源与性质，结合各国法律下初始运营资金金额的规定，对相互保险组织初始运营资金的补充、再融资及偿还的实践操作进行了研究，总结了这一问题下各国的通常做法及具有共性的出资方式。

第三章“相互保险组织的发起与设立”，运用比较研究的方法，分析了相互保险组织在发起设立这一过程中出资人、发起人与会员的权利义务安排，以及筹办许可、商事登记、营业许可及创立大会在内的一般性程序规定。

第四章“相互保险组织的治理”，总结了各样本国家相互保险组织的治理结构，不同权力机构的职能配置，以及较为特殊的交互保险社的治理模式。在分析一般性的治理结构之外，本章对有本国特色的治理结构安排，如英国相互保险组织的分红委员会及日本的投保人恳谈会、评议委员会，进行了有针对性的梳理与研究。

第五章“相互保险组织的盈余分配”，盈余分配是相互保险组织研究中的难点，通过对法律规定及样本公司财务报表的分析，本章对相互保险组织盈余分配涉及的分配对象、分配标准、分配决定权、分配方式、分配流程及会员的权益账户进行了研究，总结了这一问题下各国的实践操作规定，针对相互保险组织在分配问题上涉及到的关键性问题进行了解答。

第六章“相互保险组织的会计、税务与信息披露”，通过样本公司的财务报表及监管规定，分析了各国在相互保险组织的会计规则、税收及信息披露上的规定及操作模式。

第七章“相互保险组织的合并、转制与解散清算”，相互保险组织发展到成熟阶段，将会面临组织体的合并、转制、清算与解散，这一过程因涉及到相互保险投保人所有的特殊组织结构，所以在实践操作、法律规定上与股份制保险公司有所不同，本章针对上述问题，从各样本国家下的法律规定出发，对相关实践操作进行了研究与总结。

第八章“保险保障基金缴纳及风险管理中的角色”，相互保险组织与股份制保险公司相比，在保险保障基金的缴纳上并没有根本性的区别，在法律规定、实践操作与风险救助安排上与各国股份制保险公司规定较为一致。本章结合各国法律规定及已发生的风险案例，研究了相互保险组织保险保障基金的缴纳情况及实践中风险救助案例的操作安排。

下编“相互保险组织的国别（地区）研究”，按国别和地区划分为六章，分别为美国纽约州、美国马萨诸塞州、美国加利福尼亚州、德国、英国和日本的国别报告。在研究过程中，下编国别（地区）报告研究为上编专题内容的研究提供了基础性材料。具体而言，六章国别（地区）报告分析了各样本国家下主要相互保险组织体的具体运作原理与监管规则，此外，每一国别（地区）报告分为两部分，第一部分主要内容为相互保险组织的组织运作，第二部分主要内容为监管规定。

下篇每一章国别（地区）报告下的组织运作部分，主要研究了该国（该地区）在相互保险组织的出资及融资、出资人的权利与义务、组织设立、会员的权利与义务、组织结构与治理、业务开展、分支机构、财务制度、信息披露、盈余分配、税收、合并与分立等内容，涵盖了涉及相互保险日常运营的关键性问题。

下篇每一章国别（地区）报告下的监管部分，主要研究了该国（该地区）包括章程管理、保险保障基金缴纳、偿付能力等在内的相互保险组织监管规则，该部分内容是每一国别（地区）下相互保险组织在具体运营中涉及到的主要监管事项的总结。

目录

上篇　相互保险组织的专题研究

下篇　相互保险组织的国别（地区）研究

上篇

相互保险组织的专题研究

第一章
相互保险组织的形态与法律地位

相互保险组织是保险业中一种历史悠久且具有代表性的企业组织形态，是具有同质风险保障需求的人群按照平等互助原则组织起来、为成员提供自我保险服务的一种制度安排，其主要围绕着满足会员的保险需求而不是获得投资上的回报来开展业务。从本质上说，“相互”（Mutual Principle）作为一种组织体原则，强调的是由成员拥有，为成员利益服务，而非以商业利润为目的的团体组织运作原则，它本可以在各行业中获得应用，如农业互助（合作）社、住房互助（合作）社等。不过，该原则蕴含的“同舟共济”理念，与“保险”这种“共同分担风险”的商业模式具有内在的高度一致性，因此实践中，基于相互原则组织起来的团体或者经营实体在保险行业中获得了最大程度的应用，不仅与股份制保险公司平分秋色，成为保险企业的两种基本形态之一，甚至有“相互制是保险业的内在基因”的说法。

相互保险组织与股份制保险公司最大的不同，在于前者由投保人所有，后者由出资人所有。两种不同的所有权结构决定了相互保险组织并不如股份制公司那样遵循“资本决定权力”的逻辑，也不会基于“资本多数决”来进行企业治理，而是奉行成员平等、互信、共治的运作理念。早期的相互保险组织并不允许向成员/会员以外的人出售保单，因而全部成员都是保单持有人。随着保险行业的发展与新业务模式的出现，目前各国基本上都认可相互保险组织向非会员出售保单，只是这类非会员业务占比很少，且通常需要得到保险监管机构的批准。因此，从总体上看，相互保险组织依然可以概括地称为所有权人为保单持有人的企业。

第一节　相互制保险组织的基本形态

作为会员/社员/成员（Member）持有型的保险组织，相互保险主要是源于西欧社会的一种组织形态。由于各国的历史文化与社会经济发展背景不同，相互保险在自然演进中呈现的形态也是多种多样的。在主流的相互保险公司之外，互助社、交互社（Reciprocal Insurer）、友谊社（Friendly Societies）、互惠社、合作社、自保公司（Captive Insurance Company）、风险自留团体（Risk Retention Group，RRG）、自主相互基金（Discretional Mutual Fund，DMF）[①] 等在不同国家中不同程度地扮演着相互保险提供者的角色。

相互保险的渊源可以追溯到古希腊罗马慈善团体进行的健康方面的互帮互助活动。[②] 在古罗马时代，工匠、士兵甚至角斗士都会组成某种团体或俱乐部组织并向其捐款，团体则在成员生病时提供必要的帮助，或者为故去成员的孤儿寡母提供生活费用，特别是葬礼费用。[③] 11 世纪后，类似的互助需求主要由行会组织（Guild，又译作基尔特）来满足，其成员多为特定行业的从业人员。此外，也有由不同职业成员组成的兄弟会组织（Fraternity），其更多地与宗教传统相联系。M. 福瑟吉尔·罗宾逊对英国历史上行会组织的研究指出，行会组织最初成立的主要目的是基于宗教和社会上的需求，此后才演变为贸易行会和手工艺人行会。[④]

17 世纪英国出现的友谊社继承并发展了中世纪行会组织互帮互助的理

---

① Discretionary Mutuals 主要在英国、澳大利亚等存在，它们以公司的形式为成员提供保障服务。与普通相互保险公司不同，DMF 提供的保障并不事先确定，而是由董事会自主裁量。换言之，在风险事项发生时并不保证会员一定能够获得赔付，而是需要董事会进行决定。在英国法庭上，DMF 最终被定义为非保险商。参见 Simon Broek，Bert-jan Buiskool，Alexandra Vennekens，Rob Van der Horst，*Study on the Current Situation and Prospects of Mutuals in Europe*，p. 330.

② ShaunTarbuck、Th. Weishaupt，相互保险机构：中国保险市场的机遇，2016 年 1 月 15 日相互保险领袖训练营资料。

③ Victoria Solt Dennis，Discovering Friendly and Fraternal Societies：Their Badges and Regalia，Shire press. pp. 4－6.

④ M. Fothergill Robinson，The Spirit of Association，John Murray，Albemarle，street，W.

念。友谊社对处于生病和生活窘迫的社员提供援助，减轻了教会的压力。当然，早期友谊社虽然被称为社团（Society），但非为成熟稳定的组织体，而是成员基于互帮互助的理念，在从传统的农牧业社会向工商业社会发展背景下逐渐形成的分摊风险的松散联合。[①] 另一方面，1666 年的伦敦城大火导致 20 万人无家可归，也构成了推动相互类保险组织诞生的一个重要契机。

18 世纪后，随着精算技术的出现，早期的会员互助团体开始向现代相互保险组织转型。现存最古老的会员持有型保险组织都是在这一时期诞生的，如 1752 年在美国成立的费城贡献组织社（非寿险），英国 1762 年成立的公平人寿保险公司（寿险），丹麦 1761 年成立的 KAB（商业保险）以及法国 1781 年成立的特立尼达慈善协会（健康保险），等等。[②]

可以说，在相互保险组织演变为现代保险行业主要组织形式的过程中，各国不同的政治、经济、法律与文化传统都影响了它的发展历程。这也使得各国相互保险组织在名称与立法模式上各具特色。如英国除相互保险公司外，还有友谊社、工业和互助社等；德国的相互保险组织不称为公司，而称为互助社。此外，由成员所有，专为成员或者主要为成员提供保险服务的组织不仅限于名为“相互保险公司（社）”的实体，也包括其他合作组织为成员提供的保险服务，如日本在相互保险公司之外，还存在农协、渔协等农业合作组织为成员提供保险服务，尽管后者并不作为金融机构接受监管，而是适用相关的合作社法。[③] 美国则更加多元化，仅以纽约州为例，其保险法中就在相互保险公司之外，列举了交互保险社、非营利财产/事故保险公司、合作保险/事故保险公司、自保公司等多种具有相互保险特征的组织形态；此外该州还有基于联邦立法组建的风险自留团体（RRG）。可以说，相互保险组织发展到在当代，并没有一个适用于所有国

① See Supre Note 3, pp. 156 – 159.

② ShaunTarbuck、Th. Weishaupt，相互保险机构：中国保险市场的机遇，2016 年 1 月 15 日相互保险领袖训练营资料。

③ 在部分中文翻译中，日本的农协或者渔协等也被称为农业协同组合或者渔业协同组合，但日本国内在对应法律条文的英文翻译中采用“cooperation”进行指代。因此，本报告采用中文“合作社”的翻译。

家的单一组织形式标准；在不同法域下，许多组织形式都符合相互保险的理念，可以纳入广义的相互保险组织的范畴之中。

图 1－1 展示了历史上存在过的会员持有的保险组织，它们都具有广义相互保险的一些特征。

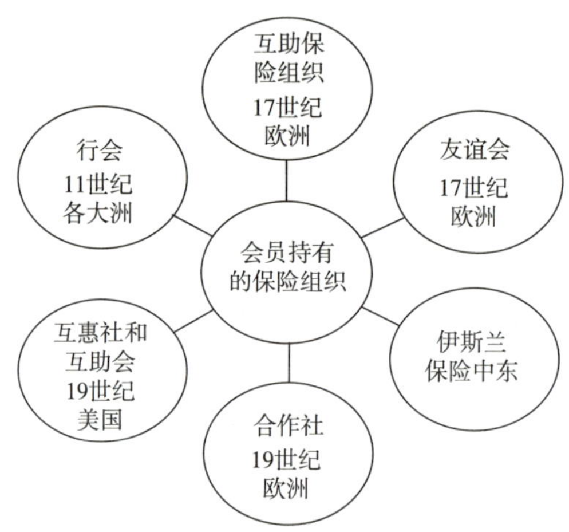

图 1－1　历史上由会员持有的保险组织

我国目前引入相互保险组织的试点，是为了改变以资本出资为主的公司制保险公司单一垄断的格局，增加不同企业组织的市场竞争，以便向社会大众提供更多的保险产品与更好的保险服务。从这一目标出发，我国引入的相互保险组织是域外比较成熟的、主流的相互保险组织形态，如美国、英国、日本的相互保险公司以及德国的大型保险互助社等。因此，本书的研究对象被限定为域外专门的相互保险公司与互助社，而不包括兼营相互保险业务的合作社。

第二节　相互保险组织 vs 合作社

明确相互保险组织的法律定位，首先需要澄清它与合作社之间的关系。在会员持有型的组织体中，相互保险组织与合作社在运作理念上最具共通之处，由此导致二者之间的界限也比较模糊。

合作社是 19 世纪中期西欧的合作社运动中产生的一种经济组织形态，

其晚于相互组织。当今的国际合作组织将“合作社”定义为人们自愿联合来满足共同的经济、社会、文化的需求与愿望所形成的共同拥有和民主控制的企业。一般认为，合作社有以下几个原则：（1）资源和开放的会员；（2）成员民主的控制；（3）成员的经济参与；（4）自主以及独立；（5）教育，培训以及信息；（6）合作社之间的互助；（7）对社区的关注。①

从合作社的上述定义及其原则可以看出，相互保险与合作社的共性在于，二者都强调成员的自愿联合、民主管理以及互帮互助。虽然合作社通常有股本，社员入社需要认缴股份作为出资，有别于相互保险组织无股本、无股东的特点，但是，若一家合作社单纯办理保险业务（即保险合作社），且仅对社员出具保单、提供保险服务时，社员缴纳的股本与保费在功能上并无太大区别。合作社的分红通常也基于社员认缴的股本以及对合作社的惠顾（类似于相互保险下的保费）两方面来进行，并非纯以股本为依据。在部分国家，将相互保险组织视为一种合作社，也未尝不可。如英国的工业和住房互助社（Industrial and Provident Society），在组织类型上被划分为合作社，但在法律上归为互助社，与相互保险组织提供相同的保险业务。② 此外，在美国，虽然相互保险公司与合作社在立法与实践上都泾渭分明，但学者对相互保险公司的法律性质进行解读时，都认同其性质为“合作社”。③ 相互保险行业代表性的国际组织（ICMIF）也命名为“国际合作社及互助保险联盟”，体现了合作保险与相互保险之间的共通性。

不过，由于历史演进的自然路径，大部分国家的立法都将合作社区别于保险领域中与股份保险公司二分天下的相互保险组织，二者构成各自独立的企业组织形态，适用不同的法律。从事保险业务的合作社一般适用合作社自身的组织法，如日本的《农业合作社法》、《渔业合作社法》等，保险业务只是其经营的附属业务之一。在德国，相互组织被定位于“社团法

---

① European Communities, The Cooperative, Mutual and Non-profit Sector and Its Organizations in the European Community, p. 15.

② Simon Broek, Bert-Jan Buiskool, Alexandra Vennekens, Rob Van der Horst, *Study on the Current Situation and Prospects of Mutuals in Europe*, p. 329.

③ Corpus Juris Secundum, 171. Nature, 44 C. J. S. Insurance.

人”——互助社，而非“公司”，但这种“互助社”由《保险法典》单独确认，它并非合作社。德国法律明确规定保险领域只能采取相互保险社、股份公司以及公法上的企业三种组织形态，不能采用合作社的形式。归纳起来，从本书处理的样本国家的法律规定上看，只有在对组织形式的边界划分并不十分明确的英国，互助社中的工业和住房互助社、欧洲经济区互助社可以视为合作社；在其他国家，相互保险组织与合作社都被视为两种不同的企业组织形式。

第三节 相互保险组织 vs 非营利组织

相互保险组织与非营利组织之间的关系也是一个比较复杂的问题。这主要是因为，各国对“非营利”及“非营利组织”并没有一个统一的定义，而且法律语境下的“营利 vs 非营利”之分与日常语境中的“营利 vs 非营利”的表述具有完全不同的含义。因此，关于相互保险组织是否为营利或者非营利组织的问题也殊难有一个整齐划一的结论。

例如，在日本，相互保险组织尽管被称为“公司”，相互保险公司的年报中通常把自己定位于“非以营利为目的的法人”或“中间法人”①。在英国，一些政府文件将相互保险定位为不以营利为目的的组织。② 相反，在美国，相互保险组织通常被视为营利性组织，与股份公司并无差异；只有极少部分相互保险组织因历史原因，为非营利组织。③ 在德国，区分主流的大型相互保险组织与小型相互保险组织，前者（大型互助社）等同于商人，为营利组织；而小型互助协会则属于社会经济（Social Economy）的一部分，④ 强调其既非国有也非私有，体现公民社会自治而非营利性的

① 参见日本人寿2014年年报，第57页。

② Strategy Unit Report, Private Action, Public Benefit, p. 14.

③ Laurie Sobel, Non-Profit Conversion: Basic Corporate Structures in Healthcare, http://consumersunion.org/research/non-Profit-Conversion-basic-corporate-structures-in-health-care/.

④ Social Economy 是西欧国家特有的一个概念，泛指具有第三部门色彩的经济成分，即其经济活动的运行既不是传统的私人板块，也不是国有公共部门。参见 European Communities, The cooperative, Mutual and Non-profit Sector and Its Organizations in the European Community, p. 423.

一面。

本书认为，目前某些学理或者相互保险组织自身关于“非营利性”（Non-profit）或“不以营利为目的”（Not-for-profit）的表述，只是一种组织体的运作理念方面的宣告，并不具有法律意义。更进一步，与其说相互保险组织主要为会员服务，而非“以营利为目的”，毋宁说保险业本身就有这个特点，即它是以分散风险、应对灾害为主要目的，而不是以经营获利、赚投保人的钱为主要目的。当然，保险业、特别是相互保险组织的这种定位并不意味着其运作中就不考虑成本核算；若持续亏损，保险事业也无法持续下去。换言之，非以营利为目的与收益—成本核算是不矛盾的。对此，ICMIF 的一份报告中有清晰的说明，兹引用如下：

“应该注意的是，相互制的商业结构与以利润为导向的管理原则是不冲突的。所有相互保险机构都应追求积极的财务表现，创造年度盈余以维持公司的财务能力或支持公司发展。相互保险机构与股份制公司之间的区别是主要的基本运营目标不同，对于相互保险机构而言，盈利不是其唯一或主要的目标。这实际上意味着相互保险公司不会像股份制保险公司一样追求利益最大化。”①

目前来看，具有法律意义的“非营利性”主要是从税法角度来界定的，它意味着税法上的免税待遇；相应地，这类组织体也需要满足税法所要求的某些特征。以美国为例，纽约州保险法在相互保险公司之外确立了一种特殊的“非营利性财产/事故保险公司”，后者可以享受税法上免税的优惠待遇，但前提条件是该保险公司仅接受非营利组织的投保，且公司不能向其成员分配利润。② 有美国学者指出，非营利性组织最核心的特征是不存在利润分配，即组织体运作的盈利不向成员分配，而是直接用于扩大或改进服务。而一般所说的相互制组织的非营利性，则指的是相互保险公司不以营利为唯一或主要目的，而是致力于为投保人提供更好的保险服务，包括盈利分配。从这个角度看，相互保险组织的法律定位还是属于营利性组织，与一般的商法人并无不同。

① 国际合作社及相互保险联合会：《认知相互保险实用手册》，第 7 页，2015 年。

② 纽约州《保险法》第 67 条。

第四节　相互保险公司 vs 保险互助社

公司形式与互助社形式的相互保险，是域外主要的两种相互保险组织。从外在形式来看，二者之前的关系在不同国家呈现出不同的状态。在英国，由于组织法本身的多元化，二者是一种并存的关系，既有相互保险公司（Mutual Insurance Company），也有保险互助社（Mutual Society）；在德国，由于法律定位相互保险组织是“社团法人”而非“公司”，因此，只有保险互助社，没有相互保险公司；其中，对于小型相互保险组织，则称为小型互助协会（Small Mutual Association）。

虽然两者名称不同但运作的基本原理一致，保单持有人为企业的所有权人，且保单持有人按照章程和法律的规定行使权利，履行义务。

此外，以德国为例，虽然在保险行业的相互组织只有互助社，没有相互保险公司，但除监督部门所认定的小型互助协会外，大型互助社的公司治理都适用于《德国股份公司法》的相应规定，只不过股东大会变成了成员大会或者成员代表大会。并且，根据德国《保险企业监督法》的规定，“互助社仅以互助社资产对其债权人负责；互助社的成员不对互助社债权人负责。”因此，公司形式与互助社形式的相互保险组织，两者在运作原理上是接近或者趋同的。

第五节　大型相互保险组织 vs 小型相互保险组织

从相互保险组织的历史来看，相互保险的产生及自然演进通常是围绕着特定地域、特定行业或者暴露于特定风险项目的人群所展开的，小型相互保险组织成为这一组织类型的常态，且数量众多。

在德国，存在诸多非常有特色的小型互助协会，如从事宠物保险或丧葬金保险的小型互助协会。这些小型互助协会虽然数量不多，但满足了人们各式各样的保险需求，它们是大型、特别是股份制保险公司所不愿意或者因成本过高而难以覆盖的保险领域。此外，围绕特定专业人士（如教师或者牙医），以及特定行业群体进行服务的相互保险公司、自保公司也广泛分布于英国、法国及美国。可以说，小型互助社在满足人们或者企业的特定保险需求上与大型互助社相比毫不逊色，甚至填补了大型相互保险公司或者股份制保险公司的产品空白。

在相互保险组织的治理方面，小型相互保险组织由于其业务集中于特定的人群或者区域、行业，因此人合性更强，更能体现成员民主管理、共治、互信等相互组织的本质特征。相形之下，大型相互保险组织因其业务范围广泛，投保人多元化且分布地域广泛，“成员利益”很难统一，民主监督也很难进行。因此，大型的相互保险企业在治理方面与股份制保险公司几无差别。这一特点也体现在部分样本国家的法律规定上。如在德国，大型互助社为商人，在公司治理上适用于《德国股份公司法》的相应规定，建立起了监事会及董事会等治理机构，小型互助协会的治理则适用《德国民法典》的规定，可以不设监事会。在日本，相互保险公司存在于寿险行业，且规模庞大，在治理上也与股份制保险公司一样建立起了董事会、监事会等治理机构。

现实中，域外新近成立的一些相互保险组织大多是围绕特定行业成立的自保公司。[①] 这些自保公司的成员多集中在某一特定行业（如医疗与健康护理），有着同质的风险与保险保障需求，通过汇集同行业的成员，既可以实现成员企业间的相互监督，也能够对风险做到更为精准的控制。它们也提供了相互保险组织自然发展路径的一些个案。

最后需要说明的一点是，大型相互保险组织与小型相互保险组织之分并不对应于“公司”与“互助社”的区分，后者更多地受制于各国不同的法律传统对商主体的定位。例如，在德国，无论是大型相互组织还是小型互助社（被称为小型互助协会），在法律上都属于“互助社”而非“公司”；相反，在美国，即使是小型的相互保险组织也多为公司类型。

---

① 韦莱韬悦：《相互保险研究报告》，2016 年 4 月。

第六节　相互保险组织的立法模式

基于各国相互保险组织的自然演进路径，相互保险组织的立法模式也有不同形态；当然，特色之外亦有共性。

模式一：将相互保险组织在保险法典中专章规定，作为与股份制保险公司并列的保险企业形式。德国、日本、美国各州均采取这种立法体例。在这种立法体例中，保险行业的监管规定与保险组织的主要运作规则统一规定在保险法中；同时，商法或股份公司法也对保险法典中的组织规则起到补充适用的作用。此外，对于一些新的或者特殊的相互保险组织形态，可能采取新的专门立法的方式，如日本的《农业合作社法》中关于相互保险业务的规定；美国联邦层面关于风险自留团体的立法——1981 年的《产品责任险保留法》（*Product Liability Risk Retention Act*）及 1986 年的《风险自留法案》（*Liability Risk Retention Act*）。

模式二：不存在独立且完整的相互保险组织法，而是在各类商事组织法中体现，并与保险法一起构成相互保险组织的法律框架。英国采取这种立法体例。在英国，既有按照公司法设立登记的相互保险公司，也有按照各类互助社法设立登记的保险互助社。后者在法律上并没有一个非常明确的定义，泛指以社团形式组织起来的相互保险企业，包括友谊社、工业和住房互助社及欧洲经济区互助社等，它们各自适用自己的组织法。在上述组织法外，英国还有《2015 年保险法》（*Insurance Act 2015*）提供对各类从事保险业务的商业组织的统一的监管规则。由此形成“组织法 + 保险法”的法律框架。以友谊社为例，从事保险业务的友谊社既需要遵循《2015 年保险法》的规定，也需要遵守包括《1992 年友谊社法》、《1974 年友谊社法》等的规定。

模式三：区分普通的相互保险公司与从事健康医疗等社会保障类业务的相互保险组织，前者适用保险法典，后者适用专门的相互法典。法国是这种立法例的代表，其在《保险法典》外制定有专门的《相互法典》，后者专门适用于从事健康医疗等社会保障类业务的相互保险组织的运作与监管，从而呈现《保险法典》与《相互法典》并列的模式。

第七节　我国相互保险组织的定位

我国商事组织主要的法律规定为《公司法》及《合伙企业法》①，因此大部分商事组织须选择成为上述法律形式的一种。我国只在一些特定的行业（如农业）有《农民专业合作社法》，因此，该行业中的商事组织也可以采取合作社的形式，但并不存在普遍适用的合作社法。可以说，在商事领域，我国法律规定的组织类型很有限。

基于我国现行商事组织法对公司、合伙与合作社的描述，从域外引入的相互保险组织对我国而言是一个全新的组织形式。虽然其运作理念与合作社相同，但其既不是我国现有法律上的合作社，也不是合伙，更不是我国《公司法》下资本出资为核心的普通公司。为避免与现行商事组织法体系造成冲突，不必要地延宕引入相互保险组织的试点过程，本书建议我国相互保险组织采取互助社形式引入，作为保险业特有的组织形式，以区别于一般性的商事公司、合伙或者合作社。

在具体的立法模式上，可以考虑以下两种操作方式：一是类似于域外的模式一，将相互保险组织在保险法典中专章规定，作为与股份制保险公司并列的保险企业形式；二是参照《农民专业合作社法》进行单行立法。对于模式一，从我国《保险法》的规定来看，其既包含了行业监管的规定，也包括了对保险组织的相关内容。如《保险法》第三章保险公司的内容，既有保险公司设立的规定，也有破产处理的监管规则。在其中加入相互保险组织的规定，不仅与美国、德国与日本的立法模式相同，也能兼顾保险业的监管规则与相互保险的运作规定。如果采取单行立法的模式，则可参照《农民专业合作社法》的范例，将相互保险组织单独立法，再在《保险法》中进行一般性的规定。

① 在外商投资相关领域，我国也存在中外合资、中外合作企业，同时，我国还有个人独资企业等诸多企业类型，但上述企业组织都不是我国目前主要的企业组织类型。因此，本书并不对上述组织类型进行讨论。

第二章
相互保险组织的出资与融资

相互保险组织以投保人为所有者，没有股东性质的出资人，也无法进入资本市场发行股票或公司债券融资。因此，其应对风险、履行承保责任的财务基础主要依靠保费以及经营过程中累积的盈余，此外就是债务性质的资金。设立时的初始运营资金[①]更是如此，往往通过借款、捐赠或者信用证等方式筹集。持续经营期间的运营资金可采用多种形式来补充，包括使用特定的债务工具或混合工具、向投保人追征等。这些债务性工具在偿付方面受到立法与监管的限制，劣后于相互保险组织对保单持有人的保险责任支出，因此其地位类似于股份公司的资本金。

第一节　初始运营资金的性质和来源

各国法律均规定，相互保险组织设立时需募足特定数额的营运资金。对此资金的称谓，各国立法上的表述差别较大。日本保险法称为“设立基金”（Foundation Fund），德国称之为“初始资金”（Initial Fund），英国法则没有提供一个专门概念。在美国，保险法属于州法，因此初始营运资金的表述方式更加多样化。如纽约州要求相互保险组织设立时有“初始溢

① 我国《相互保险组织监管试行办法》中将初始投入资金称为初始运营资金，因本书中各国别（地区）下起相同作用的资金有不同的称谓，以下以“初始运营资金”统一指代各国别下对应作用的资金。

余”（Initial Surplus），它与股份公司的实收资本[①]（Paid in Capital）和溢余[②]（Surplus）类同；美国马萨诸塞州（以下简称“麻省”）表述为出资人缴纳的“保证资本”（Guarantee Capital）；加利福尼亚州（以下简称“加州”）则规定相互保险公司发行溢余票据（Surplus Note）来筹集初始营运资金。

无论称谓如何，上述初始营运资金的性质基本上都属于债务资金，无论是基金份额销售合同（如日本）还是借款合同或出资证明，通常都在相关的法律文件与凭证上载明了利息偿付和/或到期日等。不过，这些债务性资金的功能与股份公司的“资本金”及“所有权权益”的功能是一致的，其偿还顺位劣后于投保人的保单赔付，且利息的最大限额、利息与本金的偿还时间等都受到立法或监管的限制，避免削弱相互保险组织的现有财务基础。因此，在相互保险组织的资产负债表上，这些初始营运资金都计入“权益”项下而非“负债”项下。

加州保险法对“溢余票据”[③]的规定，最典型地反映了此种债务资金的“类权益”属性。它包括以下内容：第一，溢余票据的借款协议须获得州保险监督官的批准；第二，该借款可以用来支付相互保险公司的组织费用、提供溢余基金或业务发展资金；第三，借款协议可被称为溢余票据，并且该借款在会计处理上作为所有者权益项下的溢余而不是负债；第四，借款协议必须约定一个溢余额，该借款只能从借款人公司超过该数额的溢余中偿还；第五，借款利息可以是固定的，也可以是可变的，但不能超过保险监督官允许的数额；第六，偿还借款本金及利息，支付借款的佣金及推销费用，均需要获得保险监督官的许可；第七，当相互保险公司破产清算时，该借款上的请求权仅优先于成员的剩余索取权；第八，除非票据发行符合全国保险监督官协会采用的《会计实务与程序

---

① 按照加州《保险法》的规定，对于相互保险公司来说，其“实收资本”指的是“资产超过法律规定的，其对已报告的损失、费用、税收及其他债务和再保风险所负债务总额的价值”。

② “溢余”一般是指资产大于负债的部分，但这里最低溢余要求中的“溢余”实际上是资产大于负债再减去法定实收资本的部分。

③ 加州《保险法》规定，为提供溢余基金或为业务提供资金而借款的协议，可被称为溢余票据。交互保险社关于借款的第1315条规定与相互保险公司关于借款的第4040条规定完全一致。

指南》（*Accounting Practices and Procedures Manual*）规定，并且在保险公司向保险监督官提交的财务报告中将其作为溢余而不是负债，否则不得发行溢余票据。由此可以看出，该类票据持有人实际上处于一种准债权人的地位。需要说明的是，溢余票据也是美国其他州的相互保险公司筹集初始营运资金的方式。

此外，实践中相互保险组织的初始营运资金也可以靠捐赠募集，或者由银行提供信用证。例如，2003 年成立的纽约市健康及医院公司之自保公司（HHC Insurance Company），其初始营运资金就是银行出具的 200 万美元的信用证。[①]

第二节　初始运营资金的最低限额

从历史上看，一些国家的法律对相互保险组织的初始运营资金有明确的最低限额要求。不过，在保险行业普遍适用偿付能力监管指标体系的今天，最低初始营运资金的概念如同公司法下的最低注册资本概念一样，逐渐失去了原来的意义。

日本《保险业法》规定，相互保险组织的最低设立基金为 10 亿日元。美国各州则习惯于针对不同的业务类型分别规定不同的最低实收资本和溢余要求。以加州为例，火灾险是 35 万美元、责任险是 30 万美元、盗窃险是 10 万美元。若某一保险企业的业务范围包括多个险种，则其最低实收资本额为在美国经营的全部保险业务种类所对应资本额数额的加总；如果该数额大于或等于 260 万美元，则为 260 万美元；如果低于 260 万美元则为该数额之和，但是不能低于 100 万美元。对于人寿、产权、抵押、抵押保证保险，其最低实收资本额则由依照前述方法确定的数额分别加上 225 万美元、25 万美元、100 万美元、25 万美元得出。最低溢余额则由最低实收资本额 ×100% 得出。此外，对于从事汽车责任险和汽车险的保险人，除上述最低实收资本和溢余额要求外，还有 20 万美元的

---

① Report on Examination of HHC Insurance Company, INC. as of December 31, 2009.

附加溢余要求。

英国传统上没有相互保险组织的最低初始营运资金的要求。20 世纪 90 年代欧盟开始实行保险业偿付能力监管后，英国也在部分立法中增加了对保险公司的资本管制。以《1994 年友谊社规则》［*The Friendly Societies* (*Insurance Business*) *Regulations* 1994］为例，若友谊社从事长期保险业务，其最低保证金（Minimum Guarantee Fund）与其上一会计年度的保费收入(Contribution Income）存在如表 2-1 所示的关系。

表 2-1　　最低保证金与上一会计年度保费收入的关系

保费收入（欧元）	最低保证金（欧元）
≤1 000 000	100 000
1 000 001 ~ 1 500 000	200 000
1 500 001 ~ 2 000 000	300 000
2 000 001 ~ 2 500 000	400 000
2 500 001 ~ 3 000 000	500 000
≥3 000 001	600 000

如果友谊社上一会计年度没有开展长期保险业务，或者上一会计年度持续时间过短，则其最低保证金为 100 000 欧元。若友谊社从事一般业务，则应有 225 000 万欧元的最低保证金。

第三节 再融资与补充营运资金

在相互保险组织持续经营期间，已赚得的保费收入和投资收益可以被用来补充运营资金。此外，还可通过各种债务工具或混合权益工具来筹集资金，或第三人提供的担保以及追征金等途径来获得。

一、债务工具

相互保险组织再融资所使用的债务工具，在不同国家中的名称和种类各不相同。以美国为例，除前述的溢余票据之外，还包括资本票据（Capital Notes)、存款票据、供资协议（Funding Agreements）等。交互保险社则有认购人的溢余存款。

二、混合性权益工具

所谓混合型权益工具，是指兼具债权与股权双重性质的融资工具。在相互保险公司再融资所使用的混合性权益工具中，比较典型的是德国的参与性凭证以及英国的递延权益工具（Deferred Share）①。

在德国，参与性凭证属于有价证券，凭证持有者有义务向发行人（即相互保险组织）缴入资金，同时发行人为持有者安排一定的权利，称为“享用权”。其内容包括参与利润分配、参与亏损以及破产清算程序中的次级清偿顺序，但通常不具备公司的选举权和质询权。享用权的权利义务一般在发行说明文件中具体规定。例如，参与性凭证的利息支付方式（固定或浮动、参与分红方式等），以及本金偿还方式、到期时间、还款方式、解约方式等，都可以由发行人根据实际情况与债权人商讨确定 。

在英国，递延权益工具是2014年法律新创设的一种融资工具。它类似于权益工具，公司一旦发行就不可撤回，只能在公司解散或者终止时获得清偿，且其清偿顺序劣后于公司承担的保险赔付责任。因此，递延权益工具筹集的资金可以纳入偿付能力Ⅱ的计算范围之中。递延权益工具的持有人因持有递延权益工具而成为相互保险组织的会员，但是其投票权仍保持相互保险组织“一人一票”的惯有规则，与其所持有的递延权益工具对应的资金多少无关。除此之外，递延权益工具的投票权也并非与一般相互保险组织会员的投票权完全等同，而是受到更多地限制，如在涉及互助社合并、业务转让和转换的时候，并不具有投票权。

三、借款和证券化相结合

在日本，相互保险公司可以在成立之后通过修改公司章程增加设立基金总额进行筹集。近年来，相互保险公司往往根据日本《资产证券化条例》，通过特殊目的公司（SPC）的方式来募集新的设立基金。其基本流程

---

① 英国政府于2015年通过了《2015年相互组织递延股份法案》（*Mutuals' Deferred Shares Bill 2015*），该法案试图通过授予相互保险组织发行递延权益工具来解决相互保险组织的融资困境。

是：相互保险公司和银行签署消费借贷合同，先由银行向保险公司提供贷款；然后，银行将该贷款转让给SPC，SPC则通过证券化产品权益份额销售向投资者募集资金。

对上述SPC融资模式的一种解释是，日本《保险业法》对于设立基金的筹集仅规定了销售基金份额、贷款、捐赠等形式，未明确是否可以发行债券融资。实践中，借助SPC模式，相互保险公司间接实现了债券发行的目的。

四、追征金

传统上，追征金是相互保险组织最有代表性的资金筹集方式。不过，由于追征金导致投保人难以事先确定自身可能承受的财务负担，因此近年来这种补充资金途径逐渐式微，只在一些小型的相互保险组织中还继续存在。

在美国纽约州，作为一项基本原则，相互财产/事故保险公司的任何成员都负有缴纳追征金或有义务，除非根据公司获得监管者批准而发行了非追征保单；相互人寿保险公司不能对成员征收追征金。原则上，每家国内相互事故和健康保险公司应该在它的保单中规定每个成员都应该有责任承担追征金，但如果公司章程或细则允许或者被修改后允许，也可发行无保单持有人对追征金负或有债务的保单。

在德国，相互保险公司有两种缴纳保费的形式：预付形式和按需求征收。按需求征收的方式如今只能在一些非常小的相互制企业中存在。如果保费是预付的，公司章程必须载明是否保留或放弃追加估计保费的权利。如果相互保险公司保留了追加保费的权利，公司有权利向成员追加保费。但补充保费的可能性几乎只存在于波动性非常大的保险产品中，比如财产和意外保险。此外，人寿和私人医疗保险监管法不允许对保费或者保险利益偿付的调整，因为这些险种与公民的基本保障密切相关。

五、担保

有的国家还允许相互保险公司通过政府或第三方的担保来获得运营资

金，这主要适用于补偿超额损失的情形。

第四节　出资或运营资金的偿还

运营资金的偿还包括利息和本金偿还。不论是初始运营资金，还是持续经营期间以溢余票据或其他混合工具筹集的资金，它们相对于保单赔付责任的后偿地位导致其事实上承担着股份公司的资本金的功能，因此也受制于类似公司法下的“资本维持”原则。为了保证相互保险公司的持续运营和偿付能力，各国法律会对利息及本金偿还来源等作出一定限制。

在德国，初始运营资金若为附利息的借款，主管监督机关可以在其自由裁量权内决定其出资金额的利息和获得的还款的最大百分比。初始运营资金的创建、利息的计算以及还款都应获得德国联邦金融监管局的批准，并且上述内容都应记入互助社的章程中。在满足以下两个条件时，初始运营资金必须予以偿还：（1）互助社按照章程规定对损失准备金（或称为损失公积）进行提存，且损失准备金的资金数额持续增长；（2）资本化的设立费用已全部摊销完毕。应注意的是，偿还的资金来源于互助社的本年度收入，“不允许用期初资产即以缩减资产负债表余额的方式来偿还”。[①] 在偿还时间上，必须是互助社成立后的最初几年之内完成。

日本《保险业法》未对设立基金的利息率作出具体规定，对其支付则是比照利润分配进行规制的，支付基金利息须以资产负债表上的净资产额扣除以下金额后的余额为限：（1）基金总额；（2）亏损弥补准备金和基金赎回公积金；（3）行政法规规定的其他金额。对于设立基金本金部分的偿还，《保险业法》规定须提取与赎回额相当的赎回准备金，以维持其设立基金的数额不致减少，类似于公司法下的“资本维持”理念。实践中，该种赎回的操作过程可以细分为以下步骤：（1）公司每年提取净利润的一部分作为赎回设立基金的准备金（Reserves for Redemption of Foundation

① ［德］D. 法尼著：《保险企业管理学》（第3版），张庆洪、陆新等译，566页，北京，经济科学出版社，2002。

Funds)；（2）在公司实际赎回设立基金时，从已计提的赎回准备金中拨付；（3）为了体现设立基金已被保留盈余所置换，在资产负债表中新设科目“累计已赎回基金”（Accumulated Redeemed Foundation Funds）来展示置换过程。①

① 详见本书第十四章关于日本相互保险的介绍。

第三章
相互保险组织的发起与设立

第一节 相互保险组织的出资人、发起人和会员

一、出资人

出资人通常被视为独立第三人，初始出资人与相互保险组织之间的关系主要是债权关系。如加州保险法明确规定，出资人是在公司取得许可证前通过与公司签订借款协议加入的。除德国需评估占比10%以上的出资人的是否可靠外，各国对出资人资质没有要求，法人或自然人均可作为出资人，出资人可参与公司决策，也可排除在外。

根据德国法律的规定，互助社的成员和非成员均可向互助社提供初始运营资金。根据章程的明确规定，初始运营资金的提供者除每年度从公司收入获取的利息外，还可参与年度资产负债表上所显示盈余的分配；另外，公司章程也可以规定出资达到一定比例的出资人有权加入公司的经营。初始运营资金提供者应按时缴付资金，并且在出资后不享有要求提前偿还的权利。

在日本，认购设立基金者和相互保险公司之间签订基金契约，向公司提供基金，其地位与成员资格不同，属于第三人。认购基金者必须以金钱的方式足额缴纳其认购的基金，在创立大会召开之前缴齐；认购人不得在公司成立后以错误为由主张认购行为无效，或以欺诈、胁迫为由主张撤销认购行为。法律上已经明确规定的认购基金者的权利主要包括：（1）取得

基金利息的权利；（2）在相互保险公司清算时要求返还基金的权利，但返还顺序后位于公司的债权人（含保单持有人）；（3）在相互保险公司转制为股份公司且发行股份时，基金份额可以“债转股”的方式转换为股份公司的股票。

二、发起人

发起人（Incorporator/Sponsor）是指在商业组织设立阶段发挥主要作用的人，其承担设立阶段所从事行为的法律责任。当商业组织正式成立后，发起人就退场，其缔结的民商事合同由商业组织作为法人主体来承接。

（一）发起人的职责

具体到相互保险组织，发起人承担筹划、组建相互保险组织的各方面事宜，向监管者提交设立文件以及完成为提交有关文件须开展的各种活动。以纽约州相互保险公司的设立为例，发起人应在拟设立公司住所地广泛发行的报纸上刊登拟设立相互保险公司的声明，签署宣告，拟定公司章程，并将上述声明、宣告和章程提交给监管者，以完成相互保险公司的设立流程，取得公司注册证书和筹办许可。此后，发起人应组织收取保险申请人的申请及所交纳保费，使公司获得符合法律要求的初始溢余，以取得监管者签发的保险营业许可证。最后，也是最重要的一点，发起人还须与公司董事共同为公司取得许可证前所负担的债务承担连带责任。

（二）发起人 vs 会员

发起人与相互保险公司的会员/成员（Member）是两个互相区别的概念和两种不同的角色。前者主要活跃在公司设立阶段，而后者指公司设立后接受公司提供的保险服务的投保人。尚未发现域外立法中有“发起会员”和“一般会员”之分。

可以说，发起人并不当然是相互保险组织的会员/成员；若其同时购买了所发起的相互保险组织的保单，则其取得会员身份，在权利义务上与其他作为投保人的会员相同。法律上不存在发起会员与一般成员的区分。

（三）监管上对发起人的资质要求

由于发起人主导相互保险组织设立的全过程，包括制定公司章程、商业战略、可行性计划等，同时组建公司的治理结构（包括提名第一届董事会，甚至本身作为董事人选），其品行与行为模式对相互保险组织未来的正常运作有很大影响。因此，保险监管上通常对于发起人的资质和人数都有一些基本要求，如有必要的从业经验、不得有违法犯罪记录等。以纽约州为例，发起人如因欺诈、不诚实或道德可耻行为被定罪，或其为不可信人士，监管机关可以拒绝向该机构颁发营业许可。因此，对发起人的资质审查通常构成相互保险组织设立环节的一项重要内容。

三、会员

（一）会员的含义与资格

基于相互保险组织的特殊所有权结构，会员/成员是该组织的所有者。公司章程或保单条款会通常载明成为“会员”的条件，只有与公司具有保险关系者才能成为会员，即相互保险公司的会员就是持有有效保单的保单持有人。各国法律对会员也没有一般性的资质要求，仅在特殊情形下有对会员资质的特殊规定。例如在美国纽约州，若成立相互制的专业自保公司，则其会员净值应超过10万美元。在英国，会员除了持有保单和金融产品，持有递延权益工具的也可以成为会员，只是其投票权利与传统的会员相比，存在部分限制。

（二）会员的权利和义务

相互保险公司的会员一方面是该社团法人的组成人员，具有社员资格；另一方面会员向相互保险公司投保，和相互保险公司之间签订保险契约，向公司缴付保险费。依据相互保险公司会员的双重法律地位，其权利和义务可分为会员关系上的权利、义务和保险关系上的权利、义务。

会员关系上的权利包括：参与相互保险公司运营、管理的权利；利润和剩余金分配请求权；退出及退出时的返还请求权。在表决权方面，通常采取一人一票制，但是有些法域的保险法有特殊规定。例如，在纽约州，在相互财产/事故保险公司中，任何其所持保单在选举日属有效的会员均应至少享有一票表决权，且任何会员不应享有多于十票的表决权。在麻省，相互人寿保险公司签发的任何人寿保险保单或两全保险保单的被保险人、年金合约或纯粹的两全合约的持有人，均为公司的会员且享有一票投票权。并且，除变额人寿保单、变额养老保单以外，每超出 5 000 美元就多享有一票；如果是年金合同，则除了变额年金合同以外，每超出 150 美元就多享有一票，每名公司会员最多享有 20 票。在获得溢余分配的权利方面，会员有权获得公司在符合法律规定要求前提下对溢余进行的分配，具体金额则取决于保单/保险合同及公司章程、细则的规定。保险关系上的权利包括：基于保险合同的约定，对保险人（即相互保险公司）享有的各项权利。

会员关系上的义务包括：会员以其缴付的保险费为限对相互保险公司的债务承担有限责任，有追征情形的除外。保险关系上的义务包括：基于保险合同的约定，对相互保险公司负有的各项义务。

（三）非会员投保人

非会员投保人是相互保险公司非会员业务的投保人，其与会员投保人的区别体现在是否参与公司利润的分享；非会员投保人与公司之间仅存在保险关系，没有会员关系。

各国法律对相互保险公司是否可以从事非会员业务有不同的规定。例如，美国加州不存在相互保险公司向非会员提供保险的情形，但英国的相互保险公司可以开展非会员业务。在德国，当章程明示授权且获得德国联邦金融监管局批准时，互助社可以向非会员开展业务；由于在管理上面对更多风险，所以需要对非会员业务的比例进行限制；非会员业务的存在主要是出于对共同保险、再保险业务以及一些个别险种如宠物保险、旅行险等的考量。

第二节 相互保险组织的设立

保险在各国都是受到高度管制的行业，从事保险业务必须得到监管部门对其开展保险业务资格的许可。因此相互保险组织的设立除了商法人设立的一般过程外，还涉及许可和登记两个监管环节。其中，许可又分为筹办许可及营业许可。不过，各国保险法对于这一设立过程的不同环节给予的关注程度不同，各国的操作模式也有不同。其中，美国纽约州及特拉华州的保险法对筹办许可及营业许可两个环节有明确的规则；而日本、德国的保险法将两个许可环节合二为一，但对商事登记环节着墨甚多。以下将以纽约州与特拉华州为主要对象，介绍相互保险公司从筹办许可到营业许可的申请要求，同时，结合日本的创立大会描述相互保险公司的设立。

一、筹办许可

相较于普通公司的设立，金融机构的设立通常都有一个在监管部门指导下的筹办过程，保险公司的设立也不例外。发起人需要向保险监管部门提出筹办申请，取得筹办许可后方可以开始相关的筹办活动。

在纽约州，拟设立的公司在取得筹办许可前，需要有至少 9 名自然人作为发起人向监管者提交筹办许可的书面申请，申请文件中应包括拟成立相互保险公司的名称、主要办事机构所在地以及在该地区有较大发行量的报纸名称及地址。如果监管部门同意发起人拟采用的公司名称与选用的报纸，则将向其颁发一个筹建许可的同意书，有效期为六个月。此后，纽约州的申请人在取得筹建许可同意书后，应在被监管部门认可的报纸上根据法律规定连续发布公开的声明，声明主要内容包括拟建立公司的目的、名称、住所地、主要的办事地点以及拟从事的保险业务种类。

与纽约州相比，特拉华州筹建许可的申请更为复杂。该州的申请事项包括：（1）拟申请机构提供 1 万美元的保证金；（2）提供足够的证据表明相互保险公司有合格的董事及管理人员；（3）提供合理的业务发展规划。

应指出的是，特拉华州对筹办许可申请中的业务发展规划十分重视，也将相当多的申请内容规定在业务发展规划之中。在该州，合理的业务发展规划须符合监管及法律规定，同时包含以下内容：（1）经营计划及运营模式；（2）财务预测；（3）市场情况分析；（4）风险假设及转移方案；（5）自留及再保险方案；（6）初始运营资金的金额及筹集方式；（7）投资策略；（8）5 年期分险种财务预测，包括保费收入、赔款支出、理赔及承保费用等；（9）保单持有人盈余分配方案；（10）纳税义务。虽然德国筹办许可与营业许可相统一，但德国监管部门在申请人提交申请许可时，也要求其提供称为商业计划的计划书，商业计划书应阐述申请人面临的需要解决的风险，以及再保险政策的大致轮廓。

二、商事登记

取得筹办许可的相互保险公司即可进入商事组织登记环节。在纽约州，取得筹办许可的相互保险公司在提交商事登记申请时，应向监管部门提供一份所有发起人签署完毕的宣告。在该份宣告文件中，应包括拟设立相互保险公司所从事的保险业务种类和公司目的。同时，除宣告文件外，申请登记的相互保险公司还应向监管部门提交拟设立相互保险公司的章程，并且章程应含有公司的名称、主要办事机构所在地、董事会名单及人数等内容。

在完成上述书面材料（声明、宣告以及章程）的提交且得到监管部门的认可后，监管部门将把上述资料提交给州检察长，以确认上述文件符合法律法规的要求。在州检察长确认后，由监管部门向申请设立的相互保险组织颁发注册证明，从而使得这一组织拥有法人资格。

三、营业许可

在营业许可与法人资格取得的先后顺序方面，纽约州与特拉华州与中国并不相同。中国的保险组织是在取得监管部门颁发的营业许可后，才能经商事登记取得法人资格，而纽约州及特拉华州的申请机构则在取得法人资格后，尚需经过一段时间（特拉华州为一年）的申请期，并得到监管部门的认可，方能取得营业许可。

在纽约州，申请营业许应满足以下条件：（1）遵守所适用的纽约州保险法规定；（2）拥有以现金或者纽约州保险法规定的其他投资形式表现的符合要求的初始溢余；（3）拥有符合要求的真实的保险申请人数目和申请数量；（4）拥有真实的成员名单；（5）每位成员以现金形式支付所申请保险要求的保费，并且将在发给公司许可之后的六十天内依约持有相应保单。

与纽约州相比，相互保险公司在美国特拉华州营业许可的申请，区分了寿险、财险和意外险三类不同的申请。此外，申请人要获得监管部门的营业许可，必须有达到一定数量的申请会员及保单金额方可顺利取得营业许可，如寿险要求至少有500名居住在本州的会员，且单一保险标的保费在2 000 ~5 000美元之间。

申请人在拿到营业许可之前不能进行正式的保险业务。通常来说，为满足营业许可的条件，拟加入相互保险组织的投保人在筹办期间内必须以现金方式支付保费；若申请者最终未获得营业许可，所收取的保费必须退还。一旦申请人获得营业许可，就可以正式开始保险业务了；此时，相互保险组织才能够以自己的名义给会员签发正式的保单。

四、创立大会

通常情况下，由发起人召集设立、有众多成员或股东参与的商事组织，在设立环节都有一个创立大会程序，以便对发起人在筹办期间办理各项事务的法律后果予以确认。但在本书所关注的样本国家中，除日本明确规定相互保险公司需要召开创立大会外，其他国家的保险法都未规定需召开创立大会。

在日本，创立大会的召开有两个前提条件，第一是认购基金者所认购的基金必须全部缴齐；第二是提出加入申请的投保人人数必须达到发起人在加入申请书上记载的人数。创立大会由相互保险公司成立后能成为其成员的全体人员构成。每位已缴纳认购款的入社申请人，在创立大会上享有一票表决权。创立大会决议由已缴款入社申请人半数以上出席，并经出席者四分之三以上表决权同意通过。

然而，日本法律并未明确创立大会确定的诸多事项，比如，与监管部门审查营业许可申请事项时的时间关系与效力关系。实际上这样的矛盾在我国保险组织的设立过程中也存在。我国《保险公司管理规定》规定了监管部门有权审查新设保险机构的开业申请，其中包括董事监事在内的名单，这实际上代表着创立大会确立的事项还需得到监管部门的认可和批准。因此，创立大会中确定的相关事项，实践中可能会与监管产生冲突，创立大会在其中反而成为一个较为消极的安排，也因此并未成为相互保险组织设立的一个重要程序。

第四章
相互保险组织的治理

第一节　相互保险组织的治理结构

总体上，英美法系和大陆法系的相互保险组织在治埋方面采用与股份制公司几乎相同的治理准则，即大陆法系采用二元治理模式，包括最高权力机构（成员大会）、董事会、监事会三级机构，股东大会选举董事会（但德国由监事会选举董事会），董事会负责公司的日常运转，监事会监督董事会的管理行为；而英美法系国家虽然没有独立于董事会的内部监督机关，但其通过在董事会内部设立独立董事来发挥监督作用。

一、成员（代表）大会

相互保险公司原则上由其成员组成相当于股份有限公司股东大会的成员大会，成员大会是相互保险公司的权力机构。但是，对于大型的相互保险公司来说，召开成员大会是不现实的。因此，在德国，必须由保险互助社章程规定最高权力机构是成员大会还是成员代表大会。

在日本，《保险业法》允许成员代表大会行使成员大会的职权。成员代表大会由成员代表组成，成员代表应从成员中选出，其任期不能超过四年。成员代表在成员代表大会上具有表决权和提案权，并具有成员代表大会召集请求权和选任会议检查人的请求权。

在成员代表的选举中，成员必须首先通过成员代表候选人选拔委员会（以下简称为选拔委员会）的选拔，才能成为成员代表候选人。选拔委员会由成员代表大会从成员中选举出的选拔委员组成（一般 10 名左右），负责制定候选人的选拔基准、评审并推荐候选人。选拔委员会应综合考虑职业、年龄等因素，根据各地区的成员人数所占的比例，推荐那些不偏向特定成员利益而能代表全体成员利益的成员作为成员代表候选人。对于通过选拔委员会选拔的每个成员代表候选人，由全体成员进行投票，选拔委员会应向全体成员公开其选拔的标准。如果对该候选人的反对票票数低于成员总数的 10% 的，则该候选人当选为成员代表。

二、董事会

相互保险公司的商业管理和事务应该归属于董事会，其由外部董事、高管人员、会员董事构成。美国纽约州保险法规定，相互保险公司的董事会一般应有 13 名董事，但被认可资产少于 15 亿美元的人寿保险公司，董事人数可以不少于 9 人，除了 4 名外部董事外，其他董事应在相互保险公司完全设立，且已获执照可以发行保险单后选出，他们都是公司成员或者成员公司的高级职员。另外，英美法系国家还规定了董事会的交叉任期，有的地区甚至要求董事必须是保单持有人（如加州）。

三、监事会

大陆法系相互保险组织的治理结构存在监事会的设置，其功能在于监督公司董事会的管理行为，确保公司正常运转，由此各国法律对监事的选任和监事会的职责都有相应规定。

在日本，相互保险公司的监事由成员大会或成员代表大会提名并选举产生，公司监事通过参加董事会会议或公司其他重要会议来对董事履行职责进行监督。监事会由全部监事组成，具体职责主要在于出具监察报告、设置监察方针、确定公司业务和财产状况的调查方法等。

在德国，除了第一届监事会的组成和选任外，如果保险互助社有超过 500 人的员工，监事会三分之二的成员应由最高机构选举，三分之一的成员由员工选举产生；在员工人数较少的情况下，监事会应单独从成员大会中选举。监事会由 3 人或者 3 的倍数组成，最多不超过 21 人，其职责主要包括：监督业务的执行，查阅和审查公司的账簿文件以及财产，任命董事会成员并确定每位董事会成员薪酬，监督董事会的经营管理，选择、聘任、解聘公司的审计师，以及审查并共同确定公司年终结算和盈余的分配方案。

第二节　交互保险社的治理结构

交互保险社的治理结构与股份制保险公司存在较大差别，交互保险社主要通过认购人和代理人之间的委托代理关系来实现内部治理。认购人与代理人之间的委托代理合同，可以规定更换代理人、废止合同及废除代理权限的权利；基于认购人的合意对代理权限的行使施加限制；规定或限制认购人支付的最高数额；规定认购人直接或行使认购人权利的组织对代理人进行监督。

一、行使认购人权利的组织

加州保险法并未对行使认购人权利的组织形态进行强制性规定，允许其根据认购人采纳的规则而选择。该组织应当由认购人及认购人的代理组成，其中不能有三分之一以上成员是代理人的代理、员工或股东。该组织的职责在于监管交互保险社的财务状况并监督交互保险社的运营以确保与认购人合同和授权委托相一致。为此，该组织应有权获取账户审计以及交互保险社及代理人的记录，其开销由交互保险社承担。

二、代理人

代理人作为交互保险机构的主要管理者，加州保险法对其提出了系列监管要求。代理人在申请准入前应向保险监督官提交由其宣誓或由其授权官员宣誓（当代理人是公司时）印证的声明，该声明需规定系法律强制性规定的内容。此外更重要的是，为了约束委托代理人的欺诈和不诚实，加州保险法要求代理人签署一种“为加州人民利益”的担保证书，其赔偿金为5万美元（但认购人签署的委托授权条款或互助保险社采纳的规则可以规定一个更高金额)，要求该代理人忠诚地保管交互保险社的财产而不将其用于私人用途。若代理人违反该忠诚义务，则因其违反该义务遭受损失的认购人或者认购人的任何成员均可提起诉讼，在清算中则由接管人或托管人提起诉讼。

第三节　域外国家相互保险组织治理结构的特殊之处

一、日本的投保人恳谈会和评议委员会

投保人恳谈会以向投保人提供经营情况、听取投保人的意见和要求为目的，每2~3年分别在保险公司的每家分公司召开。日本生命自1975年开始，每年都在日本境内举行投保人恳谈会，它是日本生命介绍公司经营活动和听取投保人针对公司管理、产品和服务的反馈意见及要求的平台。公司会识别和回应那些呼声最高的反馈意见和要求，并向会员代表大会和评议委员会报告。

另外，相互保险公司设置评议委员会作为经营咨询机构，其由成员代表大会从成员或资深人士中选举。根据日本生命2014年年度报告所披露的信息，公司的评议委员会是确保公司管理适当性的管理建议机构，其成员由会员代表大会从投保人和专业人士中选任，他们就咨询的重要管理问题给出建议，并陈述投保人对公司管理的意见，前述建议和意见需要向成员代表大会报告。

二、英国的分红委员会

在英国，分红委员会（With-profit Committee）是相互保险公司董事会下的一个特殊组织，委员会的职责是依据英国1992年《互助社法案》的规定扮演一个前瞻性的管理角色，对影响分红保单持有者的相关事项提出自己独立的意见，特别关注能否公平对待顾客，有效地控制和管理业务，与顾客顺畅沟通以及处理好利益冲突事项。此外，英国监管机关也就分红

委员会应该重点关注的事项进行了规定，比如盈余以及超额盈余（Excess Surplus）的确认，可以分配的盈余以及需要留存的盈余的确认，对被提议能进行分配的保单的确认；分红率如何得到平滑，市场价值的减少如何进行计算与适用等。

综上所述，相互制保险公司的法人治理结构通常是会员（代表）大会、董事会与监事会，除此之外，为了体现相互制特色，保障会员利益，还有投保人恳谈会、评议委员会和分红委员会。会员代表大会较会员大会是更常见采用的形式，有些国家对会员代表人数进行限制，如德国为10~40人之间；在会员代表大会的参与范围上，主流监管要求是公司的会员，但也有规定出资人可以其股份代表的投票权参与会员代表大会，投票机制上有一人一票，有与保费挂钩；董事会的人选来源上较多样化，包含外部独立董事、高级管理人员董事、会员选举董事、监事选举董事等；在部分国家，相互保险组织监事会的权力有其特殊性，如德国保险法规定董事会成员由监事会任命。

第五章
相互保险组织的盈余分配

盈余分配是相互保险组织运营过程中十分重要的一环，它关系到投保人作为组织的成员或所有权人如何实现其剩余索取权。由于成员权益不像股份公司的股份那样可均分并自由转让，投保人无法通过转让成员权益来实现资本利得，只能依赖从相互保险组织获得的盈余分配或剩余资产的分配。当然，相互保险组织通常强调“不以营利为目的”，但为维持保险事业持续均衡发展，机构也必须谨慎管理资产并实现盈利，并尽可能达到会员利益再分配率最大化。①

首先需要澄清的一点是，广义上相互保险组织会员的剩余索取权可以体现在四个环节：盈余分配；保单到期或提前退保时的可得权益；公司解散清算时的清算所得；非相互化时转换为股份公司的股份。本章主要关注狭义上的剩余索取权，即盈余分配问题。这是相互保险组织运作过程中比较复杂的一个问题。其原因大致有三方面：一是保险公司相较于其他行业的商业组织，其盈利的计算与确认都比较复杂，依赖精算技术；二是相互制企业相较于股份制，不存在资本主导的单一逻辑，成员参与分配的标准多元化，进而容易滋生矛盾或利益冲突；三是权益分配与产品层面的分配存在交叉，特别是在寿险企业的分红保单业务下，保单层面的分红权与相互保险组织成员的分红权之间容易出现混同。

通常来说，商事组织法规制盈余分配问题主要是防止商法人过度分

---

① Shaun Tarburk, Th. Weishaupt（魏得力）：《相互保险机构：中国保险市场的机遇》，北京，相互保险领袖训练营资料，2016 - 01 - 15。

配，避免在有限责任制度的框架下恶意损害债权人的利益。它主要体现为“资本维持原则”的应用。但在相互保险组织中，立法与监管者不仅需要关注传统的过度分配问题，也需要关注不分配问题。因为相互保险组织的内部人控制问题比较严重，投保人的集体冷漠和“搭便车”行为也导致其难以对公司的分配决策进行有效监督或干预。因此，相互保险组织的分红规则比一般公司更为复杂，实践中，各国的做法也有显著差异，当然也存在一些共性可供参考。

第一节　分配对象

相互保险组织分配对象为“可分配盈余”，只要分配后剩余盈余不低于法定最低盈余要求，分配便可以进行。“可分配”的要求体现着法律对于作为有限责任法人的商主体所适用的资本维持原则。早期，各国法律对法定最低盈余有多种界定标准。例如，美国纽约州法律规定寿险盈余分配时须留出用于偿付尚未偿付的递延股息保单及盈余的累积的数额，财险/意外险则须保证特殊的或有盈余不因盈余分配而受到减损。当前，在偿付能力监管下，满足法定最低盈余要求可理解为不影响相互保险组织的偿付能力。

对于相互制的寿险公司而言，可分配盈余也可分为两大来源：一是分红保单持有人基于保单下资金池的运作而获得分红；二是相互保险组织会员基于所有者身份在整个组织层面获得的盈余分配。实务中，相互保险组织可能仅仅对投保人宣派一笔分配，但其中包含两部分内容。也有相互保险公司在年报中明确：保单持有人获得的分配，除保单红利（Bonus）之外，还有股利（Mutual Dividend）。

第二节　参与分配的主体

理论上说，所有保单持有人作为相互保险组织的会员均有权参与盈余分配；在人寿保险公司中，分红保单的持有人通常也就是相互组织的成员。但实践中，各国相互保险组织均存在非会员业务，此时非会员保单持有人与相互保险组织间则仅存在保险关系，不存在所有权人身份，因此也无权参与盈余分配。

通常相互保险组织的章程、细则以及相关保险合同、保单会对有权参与盈余分配的产品或投保人范围加以明确。本书关注的一家样本公司——纽约人寿 2015 年年报及其附件对该公司红利所覆盖的产品范围和分配流程进行了比较具体的介绍：可以分红的产品范围主要是终身寿险（Whole Life）类型的保单（终身型产品）；分红的确定主要考虑以下因素：保费、投资收益、保险成本、法定准备金和必需盈余的增加、费用、税收影响、净盈余贡献因子等。

第三节　分配标准

相互保险组织不存在如公司股份那样的单一分配标准，而是依据保单持有人所持保单类别、属性或特征确定不同类别投保人的具体分配标准。公司章程或者特定保险产品的保单条款通常会载明盈余分配的基本依据及来源。有些国家（如日本、德国）的法律或监管政策也会对分配标准给出指引。

例如，日本相互保险组织通常对储蓄较多的寿险保单（如终身保险）采取资产份额法，盈余分配主要以保单持有人所缴保费及该保费运营所得利益为标准；对储蓄较少的寿险保单（如定期保险）采取利源分析法，先划分可分配盈余的来源，再确定各保单依据责任准备金、保险金等因素在各来源下应取得的分配额；对储金型保险则先根据保险期限划分组别，再确定各保单依据责任准备金、保险金等因素而在相应组内应得的盈余分配。①

在美国，一些相互保险组织会依据投保人的会员账户的金额大小来分配。该账户中包括“累积盈余 + 本年度保费”两部分（第一年投保的会员

① 《各国保险法规制度译编》，433 页，北京，中国金融出版社，2005。

账户只有本年度保费一项)，体现的是会员对相互保险组织的净盈余方面所做的贡献。这种分配标准与合作社通常采取的“股本+惠顾”的分配标准比较相似。

第四节　分配决定权

分配决定权是公司治理中的一项权力配置，英美法系与大陆法系国家的立法有较大差异。

美国、英国相互保险组织由董事会全权决定盈余分配，董事会依据保单、合同规定，参考精算师报告，对盈余分配的时间、金额作出决定。此外，英国董事会下设分红委员会，对分配事项独立发表意见。

在德国，相互保险组织盈余分配分为三层：最低分红金额由法律、保单合同及企业计划确定；最低金额以外分红部分分别由董事会或董事会与监事会共同决定；计提分红准备金和其他准备金后的资产负债表盈余是否用作盈余分配由相互保险组织最高权力机构（会员大会或会员代表大会）决定。

第五节　分配方式

各国的盈余分配方式既受到法律约束，也与传统习惯相关。直接派息和保费折抵是最常见的两种分配方式。除此之外，也会给予保单持有人其他选择。例如，美国寿险保单持有人可以选择累积生息至保单到期日支付、增加保险金额等分配方式。

与绝大部分国家不同的是，英国相互保险组织采取增额红利法，即公司宣派的红利只能增加保单持有人的保险金额，保单持有人仅在保单期满或终止时才能获得现金流。

第六节　分配流程

相互保险组织通常设立“分红准备金”以作分红之用。该准备金账户为历年积累的资金池，相互保险组织从当年利润中提取部分数额作为分红来源注入该资金池，同时根据公司经营现金流状况从池中提取部分数额进行实际宣派。

分红准备金属于全体成员，理论上应列入相互保险组织资产负债表的权益部分或净资产部分。但分红准备金的本质为未来向保单持有人进行的分配（尽管未实际宣派），因此构成相互保险组织对保单持有人的负债，美国、德国、日本等均将“分红准备金”列在资产负债表的“负债”项下。

当年计提的分红准备金（德国、美国加州）或者实际宣派的分红（如日本、美国纽约州）作“费用”处理，无论是会计上还是税务上都是如此。其原理在于，分红在保险公司中通常理解为之前所收取的保费的返还。此外，当分红折抵保费时，折抵部分通常记为“当年已赚保费”，在损益表中列入当年的“保费收入”。

第七节　会员的权益账户

实践中，英美等国的相互保险组织通常给投保人设立两个账户，一是承保账户，二是资本账户（或会员账户），后者作为投保人会员权益的一种记录。这种账户本质上属于相互保险公司内部进行资本管理的工具，投保人不能直接对资本账户主张所有权，因为相互保险公司的净资产并非像股份公司的股东权益那样直接量化到股东个人。其中，资本账户的部分金额会不定期作为盈利分配给会员，而尚未宣派数额由相互保险组织统一进行资本运营，并满足资本监管要求。当然，投保人在保单到期时，或者退保时，可能会从资本账户中获得其应得利益。

第六章
相互保险组织的会计、税务与信息披露

第一节 相互保险组织的会计

保险业是受到高度监管的行业，其财务会计具有双重规范、双重财务报告的特点。相应地，也存在适应不同会计准则要求的审计规则和审计程序，以满足不同的编报目的以及不同报表使用者的需求。此外，在财务会计与税务会计分离的国家，保险公司进行纳税申报时，还需要按照税务会计规则进行应税所得的调整。

具体到本书关注的相互保险公司，它与股份制保险公司的财务会计制度基本上是一样的，仅在涉及出资、分配的个别会计科目上存在差异。

一、通用目的财务会计报告 vs 监管导向财务会计报告

具体来说，保险公司需要遵循两套会计准则，其财务报表也需按照两套会计准则来分别编制。

一是商业会计准则，由商法（如德国等）或者一般公认会计准则（如美国的 GAAP）确定。按照上述规则编制的财务报表可以满足一般使用目的，通常提供给企业的各类外部财务报表使用者决策使用。

二是保险监管部门制定的会计准则，可简称法定保险会计准则（Statutory Accounting Principles，SAP）。按照此类准则编制的法定会计报表须提供给保险监管当局，用以评价保险企业的偿付能力。

通常来说，在通用商业会计准则或 GAAP 下，财务会计及报告是基于

“持续经营”假设，也就是说更面向企业的未来。财务报告的主要关注点是收益及其构成，以揭示企业未来持续经营下的盈利能力。相反，监管会计报告或 SAP 是基于清算假设和流动性会计准则，强调财务状况的测定以支持偿付能力的监管，其目的在于揭示保险公司履行对保单所有人和索赔人责任的能力方面的相关信息，关注的是盈余的充足性。

下面以美国的 GAAP 与 SAP 为例，对二者之间的区别进行归纳，具体见表 6－1。

表 6－1　　GAAP 与 SAP 比较表

项目	GAAP	SAP
信息使用	投资大众、一般债权人、证监会	代表投保大众监理机构或社会中立评鉴机构
信息强调	着重强调获利能力	关心偿付能力，重视财务状况
时间强调	重视长远经营	强调目前
环境假设	持续经营假设，排除清算状态及准清算概念	排除持续经营理念；虚拟停业清算，采用准清算观念
资产确认	全部资产	仅为认可资产
可接受价值	币值稳定假设下，承认历史成本，坚持谨慎原则，主张成本市价孰低法，市价低于成本，其差额列为营业外损失	准清算概念下，仅承认净变现价值，不良资产净变现价值低于成本，其差额确认为非认可资产
负债确认：准备金及保单红利	公司本身与业界经验及未来所有红利的现值	法律规定
收入确认：满期保费支配	承保期间	保费期间
费用确认：首年保单获取成本	递延摊销（资本化处理）	全部作为当期费用确认

二、股份制与相互制保险企业在会计科目上的主要差异

股份制保险公司和相互制保险公司在会计科目上的差异主要集中于出资与分红两方面，涉及资产负债表之所有者权益部分，以及损益表之费用部分。

（1）在资产负债表的所有者权益或净资产部分，股份制保险公司有“普通股股本”（Common Capital Stock）及“出资溢价/资本公积”；相反，相互保险公司没有股本及资本公积，而是以“设立基金”、“溢余票据”等代表此种性质的资金来源。此外，相互保险组织的各类盈余通常反映在“累积盈余”或者“未分配资金”（Unassigned Funds）科目下。

（2）在损益表里，作为费用列支的分红科目，在相互保险公司、股份保险公司均表现为保单持有人分红（Dividend to Policyholder）。此外，股份制保险公司还有对股东的分红（Dividend to Shareholder），它不属于费用范畴，而是属于公司的利润分配。

第二节　相互保险组织的税收

总体上，各国税法对相互制的保险企业与股份制保险公司给予同样的税收待遇。相互保险组织非以营利为目的的特征，并未导致税法上将其作为“非营利主体”而免征所得税。当然，个别情形下，一些国家也会基于各自的政策考量出台某些专门针对相互保险公司的税收政策。

一、个别情形下相互保险业务的特殊税务待遇

美国联邦《国内税收法》有两处规定了针对保险公司的特殊税收优惠，其中一处仅针对相互保险公司，另一处则同时适用于相互公司和股份公司。第一，若相互保险公司毛收入（Gross Receipts）不超过 15 万美元，且上述毛收入中超过 35% 的部分由保费收入（Premiums）构成，① 则对该相互保险公司豁免征税。② 第二，若满足法定要求，则仅对保险公司的投

---

① 若为股份保险公司，则需满足毛收入不超过 60 万美元和超过 50% 的部分由保费收入构成。

② 但是，这一豁免有两项例外：第一，根据《国内税收法典》第 501（c）（15）（A）（ii）条的规定，如果该公司的雇员或该雇员家庭中的一个成员，是另一个已根据本条获得豁免的公司的雇员，则该公司不能享受此项豁免；第二，根据同法第 502 条的规定，如果相互保险公司是营利性的，且其所有收入都上交给一个已经享受第 501 条豁免的相互保险公司，那么该公司不能再享受本项豁免。

资收益（Taxable Investment Income）征税,[①] 这就赋予了小型保险公司特殊税收待遇，但并不区分相互制或股份制而有所不同。

在英国，税法承认相互保险公司运营的 Non-BLAGAB 业务[②]如果是以相互制为基础，则不存在课税基础。[③] 这也是课题组发现的唯一一个基于相互制的逻辑而给予免税处理的个案。当然，并非相互保险公司运行的所有业务都以相互制为基础，如相互保险公司针对非会员提供的保险业务，对于此类业务是存在课税基础的，应该缴纳公司所得税。

在德国，小型互助协会在满足一定条件下可以免交企业所得税。对于经营养老、死亡金、健康险且符合特殊前提的企业免征营业税。在日本，互助保险中的简易保险是免税的；其他的险种税率也仅为 25%，较之商业保险的 40% 税率要低很多。

二、交互保险社的特殊税务处理

交互保险社是美国流行的一种互助保险形态，其组织架构呈现为“社员—交互保险社—代理人”的三级主体，每一级主体都存在联邦所得税的缴纳问题。

一般情况下，当交互保险社和代理人均为法人时，按照美国《国内税收法》有关保险的规定之第 11 条纳税，即按照各公司每个纳税年度的应税收入课税，并根据应税收入的多少实行累进税率（从 15% 至 35% 不等）。如果应税收入为 10 万美元以上，则税款还要额外加收增加额的 5% 或 1. 175 万美元中的孰低者；如果应税收入为 1 500 万美元以上，则税款

---

① 根据第 831（b）（2）条的规定，法定要求为：第一，净保费（Net Written Premiums）和直接保费（Direct Written Premiums）中较大者，不超过 220 万美元；第二，满足分散性（Diversification）要求，分散性要求是指，没有一个保单持有人贡献了超过 20% 的净保费收益，或没有一个股东所持份额超过在对应资产中享有份额的 2%；第三，该公司选择适用本条。

② BLAGAB（Basic Life Assurance and General Annuity Business），指人寿保险业务，但是不包括年金业务、儿童信托基金业务、个人储蓄业务、再保险业务等。

③ “Non-BLAGAB that is mutual is not taxed. If, exceptionally, there is a non-mutual non-BLAGAB trade, then this would be taxed on a trade profits basis as for other insurance companies, with group relief possible in respect of losses.” See Deloitte, UK Corporation Tax for Life Assures Summary Guide and Example Computation, p. 34.

还要额外加收增加额的3%或10万美元中的孰低者。

此外，对于交互保险社的应税收入，应允许扣除纳税年度内记在认购人贷方账户的存款增量，并且应将纳税年度内记在认购人贷方账户的存款减量包含在毛收入的项目中。“记在认购人贷方账户的存款”指纳税年度终了后下一年的3月16日之前记在认购人独立账户贷方的那部分溢余，但公司只在认购人在公司纳税年度终了时终止合同的情况下，有责任立即向认购人支付该金额。为确定认购人应税收入之目的，认购人应把这种“记在认购人贷方账户的存款”作为已支付或已宣布的红利。

根据美国《国内税收法》保险部分第835条的规定，如果交互保险社同意对税前扣除额施加一定的限制，则在其满足某些要求的情况下，可以享有直接税收扣除。接受限制的交互保险社的直接扣税额，等于代理人为其从交互保险社处得到的收入所支付的税款。代理人已缴纳的部分，交互保险社不应缴税；未缴纳的部分，交互保险社仍要缴税，代理人方面的纳税不受影响。

第三节　相互保险组织的信息披露

相互保险组织的信息披露与股份制保险公司并无不同，都包括定期报告和临时报告，其中定期报告分为年报、半年报和季报。定期报告中的年报中通常包含经独立审计机构审计后的财务报表，格式可以由监管部门出具标准报表，也可以不作此种要求。此外，定期年报除含有经审计的财务报表外，也可以加入业务的说明或者其他相关事项，如日本《保险业法》中规定年度业务报告书中应包括业务报告、补充计划、投保人大会事项、资产负债表、损益表、现金流量表、盈余和损失处置表、成员资产变动表等内容。样本国家中也有要求提供半年报及季报的情形，但半年报、季报中披露的内容一般也以财务报表为主。除了定期报告外，样本国家中也有要求在发生特别事项，如进入新的业务领域、关键高管人员变更、内部组织架构变更、发生重大诉讼事项、业务经营战略变更、财务状况发生重大变化等事项时，由相互保险组织向监管部门提供临时报告进行说明。

相互保险组织的披露方式主要包括两种，一种应监管部门要求或者按照信息披露的规则向监管部门提供定期报告和临时报告，另一种是在其官方网站上公布每年的年度报告。对于前者，部分样本国家在监管部门的官方网站上有专门提交报告的系统，相互保险组织通过注册获得的账号和密码即可登录网站提交报告。对于后者，主要在相互保险组织的官网上专列年报一列，由该组织负责定期将报告内容上传并于网站上进行公布。

此外，部分国家还区分了大型相互保险组织与小型相互保险组织，并对小型相互保险组织有特殊规定。对于小型相互组织，在样本国家中如德国，监管部门要求其披露的事项更少，也有专门的财务报表披露格式，以适应其业务类型单一、组织结构简单的特征。

第七章
相互保险组织的合并、转制与解散清算

第一节　相互保险组织的合并

就相互保险公司的合并与分立而言，相互保险公司的分立在法条中规定较少，且未见实践中的案例，因此本节以相互保险公司的合并为主题展开。

一、各国相互保险公司合并程序安排

各国对于相互保险公司合并的程序规定与股份公司基本相同。

（一）缔结合并合同

申请合并的相互保险公司应缔结合并合同，合并可以采取吸收合并和新设合并两种形式。

相互保险公司的合并合同或其草案应包含以下事项：（1）参加合并的权利承担人的名称或商号以及住所；（2）关于以给予承受财产的权利承担人股份或成员资格为条件，将任何一个转移财产的权利承担人的财产作为整体进行转移的协议；（3）转移财产的权利承担人的行为视为以承受财产的权利承担人的计算实施的行为的时刻（合并的施行日）；（4）向参与合并的权利承担人的代表机关或监督机关的成员、执行业务的权利人、决策审查人或合并审查人给予的任何特殊利益；（5）合并对雇员及其代表机关的后果，以及在此方面规定的措施。

（二）成员大会决议

合并需经过成员大会决议许可，在具体规则设计上，则存在灵活性。

各国对出席成员大会的人数和所持投票权比例进行了规定。

加州规定相互保险公司的合并、分立和转制需有董事会多数票决议批准，10%以上的成员亲自或通过代理人出席专门为该类事项而举行的成员大会，以及三分之二以上的赞成票。日本规定相互公司进行合并，需要有成员大会的决议，该决议需半数以上的成员出席成员大会，并由所有出席大会的成员所拥有表决权的四分之三以上的多数赞同，方能通过。英国规定相互保险公司需在作出合并决议的会议召开之前不少于14天之内，就转让意图向有投票权的成员作出声明。德国规定成员代表大会的合并决议需经所投票数的四分之三多数的同意。

（三）公告合并决议

成员大会通过合并决议后应当将决议进行公告，投保人可对决议提出异议。根据日本的规定，投保人对合并公告持异议的，应在一定期限内提出，但该期限应不少于一个月。如果提出异议的投保人的人数超过投保人总数的五分之一，并且合并公告公布之时，与提出异议的投保人的保险合同有关的债权的数额（保险金请求权除外）相当的金额超过全部投保人的保险合同对保险公司的债权额的五分之一，则合并决议无效。

（四）提交合并申请

合并决议公告后，相互保险公司应向保险监督机构提交合并申请。各国有不同的保险监督机构。加州监督机构为保险监督官，英国为管理委员会，管理委员会根据法规规定的内容对相关申请进行审查，作出是否准许的决定。日本规定欲进行合并的保险公司应向金融监督厅长官提交认可申请书以及其他各项法定文书，合并须经内阁总理大臣许可方能生效。

（五）办理公司登记及公告

合并后继续存在的保险公司应进行变更登记，申请变更登记应提交各项法定材料。

二、特殊规则

（一）所有者权益选择性转换

在一家相互保险组织被一家股份保险公司合并的情形下，原相互保险组织成员，可以选择将其所有者权益转化或换为股份保险公司的股份，也可以选择转为保费保证金；相互保险组织的出资人，可以选择将其持有的票据或债务工具兑换为现金或合并计划中规定的证券。例如加州规定，如果一家相互保险公司被兼并、合并或者成为新组织的一部分，而存续的、合并后的或持续的公司是一家股份保险公司，那么该计划应当规定转化或将相互保险公司现有成员的所有者权益换为股份、认购权（Subscription Right）、认股权证（Warrant）、选择权、现金、红利、保费存款、出资证明或其他权益的方式。

（二）公司董事会内部合并审查人

相互保险公司的合并增加了董事会内部的合并审查人。例如德国规定，董事会提出合并方案后，应由公司董事会选任合并审查人，对相互保险公司的合并合同或其草案进行审查。合并审查人应对审查结果进行书面报告。

（三）合并剩余金

日本规定了有关合并剩余金的事项。根据《日本保险业法施行规则》第101条，合并剩余金额是指因合并消灭的相互公司纯资产额的金额扣除成员寄与份的合计额的全额，包括合并公告时为被保险人提存的金额；未经过期间（是指在保险合同规定的保险期间中，在公告时未经过的时间）的保险费金额；公告时提存作为债权人异议的返还累积金的金额。

若存续公司向消灭公司的社员支付股份或者金钱，若股份是存续公司的股份，合并合同中须规定股份的数量或计算方法，该存续公司的注册资本额和公积金数额或计算方法及对公司的社员分配股份的相关事项。根据《保险业法施行规则》第100条，存续公司的注册资本额和公积金数额是指合并消灭的相互公司的成员与该相互公司签订的各保险合同的寄与份的合计金额。寄与份指公司运用社员支付的保险费经营所得收益中，扣除事业费、支付给社员的保险金和返还金、为保证社员作为投保人的权利而计提入资产的部分之后剩余的金额。

小结：各国关于相互保险公司合并的规定中值得我国借鉴的做法包括：（1）增加公司内部合并监督人。（2）规定科学的股份转换方法。原相互保险组织成员，可以选择将其所有者权益转化或换为股份保险公司的股份，也可以选择转为保费保证金。（3）规定合理的合并剩余金额计算方法，防止相互保险公司合并前后资产损失，危害投保人利益。

第二节　相互保险组织的转制

一、相互化

在保险行业中，相互化是指保险组织从股份制转变为相互制，也就是企业所有权从原股份制保险公司股东手中转移到转制后的相互保险组织的有权保单持有人手中。相互化的可能效果包括降低营销成本、缓解经营困难、规避敌意收购等。转制的大致流程是先制订转制计划，再经由内、外部批准通过。股权回购是相互化计划中的主要内容，从而清除公司中的股东。此外，日本还对变更后的基金和准备金等做出了要求。

（一）转制计划

计划的内容方面，日本要求计划中必须包含组织变更后的相互公司的基金总额、组织变更时提取准备金和损失填补准备金额、有关补偿股东和新股预约权人的事项、组织变更后投保人的权利、组织变更生效之日、利润分配补充规则、股权认购规则、相互公司的自愿准备金等。保险公司实行相互化后，相互公司须扩募基金，以使其基金总额达到十亿日元。基金总额的部分或全部，可以用组织变更时提取准备金来替代；必须提取与赎回额相当的赎回公积金；可以提取损失填补准备金。美国没有此种要求。但美国的相互化主要限制在人寿保险领域，其相互化计划中要详细说明股票的收购方法和支付模式，甚至确定收购价格。

（二）转制计划的批准

各国均规定相互化计划必须有股东投票表决通过，美国方面还规定了董事和有权保单持有人的表决。另外，监管部门在各国的保险组织转制中均扮演重要角色，其对相互化计划的审核有两大重点，一是确保资金的充足性，即审核转制后是否具备足够的财产基础，以保障保险公司业务的健全、有效运营。二是保护保单持有人的利益，即审核相互化是否会损害保单持有人利益。

（三）转制计划的生效

在美国，公司所有股本被赎回或因计划规定的期限届满而取消的时候，公司就成为没有股本的相互制保险公司。日本还赋予股份公司的投保人和其他债权人就转制提出异议的权利，以及股份公司的股东、破产管理人、不承认组织变更的债权人提起组织变更无效之诉的权利。

二、非相互化

相互保险组织的“非相互化”是与“相互化”相反的转制，就是保险组织从相互制转变为股份制。转制的原因，宏观上在于现代金融市场的发展使相互保险公司在资金筹集和经营管理方面的劣势凸显，微观上可能在于公司财务状况的恶化。

（一）非相互化计划

非相互化计划中的重要组成部分是确定转制后股份公司的股份数额以及对相互公司成员的补偿方式。此外，日本还要求计划中必须包含变更后股份公司的公积金等事项。美国纽约州则纳入了对借款合同债权人的处理方式。

（二）非相互化过程中的补偿

1. 补偿的形式

原相互保险公司成员获得的补偿通常为转制后股份保险公司或其他公司的股份、现金，或其他对价。例如，根据美国马萨诸塞州保险法，非相互化转制计划应规定支付给每个保单持有人的对价可以包括现金、有价证券、认购证书、额外的人寿保险或年金的利益、增加的红利或其他对价或这些对价形式的组合。此外，该州还规定保单持有人按比例对重组后的公司股票享有优先购买权。

2. 补偿的计算

对公司各成员进行补偿的计算方式上，各国有不少差异，但均以保费或保险金额作为重要的计算要素，进而确定成员应当获得的补偿。例如，纽约州依据保单持有人在相互保险公司中的“公平份额”来确定补偿的多少，这一“公平份额”由净保费与同类业务的总净保费之比率决定。纽约州的“公平份额”与日本的“寄与份”有着类似的理念。日本的“寄与份”是从成员缴纳的保险费以及由保险费所产生的收益的合计金额中，首先扣除用于支付的保险金、退款、其他给付金、事业费和其他支出的金额，再扣除为履行保险合同上的债务而应确保的资产额后得到一个余额，它代表了成员对公司累积盈余的贡献程度。这些数额的计算方法根据每一相互保险公司所设定的不同种类的保险合同各不相同。德国对会员在股份有限公司参股的标准有较直观的规定：除了以保险金额为依据之外，出资的数额、人寿保险中责任准备金的数额、章程中规定的分配盈余和分配财产的标准，以及会员资格的存续条件等，均可成为计算依据。

对于成员的份额进行转换计算后未满一股时的处理方法，美国纽约州和日本均有规定。例如，纽约州的保单持有人可以选择与零股等价的现金，或补足现金购买整股。

在确定保单持有人是否可以在股份公司参股或是否可以获得对价这一问题上，德国和美国纽约州均对保单的持有时间有所限定。德国的互助社团可以在改组决议中规定，社员在决议变更前属于社团不到三年的，不得在股份有限公司参股。纽约州与德国有所不同，该州的相互保险公司应在计划中规定，在决议采纳日前三年内有生效保险的人，都应在不需额外支出的情况下获得对价，用以交换保单持有人的公平份额。

（三）非相互化计划的批准

非相互化的批准模式与相互化类似，需要董事会或最高代表机关和保单持有人层面分别投票通过，并且同样需要监管批准，但不再需要股东表决。纽约州还规定监管者可以指定中立方对相互保险公司乃至其关联方的公允市场价值进行评估并向监管者汇报。在德国，如监管机关认为改制后机构透明度或者高管合格性不够等，可以拒绝批准。

第三节　相互保险组织的解散清算

相互保险公司的解散清算和股份制保险公司相同，分为自愿和强制两类。自愿进行清算，如公司章程所规定的公司存续期已过或经会员代表大会决议通过。被强制要求清算，通常是在自愿清算、整顿、接管期间或被撤销后，因符合破产法对破产清算的要求或出于其他考量，而由保险公司自发地或由保险监督官、债权人向法院提出清算请求。

各国法律对整顿、接管或撤销相互保险公司的标准和破产标准作出明确规定，同时要求清算须得到监管者或法院的准许，并向公众公告清算事宜。相互保险公司的清算程序包括：确定清算组和/或清算人；保险合同解除及未满期保险业务的转移；办理注销登记。

一、保险合同解除及未满期保险业务的转移

进入清算程序后，针对未履行完毕的保险合同，各法域会设计不同的解除规则和解除后效果。如德国法规定被保险人最早于解散决议指定之日起四周后终止保险契约关系。保险理赔的发生早于此时间者，仍可以请求法院通知其同意。为将来的保险期限预付的任何预付款，可以在扣除所发生费用后偿还。除公司章程有特别规定外，人寿保险契约不受（上述事项）影响，但其将全部或部分保险业务（the Portfolio）转移给其他公司，除非章程另有约定，应经过会员代表大会四分之三表决通过。日本法则规定，相互保险公司解散时，投保人可以解除保险合同，但解除行为不具有溯及效力。若投保人不解除合同，该合同自公司解散之日起三个月后自动终止。因相互保险公司解散而解除保险合同的，清算保险公司必须向投保人返还剩余保险费等行政法规规定的金额。

二、抵销的限制

加州保险法对清算过程中的抵销限制做了较为典型的规定：在清算中，无论是源于一个或多个合同，相互保险组织与他人的债权债务可以相互抵销，并以净额结算偿还，但如下情形不能抵销债务：（1）保险人对特定主体的负债，在进入清算程序之时，不会授予该主体作为原告分享保险人财产的权利；（2）为了行使抵销权而购买或受让保险人对债权人的负债；（3）认购人的履行追征义务不得与保险人对其所负的基于认购股本而

享有的剩余索取权抵销；（4）在一笔交易中，一方或相互保险人承担了风险和责任之后又将其全部转移给了另一方。尽管如前所述，但在获得保险监督官明确的书面同意情形下，基于合同订立、续签或展期而产生的一方与相互保险人的互负债务可以抵销。

三、财产分配

（一）财产分配顺序

总的来看，相互保险公司财产应首先清偿管理费用（即在清算过程中产生的费用）。除此之外，保单下索赔额和未满期保费返还居于优先地位，优先于税收债权。最后才是成员的剩余索取权。

（二）剩余财产分配标准

上述分配完毕后，若相互保险公司仍有剩余财产，则应当将此剩余财产依据一定规则在成员间进行分配。分配方案根据公司章程或者由成员大会决议确定，并且方案应由保险监督官审查批准，以确保分配方案的公平合理性。有权参与分配的成员应在分配财产基准日已作为成员达到一定累计年限（如三年或者五年），并且根据保费贡献比率确定。

四、追征义务

在清算过程中，若相互保险公司净资产不足以支付必要支出，则符合一定条件的成员可能承担额外追征义务，以保证清算程序的完成。例如，在英国法下，如果相互保险公司为保证有限公司，当公司清算时，会员或其停止成为会员之日起不超过一年的前会员，应向公司资产进行注资，以满足下列公司清算时进行的下列对外支付的需要：（1）公司在相关会员终止担任会员前产生的负债和责任；（2）清算费用；（3）会员之间权利调整的特定费用。

纽约州保险法规定，追征金覆盖的范围包括保险人可能负债与其资产价值的差额，但应仅对追征保单持有人征收，且不应超过公司章程、细则或保单中列明的最高限额。每个保单持有人应当承担的份额，应与经营亏损情形下追征金的承担方式相同。

小结：考虑到相互保险公司与股份制保险公司的清算基本相同，所以可能的借鉴有以下两点：第一，借鉴英美两国已有规则，设计清算过程中对追征保单持有人的追征制度，以满足清算必要开支，并相应在破产法已有抵销规则的基础上增设有关追征义务抵销限制的规定；第二，细化对剩余财产在成员间分配的审查标准，必要时增设保监会为审查主体。

第八章
保险保障基金缴纳及风险管理中的角色

第一节　保险保障基金的缴纳方式

根据研究过程中收集到的资料，在保险保障基金的缴纳上，股份制保险公司与相互保险公司之间并无根本性的区别。[①] 在缴纳方式上，保险保障基金的缴纳可分为事前征收和事后征收两种。其中日本、[②] 美国纽约州是事前征收，英国及美国大部分州为事后征收，[③] 德国则是分成两类，寿险为事前征收，健康险则为事后征收。[④]

对保险保障基金的缴纳，样本国家大体上都按照业务种类进行了区分，并且主要分为寿险和非寿险业务两类。如美国各州都区分了寿险和财险保障基金账户，英国区分了寿险与非寿险的征收，日本建立了寿险与非寿险保单持有人保护公司，分别管理两个保障基金账户，德国则建立了寿

---

① 见日本《保险业法》第265条之34的规定，见德国《保险企业监督法》第129条的规定对参加会员按照技术准备金的比例征收，而不是企业组织形式；2000年英国成立了统一的金融服务补偿计划，所有的经英国金融服务监管部门批准的金融机构都应参与到这一计划之中，保险机构根据上一年度的保费收入水平按一定比例征收，并根据投保人的保单进行赔付；普华永道反馈美国不区分相互及股份制保险保障基金的缴纳。

② 日本《保险业法》规定保单持有人保护公司的会员必须在每一个财务年度向机构缴纳负担金，负担金的金额根据各保险公司的年度保费收入额乘以一定的负担金比例，加上年度责任准备金金额乘以一定负担金比率后的合计金额。

③ 江生忠、朱威至、陈佳：《保险保障基金制度的国际比较与借鉴》，载《保险研究》，2008(11)：40。应注意的是，英国的机制与美国并不相同，英国区分了两类费用（管理费用和补偿费用）的征收，管理费用比较固定，年初征收。当支付金融消费者的补偿费用超出其所收费用时，会另行征收。

④ 德国区分了寿险和健康险，寿险缴纳比例为最高达赔款准备金的0.02%，在寿险在发生损失事件不足赔付时，还有额外缴纳额度，最高到赔款准备金的0.1%；健康险为事后缴纳。

险和健康险两种保障基金模式。

第二节 丧失偿付能力后的救助方式

在相互保险组织丧失偿付能力的救助方式上，样本国家保障基金行使职责的方式也大致分成两种模式，一是以德国、日本为代表的，运作保险保障基金的机构并不会直接对保单持有人提供赔偿支付，但会由保险保障基金直接接收或者通过资金援助的方式使第三方接收破产公司的所有保单（不进行折算），且按合同约定全额保证保险责任至合同满期；[①] 二是以英国为代表的，保险保障基金的救助重点在于对保单持有人的损失进行救济与补偿。英国从2000年开始实施统一的金融服务补偿计划（FSCS），对所有因金融机构丧失偿付能力遭受损失的消费者提供一站式的补偿服务。[②] 在赔偿方面，自2010年1月1日起，英国除强制性保险以外，所有非强制性保险的补偿限额都改为保险请求金额的90%。

在样本国家中，日本运营保险保障基金的保单持有人保护公司，在保险公司丧失偿付能力、濒临破产情况下的救助机制非常有特色，图8－1显示了其救助的三种方式。[③]

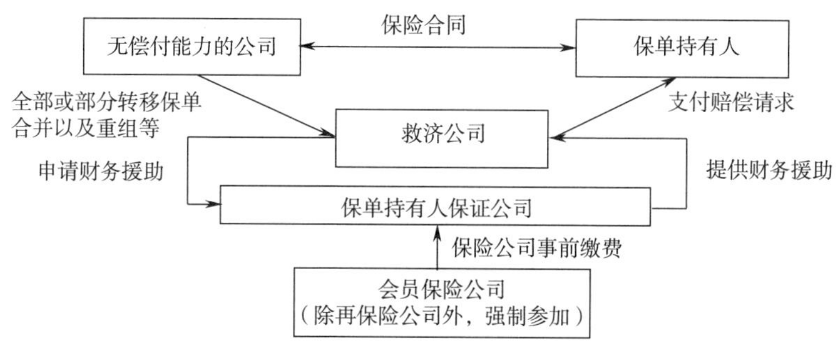

图8－1 日本保单持有人保护公司三种求助方式

① 德国保险监管机构最多允许将给付责任下调5%，以保障救助机构的正常运行。

② 稻田行祐：《投保人保护机构是如何运作的》，载《中国保险报》，2011－05－09，第6版。

③ 江生忠、朱威至、陈佳：《保险保障基金制度的国际比较与借鉴》，载《保险研究》，2008（11）：41。

• 在保单持有人保护公司接管破产保险公司保单的情况下

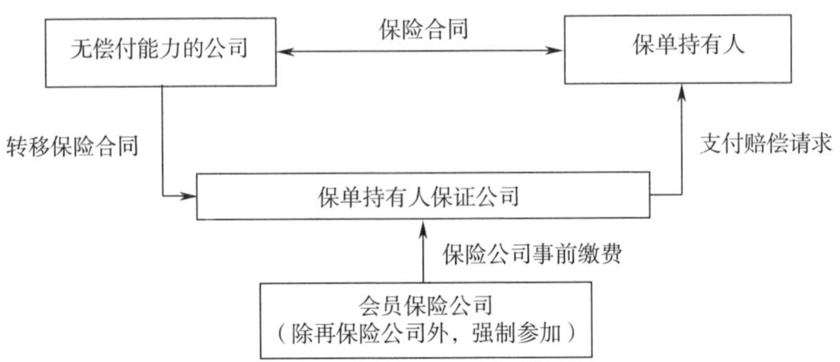

• 在由过渡公司接管破产保险公司保单的情况下

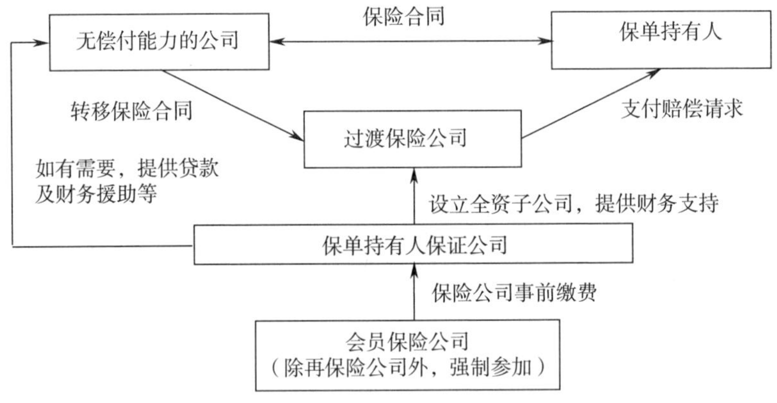

图 8－1　日本保单持有人保护公司三种求助方式（续）

第三节　具体运作介绍——以美国为例[①]

在美国，相互制保险公司与股份制保险公司相比，在缴纳保险保障基金方面没有特殊规定。

美国保险保障基金的筹集方式主要是通过各州保障协会管辖下的会员公司缴费来实现的。美国只有纽约州采取事前征集的方法，即在发生偿付能力不足情况之前就向会员公司征收费用，而其他的州保险保障基金都是

① 参见陈峰：《保险保障基金费率机制研究》，成都，西南财经大学硕士学位论文，2011。

采取事后征集的办法，即在发生保险公司无偿付能力的情况时，州保险保障基金的功能才会启动。征收的费用分为两类：一类是一般行政管理费用，其金额由基金董事会决定；另一类是补偿费用，用于提供当保险公司失去偿付能力时为履行保险责任等所需的费用，根据会员公司在过去一年或三年销售相应保单所获得的（平均）保费收入占指定基金账户对应的市场总保费收入的比例，确定各会员公司所应缴纳的费用。同时也设定了各会员公司的缴费上限。各州规定公司每年向财产与意外保险保障基金账户的缴费不超过其年（或三年平均）保费收入的1%或2%。

纽约州对寿险公司采取事后征收的方式，对财险公司采取事前征收的方式，除了相同的缴费依据和最高上限的比例之外，还对保险保障公司的日常管理费用以及基金账户的规模做了限定。纽约州保险法第76章规定，会员保险公司于每年2、5、8、11月提出当季保费收入报告给保障协会，一并提取当季总保费收入的千分之五到保障基金账户，同时为避免长期积累并闲置巨额资金，分别设立了基金总额的上下限。

一、寿险保证基金

（一）责任范围

按照人寿和健康保险保证协会示范法规，责任范围列于其成员保险公司签发的直接承保的个人寿险保单、健康险保单、年金保单及其附属保单，或列于团体保单的保险凭证及不分配年金合同上。年金合同包括有担保的投资合同和存款管理合同。不分配年金合同是指不能向个人签发并归其所有的个人保单或团体保单的保险凭证，虽然个人可以领取合同或凭证规定的年金收益。

（二）责任范围的限制

尽管保证基金的保障范围扩展到某些险种的保险单和保险合同及被保险人，责任范围还是受到除外责任和保险金额的限制。

依据全国保险监督官协会的保证基金示范法规规定，不属于保障责任范围的有：保单未承保的部分或由被保险人自担的部分；再保险（除非开具了承让证明）；保险单或保险合同中的利率超过规定利率部分；自筹资金或非保险方式的员工福利计划保障的部分；保单分红或经验费率退费；保单签发时未取得执照的保险公司签发的保单；为受联邦养老金保障公司（该公司独立提供保障）保护的员工福利计划提供的不分配年金合同。

（三）保险金额

各州规定对保单持有人的补偿不能超过保险合同或者保单的给付责任。一般情况下，寿险限制为30万美元，若出现投保人选择终止保险合同的情形，则死亡给付金额为10万美元。但应注意的是，工伤保险可获得全额赔付，这与寿险的赔付并不相同。[①]

（四）分摊

保证基金通过向其成员保险公司募集资金履行对保单持有人的利益给付，其成员保险公司支付金额的多少有赖于它们为筹集保险基金对某种或某几种保险（死亡保险、疾病保险、年金保险）的承保责任。每年的分摊额不得超过成员保险公司上年保费收入的规定比率。根据示范法规有关二级账户分摊的特别规定，每个账户的分摊限额比率为2%。

目前示范法规有两个账户：寿险和年金账户及健康保险账户。寿险和年金账户设有三个二级账户：寿险、年金和未分配年金。

（五）税收冲销

示范法规中包含一项选择性条款，允许成员保险公司在缴纳分摊额当年之后的五年内，把分摊的保证基金额与其保费、特许权或收入所得税对冲。尽管示范法规视税收冲销为一项可选择性权利，但在全国保险监督官协会对示范法规的解释中阐明：对于承保人寿和健康保险的公司，唯一适合及可行的补偿方法在于其保费和应承担的其他税收冲销。税收冲销条款有效地把分摊保证基金额中的一大部分，分散由执行保证基金所在州的所有纳税人承担，而不仅限于单个分摊保险公司的保单持有人承担。

（六）禁止性广告

示范法规禁止任何个人、保险公司或保险代理人以销售保单为目的为保证基金的存在做广告，然而它又规定必须把有关保证基金承保范围和责

---

① 江生忠、朱威至、陈佳：《保险保障基金制度的国际比较与借鉴》，载《保险研究》，2008(11)：40。

任的一般内容告知新的保单所有人。

（七）动用保证基金的原因

在示范法规下，如果成员保险公司丧失偿付能力（被勒令清算）或符合某些必要条件则需动用保证基金。同样，若保险公司遭受损害（被保险监督官认为不具备履行合同义务的潜能或被勒令接管或接受保护）以及不能及时履行给付也要动用保证基金。若州内成员保险公司遭受损失，符合特别规定情况者可以动用保险基金。

二、财产/责任保证基金

（一）责任范围

评估后的财产与意外保险保证协会示范法规适用于各种直接保险，以下 9 项除外：（1）人寿、年金、健康和丧失工作能力保险；（2）抵押保证和债权保证保险；（3）忠诚保证和确实保证保险；（4）信用保险；（5）保证或服务合同保险，包括：为提供某些利益的契约或服务合同签署造成的责任提供补偿的保险；（6）契约保险；（7）海上保险；（8）任何个人（包括个人的附属机构）与保险公司（包括其附属机构）之间进行的交易或一系列交易，其中只有投资和信用风险转移而不伴随保险风险转移；（9）任何由政府提供或担保的保险。

保证基金有义务支付承保范围内的索赔，这些索赔满足：清算命令前就已存在的索赔；清算命令后 30 天内，如果 30 天后保单已到期则在保单到期日前提出索赔；在清算命令后 30 天内被保险人提出置换或撤销保单，但在这之前就已提出的索赔；承保范围内的索赔是指由索赔人提出的、包括为索取未到期保费而提出的尚未赔偿的索赔，它必须符合保险公司订立的并适用于示范法规的保单中规定的承保范围及限制条件。

（二）除外责任

承保范围内的索赔不包括：支付罚款或罚金而造成的损失；在追溯法费率厘定方案下应退还的保险费金额；作为权益转让返还、再保险摊回、捐赠、赔偿或其他应支付给再保险公司、保险公司、保险集团或承保协会的金额；在保险公司丧失偿付能力的当年的前一年 12 月 31 日由被保险人提出的净值超过 2 500 万美元的任何第一方索赔；由丧失偿付能力的保险公司的附属机构提出的第一方索赔。

（三）保险金额

示范法规下提供的保险金额如下：工人补偿保险负责的索赔的全部金额；为获取未到期保费而提出承保范围内的索赔，每份保单金额不得超过 1 万美元；其他承保范围内的索赔，每个索赔人的索赔金额不得超过 30 万美元。

（四）保证基金的分摊额

保证基金用来分摊保险公司在丧失偿付能力后需要支付的合同义务、处理保险责任范围内的索赔费用及示范法规规定的其他费用。每个成员保险公司的分摊额不得超过分摊日历当年其直接净保费的 2%。

（五）税收冲销

示范法规的保险单，其费率和保险费应足够支付成员保险公司需缴纳的保证基金与保证基金给予的返还之间的差额，不能因为成员保险公司需要支付这部分合理的分摊额而厘定过高的费率。

（六）动用保证基金的原因

保证基金负责丧失偿付能力的保险公司的索赔。

第四节　保险保障基金救助具体案例

一、东邦生命相互保险公司的破产救济[①]

日本在 1997 年至 2000 年间破产的相互保险公司有日产生命相互保险公司、东邦生命相互保险公司、第一火灾相互保险公司、第百生命相互保险公司。以下介绍东邦生命相互保险公司的破产处理。

1996 年 6 月，日本保险主管当局对东邦生命相互保险公司（以下简称“东邦生命”）下达了停止保险业务的命令。当时东邦生命的财务状况如

① 稻田行祐：《日本寿险公司破产四大案例》，载《中国保险报》，2011－06－20，第 6 版。

下：资产额：21 870 亿日元 + 2 400 亿日元（品牌价值费）= 24 270 亿日元；负债额：28 400 亿日元 − 530 亿日元（责任准备金缩减至原来的 90%）= 27 870 亿日元；债务超过额：3 600 亿日元。投保人保护机构对 GE 爱迪生生命支付了上述债务超过额，即 3 600 亿日元相当的资金援助。

具体而言，东邦生命的破产处理采用了新旧分离的模式。其具体方法是由东邦生命和 GE 基金股份公司以合资方式设立新公司——GE 基金爱迪生生命保险股份公司（以下简称“GE 爱迪生生命”），由东邦生命对新公司转让营业资产、销售网络以及员工，作为交换东邦生命得到了 700 亿日元的资金。通过这种方式，东邦生命集中精力进行其持有的保险合同的管理和资金运用，而新公司——GE 爱迪生生命则专注于保险产品的营销。

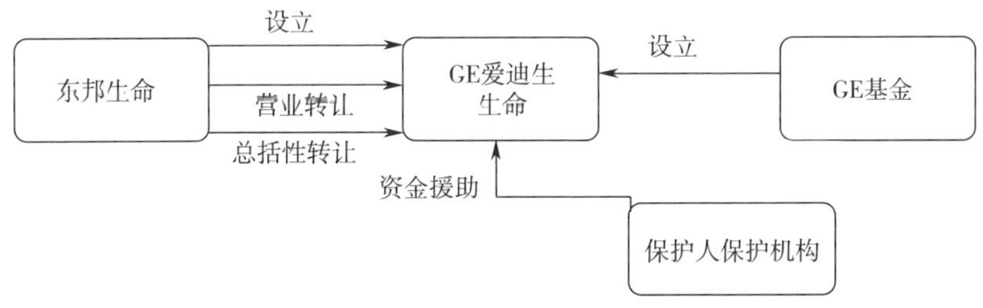

图 8－2　东邦生命破产处理模式

其后，GE 爱迪生生命被 AIG 并购，成为 AIG 爱迪生生命保险股份公司。实际上，日本第百生命保险相互公司的破产处理也采用这一模式。

二、日产生命相互保险公司的破产救济①

1997 年 4 月 25 日，日本保险主管当局对日产生命相互保险公司（以下简称“日产生命”）下达了停止保险业务的命令。此外，为了妥善运营和管理日产生命的保险业务和财产，日本保险主管当局还于次日命令日本寿险协会为保险管理人，由保险管理人对日产生命的业务和财产进行管理（当日本寿险协会为保险管理人时，该保险管理人的组成成员由加盟该协会的各寿险公司派遣组成）。接受总括性保险合同转让时日产生命的财务

① 稻田行祐：《日本寿险公司破产四大案例》，载《中国保险报》，2011－06－20，第 6 版。

状况如下：资产额：18 220 亿日元 +1 232 亿日元（品牌价值费） =19 452 亿日元；负债额：21 442 亿日元；债务超过额：1 990 亿日元。

投保人保护基金对青叶生命支付了上述债务超过额，即 1 990 亿日元相当的资金援助（在当时，日本还没有成立保险投保人保护机构，但是该机构的前身——投保人保护基金已经存在，并起到相似的作用）。日本寿险协会设立了专门用于接盘的保险公司——青叶生命股份保险公司（以下简称“青叶生命”），由青叶生命临时性地总括性接受了日产生命持有的保险合同转让。

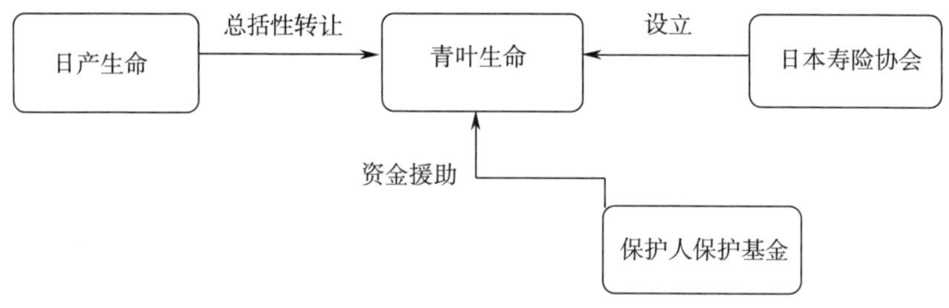

图 8－3　日本生命破产处理模式

青叶生命最终被保德信生命保险股份公司吸收合并。

三、美国 MBL 寿险公司的重建工程计划[①]

Mutual Benefit Life Insurance Company（MBL）是一家成立于 1845 年的相互保险公司，由保单所有人持有。MBL 在美国获得了 50 个州以及哥伦比亚特区的经营许可。[②] MBL 破产的直接原因是退保和投保人贷款所带来的资金流失。当时背景原因是：20 世纪 80 年代 MBL 出售了许多高收益率的保险商品，为了保证高收益率进行了不动产和抵押的投资。随着房地产价格跌落，资金运转陷入困境，这一经营状况公开后造成公司大量的资金流失。为了防止进一步的资金流失，MBL 向新泽西州保险机关提出申请，

① 案例引用于任建国主编：《保障基金制度比较研究》，106～107 页，北京，中国金融出版社，2014。

② http：//www. referenceforbusiness. com/history2/86/THE-MUTUAL-BENEFIT-LIFE-INSURANCE-COMPANY. html.

保险机关开始管理 MBL 寿险公司，停办了退保和投保人贷款等业务，但保险金和养老金业务继续进行。

重建工程计划从 1993 年 4 月开始，持续 7 年时间。团体保险、健康保险等一部分业务被卖掉，但剩余的个人保险及养老保险迟迟没有买主。因此，MBL 被合并到子公司 MBLLAC。

在 7 年的重建期间，MBLLAC 每年把支付给投保人的保险金额向保险保障基金会汇报。根据这个报告向州内的各寿险公司收取援助金，但是保险保障基金会将援助金的一部分以 MBLLAC 名义开设银行账户并存款。当保险金不足时，MBLLAC 可以从委托人银行账户中取出一部分储金。

七年以后当 MBLLAC 的资本恢复到一定程度时，银行账户的余额将通过各个保险保障基金会返还给各寿险公司。但是如果在重建工程计划结束时还没有填补资产亏损的情况下，就要动用保险保障基金填补亏损部分。开设委托人账户是因为估计到随着不动产市场的恢复可以取消资产的缺损部分。MBLLAC 公司针对破产的原因作出了随机应变的处理对策，因此其破产处理对策被视为特殊的处理对策。

在本案例中，保险保障基金发挥了积极的补偿后备作用。推动了 MBL 的重建工作，保障了保单持有人的利益。

四、英国 Municipal Mutual Insurance Ltd. 保单持有人的保险救助[①]

Municipal Mutual Insurance Ltd.（MML）于 2012 年破产。这家机构从 1992 年开始停止出售新的保单，但其还持有大量的雇主责任保险，这一保险可能会在保单失效后的多年后导致赔付请求。这些赔付请求通常是与石棉（asbestos）相关的疾病，并且是致命的，一般只在多年后才能发现并确认是否是石棉导致了相关的疾病。

在英国金融行业，起到保险保障基金作用的金融服务补偿计划（FSCS）将对 MML 保单持有人的保险请求进行赔付。因为 FSCS 的支持以

① FSCS protecting Municipal Mutual Insurance customers，http：//www.fscs.org.uk/news/2012/december/fscs-protecting-municipal-mutu-kvwpsf31v/.

及对保险请求的赔付进行报销，MML 得以保持与此前一致的方式处理理赔请求。

FSCS 的执行官 Mark Neale 就该事件评论道：“当注册的金融服务机构破产时，FSCS 将保护消费者的利益。我们的覆盖范围包括保单持有人。我们将尽一切可能保护 MML 合格的保单持有人，并且与该计划的管理人员一起工作，以确保赔付及时得到支付。”

下篇

相互保险组织的国别（地区）研究

第九章
美国纽约州

概　　要

国际相互保险合作组织联盟发布的美国相互保险市场调查报告显示，2014 年年末，美国相互保险业务总量位居世界第一，占全美保险市场份额的 37.1%。全球范围内资产规模居前 50 名的保险公司（不含再保险公司）中，共有 9 家相互保险公司，其中有 7 家位于美国。

纽约州具有丰富的相互保险组织运作实践。本章选取的样本公司纽约人寿保险公司（New York Life Insurance Company，以下简称“纽约人寿”）创立于 1845 年，至今已有逾 170 年的发展历程。本章主要依据纽约州保险法中与相互保险公司、互惠保险人有关的条款以及纽约人寿各类报告、报表及其他资料，结合其他二手文献，就纽约州相互保险组织运作与风险管理展开研究。此外，本章还有助于澄清目前国内有关域外相互保险组织运作规则的不准确认识。例如，美国《国内税收法》并未对相互保险组织提供特殊税收优惠待遇。

本章先后对纽约州保险法下相互保险公司和互惠保险人进行介绍，重点梳理保险法对这两种相互保险组织形式的具体运作和风险控制方面的监管措施。

针对相互保险公司，纽约州保险法在初始溢余、再融资、成员资格取得、成员大会表决权安排、分支机构监管、信息披露要求、盈余分配条件和方式、转制程序、偿付能力监管方面均有突出特点。

针对互惠保险人，认购人在签订认购协议后即成为公司成员，在购买保险产品后则同时成为保单持有人，享有成员、保单持有人双重身份下的权利并承担包括缴纳追征金在内的义务。此外，在认购人净资产要求、最低初始溢余、治理结构等方面，互惠保险人均有特色之处。

总体来看，纽约州保险法对相互保险组织运作诸事项规定全面，在很多方面独具特色，是对纽约州相互保险组织逾百年实践经验的总结，不失为我国相互保险组织立法的重要参考。

第一节　相互保险组织的出资与融资

一、初始运营资金的名称

“初始运营资金”这一概念，在纽约州保险法中有不同名称。例如，在相当于总则的第 11 条（执照）和第 12 条（设立）中，就用了不同表达。第 1201（a）（9）（A）项规定相互保险公司应有权为符合本法中初始溢余资金（Initial Surplus Fund）监管要求而收取资金；继而，在 1102 条（e）（1）（B）中规定监管者颁发执照的前提条件之一是公司拥有以现金或者本法规定的其他投资形式表现的符合要求的初始溢余（Initial Surplus）。接下来将会提到的重要条文，如第 41 条、第 42 条、第 61 条均使用初始溢余的表述。故可认为，纽约州保险法中对应“初始运营资金”这一概念的名称是初始溢余。

二、初始运营资金的来源

除上段已提及的关于初始溢余总则性的规定及后文将述及的具体条文对初始溢余最低额要求外，纽约州保险法并没有集中列明初始溢余可能的来源。已经发现的零散条文有：

第 1307 条（因借款产生的应急负债）规定可以通过借款满足各类溢余监管要求（comply with any surplus requirement），没有特别的理由否定将初始溢余要求纳入其中。

第 1102 条（e）（1）（B）中列举的监管者颁发执照的前提条件，将初始溢余和保费列为独立的两条，可能表明这是两种不同性质的资金。尚未发现其他表明初始溢余和保费关系的条文。

需要注意的是，纽约州保险法下初始溢余具有以下突出特点，即其在性质上接近股份公司的实收资本，且在公司持续运营过程中会被计算入最低盈余，不发生一般性地向股东返还的问题。

三、初始运营资金的最低额要求

纽约州保险法对初始溢余最低额的要求分散在不同类型保险组织的具体条文中。

（一）针对财产/事故相互保险公司

第 4107 条就不同业务类型对财产/事故相互保险公司的初始溢余设置了不同数额，从 5 万至 150 万美元不等。

（二）针对人寿/意外及健康相互保险公司

第 4208 条就不同业务类型对人寿/意外及健康相互保险公司的初始溢余设置了不同数额，根据所从事业务类型，从 5 万至 20 万美元不等。

四、再融资

保险法第 13 条（Assets and Deposits）是对资本结构、财务状况等内容的总则性规定。其中，与负债部分直接相关的是第 1307 条因借款产生的应急负债（Contingent Liability for Borrowings）及第 1323 条人寿保险公司资本票据的发行（Issuance of Capital Notes by Domestic Life Insurance Companies）。

（一）因借款产生的临时负债

1. 借款目的

第 1307 条（a）项明确规定相互保险公司或互惠保险人（Reciprocal Insurer）可基于以下五种目的进行借款：因业务经营需要；使其能够符合任何溢余（Surplus）要求、弥补减损（Impairment）或赤字；支付组织（Organization）产生的合理费用；提供自愿纳入溢余的资金；经授权组织、获得和投资于子公司。

2. 利率限制、偿还要求

第1307条（b）项就借款的利率上限、借款的偿还要求作出明确规定。其中，利率上限为一般债务法第5-501条规定的年息6%，准据时点为借款合同生效时。在偿还阶段，该项规定用于偿还借款的资金来源必须是“自由可分溢余”（free and divisible surplus），且偿还须经监管者批准，由其判断公司财务状况是否允许进行偿付。在公司无力偿付债务（Insolvency）时，公司未赚得的保费（Unearned Premiums）应被视作自由可分溢余的一部分。

3. 法律性质以及报表列示

第1307条（c）项规定前述借款所生债务不作为法律上的债务（legal liabilities），在偿还前不能被抵销。在保险公司出具的或向监管者备案的全部报表中，上述债务以脚注（footnote）的形式注明待偿付债务。

（二）资本票据

保险法在第1323条对人寿保险公司（Life Insurance Companies）资本票据（Capital Notes）的发行作出特别规定。除此之外，尚未发现其他与相互保险组织有关的特殊债务形式的规定。

1. 总额上限

第1323条（a）项就可发行的资本票据总额上限作出规定，基本计算公式为：［25%×经调整资本总额（包括待偿付票据本金总和；以最近日历年度结束时数值为准）］-［待偿付票据本金总和］。同时，本次发行的资本票据总额不应致使：第一，本日历年度到期的资本票据本金总额超过本次发行前最近日历年度结束时的经调整资本总额的5%；或第二，连续三个日历年度到期的资本票据本金总额超过本次发行前最近日历年度结束时的经调整资本总额的12%。本条所称“待偿付票据”，包括依据本条发行的资本票据本金总额，及依据第1307条获得的借款本金总额。

2. 批准要求

第1323条（b）项规定，依据本条发行资本票据，须经监管者批准，由其决定本次发行是否不违反保单持有人利益要求。向监管者提交的发行资本票据的申请可在任何时候提出。

3. 偿付限制

第1323条（c）（d）项主要就暂时不可偿付、须延期偿付的情形及相应的利息累积计算方式作出规定，所涉数据与各类风险资本（Risk-based Capital，RBC）直接相关。第1322条、第1324条分别对两大类保险公司的风险资本（RBC）作出细致的规定。

4. 会计科目处理

第1323条（e）项规定依据本条规定发行的资本票据应作为经调整资本总额（Total Adjusted Capital）的一部分，而非溢余的一部分，且其数值不应超过待偿付票据本金总额减去偿付基金已支付数额（Sinking Fund Payments）后的数额。除此之外，保险公司应在向监管者备案的财务报告中披露待偿付资本票据本金总额，且是作为债务（Liability）进行披露。

5. 样本公司溢余票据发行概况

纽约人寿2015年9月最新季报显示，该公司现阶段并无发行在外未清偿的资本票据，但有关于溢余票据的记录。值得特别说明的是，溢余票据在纽约州保险法中并无明确规定，且在GAAP和SAP年报中的列示位置有所不同。在前者，溢余票据被作为负债项（Debt）列示，而在后者则作为溢余项列示。以下摘录GAAP年报对该票据的说明:①

2009年10月8日，纽约人寿发行溢余票据（2009年票据），本金为10亿美元，贴现额为200万美元。2003年5月5日，纽约人寿发行溢余票据（2003年票据），本金为10亿美元，贴现额为1 000万美元。上述两次票据（以下统称“票据”）发行均遵守1993年证券法144A号规则（经修改），由美国银行作为注册/支付代理人。票据下利息系为半年支付一次，分别于每年的5月15日和11月15日付息。

票据性质为无担保次级债，劣后于所有现存及未来负债、保单赔偿主张和其他纽约人寿的债权人进行清偿。在票据到期日前，不清偿本金。每次利息或本金清偿均应获得监管者的事先批准，且应用公司盈余（Surplus Funds）支付。监管者应根据纽约州保险法的要求，判断利息或

① 参见纽约人寿GAAP2014年报，106~108页。

本金支付是否适当可行。在获得监管者允许之后，公司可在任何时候全部或部分地赎回票据，回赎价格应等于下列二者中的较高者：（1）票据本金；（2）剩余待支付利息（不包括在回赎日应支付利息）和本金的现值，加上回赎日应支付利息。折现率为经调整国债利率（Adjusted Treasury Rate）加20个基点（2003年票据）或40个基点（2009年票据），以半年为单位计算折现。

截至2014年12月31日、2013年12月31日，每年纽约人寿票据的利息费用总和为1.26亿美元，2014年、2013年当年应付利息为1 600万美元。

NOTE 19 - DEBT

Debt consisted of the following at December 31, 2014 and 2013 (in millions):

	2014	2013
Recourse debt:		
6.75% Surplus Notes, due November 15, 2039	$ 998	$ 998
5.875% Surplus Notes, due May 15, 2033	992	992
Capital Corporation's commercial paper debt issuance, various maturity dates through March 2015 and 2014 for 2014 and 2013, respectively (the weighted average interest rate is approximately 0.15% for both 2014 and 2013)	503	503
Other	3	5
Total recourse debt	2,496	2,498
Non-recourse debt:		
Collateralized structures	3,650	2,549
Consolidated investment companies	304	241
Other	188	157
Total non-recourse debt	4,142	2,947
Total debt	$ 6,638	$ 5,445

图9－1　纽约人寿溢余票据发行概况

第二节　相互保险组织的发起与设立

一、出资人的权利和义务

需要明确的是，在纽约州保险法所规定的相互保险公司层面，并无准确对应“出资人”的概念。在纽约州保险法下，与这一问题可能相关的概念为“发起人”及“成员”。

（一）发起人

在公司设立阶段，发起人承担以向监管者提交文件及完成为提交有关文件须开展的活动等义务。具体来说，发起人应在拟设立公司住所地广泛发行的报纸上刊登声明、签署宣告、拟定公司章程并将上述声明、宣告和章程提交给监管者，以完成相互保险公司的设立流程，取得公司注册证书。此后，发起人应组织收取保险申请人的申请及所交纳保费，使公司获得符合法律要求的初始溢余，以取得监管者签发的保险业务许可证。另外，发起人还须与董事共同为公司取得许可证前所负担的债务承担连带责任。

在公司设立并取得许可证、开始业务经营后，纽约州保险法不再关注发起人这一群体，即不再包括有关这一群体的特殊规定。

（二）成员

纽约州保险法将相互保险公司的完整设立过程分为两个阶段，首先应设立相互保险公司，此后再取得保险业务许可证。“成员”这一概念，最早出现在公司这一法人主体设立后、申请保险业务许可证的过程中。已成立的相互保险公司为取得保险业务资格，应具有符合要求的真实的申请人及申请数目、已缴纳保费、初始溢余、真实的成员名单等。根据纽约州保险法，保单持有人即为成员，因此在前述阶段，申请人即为未来的保单持有人和成员。成员所具有的一般性权利包括在成员大会上的表决权及取得溢余分配的权利（持分红保单）；具有的义务主要是缴纳保费，在上述设立阶段，成员义务还包括确保申请是真实的，并承诺在公司取得许可证后的60日内持有保单。

二、发起会员的权利义务

如前所述，在纽约州保险法下，发起人、会员是两个互相区别的概念和两种不同的角色。前者主要活跃在公司设立阶段，而后者则主要活跃于公司成功设立后、开展保险业务阶段。并且，纽约州保险法下并无“发起会员”和“一般会员”之分，而是以成员（Member）这一概念囊括；在成员权利义务的安排上，也并无“发起成员”或“一般成员”之分。

总的来说，对于这两个核心概念较为准确的理解应是：第一，发起人并不当然是成员；第二，既已成为成员，在权利义务安排上并无发起成员或一般成员的区分。

三、设立

保险在各国都是受到高度管制的行业，从事保险业务必须得到监管部门对其开展保险业务资格的许可。因此相互保险组织的设立除了商法人设立的一般过程外，还涉及许可和登记两个监管环节。其中，许可又分为筹办许可及营业许可。不过，各国保险法对于这一设立过程的不同环节给予的关注程度不同，各国的操作模式也有不同。其中，美国纽约州保险法对筹办许可及营业许可两个环节有明确的规则。

（一）筹办许可

相较于普通公司的设立，金融机构的设立通常都有一个在监管部门指导下的筹办过程，保险公司的设立也不例外。发起人需要向保险监管部门提出筹办申请，取得筹办许可后方可以进行开始相关的筹办活动。

在纽约州，拟设立的公司在取得筹办许可前，需要有至少 9 名自然人作为发起人向监管者提交筹办许可的书面申请，申请文件中应包括拟成立相互保险公司的名称、主要办事机构所在地以及在该地区有较大发行量的报纸名称及地址。如果监管部门同意发起人拟采用的公司名称与选用的报纸，则将向其颁发一个筹建许可的同意书，有效期为六个月。此后，纽约州的申请人在取得筹建许可同意书后，应在被监管部门认可的报纸上根据法律规定连续发布公开的声明，声明主要内容包括拟建立公司的目的、名称、住所地、主要的办事地点以及拟从事的保险业务种类。

（二）商事登记

取得筹办许可的相互保险公司即可进入商事组织登记环节。在纽约州，取得筹办许可的相互保险公司在提交商事登记申请时，应向监管部门提供一份所有发起人签署完毕的宣告。在该份宣告文件中，应包括拟设立相互保险公司所从事的保险业务种类和公司目的。同时，除宣告文件外，申请登记的相互保险公司还应向监管部门提交拟设立相互保险公司的章程，并且章程应含有公司的名称、主要办事机构所在地、董事会名单及人数等内容。

在完成上述书面材料（声明、宣告以及章程）的提交且得到监管部门的认可后，监管部门将把上述资料提交给州检察长，以确认上述文件符合法律法规的要求。在州检察长确认后，由监管部门向申请设立的相互保险组织颁发注册证明，从而使得这一组织拥有法人资格。

（三）营业许可

在营业许可与法人资格取得的先后顺序方面，纽约州与中国并不同。中国的保险组织是在取得监管部门颁发的营业许可后，才能经商事登记取得法人资格，而纽约州的申请机构则在取得法人资格后，尚需经过一段时间的申请期后，得到监管部门的认可，方能取得营业许可。

在纽约州，申请营业许应满足以下条件：（1）遵守所适用的纽约州保险法规定；（2）拥有以现金或者纽约州保险法规定的其他投资形式表现的符合要求的初始溢余；（3）拥有符合要求的真实的保险申请人数目和申请数量；（4）拥有真实的成员名单；（5）每位成员以现金形式支付所申请保险要求的保费，并且将在发给公司许可之后的60日内依约持有相应保单。

申请人在拿到营业许可之前不能进行正式的保险业务。通常来说，为满足营业许可的条件，拟加入相互保险组织的投保人在筹办期间内必须以现金方式支付保费；若申请者最终未获得营业许可，所收取的保费必须退还。一旦申请人获得营业许可，就可以正式开始保险业务了；此时，相互保险组织才能够以自己的名义给会员签发正式的保单。

四、会员

（一）资质和加入条件

根据纽约州保险法第1211条的规定，相互保险公司的每个保单持有人都应是公司的成员。由此可见，纽约州保险法在对相互保险公司成员资格的规定上较为简明，将公司的保单持有和成员资格直接挂钩；对成员也没有一般性的资质要求，仅在特殊公司情形，有对成员资质的特殊规定。例如，若成立相互制的专业自保公司，则其成员净值应超过10万美元。

（二）权利和义务

成员的权利主要体现为在成员大会上的表决权及获得公司溢余分配的权利。在表决权方面，第1211条规定，每一公司成员均有权在公司的定期或者特别会议上投票表决，且有权根据议事程序得到通知。在此基础上，第4116条特别规定，在相互财产/事故保险公司中，任何其所持保单在选举日属有效的成员均应至少享有一票表决权，且任何成员不应享有多于十票的表决权。需要特别注意的是，相互人寿保险公司不被法律要求召开一般性的成员大会。在获得溢余分配的权利方面，成员有权获得公司在符合法律规定要求前提下对溢余进行的分配，具体金额则取决于保单/保险合同及公司章程、细则的规定。

成员的义务为包括缴纳保费、缴纳追征金（持追征保单）在内的，根据保单/保险合同规定的义务。除此之外，纽约州保险法并无对成员义务的特别规定。以下是对追征制度的说明：

第一，财产/事故保险公司可以发行追征保单或非追征保单。

就追征而言，第4111条详细规定了相互财产/事故保险公司的追征条件和程序。作为一项基本原则，相互财产/事故保险公司的任何成员都负有缴纳追征金或有义务，除非根据公司获得监管者批准而发行了非追征保单，这些保单的持有人根据保单的规定不需要对追征金承担责任。

追征金是董事会根据公司的财务状况作出的决定，其目的是为了弥补法律规定公司必须保持的最低盈余（Minimum Surplus）上的损失。按照保险法的规定，如果任何国内相互财产/事故保险公司的被认可资产在数额上少于公司负债总额和法律要求的最低盈余之和，并且如果这样一个减损没有其他途径得到弥补，那么，公司的董事会可以经监管者同意且在其指定的时间内，以公司细则中列明的方式确定一项追征金。

此外，如果关于保单持有人的净保费与盈余的比例（the ratio of net premium writings to surplus as regards policyholders）是4∶1或者更大时，公司董事会也应当在最近的年度报告或季度报表的基础上作出追征金的决定，并报监管者批准。

应负担缴纳追征金义务的成员，是指在作出追征决定前一年均为公司成员、且在作出追征决定后一年内收到通知的人。关于每个成员应负担的追征金份额，保险法规定，成员的或有负债在数额上应不少于一个成员持有的每个保单下应缴纳的年保费。公司章程或保险合同可以规定追征金的最高限额。不管是由公司的董事会征收或者由公司的清算人或整顿人，或其他身份的监管者征收，应该不超过在议事程序和保单中指定的数额。

此外，第4113条规定，相互财产/事故保险公司可经监管者同意且经章程或议事规则准许而发行非追征保单。

发行非追征保单须满足以下三项条件：（1）溢余（Surplus）＋预收保费准备金（Unearned Premium Reserve）≥经营同种业务股份保险公司要求的溢余数额；（2）应向监管者提交非追征保单副本并取得监管者对发行非追征保单的同意；（3）每份保单中须清晰列明该份保单持有人是否承担被追征责任。

第二，人寿/意外和健康保险公司在追征制度方面有不同规定。

对相互人寿保险公司而言，按照保险法第4209条（a）（1）项的规定，相互人寿保险公司不能对成员征收追征金。

对相互意外和健康保险公司而言，第4209条规定，原则上，每家国内相互事故和健康保险公司应该在它的保单中规定每个成员都应该有责任承担追征金。如果公司章程或细则允许或者被修改后允许发行无保单持有人对追征金负或有债务的保单，那么这些公司在经过监管者许可的情况下，可以发行这样的保单。这类保单上应当写明保单的持有人是否需要为追征承担责任。追征金最高限额（如果设置有最高限额）应不少于一年期的保费。保单亦可载明保单持有人须承担无限追征责任。

与相互财产/事故保险公司类似，如果一家相互意外和健康保险公司的认许资产未能达到其负债、准备金和法律要求的最低盈余的之和，并且资产减损没有其他方式可以进行弥补，公司的董事会经监管者批准后，在监管者指定的时间内，可以决定一项追征金。每一个公司成员应负担的追征金份额，依照在该追征金覆盖的期间内，该成员持有的保单下缴纳的保费与受到追征的所有保单下的保费总额之比来确定。

第三节　相互保险组织的治理

一、相互保险公司的治理结构概述

纽约州保险法对相互保险公司治理结构的规定较为零散，除在第12条作出一般性规定外，还在第4210条对相互人寿保险公司作出特殊的治理安排。就法律规定来看，相互保险公司的主要行事准则是章程（Charter）和细则（By－law），主要机构是成员大会和董事会；相应地，纽约州保险法在为数不多的涉及治理结构的细节规定中，也主要围绕上述四项重点展开。

此外，纽约人寿保险公司的《公司治理指引》（*Corporate Governance Guidelines*）和三个专门委员会的职能陈述，也为实践中的相互保险公司治理方式提供了重要信息。在下文的相应部分中，将对纽约人寿保险公司对应的情况做简要介绍，以期有助于对相互保险公司治理实践的理解。

二、与股份制保险公司治理结构的区别

从纽约州保险法的规定来看，相互制保险公司与股份制保险公司在治理结构方面的共性要大于差异性。除股份制所具有的特殊性（如在股票期权方面的特殊规定）以外，两者在公司治理方面常共享同样的一般性规定，在此基础上，相互制保险公司会有细节方面的特殊规定。从下文梳理的成员大会、董事会等法条规定内容以及纽约人寿保险公司的个案规定中，均可以发现二者之间的共性。

三、相互保险公司的主要治理结构

（一）成员大会

1. 成员资格与投票权

根据第1211条的规定，每家国内相互保险公司都应该为了成员的利益

而设立、维持和运营。每个保单持有人都应是公司的成员。由此可见，纽约州保险法在对相互保险公司成员资格的规定上较为简明，将公司的保单持有和成员资格直接挂钩。

在投票权方面，第 1211 条规定，每一公司成员均有权在公司的定期或者特别会议上投票表决，且有权根据议事程序得到通知。尤其重要的是，纽约州保险法对投票权分配的规制相对宽松：在得到监管者同意的情况下，章程或细则可以在成员间进行表决权分配，分配依据可以是所持保险数量、所持保单数目或所支付保费数额；监管者应判断某一分配方案是否公平和公正。在此基础上，第 4116 条特别规定，在相互财产/事故保险公司中，任何其所持保单在选举日属有效的成员均应至少享有一票表决权，且任何成员不应享有多于十票的表决权。需要特别注意的是，相互人寿保险公司不受制于上述内容的规定，而由第 4210 条特别规定；相互人寿保险公司甚至不被法律要求召开一般性的成员大会。

2. 通知与召集

如前所述，第 1211 条规定公司成员有权根据议事程序得到通知，但纽约州保险法并未对该等成员大会的通知和召集程序作出一般性的规定，而是留给各公司根据自身情况进行设计。

3. 代理投票权

第 1211 条同时对代理投票权问题作出明确规定。一般性地，公司成员可以在成员大会上亲自或者通过委托代理进行投票，但此种对投票的授权在相应会议召开后即归于无效。成员被禁止直接或间接出售或购买，或者承诺出售或购买代理投票权。同时，成员不能借直接或间接授予或接受、或者承诺授予或接受这种代理投票权而进行相关的谈判、保险合同的签署及其续签、实行某种主张及其他相关事务。

（二）董事会

1. 董事的选任

纽约州保险法对相互公司组织结构的特殊规定见第 1209 条。根据该条的规定，纽约州相互保险公司的商业管理和事务应该归属于董事会。

纽约人寿保险公司的《公司治理指引》规定，其董事会的职责是审阅和监督公司的战略方向、财务及资金情况、以董事会为高级管理人员制定的目标为标准定期监控公司的业绩表现，以及审阅和批准公司层面激励及补偿计划，尤其是内含于该计划中的公司目标。

（1）董事的人数与资格

根据第 1202 条及第 1209 条的规定，相互保险公司的董事会一般应有不少于 7 名的董事。董事人数可由细则或董事实际行为（Actions of the Directors）确定；如果董事人数由细则确定，则就细则中董事人数进行修改的提案应至少获得董事会全体成员多数表决通过，且上述修改不应缩短在任董事任期，也不应使董事总人数减少至 7 人以下。另外，每个董事须年满 18 周岁，并且在任何时候，大多数董事应该是美国公民和居民，并且至少有两名董事应是纽约州的居民。

纽约人寿保险公司并未在《公司治理指引》中对董事人数作出专门设置，而是写明应遵循法律规定。

纽约人寿保险公司还设置有领导/首席董事（Leader/Chief Director）这一职位（非必要）。根据其《公司治理指引》，董事会实际上有专门的董事长（Chairman of the Board），且董事长和首席执行官可由一人担任。领导董事实际上是在非雇员董事中选任的，作为非雇员董事这一群体的长官，负责协调非雇员董事、董事长和首席执行官之间的关系，并且协助董事长和首席执行官开展工作。

（2）董事的选举

第 1209 条规定，除相互人寿保险公司外，董事应在成员的年度会议上选出。其中，除四名董事外，其他董事应在相互保险公司完全设立，且已获执照可以发行保险单后选出，他们都应是公司成员或者成员公司的高级职员。在第一次年度大会后，董事应公平地分为总数不超过三个的组别，实行交错董事选举制度。

第 4210 条针对美国国内相互人寿保险公司董事的选举做了特别规定。这些规定大致与上述规定相同，不过，第 4210 条的规定更为详细，对董事选举的全过程进行了细致而全面的规定。有关该条的中文翻译附后，鉴于研究报告的目的，这里不再做过细的研究和说明。

纽约人寿保险公司的《公司治理指引》除对董事的选任过程及治理委员会在其中的职能要求作出更细致的规定外，还特别规定董事会中应有实际多数（Substantial Majority）的董事职位由在过去三年内未担任公司或其子公司、关联公司雇员或高级管理人员的人（称为“非雇员董事”）担任，且他们不应从公司获得除因担任董事或在董事会下设专门委员会任职而应取得薪酬之外的其他支付。此外，非雇员董事还要受到严格的利益冲突审查，如果发现真实或潜在的利益冲突，那么相关董事应向董事长和治理委员会的主席披露有关信息，并由董事会在听取治理委员会的意见后作出最后的处理决定。如果仅在特定事项上存在利益冲突，则应豁免参加有关讨论并不能就有关事项进行表决。

（3）董事职位的丧失

第1215条就董事职位的丧失作出明确规定，即如果国内相互保险公司的董事连续十八个月内未能出席至少一次董事会定期会议，或者除得到董事会原谅（董事会的原谅应该记录在备忘录中）外，在任何年度结束时发现董事未能出席在该年度举行的全部定期会议中的半数会议，则该董事丧失担任该公司董事的资格，该董事职位即成为空缺。致使职位成为空缺的董事没有资格再次参加该职位的竞选，直到空缺发生之日起一年之后。

2. 细则与决策机制

（1）董事会会议

第1209条规定，董事会应定期召开会议，每年至少召开四次会议，且至少有一次在纽约州举行，其他会议可以另择地点。

纽约人寿保险公司在《公司治理指引》中规定董事会每年通常召开六次定期会议，每一常设委员会（Standing Committee）则每年通常召开四至六次会议。董事会和常设委员会均可依据公司细则在必要的时候召开特别会议。

《公司治理指引》同时规定，应由董事长在考虑董事会其他成员和高级管理人员的建议后确定每次董事会会议的日程，并应在会议召开前合理的时间内向董事会及常设委员会成员分发有关材料。董事会成员应亲自出席董事会的定期会议及其所任职的常设委员会的定期会议，只有在存在特殊情况时才能通过电话接入的方式参会，但就特别会议来说，一般性的电话接入参会形式是被接受的。

（2）公司章程的修改

第1208条规定了公司章程的修改方式，主要包括以召开成员大会或董事会的方式修改章程及分别适用的情形。

首先介绍通过召开成员大会的形式修改章程：在涉及修改公司名称或修订、重述其章程的情形时，公司的总裁或秘书应当根据本公司细则召集成员会议，并在会议通知中列明将在成员会议上进行投票表决的修改事项。上述事项应以出席会议成员四分之三及以上多数赞成通过。随后，公司总裁或秘书应制作证书，表明会议在召集和表决程序方面均为适当，且应载有会议纪要。上述证书应在会议结束后三十日内呈递监管者，并由后者根据是否符合法律要求而决定是否允许相应修改。

与上述事项相对的，若章程修改事项仅涉及保险业务经营变动、办公室地址变动及其他不会减损成员权利或增加成员在保单下义务的变动，则可仅由董事会会议普通多数表决通过，且上述会议应在向董事及监管者发送拟修改提案后三十日后举行。

需要特别注意的是，国内相互人寿保险公司在包括公司名称修改、重述或修订章程方面的事务，均可由董事会会议普通多数表决进行，且上述会议应在向董事发送拟修改提案后三十日后举行，举行后应向监管者提交相应证书以备案。

若以董事会会议多数表决通过的形式对章程内容进行修订，则应同时向监管者提交由公司总裁或秘书前述的证书，以表明该会议的召集及表决程序均符合法律规定。

（3）公司细则的制定与修改

根据第1209条的规定，与修改公司章程类似，公司细则可以在成员大会或特别成员大会上以亲自出席或委托代理人投票会员的多数票同意修改。同时，董事会也可以修改与董事会有关的议事规则，但这些修改不应减损成员在保单下的权利或扩大成员在保单下的义务。上述修改在获得监管者批准后生效，且监管者如果认为特定的细则或其修改、废止不符合法律的要求，或者对公司的保单持有人不公平，或者不符合它的目标和宗旨，可以拒绝给予批准。

3. 常设委员会

对相互人寿保险公司的特殊规定。纽约州保险法并未对董事会常设委员会的设置作出一般性的规定，仅在第 1202 条（b）项对相互人寿保险公司的董事会下设委员会作出特殊规定：董事会下设每一委员会中应有不少于三分之一的成员非属公司或有控制关系公司的雇员，且非属对上述公司具有控制利益的实际所有人。在董事会就业务交易事项召开的会议中，应至少有一名上述董事出席。并且，公司建立至少一个仅由上述董事组成的委员会，负责推举独立注册会计师的选任，审核公司财务情况，独立审计师和内部审计师的工作范围和成果，提名由保单持有人选任的董事候选人，评估在委员会认为属公司主要管理人员的表现。

纽约人寿保险公司目前设有五个专门委员会，分别是治理委员会、薪酬委员会、审计委员会、保险和运营委员会及投资委员会。从委员会的职能陈述来看，治理委员会（Governance Committee）的职能覆盖选举、考核及薪酬等广泛内容，主要负责董事会及其常设会议人员的选任、薪酬和考核。从这一点来看，股份制公司中由股东（大）会掌握的选举和委任董事的权力，在纽约人寿组织体系中，系由治理委员会来把握。这也与纽约州保险法第 12 条及第 4210 条对相互人寿保险公司作出的特殊规定（即不由成员大会选举和委任董事）相符。薪酬委员会（Executive Management Committee，EMC）主要针对高级管理人员薪酬、而非一般性地针对董事薪酬管理而设。审计委员会（Audit Committee）的主要职责是监督公司高级管理人员、公司内部的审计部门及公司聘请独立审计师的具体工作，审核其工作成果，并对其业务表现进行评估。保险和运营委员会（Insurance & Operations Committee）及投资委员会（Investment Committee）的相关职能陈述虽然没有获得，但可以推测这两个委员会分别负责纽约人寿保险公司最为重要的保险和投资两块业务。

（三）高级管理人员

纽约州保险法规定，公司的高级职员由董事会按照公司细则选任，其中，至少两名主要高级职员应是董事。同时，高级职员的数目和作为董事的公司带薪雇员应始终少于董事会的法定人数。

可与上述规则相对应的，纽约人寿保险公司设置有职工董事（Employee Director）；此外，还有总裁（President）、首席执行官（Chief Executive Officer）、执行副总裁（Executive Vice President）、高级副总裁（Senior Vice President）等职位的设计。

第四节　相互保险组织的盈余分配

相互保险公司对可分配盈余（Divisible Surplus）在投保人之间进行分配，本质上是对所收取保费的一种调整，这种调整取决于对未来可能现实化的或有债务的判断，既需要考虑全体投保人的安全，也需要确保公司业务运营的正常开展。

一、相互保险公司盈余分配的基本原则

根据第 1211 条的规定，相互保险公司进行盈余分配，须满足三个基本条件：（1）所分配金额从相互保险公司的盈余（Surplus）中支出；（2）进行本次分配后，公司剩余盈余不低于最低盈余（Minimum Surplus），且不违反其他盈余要求；（3）盈余分配必须以对全体投保人公平和平等的方式进行，但董事会可以在分配政策中设置合理分类。这是指董事会可以对投保人进行分类，对不同类别的投保人采取不同的分配政策。具体的金额分配，取决于投保人和保险公司之间的保险合同以及公司章程、细则。

二、相互财产/事故保险公司的盈余分配

（一）特殊的或有盈余

根据第4109（c）的规定，相互财产/事故保险公司在分配盈余时，除应满足第1211条规定条件外，还应满足额外条件：其特殊的或有盈余不因分配而受到减损。

或有盈余（Contingent Surplus）这一概念，可以从以下几点进行理解：（1）主体：法定设置或有盈余的公司所经营业务类型包括事故与健康（（i）（3））、终身残疾（（3）（ii））、盗窃（7）、玻璃（8）、锅炉与机械（9）、电梯（10）、动物（11）、人身损害赔偿责任（13）、财产损害赔偿责任（14）、工人的赔偿和雇主责任（15）、忠诚和担保（16）或信用（17）；（2）数额：除公司获得从事上述业务的许可证当日历年后的两个日历年外，即从第三个日历年开始，公司或有盈余数额应逐年增加，其规则为：第三个日历年的或有盈余数额不少于第二个日历年相关业务净保费收入的1.5%，此后每一年比上年增加额不少于上年净保费收入的1.5%（也即每一年都要将至少相当于净保费收入1.5%的数额纳入或有盈余），直到该或有盈余数额等于本州股份财产/事故保险公司从事相关业务应当依第4103条规定可支付给投保人盈余（Surplus to Policyholders）的数额。（3）范围：在计算时，这一特殊或有盈余包括最低盈余（Minimum Surplus），但不包括可支付分红的可分配盈余（Divisible Surplus）。

对于经营上述业务的相互财产/事故保险公司，在分配盈余时，要求特殊的或有盈余不因分配而减少。这一要求应理解为用于分配的盈余不能从特殊的或有盈余中支出，而应当使这一或有盈余保持在基准要求之上。

（二）相互财产/事故保险公司的盈余分配

第4114条规定，相互财产/事故保险公司的董事会可以不时决定分红数额，并且通知、支付该分红，或是将该分红作为未占用或未吸收保费或预付保费的返利。董事会如果认为有必要，可保留该款项以应对未履行的保单义务以及本法规定的盈余或准备金要求。分红数额的决定、分红的通告与支付应当满足第1211条的规定（如前述）。

向投保人通知分红时，董事会可以对保单进行合理分类。该等分类应当提交给监管人，并在监管人认为此分类公平合理、可操作、无歧视性并且批准此分类后，该分类才有效。经监管人同意后，未经监管人撤销或拒绝同意前，上述一直有效。

(三) 相互人寿保险公司的盈余分配

根据第4231条的规定，相互人寿保险公司必须每年将从分红保单（Participating Insurance Policies）和年金或生存保险合同（Annuity or Pure Endowment Contracts）中收取的盈余，向有权参与盈余分配的人进行分配。

1. 分配须满足的条件

在进行分配前，相互人寿保险公司必须从当年盈余中留出用以偿付以下部分的数额：（1）尚未偿付的递延股息保单（Outstanding Deferred Dividend Policies）；（2）盈余的积累（Accumulation of a Surplus），即应当提取的各项准备金。扣除上述部分的剩余盈余，应当平等地向所有有权参与分配的保单或合同持有人进行分配。

2. 进行分配的方式

投保人可以选择参与分配的方式，包括：现金支付（Payable in Cash）、冲抵保单下保费（applicable to the payment of premiums upon the policy）（抵交保费）、冲抵购买附加保险（Paid-up Addition）的费用（购买交清保额）、累积性地记录在保单贷方之下（累积生息），用以在保单到期日支付，或在保单签发每周年日时以现金支付（permitted to accumulate to the credit of the policy to be paid upon the maturity of the policy or to be withdrawable in cash on any anniversary of the date of issuance of the policy）。如果投保人选择第一种，即现金支付，但公司无法实现这种支付方式，则公司必须选择实现第三、第四种方式中的一种。

公司必须以书面方式通知全体投保人以下事项：分配数额；可供选择的参与分配的方式。如果投保人未在三个月内通知公司其选择的分配方式，则公司将默认按照上述第三种方式进行，即默认投保人用所获分配款项购买附加保险。

在展期保险（Extended Term Insurance）或减额交清保险（Reduced

Paid - up Insurance）情形下，盈余分配方式应当在保单中注明，并应取得监管者的批准。另外，对于个人保险（Individual Term Policy）、个人分红年金（Individual Participating Annuity）、生存保险（Pure Endowment Contract）以及多种集体保险，在可供选择的盈余分配方式方面，都有特殊要求。

3. 分配时间

除保单或合同另有规定外，进行分配的时间应由公司从以下两项时间中进行选择：在12月31日后的下一个保单或合同周年日；在4月30日后的下一个保单或合同周年纪念日。

4. 有关相互人寿保险公司盈余分配的特殊规定

前文所述均为同时适用于股份/相互保险公司的一般性规定；除此之外，第4231条还对相互保险公司签发非分红保单做出特殊规定。原则上，相互人寿保险公司不能签发非分红保单或合同，除非属于以下两种情况：第一，发本条（g）款所指的非分红的保单与合同（详见下文），以及递延期不超过一年的递延年金合同。第二，经监管人的许可，该许可可以撤回。公司可向监管人进行申请，申请应当符合监管人要求的形式，并应在申请中说明公司对分红业务与非分红业务的投入比例，以及监管人可能要求的其他信息，以帮助监管人判断该公司的经营方式是否对分红投保人与非分红投保人公平合理。公司还应当对分红业务与非分红业务设立独立的账簿和记录。监管人可以对账簿和记录的形式提出要求。

5. 非分红保单或合同

第4231条（g）项重申，原则上应签发分红保单或合同，但有以下几项例外：第一，分红和非分红保单或合同均可规定，除公司保证支付的利息外，公司可以每年宣布额外的利息；第二，对于符合标准非没收法（*Standard Nonforfeiture Law*）、年金标准非没收法（*Standard Nonforfeiture Law for Annuities*）的非分红保单或合同，可以在最低收益的基础上，增设额外收益，但不应仅凭上述规定或实际行为，而被认为是实质上的分红保单或合同；第三，提供再调整条款（Readjustment）的保单或年金合同，也不能仅因为提供再调整条款而被认为是实质上的分红合同。

三、盈余分配的技术处理

以上主要就纽约州保险法下对盈余分配的法律规则做了介绍，以下将针对分配过程中的技术处理做简要介绍。

（一）责任准备金的提取

各项准备金是保险公司，尤其是寿险公司资产负债表中负债项的重要组成部分，代表对未付的索赔责任的估计值，这就可能包括未发生事故、已发生事故未核查、已确定赔付及具体数额但尚未实际支出的情形。按照会计核算的配比原则，企业收入应当与相应的成本、费用相匹配。寿险保单为长期合同，在收进保费的同时，保险公司也承担偿付未来索赔的或有债务。因此，在一定的精算假设及公司经营经验基础上，公司应计提各项准备金，计入当期损益。在未来保险期间内各种变动实难预料，因此保险公司的负债具有很大的不确定性。对于准备金的不同提取方式也成为影响保险公司利润的最重要因素。有关人寿/财产保险公司不同的责任准备金提取要求和实践中精算师决定准备金提取数额的具体方式，请参考加州报告相应部分。

（二）分红资金池的设置

在SAP年报下，负债项下设置“分红准备金”（Provisions for policyholders' dividends and coupons payable in the following calendar year）科目，这是历年累积数额，不是当年实际分派数额。在提取各项准备金后，公司要从本年利润中提取部分数额至该资金池，以在各年不同盈收情况下平滑红利，为保单持有人提供较稳定预期。

（三）分红宣派

在SAP年报下，负债项下设有“将付未付保单持有人分红”（Policyholders' dividendsand coupons due and unpaid）科目，这是已决定的将支付给保单持有人的分红数额，但在基准日尚未实际分派。

（四）实际分红

在SAP年报下，费用项下设有“向保单持有人支付分红”（Dividends to Policyholders）科目，这是当年实际已向保单持有人支付的分红数额，列示为费用在税前扣除。

ANNUAL STATEMENT FOR THE YEAR 2014 OF THE NEW YORK LIFE INSURANCE COMPANY

LIABILITIES, SURPLUS AND OTHER FUNDS

	1 Current Year	2 Prior Year
1. Aggregate reserve for life contracts $ 85,760,865,356 (Exh. 5, Line 9999999) less $ included in Line 6.3 (including $ 459,556,894 Modco Reserve)	85,760,865,356	82,448,016,858
2. Aggregate reserve for accident and health contracts (including $ 657,664,296 Modco Reserve)	3,308,225,762	3,074,658,570
3. Liability for deposit-type contracts (Exhibit 7, Line 14, Col. 1) (including $ Modco Reserve)	13,992,816,786	12,609,388,287
4. Contract claims:		
4.1 Life (Exhibit 8, Part 1, Line 4.4, Col. 1 less sum of Cols. 9, 10 and 11)	693,232,470	687,804,800
4.2 Accident and health (Exhibit 8, Part 1, Line 4.4, sum of Cols. 9, 10 and 11)	25,994,839	68,390,074
5. Policyholders' dividends $ 19,276,660 and coupons $ due and unpaid (Exhibit 4, Line 10)	19,276,660	33,800,168
6. Provision for policyholders' dividends and coupons payable in following calendar year - estimated amounts:		
6.1 Dividends apportioned for payment (including $ 141,000 Modco)	1,605,240,058	1,433,127,304
6.2 Dividends not yet apportioned (including $ Modco)		
6.3 Coupons and similar benefits (including $ Modco)		
7. Amount provisionally held for deferred dividend policies not included in Line 6		

图9－2　纽约人寿SAP财务报表（2014年）中的负债部分（局部）

以下将介绍样本公司2014年GAAP财务报表显示的与盈余分配有关的重要项目：

（1）支付给保单持有人的盈余

负债项下有应向保单持有人支付盈余项目，2014年、2013年数额分别为1 140 000 000美元和1 076 000 000美元。费用项下有向保单持有人支付盈余（Dividends to Policyholders）项目，2014年、2013年数额分别为1 601 000 000美元和1 450 000 000美元。

纽约人寿年报显示，其支付给分红保单持有人的盈余分配，系每年由董事会作出决定。盈余分配总数主要取决于财务报告及过去经验，包括投资收入、净实现投资收益、死亡率经验及其他因素。

（2）其他重要的负债项目

负债项下与可分配盈余数额直接相关的项目还有：保单持有人账户余额、未来保单收益（Future Policy Benefits）、保单索偿（Policy Claims）。

①保单持有人账户余额

这一项目代表记账日保单持有人持有的保单价值（Contract Value），计算方式为：累计账户存款（Accumulated Account Deposits）+利息－保单持有人支取（Withdrawal）－预计在账户上的其他开支。2014年、2013年的数据分别为94 864 000 000美元和90 010 000 000美元。

②未来保单收益

这一项目的计算方式为：预计未来将对保单持有人所做支付款项的

现值－未来净保费现值。2014 年、2013 年的数据分别为 93 938 000 000 美元和 87 603 000 000 美元。

③保单索偿

这一项目记载未支付索偿（Unpaid Claims）和索偿调整费用（Claims Adjustment Expenses），且是公司认为已经发生，但尚未载入资产负债表的数额。2014 年、2013 年数据分别为 1 110 000 000 美元和 1 122 000 000美元。

LIABILITIES AND EQUITY		
Policyholders' account balances	$ 94,864	$ 90,010
Future policy benefits	93,938	87,603
Dividends payable to policyowners	1,140	1,076
Policy claims	1,110	1,122
Debt	6,638	5,445
Collateral received on securities lending	1,104	937
Other liabilities	10,793	9,197
Separate account liabilities	36,092	33,860
Total liabilities	245,679	229,250

图 9－3　纽约人寿 GAAP 财务报表（2014 年）中的负债部分

EXPENSES		
Policyholder benefits	8,403	8,193
Increase in liabilities for future policy benefits	5,268	5,140
Interest credited to policyholders' account balances	3,129	2,077
Operating expenses	5,751	5,304
Dividends to policyholders	1,601	1,450
Total expenses	24,152	22,164

图 9－4　纽约人寿 GAAP 财务报表（2014 年）中的费用部分

第五节　相互保险组织的会计、税务与信息披露

一、美国保险公司财务审计制度

（一）概述

美国保险会计准则的发展经历了两个阶段：第一阶段是 1982 年 6 月以前，保险企业主要遵守法定保险会计准则（Statutory Accounting Principles，SAP）；第二阶段是从 1982 年 6 月至今，法定保险会计准则与公认会计准

则（Generally Accepted Accounting Principles，GAAP）并存的双重规范、双重财务报告的阶段。保险公司一方面要遵循由美国财务会计准则委员会（FASB）制定的公认会计准则，编制基于通常目的的财务报告以提供给企业的外部财务报表使用者；另一方面还要按法定会计准则编制法定会计报表，以提供给保险监管当局用以评价企业的偿付能力。

SAP是基于清算假设和流动性会计准则，强调财务状况的测定以支持偿付能力的监管，其目的在于报告保险公司履行它对保单所有人和索赔人责任的能力的有关信息，SAP关注的是盈余的充足性。由于这种定位的结果，SAP原则上对保险公司的收益予以较少的关注。随着资本市场的发展，保险企业的外部投资者要求保险企业提供真实的而不是保守的利润，因此法定会计准则受到了挑战。1982年6月，美国财务会计准则委员会发布了第60号财务会计准则——保险企业会计核算与财务报告，从而产生了GAAP。在GAAP下，财务会计和报告是基于“持续经营”原则的，也就是说GAAP更强调企业的未来。GAAP财务报告的主要关注点是收益及其构成，着重点在于确定今后公司是否仍在经营。

除了SAP和GAAP的财务要求外，保险公司还要按照美国国税局（IRS）的要求对法定收入（Statutory Income）进行调整，以满足税收目的。因此，美国保险公司的财务制度受到这三类原则的影响。

美国保险业也分别针对以上三种财务制度的要求有着相应的审计制度，各审计制度的宗旨和进行方式主要为满足三种财务制度的报表使用者的不同使用需求而异，并没有针对股份制或是相互制的保险公司而有不同的审计制度要求。

（二）SAP与GAAP的差异概述

风险认识的差异：不同的会计信息使用者对财务信息的要求和关心的重点不同，这些要求与关注点有些是重叠的，有些则是不相容的。为了能够兼顾这些要求，GAAP在对待风险时只能在总体上保持不偏不倚的特性。保险监管部门运用SAP方法主要是保证保险公司具有足够的偿付能力，因此，为了使保险公司的财务状况在进行债务偿付时有一个足额的缓冲，同时也为了使保险监管部门更好地免除监管责任，在不用考虑其他信息使用者的前提下，保险监管部门在制定保险会计原则时往往会采取十分稳健的态度。

会计假设的差异：GAAP 重视长远经营，采用持续经营假设，即会计核算以公司持续正常的经营活动为前提，排除清算状态及准精算观念。SAP 重视目前经营，采用准清算观念，虚拟停业清算，即假设保险公司出于可能的各种原因停止销售新保单，兑付所有现有保单责任，排除持续经营理念。GAAP 基本假设在一定程度上带有客观性质，而 SAP 反映会计信息使用者的需要，具有一定主观性。

资产确认方法不同：GAAP 下的资产为全部资产，在货币计量币值不变假设下，承认历史成本，坚持谨慎，主张成本市价孰低法，市价低于成本的差额列为营业外损失；SAP 下的资产仅为认可资产，在准清算观念下，仅承认净变现价值，不良资产净变现价值低于成本的差额作为非认可资产，不包括在法定资产负债表上。认可资产（可接受资产）是指监管机构接受的，可以在法定资产负债表上列示的资产。

负债的确认方法不同：主要表现在责任准备金和红利支付的问题上。GAAP 下负债中准备金的提取由公司根据本身和业界的经验而定；SAP 下准备金的提取由法律强制规定利率和死亡率的假设而决定，这些假设不反映公司的承保及投资经验，同时也忽略了今后预计的保单退保等所导致的利益。另外，SAP 的红利报告受限于对次年预期的债务，GAAP 确认所有未来保单持有人红利的现值为负债。通常在 GAAP 下，公司的资产价值比 SAP 高，准备金和其他负债价值比 SAP 低，因此，GAAP 下公司的资本和盈余项价值要比 SAP 下的高。

收入费用确认方法不同：GAAP 采用权责发生制确认收入费用，根据权责关系的实际发生和影响期间进行收入费用配比，从时间上规定收入费用确认的基础，即要求收入确认时的保单获得成本（Acquisition Cost）与所确认的收入相匹配，在报告日没有被确认为费用的保险单获得成本应作为递延资产列入资产负债表（递延保单获得成本，Deferred Acquisition Cost）。SAP 采用混合确认方法，既采用收付实现制，也采用权责发生制。在收付实现制下，凡当期收到的收入或支出的费用，均确认为当期损益，不需进行期间配比。因此，在 GAAP 下，收益在发生时即可确认，而不需要等到收益收到时；当期收到的保费应在整个承保期间分配；首年保单的取得成本则应递延摊销（即资本化处理）。在 SAP 下，当期收到的保费作为当期收入，首年保单的取得成本也全部作为当期费用处理，在 SAP 下的资产负债表中没有“递延保单获得成本”这项资产。

表 9-1　　　　GAAP 与 SAP 比较表

项目	GAAP	SAP
信息使用	投资大众、一般债权人、证监会	代表投保大众监理机构或社会中立评鉴机构
信息强调	着重强调获利能力	关心偿付能力，重视财务状况
时间强调	重视长远经营	强调目前
环境假设	持续经营假设，排除清算状态及准清算概念	排除持续经营理念；虚拟停业清算，采用准清算观念
资产确认	全部资产	仅为认可资产
可接受价值	币值稳定假设下，承认历史成本，坚持谨慎，主张成本市价孰低法，市价低于成本，其差额列为营业外损失	准清算概念下，仅承认净变现价值，不良资产净变现价值低于成本，其差额确认为非认可资产
负债确认：准备金及保单红利	公司本身与业界经验及未来所有红利的现值	法律规定
收入确认：满期保费支配	承保期间	保费期间
费用确认：首年保单获取成本	递延摊销（资本化处理）	全部作为当期费用确认

（三）SAP 与 GAAP 的具体差异

SAP 和 GAAP 之间的区别产生于它们各自不同的目标，在财务报表中，GAAP 与 SAP 的差异主要体现在以下几个方面：

1. 递延保单获取成本（Deferred Acquisition Costs）

在 GAAP 下，保险公司可以依据权责发生制确认保单获置成本，即保单获置成本可以递延以匹配保费收入的确认。而 SAP 则要求保单获置成本必须在发生时立即确认，因此在 SAP 下，资产负债表没有递延保单获置成本一项。

2. 非认可资产（Non-admitted Assets）

在 SAP 下，保险公司的资产被分为“认可资产”和“非认可资产”，其中“认可资产”可以用于计算偿付能力，而“非认可资产”则不得用于计算偿付能力。

3. 递延所得税资产（Deferred Tax Assets）

在 SAP 下，所得税能被递延的条件比 GAAP 更加严格，因此，通常 SAP 下的递延所得税资产要小于 GAAP。

4. 投资资产（Invested Assets）

在 SAP 下，高等级债券和高估值的可赎回优先股应以摊余成本计量；低等级债券和较低估值的可赎回优先股应以摊余成本和公允价值的较小值计量；普通股股票和不可赎回的优先股应以公允价值计量，投资资产的账面价值变动计入盈余变动。

在 GAAP 下，投资资产被分为“可供出售金融资产”、“持有至到期金融资产”和“交易性金融资产”。“可供出售金融资产”应以公允价值计量，其变动计入“其他综合收益”；“交易性金融资产”也以公允价值计量，其变动计入“公允价值变动”；“持有至到期金融资产”应以摊余成本计量。

5. 再保险计量（Presentation of Reinsurance）

在 SAP 下，资产负债表应反映再保险后的净负债。而在 GAAP 下，保险公司应将再保险前的负债与分出再保险分别计入资产负债表。

6. 结构性理赔（Structured Settlement）

结构性交易是指保险公司以年金的形式支付索赔人赔款的方式。如果索赔人完全放弃索赔权，则无论是在 SAP 还是 GAAP 原则下，都以年金的购买价格计作赔付损失，同时视作完成理赔；如果索赔人未完全放弃索赔权，则 SAP 和 GAAP 的处理方式是不同的：在 GAAP 下，保险公司应按再保险合同的核算方式处理结构性交易；在 SAP 下，保险公司可以按照索赔人完全放弃索赔权的方式处理，但同时要在财务报表中公布这些或有负债。

7. 预期损余财产和代位追偿权（Anticipated Salvage and Subrogation）

在 GAAP 下，损余财产和取得代位求偿权的财产的预期价值可以从未付损失中扣减。在 SAP 下，若损余财产和取得代位求偿权的财产的预期价值从未付损失中扣减，需要将扣减的金额在财务报表中披露。

8. 赔款准备金贴现（Discounting of Loss Reserves）

在 SAP 下，除雇员补偿保险和长期失能保险以外，财产险和意外险的赔款准备金不得贴现；而在 GAAP 下，保险公司可以根据实际情况确定贴现率，对准备金进行贴现。

9. 商誉（Goodwill）

商誉的取得是由于企业合并，在 SAP 下，商誉的价值为被合并企业的购买价格与该企业法定盈余的差，并且商誉的价值不得超过被合并企业资本与盈余的 10%。除此之外，商誉还需要在 10 年内进行摊销。而在 GAAP 下，商誉的价值为被合并企业的购买价格与该企业净资产公允价值的差，商誉不会被摊销，但会定期进行合理的减值处理。

（四）税收框架下的调整

在税收框架下，保险公司需要对以下科目进行调整：

1. 已赚保费（Earned Premium）

在 SAP 下，已赚保费 = 保单保费 - 未到期责任准备金提转差，因此在保单期初，已赚保费为零。另一方面，保单获置成本在保单签发时即被确认，这导致了保险公司在保单初期产生了损失。

在税收框架下，美国国税局允许对已赚保费进行调整：

计税基础下的已赚保费 = 保单保费 - （0.8 × 未到期责任准备金提转差） = 法定已赚保费 + （0.2 × 未到期责任准备金提转差）

2. 赔款准备金（Loss Reserves）

在 SAP 下，财产险公司大部分赔款准备金无法贴现，但在税收框架下，美国国税局允许财产险公司对赔款准备金进行贴现。

3. 已发生损失和理赔费用（Incurred Losses and Expenses）

计税基础下的赔款准备金可以贴现，因此财险公司的已发生损失和费用也要进行相应调整：

在 SAP 下，已发生损失 = 已付赔款 + 赔款准备金提转差

而在计税基础下的已发生损失 = 已付赔款 + 赔款准备金贴现的变动。

同时，理赔费用也按照相同的方法进行调整。

4. 投资收益（Investment Income）

在税收框架下，部分投资收益也需要进行调整，以满足应纳税投资收益的核算。如政府免税债券（Tax-exempt Municipal Bonds）和分红。

5. 最低所得税和最低税额抵免

在税收框架下，美国国税局要求企业按“调整最低所得税”（Alternative Minimum Income Tax）和正常所得税的较大者支付所得税。如果企业按调整最低所得税支付，则调整最低所得税与正常所得税的差额即为“最低税额抵免”（Minimum Tax Credit）。最低税额抵免可以抵扣未来年度的应缴所得税。

（五）股份制与相互制保险公司在财务会计上的差异

股份制保险公司和相互制保险公司在财务会计制度上有以下几个区别：

在资产负债表里，普通股股本（Common Capital Stock）这一科目只出现在股份制保险公司资产负债表里，纯粹的相互保险公司负债表里不包含这一科目。

通常地，相互制保险公司资产负债表里所有盈余均反映在未分配资金（Unassigned Funds）科目下，但某些改变了资本结构的相互保险公司（Mutual Holding Company）除外。股份制公司的盈余除了反映在未分配资金里，还会反映在其他科目里，如普通股股本。

相互制保险公司损益表里的分红科目表现为保单持有人分红（Dividend to Policyholder），而股份制保险公司则表现为股东分红（Dividend to Shareholder）。

二、税收

在税收方面，纽约州保险法的特殊规定主要有以下两个方面：（1）特殊类型保单下，投保人为取得税收优惠，所应达到的条件；（2）特殊的保险组织形式所能获得的税收豁免，例如兄弟互助会（Fraternal Benefit Societies）、机动车事故赔偿公司、非盈利财产/事故保险公司等。

但在相互保险公司的税收方面，纽约州保险法并未给出特殊规定。由此可以判断，一般的相互保险公司与股份保险公司在税收待遇上，没有明显不同。

美国保险公司利润的确认方法是以利润表为出发点，通过损益项目的计算得到，通过责任准备金的提转差来达到利润逐年释放的目的。

基本计算公式为：

利润 = 保费收入 + 投资收入 - 赔付支出 - 展业费用 - 维持费用 - 准备金增加

保险公司应税所得是根据税法原则和具体规定，对其各个相关项目作出调整来得到课税基础。在这种模式下，其认定的所得只包括归于保险人（股东）的所得，而由保险人投资应归于保单持有人的部分通过责任准备金的提取包含在准备金账户当中。但从上面的基本计算公式中可以看到，准备金增加的部分以及对保险人的给付部分都作为利润的减项予以扣除，因而其结果是对于积累在保险人手中的保单持有人所得没有纳入税基中课税。同时，在这种模式下，通常允许保险人扣除对保单持有人的分红，所以最终取得的给付在保险人的层面上没有承担税收，至于这部分收益在保单持有人层面上是否课税，取决于具体规定。

美国联邦《国内税收法》对保险公司的税收规定具体如下文所述。值得注意的是，《国内税收法》有两处规定了针对保险公司的特殊税收优惠，其中一处仅针对相互保险公司，另一处则同时适用于相互公司和股份公司。第一，第 501 条是关于免税的规定，若相互保险公司毛收入（Gross Receipts）不超过 15 万美元，且上述毛收入中超过 35% 的部分由保费收入

（Premiums）构成，则对该相互保险公司豁免征税。[①] 同条也对股份保险公司作出类似规定，但上述两项条件有所不同，分别为毛收入不超过60万美元和超过50%的部分由保费收入构成。第二，第831（b）条针对小型保险公司（Small Companies）有例外规定，即若满足法定要求，则仅对保险公司的投资收益（Taxable Investment Income）征税。[②] 本条赋予小型保险公司特殊税收待遇，但并不区分相互制或股份制而有所不同。

（一）人寿保险公司

1. 公司层面

在公司层面，寿险公司的税率要求与普通企业的要求基本一致，即正常税的税率为22%，附加税[③]的税率为26%，这两种税都是在纳税年的应税收入的基础上进行计算，应税收入是指企业的毛收入减去法规中许可的抵减项。在正常税的应税收入中允许扣除的部分免税利息不允许在附加税的应税收入中扣除。寿险公司的收入源于"利差"、"死差"和"费差"，利差属于投资收入，死差和费差属于承保收入。寿险公司的应纳税所得额包括：

（1）应税的投资收入

根据寿险公司的投资收入总额减去投资费用及保单持有人享有的投资收入份额[④]（the policyholders' share of investment income）计算确定。考虑到保险公司的本质特征，前述扣除项意味着寿险公司将近70%的投资收入不纳税。保单持有人份额税前扣除的基本原理是，保单持有人基本上是公司的债权人，那么

① 但是，这一豁免有两项例外：第一，根据《国内税收法》第501（c）（15）（A）（ii）条的规定，如果该公司的雇员或该雇员家庭中的一个成员，是另一个已根据本条获得豁免的公司的雇员，则该公司不能享受此项豁免；第二，根据同法第502条的规定，如果相互保险公司是营利性的，且其所有收入都上交给一个已经享受第501条豁免的相互保险公司，那么该公司不能再享受本项豁免。

② 根据第831（b）（2）条的规定，法定要求为：第一，净保费（Net Written Premiums）和直接保费（Direct Written Premiums）中较大者，不超过220万美元；第二，满足分散性（Diversification）要求，分散性要求是指没有一个保单持有人贡献了超过20%的净保费收益，或没有一个股东所持份额超过在对应资产中享有份额的2%；第三，该公司选择适用本条。

③ 征税基础为正常税应税收入（不允许扣除法规中规定的部分免税利息）超过25 000美元以上的部分。

④ 保单持有人份额根据保险合同或其他合同责任而产生，金额上等于寿险公司规定的划入保单责任准备金中的投资收入，以及对公司保单持有人持有公司债券所需支付的利息等。

保单持有人份额相当于公司对债权人的利息支付，所以应予税前扣除。

（2）公司承保收入的50%

更精确地说，运营收入（即总收入）超过投资收入的部分的50%。此处的承保收入是扣除保单持有人红利后的净额，所以，相互保险公司或者发行分红保单的股份保险公司可以通过多宣告对投保人的分红而实现避税的目的。另外，根据美国联邦《国内收入法》，人寿保险公司的“保单持有人红利”是指公司以其资格向保单持有人支付或宣布的任何红利和类似分配。它还包含下列特定金额：①不在保险合同中确定，但取决于公司情况或管理层的裁量的、支付或贷记的任何金额（作为增加的收益包含在内）；②超额利息；③保费调整；④按以往理赔情况确定的保费返还额。任何纳税年度的保单持有人红利扣除额应等于该纳税年度支付或累积的保单持有人红利。[①]

（3）特殊情况

对于股份制的寿险公司，特定情形下需要根据保单持有人盈余账户中的扣除金额而征税。保单持有人盈余账户主要放置以前年度未纳税的50%的承保收入，当在一个纳税年度，该账户金额超过一定限额或者向股东进行分配时，公司需要纳税。

纽约人寿财报费用项下列示税项为所得税费用（Income Tax Expense）。根据财报的进一步说明，其所交纳的是联邦所得税（Federal Income Taxes），数额基于当年应税经营情况（Taxable Operations）和往年预计调整（adjustments to such estimates from prior years）确定。递延联邦所得税资产和负债系基于预期的GAAP和应税收入之间的未来税项结果的暂时性差异进行确认。值得注意的是，上述所得税数额系在集团成员中间进行分担，依据为互相之间订立的税收分担协议（Tax Allocation Agreement）。注释显示，该税项的名义税率为35%；纽约人寿2014年实际缴纳数额为673 000 000美元，实际税率为21.5%。

2. 在保单持有人层面

保单持有人购买人寿保险的保费不能税前扣除，但是其一次性获得的死亡赔

---

① 626 USCS § 808.

偿金不计入应纳税所得额，因为死亡赔偿金类似于遗产，而遗产一般代表税后财产，不作为应税收入对待。另外，当保单受益基于保单到期或者退保产生时，保单持有人仅就超过已付保费部分纳税。通常情况下，保单的现金价值或其他应付给保单持有人的金额低于已付保费，因此，保单持有人在退保时无需纳税。

（二）财产与损害保险公司

1. 公司层面

在公司层面，财产和损害保险公司的收入包括投资收入和承保收入，均构成应税收入的来源。股份制财险公司的应纳税所得额由毛收入减去税法规定的扣除项（比如，对保单持有人的分红）来确定，其中，毛收入包括投保收入、承保收入、出售特定财产所得、其他所得等，承保收入指超过保险损失和费用的已赚保费收入。尽管根据定义，承保收入不可能为负数，但是联邦税收法允许在计算应纳税所得额时将发生的承保损失在投资收入中扣除。

需要注意的是，相互制财险公司（海上相互保险和火灾相互保险公司[①]除外）应纳税所得额的计算与股份制财险公司有所不同，其应税收入为按照投资收入或者毛收入两种方式计算结果中的较大者：（1）根据投资收入计算：普通税按照应税收入的30%计征，附加税对应税收入（不能扣除部分免税利息）超过25 000美元的部分按照22%计征；（2）根据毛收入计算：保险公司收到的利息、红利、租金、净保费减去支付给保单持有人的红利和全部免税利息后的毛收入的1%。此处，“保单持有人红利”是指向保单持有人支付或宣布的红利和类似分配，它包括未在保险合同中规定，但由公司管理者根据经营情况而决定向保单持有人返还的金额[②]。

---

① 海上相互保险公司、火灾相互保险公司的应税收入和税率与普通企业的要求基本相同。

② 根据美国联邦《国内收入法》，贷记在交互社认购人独立账户上的存款，不应视为本段所指的红利。但是，有关此种贷记的分配应被视为已支付红利。“支付或宣布”一词应根据保险公司记账常用的会计方法来解释，这种方法在计算所有扣除额（包含给保单持有人的红利和类似分配）和收入项时，应当被始终遵守。如果前面采用的会计方法是现金收付法，那么扣除额将受到该纳税年度实际支付给保单持有人的红利和类似分配的金额限制。如果采用的方法是权责发生制（应收应付制），那么该纳税年度向保单持有人宣布的红利及类似分配的扣除额，或合理精确估计的该扣除额，一般将通过向该纳税年度的红利和类似分配增加期末已宣布但未支付的红利和类似分配的金额并扣除期初已宣布但未支付的红利和类似分配的金额的方法来计算。如果使用权责发生制的保险公司不按照上述方法计算向保单持有人宣布的红利和类似分配的扣除额，就必须提交其扣除额计算方法的详细说明。法条原文详见26 CFR 1. 822 - 12。

2. 保单持有人层面

在保单持有人层面，若购买财产险的保单持有人为法人，其可以将保费支出作为一般的必要经营费用在税前扣除，但由保险公司承担的实际伤亡损失和保险赔偿金不能进行税前扣除；若购买财产险的保单持有人为个人，比如个人为自己的住房购买的保险，其所支付的保费被视为个人费用，不能税前扣除。

（三）交互保险社的特殊税收问题

在交互保险社的三级结构（代理人—交互保险社—社员）中，当各级主体均为法人时，都存在联邦所得税的缴纳问题。一般情况下，当交互保险社和代理人均为法人时，按照联邦《国内税收法》有关保险的规定内容的第 11 条①纳税，即按照各公司每个纳税年度的应税收入课税，并根据应税收入的多少实行累进税率，税率从 15% 至 35% 不等。如果应税收入为 10 万美元以上，则税款还要额外加收增加额的 5% 或 1. 175 万美元中的孰低者；如果应税收入为 1 500 万美元以上，则税款还要额外加收增加额的 3% 或 10 万美元中的孰低者。

此外，对于交互保险社的应税收入，应允许扣除纳税年度内记在认购人贷方账户的存款增量，并且应将纳税年度内记在认购人贷方账户的存款减量包含在毛收入的项目中。“记在认购人贷方账户的存款”是指纳税年度终了后下一年的 3 月 16 日之前记在认购人独立账户贷方的那部分溢余，但公司只在认购人在公司纳税年度终了时终止合同的情况下，有责任立即向认购人支付该金额。为确定认购人应税收入之目的，认购人应把这种“记在认购人贷方账户的存款”作为已支付或已宣布的红利②。

根据美国联邦《国内税收法》保险部分第 835 条的规定，如果交互保

① 26 USCS § 11.

② 26 USCS § 832.

险社同意对税前扣除额施加一定的限制①，则在其满足某些要求的情况下，可以享有直接税收扣除。接受限制的交互保险社的直接扣税额，等于代理人为其从交互保险社处得到的收入所支付的税款。代理人已缴纳的部分，交互保险社不应缴税；未缴纳的部分，交互保险社仍要缴税，代理人方面的纳税不受影响。

三、信息披露

（一）信息披露的方式和途径

1. 年度报告

保险公司和互惠保险人（以下简称“保险人”）应在每年 3 月 1 日或之前向监管者提交年度报告。该报告应提交一式两份，展现其上一年全年的情况（Conditions），且须经至少两位主要高级管理人员宣誓确认（verified by the oath）。如监管者对报告形式和内容另有规定，则该报告应符合上述规定。

---

① 美国联邦《国内税收法》第 835 条（26 USCS § 835.）“交互保险社的选择”具体规定如下：（a）通常，除本条另有规定外，根据应税收入课税的内部保险人或交互保险社（以下统称“交互社”），可根据财政部长指定的规则，选择是否受第 835（b）条规定的限制。这种选择应对作出选择的纳税年度以及以后各纳税年度有效，并且非经财政部长同意不得撤销。

（b）限制。根据第 835 条（a）款作出选择的交互社在纳税年度发生或支付给代理人的金额之扣除额，应受限于代理人的、从交互社处得到的收入中可扣除的金额（但交互社方面的扣除额绝不因之增加）。

（c）例外。交互社可能无法根据第 835 条（a）款作出选择，除非交互社的代理人：

（1）根据第 11 条［26 USCS § 11］课税；

（2）同意在选择有效期内根据财政部长指定的规定提供信息；

（3）报告从交互社处得到的收入以及可以从中扣除的金额（交互社根据相同的会计方法报告支付给代理人的金额的扣除额）；并且

（4）按日历年对其收益进行备案。

（d）直接税收扣除。任何选择受制于（b）款规定的交互社，应当扣除的税款等于代理人支付的、由代理人根据财政部长指定的规定在该纳税年度内从交互社处得到的收入所引起的税款。

（e）不适用分级税率。对于交互社因（b）款限制而增加的应税收入，应当根据第 11 条（b）款规定的最高税档（35%）课税。

（f）税收返还的调整。如果代理人在任何纳税年度被允许扣除或返还的税款与（d）款导致的扣除或返还给交互社的税款有关，那么该纳税年度内该交互社的税款应当根据财政部长指定的规则进行合理调整。

（g）代理人的税收不受影响。本条规定不增加或减少本法保险部分对代理人的收入所课之税。

监管者应不时通过印发文件或在电子媒体上发布的方式，对年度报告的形式作出规定，这些规定可针对不同类型保险人作出不同规定，以便报告能真实反映各类保险人在其认为重要的方面的情况。

2. 年度财务报告

保险人应于每日历年前五个月内向监管者提交年度财务报告及独立注册会计师（以下简称“会计师”）对财务报告的意见（以下简称“意见”）。该财务报告应针对保险人及其子公司，且应对公众开放，公众可在监管者办公室和保险人主要办公场所获取上述报告。

保险人还应向监管者提供由会计师出具的对形成上述意见实属必要的对保险人会计流程和内部控制制度的评价。

保险人应要求会计师向监管者提供工作底稿（Work Papers）以及在会计师和保险人之间有关考核保险人的往来通信记录，以供监管者审阅。上述向监管者提供的工作底稿和往来通信记录应保密，不应因传票而公布（shall not be subject to subpoena），也不应对公众公开；但是，如果监管者认为公开有利于保单持有人或公众的利益，则在提供通知和听证机会后，监管者可将其公开。

如果会计师认为保险人在提供的财务报告中对其财务情况有实质不实陈述或保险人未达到最低盈余要求，则保险人应要求会计师就上述事项向监管者通知。

3. 特别报告

监管者可向保险人就交易事项或情况或其他任何相关事务进行询问（Inquiry），上述保险人应提供及时、真实的书面答复。若监管者要求，则上述答复应由监管者指定的个人或公司高管提交并由其确认。

监管者还可要求提供季度报告或其他报告。上述报告应包含监管者规定的形式和内容。

（二）信息披露的内容

1. 年度报告

保险法本身并未对年度报告所应包含的内容做明确规定，仅以“情况”概括。参考纽约人寿保险公司在年度报告中的披露内容，可知此类报告中可能包括：财务情况重点提示、董事长致辞、作为相互公司的特点及自身经营优势（以故事、数据、一般陈述等多种形式呈现）、经营及投资情况概览、财务报告摘要、董事会对财务信息承担责任的承诺、董事及董事会特别委员会信息、高管信息、主要办公场所信息、术语解释等。

2. 年度财务报告

由前文可总结得知，年度财务报告应与会计师意见、会计师工作底稿、会计师和保险人之间的往来通信记录一并提交。保险法并未对上述应提交文件的具体内容作出明确规定，或可理解为上述文件内容应遵从行业规范。

3. 特别报告

在特别报告中披露的内容，为监管者提出的、就保险人交易或其他任何相关事务的询问的答复。

（三）未依规进行信息披露的处罚

1. 年度报告

若保险人故意（Willfully）不按规定提交年度报告，则除保险法规定的其他惩罚措施外，还应在得到合理通知和听证机会的前提下，每迟延一天，缴纳至多 250 美元的罚款，但每次迟延所引起的罚金总计不超过 2.5 万美元。

2. 年度财务报告

与年度报告处罚措施相同。即在得到合理通知和听证机会的前提下，每迟延一天，缴纳至多 250 美元的罚款，但每次迟延所引起的罚金总计不超过 2.5 万美元。

3. 特别报告

若保险人未能在保险人指定的时间（不得短于 15 个工作日）内提供诚信的答复，则在通知和听证后，监管者可处以民事处罚，每迟延一日应缴纳 500 美元罚款，但总计不超过 7 500 美元。

（四）与股份制保险公司的区别

如上所述，纽约州保险法对各类保险人的信息披露要求做总则性规定，并未对相互保险公司作出集中的特别规定。经查纽约州保险法第 41

条、第42条，上述两条文中也并未对相互人寿/健康/意外保险公司、相互财产/事故公司的信息披露作出特殊规定。由此可知，在纽约州保险法规定层面，并未有对两种类型公司披露要求的显著区别。

第六节　相互保险组织的转制与解散清算

一、转制

（一）相互化

在纽约州保险法中，对相互化的具体规定，包括较为详细的股份人寿保险公司转制为相互人寿保险公司及其他三种特殊类型保险人组织形式向相互保险公司的转化。值得注意的是，与非相互化不同，相互化部分并未对除人寿之外的其他主要保险业务类型作出规定，如财产/事故保险、事故/健康保险。以下将以股份人寿保险公司转制为相互人寿保险公司为例，展现相互化的典型操作方式。

股份人寿保险公司向相互人寿保险公司的转化，是纽约州保险法详细规定的一种类型，具有典型意义。在规制此种转化时，纽约州保险法思路清晰，首先规定回购计划的批准和通过程序，后考虑到剩余股份的回购而设定董事会要约并分别规定积极、异议、沉默三种类型股东的应对方式，使得非相互化转制程序能够逐步推进。

1. 回购发行在外股份计划（Plan for the Acquisition of Outstanding Shares）

该项计划应获以下三项表决通过：董事会董事多数决；持有发行在外股份股东多数决，且该项表决应在专门针对该计划举行的会议上进行；有权在专门针对该计划举行的会议上投票的保单持有人多数决。有权投票的保单持有人应满足的条件包括：第一，所持寿险最低价值1 000美元或其他等值情况，如在通常到期日每年支付至少100美元的年金合同；第二，所持保险在会议召开当时属生效状态且已持续生效至少一年。符合上述条件的保单持有人参与表决的方式包括：亲自出席、通过代理人、邮寄。召开上述会议的通知应最晚于会议召开前三十日寄往保单持有人地址。监管者应审核并批准上述会议的召开方式，且应监督和指导上述会议的召开方式和程序，并应指定合适数量的监督者（Inspector）对选票的有效性、投票者的资质、投票的查验进行监督。上述监督者应向监管者和公司确证投票结果。公司应承担监管者和监督者在进行上述事项过程中产生的费用。

该项计划可确定回购价格（Purchase Price），且一经确定，应获遵循；如果计划并未确定上述价格，则公司应就回购股份所为的每一笔支付获取监管者的在先许可。

当依该计划将本州股份人寿保险公司变更为相互人寿保险公司时，该公司应当有权并可优先通过购买、遗赠或赠与获得其股份。该项计划应授权三名托管人（Trustee）接收股份并在转制程序完成之前为所有保单持有人信托持有上述股份。在信托持有期间，上述由托管人持有的股份应以面值计算入公司的被认许资产。托管人应有权在股东有权投票的公司会议上投票表决。上述股份所享有分红和其他收入，在扣除向托管人支付的必要费用后，应立即向公司返还，成为公司盈余的一部分，以保护有权参与该公司利益分配的所有保单持有人和潜在保单持有人。

该项计划应提交给监管者，由其审核：（1）计划是否遵守上述要求；（2）计划是否对公司保单持有人或大众（Insuring Public）造成损害。在批准上述计划之前，监管者应确认公司的经认许资产在支付回购价款及相关费用后，不少于下述项目总和：（1）总负债，包括依照本法计算的待履行合同的净值；（2）经营同种业务相互人寿保险公司的最低盈余；（3）基于公司过往经历、资产特点、现有管理层和可能的未来收入，为保护公司保单持有人和大众，而由监管者指定的附加或有盈余（Additional Contingent Surplus）。

除依据上述程序另行指定一个新计划之外，不应对已获表决通过和批准的计划作出修改。

2. 回购剩余股份

第一，回购剩余股份的要约。

如果计划已生效至少十年，公司已回购并由托管人持有至少90%的在外股份，计划本身又不包含强制完成相互化的条款，则董事可通过多数决决定以公司认为合理的价格（或与股东协商后的更低价格）收购剩余股份。上述计划应递交监管者审核上述收购剩余股份的要约是否符合上述要求、是否有损保单持有人利益，并审核公司被认许资产在扣除收购剩余股份所应支付款项后，仍不少于下述项目总和：(1) 总负债，包括依照本法计算的待履行合同的净值；(2) 经营同种业务相互人寿保险公司的最低盈余；(3) 基于公司过往经历、资产特点、现有管理层和可能的未来收入，为保护公司保单持有人，而由监管者指定的附加或有盈余。

在上述要约获得监管者批准后，公司应向所有其股份尚未回售给公司的股东发出挂号信形式的书面要约，说明欲在发信三十日内以指定价格回购剩余全部股份（若要约获股东书面接受）。上述要约应同时附有本条文内容（第 7302 条（b）项）、不早于发信前十二个月的资产负债表和损益表。

第二，积极股东对要约的接受。

依据要求在三十日内接受要约的股东（以下简称“积极股东”），应于接受后六十日内向公司转交股份及股份证明书，并应获得相应股份转让价款。如前所述，上述股份应由托管人持有。

第三，异议股东申请股份价值评估的程序。

不接受要约的股东（以下简称“异议股东”），应在上述期限终止日后三十日内，在提前八天通知公司的前提下，向在公司主要营业场所所在郡地区的最高法院申请三名无利益关联人士评估该异议股东所持股份在要约发出日的价值（以下简称“待评估股份价值”）。在先受理申请并开始评估程序的法院，应对后续可能的其他评估申请拥有管辖权，收到后续申请的法院应将申请移送在先受理法院审理。上述法院应指定上述评估人及他们召开第一次会议的时间和地点，并应给出其认为合理的程序性指导。评估人在听取相关方的陈述后，应评估及书面确认待评估股份的合理价值，并同时将证明书副本递送公司及异议股东。在上述证明书副本送达任何一方后的二十日内，任何一方均可在提前至少八日通知其他各方及监管者的前提下，向最高法院申请批准评估人委员会的报告（Report of the Board of

Appraisers)。法院在听取各方及监管者陈述后，可以：（1）批准报告及其载有的待评估股份价值；（2）依据有关证据和程序，自行决定待评估股份价值；（3）要求评估人依据上述程序重新进行评估。在法院批准报告或自行决定待评估股份价值的情况下（即上述前两种情况），法院还可以决定公司支付股份回购价款的期限。在上述批准或自行决定的裁断作出、支付方式确定且无须待上诉期经过或上诉期已经过的情况下，每位股东均应向公司转交股份及股份证明书，公司即应支付价款。之后公司应将上述股份转交给托管人并由其持有。

第四，沉默股东对要约的拟制性接受。

未依据上述程序向法院作出申请的股东（以下简称“沉默股东”），应被视为接受公司回购剩余股份的要约；但存在异议股东向法院提出评估申请，则沉默股东对公司要约的（拟制）接受日应相应延长至前述法院程序终止日。也就是说，若有异议股东提出股份价值重估申请，则沉默股东应受法院批准或自行决定的股份价值的约束，而非立即受公司回购剩余股份要约所确定回购价格的约束。

第五，要约不可撤销。

在前述程序全部完成或全部股份已于更早时间回购完毕的情况下，公司回购剩余股份的要约不可撤销。

第六，转制的完成。

当全部发行在外股份已回购完毕后，这些股份应被收回或注销。至此，公司转制完成，原股份人寿保险公司转制为相互人寿保险公司。

（二）非相互化

本部分将以相互财产/事故保险公司转换为股份财产/事故保险公司为例，展现非相互化的典型操作过程。从总体上看，非相互化转制过程包括：申请转制并获监管者批准（如有）；转制计划在董事会、监管者和保单持有人层面的通过；转制完成及许可证的签发；后续事项。

1. 董事会作出提交转制申请的决议并提交给监管者

相互保险人在符合公司设立与获得经营许可证条件的前提下，可向监管者申请变更为股份财产/事故保险人。公司董事会依多数同意作出提交申请的决议，并说明该拟变更的原因和目的，以及该拟变更会如何使保单持有人与大众受益。决议的副本与通过此决议的声明，应由公司的总裁或秘书、或相当于总裁与秘书的人签署，并加盖公司印章。上述被签署的文件应与申请书一同提交。收到申请后，监管者可以依其合理需要，取得其他文件与信息。

2. 监管者审查决议并组织进行相关评估

如果监管者认为：决议本身有瑕疵；或拟变更违反法律或不符合保单持有人与公众的最大利益；或相互保险人的盈余少于新设立股份保险人从事相同业务所需的最低资本与盈余要求，则拟变更终止，监管者应当在最近一次声明提交期限的最后一日前，对相互保险人进行审查。监管者也可以审查该相互保险人的任意关联方。

监管者可以指定一个或多个有资质的中立方，根据相互保险人最近发布的年度或季度报告以及其他随后发生的重大事项，对相互保险人的公允市场价值以及必要时对其关联方的公允市场价值进行评估并向监管者汇报。评估人应当考虑相互保险人的资产与负债以及其他影响相互保险人以及其关联方市场价值的因素。就评估人在完成工作时的合理开销应给予补偿。评估人在必要时可聘请顾问对技术性问题提供意见。

公司董事会可在监管者收到上述检验报告（Examination Report）和评估报告（Appraisal Report）后十五日内在监管者处获得上述报告。在收到上述报告后，监管者可以允许或不允许董事会向其提交转制计划（Plan of Conversion）。如果允许，则转制计划应符合下述要求（见下文）；若不允许，则监管者应作出书面声明，董事会有权在监管者否定后三十日内要求举行听证程序。

3. 转制计划的采纳及通知

董事会应经多数同意采纳转制计划。公司总裁或相当于总裁的人应签署该计划并加盖公司印章，公司秘书或相当于秘书的人应当作证。经上述高级管理人员以犯伪证罪为惩罚所证实的计划与决议的副本，加盖保险人印章后，提交给监管者。计划应当包括：

第一，拟设立股份公司的章程和细则。

第二，处理借款合同债权人的方式，使有资格的借款合同债权人有权选择以其持有借款合同交换转制后公司的公平份额或其他对价。这里的借款，即保险法第1307条之下的“因借款产生的或有负债”。

第三，用相互保险人拟变更后的股份公司的证券或其他对价交换有资格的相互保单持有人的成员权益公平份额的方法与基本原则，以及任何无人认领的份额的处置方法与基本原则。计划应规定在提交转制申请的决议采纳日前三年内有生效保单或保险的人，都应在不需负担额外支出的情况下，获得有投票权普通股或获得其他对价，或是包含有投票权普通股的对价，用以交换保单持有人的公平份额。保单持有人在相互保险人中的公平份额应由净保费（总保费减去退回保费与支付分红）与总净保费的比率决定。其中，净保费指保单持有人向保险人就前述决议日前三年内有效的保单所及时妥当支付的保费；总净保费指相互保险人从该等保单持有人处收到的所有保费。在计算保单持有人的公平份额时，决议采纳日以及采纳日后得到的保费不应被计入净保费或总净保费中。因审计或回溯保费调整而在前述决议被采纳后的180天内被计入的保费，若为及时交付，则应被计入净保费或总净保费中。如果有资格保单持有人的公平份额使该保单持有人有权购买零股（Fractional Share），保单持有人可以选择与零股等价的现金，或补足现金购买整股（Full Share）。

第四，转制后股份公司拟发行的有投票权普通股、面值及发行价格，该发行价格不得超过所有保单持有人公平股份中位数的一半。

第五，监管者要求的其他信息。

在采纳前述董事会决议后，相互保险人应立即向所有保单持有人或第1307条之下的借款合同债权人发布通知，告知可能即将发生的变更以及变更对保单持有人或第1307条之下的借款合同债权人的影响。

4. 听证程序及监管者批准转制计划

监管者应当举行公开听证，相互保险人应向在决议采纳日前的所有保单持有人邮寄听证通知，同时邮寄变更计划的副本以及监管者认为保单持有人需要的其他信息。此外，保险人应在其主要营业地所在郡的一家广泛发行的报纸公告听证通知，并在保险人在前述董事会决议采纳日前五年内从事保险业务的两个州的最大城市广泛发行的报纸公告听证通知。通知应当包括监管者所批准的计划总结以及监管者认为保单持有人与公众需要的其他信息。

听证之后，监管者可以：批准所提交的方案；拒绝批准方案；在批准前要求修改计划。除非监管者发现计划违反本法、不符合其他法律、没有达到公平合理或是不符合保单持有人与公众的最大利益，监管者应当批准计划。如果监管者发现计划达不到上述针对批准计划的标准，监管者可以拒绝批准计划而使计划无效，或将计划发回给相互保险人修改，以使计划满足按照监管者表明的要求。如果在收到监管者要求修改计划后的九十日内，相互保险人提交使监管者满意、达到监管者表明的要求且符合批准标准的修改计划，监管者应当批准该计划。

5. 保单持有人表决通过转制计划

转制计划在获得监管者的批准后，应交由相互保险人的保单持有人投票。该项投票可代理进行，且应按照监管者要求的方式进行。董事会应至少在投票会议举行前三十天（若监管者批准，可在三十天内，但不得少于十天），将一份完整、真实准确的计划或是在监管者批准情况下的一份总结，与表明会议时间、地点与目的的通知一起，以直接送交的方式或以预付邮资的邮局寄存方式送至所有保单持有人，发送的地址是保险人记录显示的保单持有人的最新邮寄地址。

上述保单持有人有权按照相互保险人的公司内部规章获得相应的投票数。计划通过需要所有有效投票的三分之二赞成票，保单持有人可以本人到场投票，也可委托代理人投票或是通过监管者接受的其他旨在鼓励保单持有人参与的方式投票。在投票结束时，保险人应向监管者提交一份经证明的被投票表决的计划以及证明投票结果的文件，以上计划与文件均需由总裁或相当于总裁的高级职员签署，并有秘书或相当于秘书的高级职员作证，加盖公司印章并以犯伪证罪为惩罚保证信息真实。

二、解散和清算

（一）整顿、解散和清算的关系

纽约州保险法第 74 条专门对保险公司的整顿、清算及解散作出了规定，不过，该条适用于所有保险公司，并没有多少专门针对相互保险公司的规定。

在解释具体程序设置之前，需要首先明确在纽约州保险法下，整顿、解散和清算的关系。整顿（Rehabilitation）或称复兴，指保险监管者在保险人出现法律规定的特定情形，有可能损害保单持有人利益时采取的强制措施。类似于我国《商业银行法》上的接管。纽约保险法规定了十五种情形，保险监管者可以申请法院下达整顿令，从而采取相应的整顿措施，其中主要的和常见的有八种：（1）保险人濒临破产；（2）拒绝向监管者及其代理人或检查员的合理调查呈交公司的账目、文件、账户或事务；（3）相互保险公司未能或拒绝在监管者根据法律指定的时间内，对最低盈余的减损作出弥补；（4）未经监管者批准，通过再保险合同或其他方式，实质上转移公司的整体财产或业务，或将公司整体财产或业务并入任何其他公司；（5）其进一步交易将对其保单持有人、债权人或公众造成损害；（6）公司任意地违反了它的章程或州的法律；（7）公司在一年内未进行任何保险业务；（8）公司开始自愿清算或解散；等等。一旦取得法院的整顿令，保险监管者可以立刻接受保险人的财产，对其业务进行指导，同时采取一定的措施解决产生这一问题的原因和条件。清算包括自愿清算与强制清算。保险法只涉及强制清算，即当保险人出现上述应整顿的情形时，保险监管者整顿失败或者认为情形严重而无法整顿的，应当进入清算程序。纽约保险法下的解散也与商事公司法下的清算不同，它只是清算程序结束的一个结果。因此，总的来说，对于处于特殊情况下的保险公司，应首先考虑整顿；在整顿失败或无法进行整顿的情况下，才进行清算，而解散则是清算的结果。

（二）细节内容

1. 程序

根据纽约州保险法的规定，保险人的整顿、清算或解散都需要监管者向法院申请相应的命令（Order），只有取得相应的命令之后，方可在该命令的指导下进行这些行为。

对保险人进行整顿的前提是：监管人可依本章规定申请由其对本州保

险人进行整顿，前提是该本州保险人在监管人规定的时间里，未能遵照或拒绝遵照依照监管人的命令：如果本州保险人是股份保险人，补偿资本损失或对投保人的最低盈余；如果是相互保险人、互惠保险人，即未能补偿最低盈余。

2. 财产处置

纽约州保险法第 7427 条、第 7428 条和第 7434 条对整顿或清算情形下保险人资产的处置作出了规定。按照这些规定，保险人在诉讼程序中可以相互抵销部分债务。

不过，有三种例外情形下不能抵销债务，包括：保险人对这样一个人的负债，在进入清算程序之时，不会授予他作为原告分享保险人财产的权利；保险人对这样一个人的负债被一个为了行使抵销而购买或受让这笔债务的人得到；保险人对这样一个人的负债是支付对相互保险人成员征收的追征金。

最后一项例外也就意味着，在相互保险公司破产清算时，公司成员应缴付的追征金不能与其作为保单持有人对公司本可以主张的债权（无论是退还保费还是请求保险赔付）进行抵销。

3. 财产分配的顺序

保险法将保险人的负债（包括对股东的股权）分配为九个类别，分别规定了这几种类别的分配顺序。不过，这些都是针对所有种类保险人的共同规定，并没有针对相互保险人的特别规定。

值得特别注意的是保险法关注到相互保险公司破产时的一个特殊情形。在相互保险人破产宣告之后，如果发现该公司是有清偿能力的，此时应该如何分配保险人的资产？根据法律规定，在此种情形下，该保险人的盈余应该根据一个比例进行分配，即该保单持有人的保费贡献，乘以总保费贡献与可分配盈余之间的比例。

4. 成员责任的承担

相互保险人整顿或清算过程中，成员的责任主要分为两种：承担追征金的责任和承担其他债务的责任。不过二者在确认的方式和时间等方面都具有相同的地方，以下仅对追征金的责任进行说明。

追征金覆盖的范围应该包括保险人可能负债减去其资产合理价值的余

额，以及征收的评估成本和对此不可收回的百分比。追征的限额应该不超过公司章程、细则或保单中列明的最高限额。然而，如果法院发现这样一个保单是以低于法律允许的对被保险风险的最低比例的保费率发行的，法院就可以在这样一个保险应征收的充分的费率的基础上认定追征金的最高限额。追征金不应该对那些合法发行的非追征保单的持有人征收。对于具体每个保单持有人应当承担的份额，保险法中并没有明确规定，理论上应与前述亏损情形下追征金的承担方式相同。

第七节　互惠保险人

在纽约州保险法下，互惠保险人（Reciprocal Insurer）是自成体系、非常有特色的制度。保险法第 61 条从资本、治理等多个方面对互惠保险人进行规定，体现出与相互保险公司不尽相同的特点。以下将就与本书相关的主要内容做简要介绍。

一、出资

与相互保险公司类似，保险法上对互惠保险人也有初始盈余最低数额的要求。根据第 6102（g）（2）条的规定，互惠保险人初始溢余数额应依据第 4103 条财产/事故股份保险公司对应业务类型的初始溢余最低额确定。类似于第 4107 条，第 4103 条以表格形式列明从事不同业务类型的财产/事故股份保险公司初始溢余最低额要求，从 10 万美元到 200 万美元不等。

另一方面，向互惠保险人缴纳初始盈余的人，即为“认购人”（Subscriber），关于认购人的严格定义体现在第 6101（g），“认购人是指通过认购协议成为互惠保险人成员的人”，即认购人应订立认购协议（Subscriber Agreement）。特别重要的是，对互惠保险人的认购人有资质要求，即其净资产不应低于 50 000 美元。这就是对认购人比对保险公司成员提出了更严格的资质要求。在订立协议、成为互惠保险人的成员后，每位认购人都向互惠保险人缴纳资本盈余（Advance Capital Surplus），且拥有独立认购人账户（Individual Subscriber Account）。

此外，值得提出的是，互惠保险人之下有认购人和保单持有人（Policyholder）两个概念。与相互保险公司类似，在互惠保险人设立阶段，向监管者提交文件等设立行为系由认购人及代理人完成；而在公司实际开展业务后，才产生保单持有人的概念。认购人可以通过购买相关险种而成为特定险种之下的保单持有人。

二、设立

（一）成立互惠保险人

为此，需要向监管者提交包括互惠保险人名称、主要机构所在地、拟经营保险业务类型等多项内容在内的声明。该声明以及互惠保险人的章程及认购人协议须符合法律规定，同时，互惠保险人的发起人、代理人及咨询委员会合法有效，每一个人具有良好声誉，每一发起人具有真实保险意图。详细内容如下：

1. 发起人和代理人向监管者提交声明

根据纽约州保险法第 6102 条的规定，设立互惠保险人，须由发起人和代理人向监管者提交声明。这一声明须包括如下内容：互惠保险人名称；互惠保险人主要机构所在地（应与代理人主要机构所在地相同）；计划经营的保险业务类型；发起人名称及地址；代理人的选任和任命；代理人的名称及地址；咨询委员会的选任；关于互惠保险人投资财产和持有金额的声明；章程及发起人协议（如有）副本；发起人欲成为保单持有人的保险种类、数额及保费；监管者要求的其他事项。

2. 监管者予以批准

如果监管者认为上述声明、章程及发起人协议符合法律规定，发起人、代理人及咨询委员会合法有效，每一个人具有良好声誉，每一发起人具有真实保险意图，则监管者可以批准上述声明并通知咨询委员会。但是，截至目前，尚不能颁布许可证，因而互惠保险人及代理人在这一阶段仍不能开展保险业务。

3. 取得保险业务许可证

须在前述成立互惠保险人的批准作出后一年内，取得法律所定最低数额的初始溢余及保费。只有在上述批准作出后一年内，当监管者认为保费、初始溢余等相关要求均得到满足时，才可以为交互保险人颁发许可证。

（二）成员

1. 资质与资格取得

纽约州保险法在第6104条规定互惠保险人的认购人应具有超过负债5万美元的资产（即5万美元个人净资产），这是对认购人资质的规定。

在互惠保险人中，每位成员均应订立认购协议，成为认购人。在成为认购人（即成员）之后，再根据自身需要选择购买保险产品，成为相应险种的保单持有人。

2. 权利与义务

一旦与互惠保险人订立认购协议，即成为认购人（成员），享有认购协议规定的权利，并应承担认购协议规定的义务。例如，在权利方面，有权参与认购人年度会议，并分别享有作为“承诺支付者”（Underwriter）和保单持有人所应享有的权利。这里所称“承诺支付者”，是指认购人作为互惠保险人成员所可能负担的缴纳追征金的义务。以下简要介绍互惠保险人的追征制度。

保险合同和认购协议应载明认购人的追征责任（a contingent several liability for assessment），其数额应不少于一年期保费并不多于十年期保费。除应载明是否承担追征责任外，还应载明其须承担的份额（Proportionate Share）。

如果互惠保险人的经认许资产不足以支付其损失、费用及维持其最低溢余，则咨询委员会（Advisory Committee）应在三十天内作出追征决定，并授权代理人按份额对认购人进行追征，追征数额应受限于前文提及的在保险合同及认购协议中订明的限额。

除市政互惠保险人（Municipal Reciprocal Insurer）发行未被财产/事故保险安全基金覆盖的保单外，任何互惠保险人均可在监管者同意的情况下发行非追征保单，但应满足其所拥有溢余不少于经营同种业务股份保险公司最低溢余要求的1.5倍这一条件。

（三）治理

纽约州保险法对互惠保险人治理结构的规定较少，散见于第61条规定的互惠保险人的各项事务中。总体来看，互惠保险人治理结构中最重要的是咨询委员会（Advisory Committee）和实际代理人（Attorney-in-fact），其享有的权利和义务类似于相互保险公司中的董事会和高级管理人员。互惠保险人在公司重要事项变动方面受到监管者的较强约束，在对公司名称、认购人协议等内容进行修改时，均应取得监管者的批准。

值得提出的是，全美保险监督官协会（National Association of Insurance Commissioners，NAIC）曾于本世纪初起草互惠保险人实际代理人标准法案（以下简称“互惠保险人法案”），是对各州针对互惠保险人内部治理的不同规定进行统一的尝试。但该法案并非强制在各州推行，而是由各州在其保险法中决定是否借鉴及借鉴的内容。以下将在相应位置涉及法案中的部分内容，以资参考。

1. 咨询委员会

根据纽约州保险法第6102（b）（7）条的规定，每一互惠保险人均应由认购人在认购人及其高管或董事中选出人选组成咨询委员会，该委员会可根据章程和认购人协议，代理全体认购人行动，有权监督和控制实际代理人、控制互惠保险人资产的投资，也即在互惠保险人实务管理和控制方面行使最高权力并承担相应责任。

根据纽约州保险法第107（a）（11）条的规定，咨询委员会拥有类似于公司董事会的权力，而且，委员会监督互惠保险人事务的权限不能被转授，任何试图转授委员会监督职能的行为都是无效的。

根据互惠保险人法案，咨询委员会应当确保自身知悉互惠保险人经营事务，并且也应当将互惠保险人的经营状况使认购人知晓。为此，委员会自身应及时跟进所有重大进展，且应当审核涉及互惠保险人及其资金状况的实质重大交易。委员会每年应至少召开一次定期会议，特别会议根据需要随时可以召开。委员会还应当就互惠保险人资产投资利用和资金使用监督提供指引。在监督实际代理人方面，委员会拥有实质管理权力，可设定实际代理人的工作职责，解雇失职的实际代理人。因此，委员会（相对于实际代理人）的独立性就显得非常重要。在委员会的全体成员中，不能有超过三分之一的成员与实际代理人有资金方面的利益相关性。

2. 实际代理人

互惠保险人的认购人应指定一名实际代理人，其将在法律规定的范围内，在与互惠保险人有关的或因互惠保险人的业务经营而引发的所有交易中，为全体认购人而行事，且上述行事后果对全体认购人具有约束力。

具体而言，依据互惠保险人法案和一般原理，实际代理人为互惠保险人利益信托持有其资金；如一名实际代理人同时服务于多家互惠保险人，则实际代理人应当将不同委托人的财产相互隔离，并做好经营信息的保密工作。实际代理人还应当做好记录和资料保存，并向委员会做有关互惠保险人经营状况的汇报。此外，实际代理人不应掠夺公司机会、泄露公司秘密或进行同业竞争。实际代理人在通常经营事项上有对互惠保险人的代理权限，可代理互惠保险人与外部交易相对方订立合同；如果某事项超出代理权限，则可能有表见代理的适用。①

3. 监管者的批准

根据纽约州保险法第 6107 条规定，互惠保险人就其名称、认购人协议、实际代理人权限范围等内容作出的修改，均应获得监管者的批准。

（四）转制

1. 互惠保险人转制为股份财产/事故保险公司

经持有三分之二营运准备金（Operating Reserve Accumulations）的认购人投票表决通过，互惠保险人可转制为股份财产/事故保险公司。咨询委员会应使代理人在会议召开前至少三十日内以邮寄方式向记录在册的认购人发出会议通知。在该会议上，认购人应就转制进行投票，并在监管者面前进行陈述。在听取上述陈述后，监管者应判断转制条款是否公平，以决定是否批准或不批准上述本次转制。保险法中与经营同种业务保险公司有关的条款，应适用于该转制后公司的成立和许可证的签发。

---

① See Michael A. Haskel: The Legal Relationship Among A Reciprocal Insurer's Subscribers, Advisory Committee and Attorney - in - fact, 6 New York City Law Review 35, 2003.

2. 互惠保险人转制为相互财产/事故保险公司

任何本州相互保险公司按照本节规定的方式并遵守法律的其他要求，可以变更成为本州相互财产与意外险保险公司并获得相关执照。如若其根据本条规定的已生效保险合同经营业务，且该等业务本州相互财产与意外险保险公司可以被授权经营，且该等业务涵盖不少于300个独立的险种，且生效的保险费总额不少于15万美元。

不少于顾问委员会人数的多数在任何定期或特别会议应当批准有关公告、章程、规章制度的决议，该等章程应当符合有关章程内容的规定，该等章程应符合下文所述本州相互财产与意外险保险公司的相关规定，如若与相互保险人进行相关业务，保险合同条款额外附加的内容应当得到监管者的同意方可生效。该决议同样应该指导该相互保险人的代理人发出召开对有关变更进行投票及在监管者面前对认购者进行听证的会议通知。

如若经过核查，监管者发现相互保险公司变更的程序符合法律的规定，上述公告、章程符合要求，监管者应就上述公告、章程在其办公室备案，并向有关发起人颁发经核证的副本。

若重组计划生效，所有保单持有人下述权利应当于重组保险人的章程及保险合同中予以明确，在保证股本保险公司的章程中，该保单持有人不享有权利。重组的保险人应当遵守适应于本州股份人寿保险人的所有的法律、规则、规章，而不应当遵守仅适应于本州相互保险人而不适应于本州股份人寿保险人的法律、规则、规章。若重组的保险人在重组生效后有保证股本的已发行股票，重组不应当影响重组保险人章程中规定的该等股票的权利，但是对于所有其他目的，本章程此类股票应当被视为构成股份公司的股票。

第八节　相互保险组织的资金运用

在资金运用方面，对相互制保险公司和股份制保险公司的要求没有差异。美国的保险立法权掌握在各州，各州对保险公司进行监督管理的内容及要求稍有区别。具体到保险资金运用上，对投资的范围限制基本相同，即可以用于购买不动产、抵押贷款、股票、债券、保险单贷款等方面，但在操作上又有差异。联邦保险公司法明确规定，保险资金运用对象为有价证券，其中对公债、公司债投资都无量的限制，对股票投资规定不得超过寿险公司总资产的15%，抵押放款的最高额以不超过抵押不动产价格的60%为限，保险放款以寿险保单的解约退还金为限，不动产投资以不超过总资产的3%为限。美国的保险资金投资的监管规定如下。

一、债券

美国各州保险法对债券的投资各有不同的规定，如美国纽约州保险法规定，人寿保险公司投资的公司债，必须是依法设立并具有完全清偿能力的公司发行、担保的债券，而且该公司从未有过延迟支付债券本息的记录。如果是固定收益的担保债券，必须在投资前三年至五年间，其中三年中每一年，包括投资前最近两年的任何一年，其盈余净值不得少于其固定费用的1.25倍，其提供的担保必须充分。债券本身必须具有投资性质，不含显著投机因素。如果是固定收益的无担保债券，则要求发行或担保公司在投资前五年间，每年市场盈余净值不得少于其固定费用的1.5倍，而其投资前最近两年，每年平均净利也不得少于1.5倍。人寿保险业对每一公司债券的投资不得超过其认可资产的5%。人寿保险业投资于抵押贷款公司须经保险监督官同意，对每一抵押贷款公司债券的投资不得超过其允许资产的0.1%，其投资总额不得超过认可资产的0.5%。路易斯安那州保险法规定，保险业如投资于公共事业债券，对每一公司债券的投资不得超过保险业认可资产的2%，对于公共事业债券的投资总额不得超过保险业认可资产的33.33%。得克萨斯州保险法规定，人寿保险法投资购买公债的总额不得超过寿险认可资产的5%，寿险业如投资于其他证券，对每一公司的证券投资不得超过认可资产的1%，其总投资额不得超过认可资产的5%。

二、股票

股票投资风险较大，普通股的投资风险更大，所以，早期的美国各州保险法均严禁保险公司对普通股投资。直到20世纪50年代后，各州才陆续允许保险公司对普通股投资，但均对普通股的发行者有严格的规定，如路易斯安那州保险法规定，保险业投资的普通股必须按《证券交易法》注册登记，其发行公司在人寿保险业投资前五年中任何三年，每年对其股份所分配的股息不得少于股票面额的20%。纽约州保险法规定，普通股的发行者除必须按照《证券交易法》的规定注册登记外，该公司在寿险业投资取得股票前十年间，其盈利净利足以对其全部股份按年分配一定的股息，人寿保险公司方能投资。人寿保险公司对于每一企业普通股的投资金额，路易斯安那州规定为不得超过其认可资产的5%，纽约州规定为不得超过1%，也不得超过该企业发行股票总额的5%。各州对于普通股的全部投资额，规定为不得超过其资产的10%～20%，优先股由于其风险比相对较小，所以，各州对于优先股的投资限制要比普通股小，纽约州规定，只要优先股的发行公司，在保险业取得该股祟前五年，平均每年的净利须超过固定费用的1.5倍，并且在此阶段的两年之中的任何一年，其平均净利不得低于固定费用，或有利润及该年度优先股固定股息等的1.5倍。但每一人寿保险公司对于每一企业的优先股的投资不得超过该企业发行股票总额的20%或保险业认可资产的2%。

三、不动产

保险公司将资金用于不动产投资，获得较高利益的可能性极大，所以不动产的投资在各国保险市场上较为普遍。但是不动产投资具有的风险大、周期长的特点，这与保险资金运用的安全性和流动性原则不相符，各国立法均有限制性规定。美国各州曾一度禁止保险公司对不动产投资，20世纪40年代又允许保险公司从事房地产经营。现在美国保险业对不动产的投资包括两部分：一部分是因营业所需或其他原因所取得的不动产，包括办公楼，因实行抵押权或受领债务清偿而取得的不动产等，对此各州均无限制；另一部分是为了取得收益而投资所取得的不动产，如投资于房地产开发、土地开发等，对这些不动产投资，各州保险法均有一定的限制。如纽约州保险法规定，一笔对土地的投资，包括改良费和开发费在内，不得超过保险人资产的 1%，对于这类土地的总投资，连同改良费或开发费，不得超过保险人资产的 10%。

四、贷款

保险人通过放款来经营银行业务，以取得稳定而较高的收益。为了确保保险资金能够按期收回，保险人所放的贷款多为抵押贷款，即以不动产、有价证券或寿险保险单为抵押的放款，有时也以其他担保形式放款，但有时一个不动产抵押物上可能设有其他担保物权，影响保险人的权益行使，所以，美国纽约州的保险法规定：（1）贷款的担保必须是不动产第一顺位抵押；（2）不动产没有任何负担；（3）贷款额不能超过不动产价值的三分之二，对于有价证券及保险单抵押贷款的限制较小，因为这两种贷款有较强的安全性。

五、银行存款

保险公司将资金存入银行风险较小，美国各州对此不加限制。但一般要求保险公司存入同一银行或同一信托公司的资金不能超过一定的比例。

第九节　保险保障基金缴纳

纽约州的保险保障基金制度区分寿险、财险进行分别管理。以下首先就制度进行概述，其次就基金筹集、基金使用两方面详细展开。

一、制度概述

寿险保障基金制度创建于 1941 年，是当时世界上第一个完整的保险保障基金制度，旨在为因人寿保险公司不能履行应尽义务而遭受损失的被保险人提供一定限额内的补偿和救助。该基金由专门成立的人寿保险保障公司负责管理。作为非营利法人机构，人寿保险保障公司的董事会由保险监督官协会（NAIC）和会员公司选举 5 ~ 13 人组成，董事由 NAIC 任命，董事会主席由保险监督官担任但无投票权。公司职责包括：征收保障基金，享有对不缴纳基金公司的处罚权；必要时对外融资，即在基金不足以处置破产公司债务时，可对外借款；为 NAIC 提供破产公司处置建议并协助其工作，处置破产公司债务并对被保险人提供救助。

与专门成立公司进行管理不同，财产保险保障基金的管理直接由 NAIC 负责，具体内容与人寿保险保障公司类似，包括征收保障基金、负责破产公司重组工作并保障被保险人债权、投资并管理保险保障基金等。

二、基金筹集

纽约州寿险保障基金采取随时征收方式，由三部分组成，分别是行政管理费用、本州公司所应缴纳的保险保障基金、别州公司在本州所设分公司或子公司所应缴纳的保险保障基金。行政管理费用由董事会决定，可定额收取，限额一般为每年 200 美元，也可以与后两类基金合并进行比例征收，征收总额为计算基数与系数相乘。计算基数均为被保险人债权总额，系数有两种计算方法：一是破产公司上一年某类账户保费收入与所有账户保费收入之比，二是破产公司前三年某类账户保费收入总额与所有公司前三年某类账户的保费收入总额之比。以计算基数与系数相乘后得出应征收总额，并按比例向各公司征收。比如，某公司破产应支付被保险人债务总计为 1 000 万美元，其健康险上一年度保费收入为健康险所有账户保费收入的 10%（或该公司前三年健康险保费收入为健康险账户上前三年健康险保费收入总额的 10%），则应向所有其他公司征收 100 万美元保险基金，然后按比例落实到公司之上。

纽约州财险保障基金采取事前按比例征收方式，各保险公司须于每年的 2 月、5 月、8 月、11 月的 15 日之前，将本季的保费收入按 0.5% 缴纳保障基金。当基金总额达到 2 亿美元时，停止征收，当低于 1.5 亿美元时，恢复征收至 2 亿美元。

三、基金使用

纽约州寿险保障基金下分设健康险账户、人寿险账户及年金账户，每个保险人累积可获得的最大救助和补偿为 50 万美元。但下列情形，保险保障基金制度不予补偿和救助：变额寿险和变额年金由被保险人承担风险的部分；由被保险人自己导致的风险；被保险人不是美国公民或不是永久居住者；不是以美元交纳保险费的保险契约；年金保险的保证利率明显超出一般利率水平，则保障上限为合理利率下的保险给付；对既是被保险人，又是保险公司股东并拥有20% 股权的，在保险公司偿付能力不足并可能破产倒闭前 90 天之内投保或续保的。

纽约州财险保障基金保障范围包括汽车意外险、火灾保险、水灾保险、盗窃险、玻璃保险、财产损失保险、保证保险、劳工保险责任保险，以及未到期责任保费的返还等，每张保单保障金额上限为50 万美元且单人保障基金上限为 100 万美元，例外情形是劳工保险，无论被保险人损失有多大，都进行全额保障。

第十节　偿付能力监管

纽约州保险法对偿付能力监管的安排，主要体现在第 1322 条、第 1324 条。这两个条文对两大类公司的风险资本（Risk-based Capital，RBC）作出细致规定。其中，第 1322 条所规制公司包括人寿保险公司、意外和健康保险公司；第 1324 条所规制公司是财产/事故保险公司。这种监管措施是指当不同类型 RBC 被触发时，公司被要求向监管者提交 RBC 报告（RBC Report）、RBC 计划（RBC Plan）并按计划行事，实现 RBC 回归正常数值的过程。上述两条通过对触发条件、监管手段的细致规定，实现事中监管、把控风险的目的。这两条同时适用于股份/相互制保险公司，在保险法全本中并未发现对相互制公司偿付能力监管的特殊要求。以下以第 1322 条为例，对整个偿付能力监管的思路作一介绍。

一、基础概念：风险资本水平（RBC Level）

风险资本水平这一概念，包括以下四项子概念：

（1）公司行动水平风险资本（Company Action Level RBC），是保险人授权控制水平风险资本（Authorized Control Level RBC）的 2 倍。

（2）监管行动水平风险资本（Regulatory Action Level RBC），是保险人授权控制水平风险资本的1.5倍。

（3）授权控制水平风险资本（Authorized Control Level RBC），是指在RBC指导（RBC Instructions）下根据风险资本计算公式得出的数值。

（4）强制控制行动水平风险资本（Mandatory Control Level RBC），是指保险人授权控制风险资本的0.7倍。

二、RBC报告

国内保险人（包括相互保险公司），应当在每年3月15日之前向监管者提交上一年度的RBC报告。

这一报告中的RBC是根据RBC指导中的公式计算得出的，计算时应考虑以下因素：（1）与保险人资产（Assets）有关的风险；（2）与保险人负债和义务（Liabilities and Obligations）有关的不良保险经历（Advcrsc Insurance Experience）风险；（3）与保险人业务有关的利息率风险（Interest Rate Risk）；（4）其他业务风险及在RBC指导中列出的其他相关风险。

如果监管者认为保险人提交的RBC报告不准确，那么监管者应自行调整报告中的不准确之处并将上述调整事项通知保险人，通知中还应包括进行调整的原因。经上述步骤调整后的RBC报告，应被称作“经调整RBC报告”（Adjusted RBC Report）。

三、监管流程：以公司行动水平事件为例

（一）公司行动水平事件的概念

公司行动水平事件（Company Action Level Event）是指：

第一，RBC报告显示：（1）保险人的总经调整资本（Total Adjusted Capital）大于或等于监管行动水平RBC，但少于公司行动水平RBC；或（2）保险人的总经调整资本大于或等于公司行动水平RBC，但少于授权控制水平RBC的3倍，并且存在消极趋势（Negative Trend）。消极趋势是指根据RBC指导中“趋势测试计算”（Trend Test Calculation）所决定的一段时间内的消极趋势。

第二，监管者通知保险人，经调整 RBC 报告显示存在上述第（1）点中规定的情形，且保险人未要求举行听证程序对上述判断提出挑战。

第三，保险人虽对经调整 RBC 报告提出质疑，但听证程序后，监管者拒绝上述挑战。

（二）RBC 计划

当上述第（1）点中列明的公司行动水平事件确实发生时，保险人须在事件发生的45 日内向监管者提交 RBC 计划，这一计划应当：

第一，指出造成公司行动水平事件的情事。

第二，提出保险人计划采取的更正行动方案（Proposals of Corrective Actions），这一方案应当能够取得消除公司行动水平事件的结果。

第三，提供保险人当年及至少接下来四年的财务成果（Financial Results）规划，包括法定营运收入、净收入、资本和盈余。可以为每一主要业务线提供不同的规划，并指出收入、费用和收益。

第四，指出上述财务成果规划的核心假设（Key Assumptions）以及规划对这些假设的敏感程度（Sensitivity）。

第五，指出保险人业务质量及相关问题，包括其资产、预期业务增长、相关盈余种类、风险暴露、业务混合及再保险运用。

在收到 RBC 计划 60 日内，监管者应向保险人通知 RBC 计划属满意、不满意或不予接受：

若属满意，保险人应当执行该计划。

若属不满意，该通知中应说明原因，也可以提出将会使监管者满意的修改提议。保险人应当向监管者提交经修改 RBC 计划，提交时间为：（1）收到不满意通知 45 日之内；（2）收到听证程序后监管者拒绝挑战的通知 45 日之内。

若属不予接受，则通知中应说明原因，并表明这一通知构成了监管行动水平事件。

第十一节　相互保险组织的风险管理

美国保险公司受特殊的州立破产法的约束，而非受制于联邦的破产制度。当各州的保险监管机构认为保险公司存在严重的财务问题时，即处于破产、危险的财务境况或者具有营销行为不良、保险监管和信息系统及相关报告有预警记录等，它就被认为处于整顿和清算状态。当地监管机构向法院上交请示报告，法院同意后则下发整顿或清算令，并指定当地监管者为整顿或清算者。监管人员可以对保险公司进行整顿或采取积极的监控措施，干预保险公司的业务活动，以维护保险公司的偿付能力。如果这些措施无效，监管人员可对保险公司实施兼并或拍卖。

根据州立破产法的规定，作为没有保障的一般债权人，投保人比非投保人有优先受偿权。因此，若保险公司资不抵债且没有可分发的资产时，没有保障的一般债权人几乎无法获得补偿，而投保人可以得到部分补偿，不足额部分将从保险保障基金中补足，并根据有关的保障法规来决定补足额的多少。

一、美国保险法对清算时保单救济范围的规定

寿险保单的救济范围包括直接的非团体寿险、健康险、年金合同（包括担保投资合同、定额年金合同、未分配年金合同、拨出款项的协议、结构型结算年金、与政府发行的彩票相关联的年金、递延年金合同等）。

产险保单的救济范围是除了寿险、年金、健康保险和残疾保险、抵押保证保险、财务保证保险、忠诚与保证担保保险、信用保险、供应商单一利益保险、抵押保障保险或类似的保险保障因债务人与债权人交易的债权人的利益、担保或服务合同保险、产权保险、海洋保险、非保险合同、政府担保的保险合同之外的所有保单。

二、美国保险法对属于救济范围内的保单的救助标准规定

寿险保单救济标准的规定基于产品的保险责任，而不是产品类型。保险责任主要划分为四类：死亡给付责任、健康给付责任（住院、医疗、手术、重疾、残疾）、护理生存给付责任（年金给付、收入补偿、满期给付、分红）、退保（返还）责任。加州的救济标准采用了比例给付和限额给付相结合的方式，死亡给付为80%给付和30万美元限额，死亡退保金为

80%给付和10万美元限额，年金现值收益为80%给付和25万美元限额。纽约州的救济标准采用了限额给付的方式，救济范围内的保单都以50万美元限额为上限。

产险保单的救济标准基于产品类型，而非保险责任。加州对强制工伤保险的救助无上限，对其他财险保单的救助限额为50万美元。纽约州对强制工伤保险的救助无上限，对其他财险保单的救助限额为100万美元。

在破产与清算时，保险法规上对相互制保险公司和股份制保险公司的规定要求上基本没有差异。

第十章
美国马萨诸塞州

概　　要

相互保险市场回暖以来，美国相互保险的市场份额从 2007 年的 29.5% 上升到 2014 年的 37.1%。虽然在份额上不及日本，但美国的相互保险市场业务总量位居世界第一。[①] 与英国类似，美国的相互保险组织亦有较长的历史。从监管的角度来看，美国独立初期马萨诸塞州每成立一个保险公司，州参议院和众议院就会颁布一个或数个针对该公司的法案（Act）进行专门规制。1854 年，该州终于颁布了可以统一适用的《保险公司法》。该法历经无数次修改，成为了今天马萨诸塞州法律汇编《一般法》（*General Law*）中的第 175 章《保险法》。本章即是以马萨诸塞州《保险法》为主要依据，同时引入该州的万通相互人寿保险公司（以下简称“万通公司”）作为样本进行阐释。

在市场上，万通相互人寿保险公司及其附属公司和销售代表也被称为“万通金融集团”，其年报即以此名义制作。万通相互人寿保险公司是一家大型相互制人寿保险公司，该集团 2013 年的保费收入近 200 亿美元，其市场份额在美国的相互人寿保险公司中排名第二，仅次于纽约人寿保险公司。本章所参考的万通公司材料主要包括该公司的年报、财务报表，以及

① 中国保监会：《国际相互保险业务发展与监管及对我国的启示》，载《保险监管参考》，2015（71）。

章程类的《细则》、各委员会《章程》、《公司治理指南》、《代理投票说明》等。

马萨诸塞州的另一个大型保险公司——利宝相互人寿保险公司在2008年转制为股份公司，因此未作为本章的主要研究对象。需要说明的是，利宝相互人寿保险公司的名称之所以没有变更，是根据马萨诸塞州《保险法》规定：除非可能对公众造成误导，否则相互保险公司重组为“相互控股公司”所有的股份公司时，公司名称可以保留“相互”一词。利宝相互人寿保险公司的转制正属于这种情况。

下面对本章内容进行简单介绍。

在马萨诸塞州，相互保险组织根据业务类型的不同而遵循不同的最低溢余要求，其具体数额与该州《保险法》对同类型股份公司的最低资本和最低溢余之和的要求相同。在募集资金方面，马萨诸塞州的特别之处在于“保证资本”。保证资本的股东可以获得分红，并且与股份公司的股东享有相同的投票权利。当公司的净资产或利润积累到一定程度时，保证资本将被赎回。此外，相互保险公司还可以通过商业票据、中期票据、溢余票据等方式进行融资。公司设立后，相互公司应当在取得满足《保险法》要求的投保意向后方可签发保单，这些要求包括但不限于最低承保风险数量和总保额。

相互保险组织的设立需要经过保险监督官的检查和批准。交互保险社的设立流程较为复杂，需要经过预先核准、临时性授权、永久性授权三个步骤。

公司治理方面，相互保险公司并不存在股东大会，取而代之的是成员大会。由于前述保证资本的存在，保证资本的股东可以根据法律和公司章程进行投票，甚至可以被选举为董事。在马萨诸塞州的相互保险公司中，被保险人或者合约持有人就是公司成员。公司成员除了享有一人一票的投票权之外，部分险种的保单持有人可根据保险金额享有更多的投票权。马萨诸塞州的另一种相互保险组织“交互保险社”没有成员的概念，也没有成员大会，其治理结构的核心要素是交互保险社与代理人之间签订的“委托书”以及根据委托书组成的“咨询委员会”。这里的“咨询委员会”也可称为“理事会”，类似于公司中的董事会。

盈余分配方面，除了保证资本的股东可以获得一定分红之外，相互人寿保险公司可以根据每组分红保单对溢余的相对贡献，并且参考投资回报率、死亡率和发病率、费用以及税金等因素由董事会确定分红。对于相互火险公司等其他公司来说，董事也可以通过投票谨慎决定分红比率，但同类保单的分红比率应当相同。

信息披露方面，马萨诸塞州《保险法》对相互公司年度财务报告的要求总体上与股份公司一致，但对交互保险社的披露要求更为简单一些。税收方面，州层面并未发现马萨诸塞州给予相互保险组织特殊的税收待遇。联邦层面上与股份公司的差异参见本书美国加利福尼亚州的税收部分。

马萨诸塞州《保险法》对相互组织的转制以“转制计划”为核心进行规制。转制类型主要包括公司的相互化、非相互化、重组以及交互保险社相互化四种。其中，“重组”引入了“相互控股公司”这一特殊形式。相互控股公司直接或间接拥有从相互保险公司重组而来的股份保险公司不低于51%的有表决权的股份，但其本身不能发行有投票权的股票，且一般不应经营保险业务。重组后，原相互保险公司的成员成为相互控股公司的成员。利宝相互人寿保险公司的转制即属于这种情况。该公司转制后，由利宝相互控股公司持有其全部股份。这种部分非相互化的形式也存在于美国其他一些州。

《保险法》对相互保险组织的解散和清算没有单独规定。保险公司的净资产减损到一定程度时，监管部门可以要求其补充资本，情况严重时可由监管部门向州最高法院进行申请，由法院发布禁制令并指定接管人（可以是监管部门）对公司进行整顿。清算上相互组织与股份保险公司一样，优先清偿管理费用和保单索赔，其他请求权顺序在后。

偿付能力方面，除了最低溢余的相关制度之外，马萨诸塞州的制度与美国全国保险监督官协会以风险资本（RBC）要求为核心的偿付能力监管制度基本相同。

第一节　相互保险组织的出资与融资

一、初始运营资金的名称

马萨诸塞州的相互保险公司必须持续保有法定的“最低溢余”。相互公司的“最低溢余”应等于《保险法》对股份公司要求的最低资本和最低溢余之和。[①]《保险法》第48条对股份公司的实收资本（Paid-up Capital）和溢余（Surplus）有具体规定。此处股份公司的“溢余”是指认可资产超出资本与负债之和的部分。[②]

马萨诸塞州州务卿网站对万通相互人寿保险公司的登记事项中并没有列出初始营运资金。但根据设立程序，保险公司的实收资本和溢余是保险监督官重点审查的对象。

二、初始来源

《保险法》并未对初始资金应如何募集施加规定，只是要求相互公司必须在章程生效日或颁发许可日之后的12个月内以现金形式缴足法定最低溢余，否则公司不能签发保单。此外，公司成立后，部分类型的相互保险公司必须在收到一定的投保意愿后方可开始签发保单。换句话说，保费实际上无法成为公司的初始营运资金。

（一）保证资本

1. 必须设立保证资本的公司

《保险法》规定部分种类的保险公司必须设立保证资本（Guarantee Capital）。例如，相互人寿保险公司以及相互人寿、责任与意外保险公司不按法律规定设立全额缴纳的保证资本就不能签发保单。这两种公司的保证资本应当分成每股100美元的股份，并按照《保险法》有关州内非人寿保险股份公司投资的规定进行投资。保证资本的股东有权获得从公司净溢余

---

① 马萨诸塞州《保险法》（以下简称《保险法》）第48条。

② 《保险法》第48条。

中支付的每年不超过 8% 的分红，且其投票权利与股份公司的股东相同。[1]

此外，忠诚保证相互保险公司（Mutual Fidelity and Corporate Surety Companies）[2]、部分相互责任公司（Mutual Liability Companies）[3] 以及部分其他相互担保、责任与意外公司（Mutual Surety, Liability and Casualty Companies）[4] 也必须设立符合股份公司资本及溢余最低额要求的保证资本。忠诚保证相互保险公司的保证资本超过 50 万美元之后，还需要在州财政部长处存 20 万美元的现金或法定形式的证券。[5] 当相互担保、责任与意外公司的保额、保费或承保风险数量少于法定水平，或者忠诚保证相互保险公司的保证资本或保证基金减损至低于法定水平时，公司不得继续承保，除非公司确保可以获得能将保额、保费或风险数量恢复至法律要求水平的保单申请；或者上述保证资本或保证基金恢复至法定水平；又或者公司根据法律规定取得保险监督官的许可。[6]

2. 可以设立保证资本的公司

除上述必须设立保证资本的公司及海上[7]互保公司外，其他业务类型的相互公司可以在设立时由三分之二以上保单持有人在被合法召集的会议上投票决定建立不少于第 48 条要求的资本及溢余最低额之和的保证资本，并且按照《保险法》有关州内股份公司从事投资的规定进行投资，每股面值 100 美元。如果扣除各项当期费用、损失、债务及再保险准备金后的净利润和保费足以支付每半年不超过 7% 的分红，则保证资本的股东有权获得这笔分红，且其投票权利与股份公司的股东相同。需要注意的是，该项保证资本只有在资产（不含未付保费）耗尽时才能用于支付亏损，而且当此种减损发生时，董事们可以通过追征来弥补全部或部分保证资本。此种

---

① 《保险法》第 93E 条。

② 《保险法》第 90B 条。

③ 《保险法》第 93 条。

④ 《保险法》第 93C 条。

⑤ 《保险法》第 90B 条。

⑥ 《保险法》第 93D 条。

⑦ 此处对相互火险公司相关条款的适用做简单解释：根据《保险法》第 90 条，相互火险公司的有关条款一般适用于除海上保险公司以外的其他相互保险公司。但第 76 ~ 78 条适用于海上相互保险公司。

保证资本的股东在任何情况下均不得参与分配超出其所持有份额的票面价值的公司资产以及分红。[①]

3. 无需设立保证资本的公司

《保险法》对单纯的海上保险公司的规定有所不同。第86条规定，此类公司需在第48条规定的资本和溢余最低金额被认购之后方可签发保单。认购人有权从公司利润中获得金额为认购额2%的分红；支付给公司的款项，认购人有权根据协议从公司未来利润中获得全额偿还，并得到合法的利息。并且，根据协议，认购人在公司有需求时要向公司支付金钱，用于弥补公司的亏损和费用。[②] 但是，公司净利润和溢余的累积额应组成一个独立的信托基金，用以弥补公司亏损，向认购人和保单终止的被保险人分红，以及赎回前述认购额（相关内容详见盈余分配部分）。

（二）交互保险社的溢余基金

为代理人（Attorney in Fact）实现保险交换之目的，代理人或受托人要保有经营同类业务的相互公司被要求的金额作为溢余，交互保险社的这种溢余基金（Surplus Fund）绝不能少于20万美元。不建立足额的保证基金（溢余基金），交互保险社就不能签发保单。[③]

如果是州内交互保险社，这一溢余可采用现金形式或根据适用于从事同类业务的相互公司的法律进行投资。代理人或认购人可以通过存款来保持法定金额的溢余，条件是除非返还存款不会使溢余减少到法定金额以下，否则不得将存款返还给存款人。

此外，《保险法》对交互保险社代理人或受托人应保有的资产和准备金提出了要求。代理人或被适当授权的受托人应长期保有金额相当于所有未偿付请求权及债务的、以现金或证券为形式的资产。这其中应包含生效合同准备金，也就是“保费准备金”（Premium Reserve）。计算这一准备金的基础与同类业务的相互公司相同。除设立之初的临时性批准期以外，保

① 《保险法》第79条。

② 《保险法》第86条。

③ 《保险法》第94A条。

费准备金的金额应与持有的协议数及未偿付请求权比例相称。[①]

三、最低额要求

相互公司的“最低溢余”应为《保险法》对股份公司所要求的实收资本和溢余之和。根据《保险法》第48条，不同业务类型的股份公司实收资本和溢余的最低额要求不同。如果公司经营两种或两种以上业务，计算时应先取要求最高者，再加上其他最低额要求之和的一半。但即使公司经营的是单条线的业务，股份实收资本也不得少于120万美元。对溢余的最低额要求则根据实收资本计算，分别是实收资本最低额的2倍、4倍和6倍。此外，保险监督官可以根据法律规定的情况对个别公司酌情提高实收资本和溢余要求。

四、保证资本如何偿还

对相互人寿保险公司以及相互人寿、责任与意外保险公司而言，当净资产的金额两倍于法律要求的保证资本时，应当用净溢余赎回保证资本。[②]

忠诚保证相互保险公司的保证资本高于法律要求时，无论净资本何时等于保证资本的两倍，都应当通过向净资本拨款的方式将保证资本降低到法律要求的数额。[③] 现金净资产超过200万美元的忠诚保证相互保险公司可以从现金净资产中分隔出不少于法定最低资本与盈余要求的金额的一部分设立保证基金，从而代替保证资本，并且同样按照保险法对股份公司股票从事投资的方式进行运作。除非用尽资产（不含未收保费），否则保证基金只能用来支付保单或合同项下的索赔。这种有保证基金的公司，即使终止业务也不能向保单持有人分配公司的任何资产或保证基金，除非公司已经履行或抵销保单及合同项下的所有债务。[④]

除上述公司外，其他设立保证资本的公司在积累的利润达到生效保额的2%时，应当赎回保证资本；在获得特别成员大会三分之二以上票数支

① 《保险法》第94H条。
② 《保险法》第93E条。
③ 《保险法》第90B条。
④ 《保险法》第90C条。

持且保险监督官书面批准的情况下，如果在上年度报表日之前（含报表日）两年时间里，公司净资产减去公司的再保险准备金以及所有其他请求权和债务（不包括保证资本）之后保持在不少于保证资本金额的100%的话，则此种保证资本可以被减少或赎回。①

除非法条明确排除，否则交互合同或内部保险合同及其交换，以及交互保险社、交互保险社的代理人和认购人的其他代理人适用《保险法》的规定。②

五、营运资金的补充

（一）票据

1. 商业票据

根据万通相互人寿保险公司与其附属公司（以下简称“万通公司”）的合并财务报表，万通公司发行无担保票据（Notes）形式的商业票据（Commercial Paper），面值最低为25万美元，总计不超过10亿美元。这些票据的到期时间从发行日算起最多不超过270天，卖出价是面值减去表现利息因素的贴现；如果票据带有利息，则按面值出售。这些票据不可由公司赎回，公司也不能自愿提前支付。公司2014年发行的商业票据的期限从1天至48天不等，利息率在0.1%至0.2%之间。万通公司2013年和2014年商业票据的利息费用少于100万美元。

2014年9月26日，万通公司与一个借款联合团体（Syndicate of Lenders）签订了一份10亿美元的五年期授信（Credit Facilities），可被用于公司一般用途，并为商业票据借款提供支持。授信条款中对留置权、重大变更、与附属公司交易以及调整法定溢余做出了规定。2014年和2013年授信费分别为100万美元和少于100万美元。签订这种授信是万通公司的常态。

2. 存款票据（Deposit Notes）

根据《保险法》第82条规定，1887年5月21日之前成立的相互火险

① 《保险法》第79条。

② 《保险法》第94J条。

公司如果至今仍基于存款票据之计划合法经营，则可以继续实行此种商业模式。这种存款票据按照承保保单金额的一定百分比发行，在发生亏损时可以进行追征。[①]

3. 溢余票据

溢余票据（Surplus Note）是美国相互保险公司筹集长期资金的一种工具。溢余票据在股份公司中也有发行，但相对相互公司而言数量较少。根据联邦财政部的一份文件，溢余票据包括一般包括以下特点：由州保险监管部门提前批准票据的形式和内容；劣后于保单持有人、请求权人及受益人、所有其他债权人的请求；支付利息及偿还本金需监管者提前审批。[②]按照一般公认会计准则（GAAP），溢余票据应作为“长期负债”进行报告，但美国保险监督官协会的法定会计准则（SAP）允许在一定条件下将其反映在“溢余”中。SSAP 第 41 条规定，具有上述特点的溢余票据可以记在溢余项下。[③]

《万通相互人寿保险公司及其子公司法定合并财务报告（2014年）》[④] 显示，公司通过发行溢余票据来筹集营运资金。溢余票据的所在会计科目是溢余，而不是负债。从报表中给出的信息来看，此种票据具有期限长（20～30 年）、金额大（1 亿～7.5 亿美元）的特点。

表 10－1 万通相互人寿保险公司溢余票据（2014 年 12 月 31 日）

Issue Date	Face Amount	Carrying Value	Interest Rate	Maturity Date
	($ In Millions)			
11/15/1993	$ 250	$ 250	7. 625%	11/15/2023
03/01/1994	100	100	7. 500%	03/01/2024
05/12/2003	250	249	5. 625%	05/15/2033
06/01/2009	750	742	8. 875%	06/01/2039
01/17/2012	400	399	5. 375%	12/01/2041
Total	$ 1 750	$ 1 740		

① 《保险法》第 82 条。

② 参见联邦财政部：Regulatory Capital Rules: Standardized Approach for Risk-Weighted Assets; Market Discipline and Disclosure Requirements.

③ NAIC: Statement of Statutory Accounting Principles No. 41.

④ Massachusetts Mutual Life Insurance Company and Subsidiaries Consolidated Statutory Financial Statements as of and for the years ended December 31, 2014 and 2013.

万通公司发行的溢余票据是无担保的（Unsecured），劣后于公司所有债务以及法定的保单请求权和优先请求权。这些票据由银行为投资者保管，其发行、支付本息均要由监管部门提前批准。财报对上述溢余票据的预期偿还情况作出了说明：前两笔票据设有“预期偿债基金”（Anticipated Sinking Fund）用来偿还本金，离到期时间两年时将分四次偿还。公司每年在固定时间向持有人一次性或分两次支付上年度利息。公司不能在监管部门批准支付之前将利息支出记账。

（二）供资协议（Funding Agreements）

供资协议是向国内、国际机构投资者出售的投资合同。供资协议不给予持有人在合同约定到期日之前终止合同的权利。

根据万通公司的票据计划（Note Programs），万通公司为向投资者发行中期票据之目的设立了特殊目的实体。特殊目的实体出售中期票据的收入被用于从万通公司处购买供资协议。特定票据系列的支付条款与担保这些系列的供资协议的支付条款相吻合。在进行2014年的财务报告之时，票据是从公司的“17亿美元全球中期票据计划”中发行的。之前发行的票据出自万通公司“20亿美元欧洲中期票据计划”，其中有约1.19亿美元流出（In Run-off）。

根据一项投资延伸战略，万通公司与波士顿联邦房屋贷款银行之间有供资协议。这些供资协议用证券作担保。万通公司对波士顿联邦房屋贷款银行的融资限制取决于纽约州保险法第1411（C）条规定的贷款抵押担保限制与公司内部限制中孰低者。万通公司持有该银行普通股股权。

六、出资人的权利和义务

设立保证资本的相互公司的出资人为保证资本的股东，他们有权从公司净溢余中获得一定比例的分红，且其投票权利与股份公司的股东相同。

不设立保证资本的海上保险公司，其出资人为认购人。认购人有权从公司利润中获得金额为认购数额2%的分红；认购人在公司有需求时要向公司付款，用于支付公司的亏损和费用。支付给公司的款项，认购人有权根据协议从公司未来利润中获得全额偿还，并得到合法的利息。

第二节　相互保险组织的发起与设立

一、适合的领域和人群

仅从法律规定的层面来看，根据马萨诸塞州《保险法》，与股份公司相比，相互公司的业务不包括承保不动产和个人财产的产权、境外保险，再保险其他公司承担的风险；交互保险社的业务范围不包括忠诚和公司保证保险、贷款担保、产权保险以及人寿保险。

二、新设的必要条件

公司成立后，某些相互保险公司必须满足一定条件方可签发保单。《保险法》规定的条件主要有，满足最低数量与金额要求的投保意向、再保险安排以及在州财政部长处存款等。例如，根据《保险法》第 73 条的规定，不设立保证资本的相互火险、海陆运输工具保险公司等在下列情况下不得签发保单：被认购的本州财产风险少于 400 个或总保额少于 100 万美元；未向保险监督官提交认购人清单等信息；公司总裁和秘书未通过宣誓对清单上的每一笔认购之真实性及以现金形式全额实缴上述认购的保费之情况进行确认。[①] 如果火险公司同时经营海上保险或/和包含建筑物在内的财产险，则上述数量要求需提高一倍。[②] 相互责任保险公司必须确保能获得保费不少于 10 万美元的州内风险投保申请，且上述保费以现金足额实缴，否则公司不能签发保单。[③] 经营锅炉、管道保险的相互公司至少要有针对 100 个不同风险、总保额不少于 100 万美元的投保申请，且必须有再

---

① 《保险法》第 73 条。
② 《保险法》第 90A 条。
③ 《保险法》第 93 条。

保险保障因灾难造成的巨额损失，才可以签发保单。[①] 再如，根据《保险法》第 93A 条的规定，某些保险公司至少要有针对 200 个本州不同的危害风险且保费合计不少于 2.5 万美元的明确投保申请，才可以签发保单。[②]《保险法》对相互人寿保险公司投保意向的最低数量与金额未做要求。

除非《保险法》另有规定，交互保险社一般应在申请经营业务的永久性授权证书时向保险监督官提交欲承保不少于 50 个的不同风险且总计不少于 250 万美元的生效协议或善意申请书，申请临时性授权证书时对拟承保风险数及其总金额的要求皆为对永久性授权证书要求的一半。[③]

三、发起设立的流程

（一）相互保险公司

根据《保险法》第 48A 条规定，10 名以上本州居民可以设立相互公司。根据《保险法》第 49 条规定，保险公司的设立遵循公司法第 156B 章"特定商事公司法"的相关规定。发起人应当举行会议并通过公司细则。与其他特殊商事公司不同的是，保险公司的成立大会上仅可选出董事及公司细则规定的高级人员，总裁、秘书及其他细则授权选出的高管应由董事选出。[④]

此外，保险公司的名称应经过保险监督官批准。基于相互计划设立的公司，名称中应当包含"相互保险"字样。公司章程中应写明公司计划经营的保险种类及其经营计划和原则。总裁、秘书及大多数董事应使章程生效并对章程宣誓，其相关记录应连同公司章程及细则提交保险监督官。保险监督官检查满意后方可批准公司章程。保险监督官的检查可采取下列方式或要求提交下列证据：（1）发起人声誉良好且将诚信经营公司；（2）公司具有相应管理能力；（3）公司对其计划从事的业务具有对成功的合理预期；（4）精算预测、保单、利率、分红、佣金及其他预期费用乃至再保险

① 《保险法》第 92 条。

② 《保险法》第 93A 条。

③ 《保险法》第 94D 条。

④ 《保险法》第 49 条。

市场和税收，是完善且合理的。保险监督官应当根据检查情况签发证明，并附在公司章程中提交给州务卿。

（二）交互保险社

1. 预先核准

根据《保险法》第94C条的规定，本州交互保险社可由三个以上个人、本州居民，或者合伙或公司进行组织。他们可以向保险监督官申请预先核准，从而使申请人或他们的有权代表使用预先核准申请中的名称招揽保险认购人。申请预先核准时应向保险监督官提交认购协议格式副本及未来将签发的相应收据副本。从认购人处取得的所有钱款均需存放于保险监督官批准的银行信托中，且非经保险监督官允许，存入银行的信托资金不得撤回。授权经营业务的证书颁发后，保险监督官应将资金释放给交互社；如果在预先核准日之后一年内未颁发授权经营业务的证书，则资金应在保险监督官的指导下返还认购人。

2. 临时性授权证书

根据《保险法》第94D条的规定，本州交互保险社的组织者取得预先核准后可申请临时性的授权经营业务的证书。申请该证书需向保险监督官提交申请以及经其代理人签署并宣誓的声明。

临时授权证书的有效期为180天，交互社应在有效期内向保险监督官申请永久性的授权经营业务的证书。

3. 永久性授权证书

交互保险社欲获得永久性授权经营业务的证书，需向保险监督官提交申请及经代理人签署并宣誓的声明。该声明应当载有：交互社的名称、办公地点或合同签发办公地、将签发的保险类型、即将用于保险交换的协议或保单合同的准确格式副本、授权代理人达成保险交换的委托书的准确格式副本、代理人名称、为代理人实现保险交换之目的而由代理人或受托人占有的且以现金或投资于法定证券为形式的不少于20万美元的溢余基金、能体现交互社将承保不少于50个不同风险且总金额不少于250万美元的生效协议或善意申请书。提交给保险监督官的清单上的每笔认购需皆真实，且所有相应保费已以现金形式实际足额支付给代理人。

申请临时性授权证书时提交的声明同样应载有上述事项，但对承保风险数和其总金额以及溢余基金的数额要求皆为对永久性授权证书要求的一半。

第三节　相互保险组织的治理

一、相互保险组织的治理结构

（一）相互保险公司

马萨诸塞州的相互保险公司在治理层面有成员大会和董事会两大机构。成员大会类似于股份公司中的股东大会，行使选举权；董事会亦与股份公司类似，负责公司的实际运营。

（二）交互保险社

交互保险社的运营交由其代理人管理。交互保险社本身的内部机构称作“咨询委员会”或其他委员会、理事会。除非法律明确排除，否则交互合同或内部保险合同及其交换，以及交互保险社、交互保险社的代理人和认购人的其他代理人适用《保险法》的规定。如果代理人或代理人（公司）的高管可以在无需代理人许可的情况下代表交互保险社针对任何保险合同（的续签、更新）进行谈判，那么交互保险社的代理人适用《保险法》中关于代理人、经纪人的规定。①

二、与股份制保险公司治理结构的区别

以万通相互人寿保险公司为例，其《细则》等治理结构的相关文件中除了“股东”变成“成员”、“股东大会”变成“成员大会”以外，整体上与股份公司相比并没有什么特别之处。但是，二者在细节上，例如选举董事等方面，存在差别。

① 《保险法》第94J条。

已经重组为股份公司的利宝相互人寿保险公司（法律规定相互公司重组后可称为“相互”公司）在重组时只修改了公司章程中的两条，这两条是关于公司股票发行的。其他规定，如公司名称、业务经营范围等，在章程中并没有修改。这也印证了《保险法》中关于公司章程的规定，即公司章程中应写明公司计划经营的保险种类及其经营计划和原则，相互公司应删掉股票面值和数量方面的规定。[①] 当然，从利宝公司的章程来推断，相互保险公司的章程似乎并没有多少与公司治理相关的内容。

三、成员

（一）成员的资质、权利与义务

根据《保险法》第 94 条规定，在相互人寿保险公司中，除法律另有规定外，公司签发的任何人寿或两全保险保单的被保险人、年金合约或纯粹的两全合约的持有人，均为公司的成员且享有一票投票权，并且，除变额人寿保单、变额养老保单以外，每超出 5 000 美元就多享有一票；如果是年金合同，则除了变额年金合同以外，每超出 150 美元就多享有一票。除法律另有规定，这类公司签发的意外险与责任险的被保险人同样是公司成员，且享有一票投票权。[②] 每名公司成员最多享有 20 票。[③]

万通公司向公司成员发布的代理投票权说明中也有类似内容。该说明强调，变额人寿保单的被保险人、变额年金合同持有人，不论保单规模多大，都只享有一票。[④] 团体年金合同仅持有人（指被签发保单的个人或公司、组织）一人应成为公司成员且享有一票，团体人寿保单仅雇主一人应成为公司成员且享有一票。[⑤]

此外，第 94 条的规定也不适用于企业为长期任职的老年员工或伤病员

① 《保险法》第 49 条。
② 《保险法》第 94 条。
③ 《保险法》第 94 条。
④ 参见《万通相互人寿保险公司 2015 年代理投票权说明》。
⑤ 《保险法》第 132D 条。

工提供退休金的被保险人。[①]

其他类型的相互公司的每一个被保险人在其保单有效期内均是公司成员，被保险人每持有一张保单，就享有一个投票权。[②] 此外，信托财产受托人也有成员权利，可以投票。[③] 在海上相互保险公司中，前文所述第86条中规定的协议认购人都是成员，且在认购期内享有一人一票的权利。[④] 在忠诚担保相互保险公司中，公司担保的债券或义务的本人（Principal）是公司的成员。[⑤]

交互保险社的认购人可以理解为成员。《保险法》第94A条规定交互保险社中的“认购人”（Subscribers）为参与人（Participants）或保单持有人。[⑥]

马萨诸塞州《保险法》没有规定成员应缴纳会员费。

（二）对成员的追征

在马萨诸塞州，如果股份公司的净资产少于公司资本的四分之三，则可以对公司的股份进行追征。[⑦] 同样，《保险法》规定除相互人寿保险公司之外的相互火灾保险公司等其他公司、交互保险社，乃至法院，可以在一定情况下发起追征。相互海上保险公司因在签订认购协议时已约定认购人均有被追征责任，因此没有在有关相互火灾保险公司的追征条款中进行规定。马萨诸塞州《保险法》明确区分了追征型保单和非追征型保单。如果经营十年以上的公司满足最低溢余的要求，且在州财政部长处存有20万美元保证金，那么公司可能签发非追征型保单。追征义务不适用于非追征型保单。

---

① 《保险法》第36条。

② 《保险法》第76条。

③ 《保险法》第76条。

④ 《保险法》第88条。

⑤ The principal on any bond or obligation executed by a mutual company as surety shall be deemed the member of the company under sections seventy-six, seventy-nine, eighty, eighty-one, eighty-three to eighty-five, inclusive, and ninety. 摘自《保险法》第90B条。其中提及的法条是相互火险公司关于投票权、分红、保费、追征等方面的规定。

⑥ 《保险法》第94A条。

⑦ 《保险法》第69条。

1. 可以追征的情况

除人寿、海上保险类公司外，相互公司的资产减去预收保费之后不足以支付已发生的亏损和费用时，可以向有被追征义务的成员按其连带责任的相应比例追征支付亏损或费用所需的金额。投票决定追征的董事应当在收取追征金之前对决定追征时的情况进行详细记录并且签字确认，任何有义务交纳追征金的人都可以查阅、复制这项记录。

如果因公司的基金贬值或亏损导致资产（已减去其他债务）小于预收保费，那么则应以相同方式通过追征进行弥补。或者，董事可以发起两次追征：第一次用来确定保单持有人撤出公司或取消保单时必须平等地支付或取得的金额；第二次用来确定每个保单持有人必须为保单的未届满期间进一步支付的金额。每个保单持有人都应支付或取得第一次追征确定的金额。之后，如果他支付第二次追征决定所确定的金额，那么保单将在期限内继续有效，否则他的保单应被取消。但是，不论是否续交，保单持有人获得的金额都不能超过公司依照保单条款取消保单时保单持有人会获得的金额。如果追征实施后两个月内，完成两次追征的持有人的保单总金额少于 100 万美元，那么公司将停止签发保单；两次追征均未完成的持有人的保单应归于无效，并且公司只有为调整成员之间保费盈亏以及理赔未偿付请求权之目的时方可延续其效力。

任何保单持有人作为成员期间如果公司发生亏损和费用，并且他在保单到期或取消后一年内得到追征通知，则有义务按相应比例支付公司根据法律规定和合同约定所确定的追征额。追征决定一经作出，公司董事应立刻书面通知相关成员要求支付。

如果公司同时发行可追征型保单和不可追征型保单，任何追征都应是专门服务于追征型保单持有人的利益的。这类保单持有人对大于可追征业务资金缺口占总缺口比例的那部分比例的金额不承担追征责任。①

公司员工、保单持有人或债权人等公司的利益相关人可以向法院申请审查追征情况。审计人员应当参与其中，并对追征的正确性进行报告。法

① 《保险法》第 83 条。

院可以确认、修改或取消追征。公司、破产管理人、保险监督官不能请求法院审查。①

相互公司的董事或其他员工向有追征责任的保单持有人担保不会追征的，处 100 美元以内罚款。公司董事应组织追征而超过 6 个月未组织的，其个人应对公司所有未偿付债务和请求权承担责任，且这种责任在决定追征并开始收集款项之前是累积的。②

2. 非追征型保单

《保险法》第 85A 条规定，保险监督官可以授权保持不少于法定要求溢余（包含所有保证资本）的相互公司发行非追征型保单。这种相互公司应当始终在州财政部长处存放 20 万美元保证金，保证金可以采用现金或法定证券形式及保险监督官允许的证券形式。本条只适用于（兼并后）在美国从事保险业务超过 10 年的公司（含前身）。③

3. 交互保险社的追征

除非认购人同意，在现有基金不足以弥补亏损的情况下，会应要求向代理人支付不少于其合同项下当年预存年保费的额外金额，否则代理人不能执行任何与认购人之间的保险合同。作为认购人期间，只要存在已签发的合同项下的未偿付请求权，这项义务就持续存在。认购人的这项或有义务的总额应当直接体现在每张保单上。但是，如果州内交互保险社满足有关相互公司的第 85A 条规定的同类业务的财务要求且按规定在州财政部长处存款，则可以发行非追征型保单。这项或有义务不适用于任何非追征型保单。④

四、成员大会

（一）创立大会

根据马萨诸塞州《保险法》第 48A 条规定，10 名以上本州居民可以

① 《保险法》第 84 条。
② 《保险法》第 85 条。
③ 《保险法》第 85A 条。
④ 《保险法》第 94G 条。

设立相互公司。此外，保险公司的设立适用根据马萨诸塞州《一般法》第156B章“特定商事公司法”的规定，发起人应当举行会议并通过公司细则。与其他特殊商事公司不同的是，保险公司的成立大会上仅可选出董事及公司细则规定的高级人员，总裁、秘书及其他细则授权选出的高管应由董事选出。[①]

（二）成员大会的通知与召集

1. 年度成员大会

相互人寿保险公司的成员应当得到举行年度成员大会的书面通知，或者，在保单、合同回填处、保费收据或续保证明上印有显著通知。如果是月付等定期支付保费的保单，则要在每张保单的显著位置上都印有通知。[②] 其他类型的相互保险公司的被保险人也应收到载有举行会议之时间、地点的书面通知或者在每张保单、收据或续保证明的回填处印有显著通知。《保险法》对这些通知的内容做了直接规定，即应注明“被保险人因保单而成为某某保险公司成员，有权在公司的任何会议上亲自或通过代理投票”。[③]

2. 特别成员大会

特别成员大会可由董事召集；如果公司细则规定由秘书召集，则由秘书召集；如果公司秘书死亡、缺席、无能力或拒绝召集，则可由其他高管召集，但需要由至少0.5%的成员或合计持有保证资本20%的股东提出书面申请；如果高管也不能或不愿召集特别成员大会，那么州最高法院或高等法院在收到至少0.5%的成员或合计持有保证资本20%的股东的申请的情况下，有权授权一名或一名以上提出申请的成员或股东召集特别成员大会并按照法律规定做出会议通知。[④]

（三）代理投票权

1. 相互人寿保险公司

成员及股东可以通过生效三个月以内的代理权进行投票，并且至少在

---

① 《保险法》第49条。
② 《保险法》第94条。
③ 《保险法》第76条。
④ 《保险法》第77条。

会议召开七天前记录在公司登记簿上。但不论是亲自投票还是通过代理权投票，公司的任何成员或股东都不得投票超过20票。①

根据万通公司的代理投票权说明，公司成员可以通过网站、电话以及邮寄的方式行使代理投票权，且在年度成员大会召开前可以随时撤销。

2. 其他相互保险公司

成员（与相互人寿公司不同的是，这里没有列出股东）可以通过生效三个月以内的代理权进行投票，并且至少在会议召开三天前记录在公司登记簿上。每个人的投票数不能超过20票。公司高管不能通过代理投票，也不能让他人代理投票。②

五、董事会

（一）董事的选任

1. 相互人寿保险公司

首次选举之后，董事应由保单持有人从保单持有人中选出；如果公司有保证资本，那么董事的三分之一可以由保证资本的股东从保证资本的股东中选出。非保单持有人或股东，无权担任董事。③

万通公司的《细则》规定所有董事都应从公司成员中选出，而没有规定从保证资本的股东中选任董事。其原因除法律未规定股东必须担任董事以外，也可能是由于该公司已赎回了保证资本。

法条中没有对相互人寿公司的董事人数进行限制，万通公司的《细则》规定董事人数应为7~21人，但董事会也可以确定此范围之外的董事人数。董事的人数可以由董事会随时确定。

法条中没有对相互人寿公司的交错董事会进行要求，但万通公司的《细则》规定了交错董事会。

① 《保险法》第94条。
② 《保险法》第76条。
③ 《保险法》第94条。

2. 其他相互保险公司

董事会人数及任职资格（如有）应当在公司细则中确定或根据细则中规定的方式确定，但不得少于七人。五人或五人以上构成法定人数。如果公司有保证资本，那么董事的二分之一应从保证资本的股东中选出，另二分之一从不是股东的保单持有人中选出。根据《保险法》有关保证资本的规定，这些相互公司同样具有与股份公司的股东相同的投票权利。此处有关董事选任的规定中并没有提到成员和股东应如何行使投票权。但可以确定的是，与相互人寿公司相比，这些相互公司的保证资本的股东占有董事席位的半数。

董事的任职时间为一年或公司细则规定的其他任期，董事应任职到继任者有资格担任为止。公司细则可以规定将董事会分成一至四组，并且每年只可卸任一组董事并选出董事的继任者。[①]

（二）议事规则与决策机制

万通公司的《细则》规定，在任董事的大多数构成董事会一般或特殊会议的法定人数，前提是其中多数董事为独立董事。出席的董事有权决定是否构成法定人数。[②]

（三）下设委员会

万通相互人寿保险公司《各委员会章程》分别对公司董事会目前设立的审计、执行、人力资源、投资、公司治理等五个委员会的目的、组成、职责以及常规事项等进行了规定。其中，审计委员会和人力资源委员会是万通公司《公司治理指南》要求必须设立的，董事会可以根据需求设立、选任或取消其他委员会。此外，《公司治理指南》对董事会及其委员会如何履行职责作出了进一步的指引。

（四）交互保险社的咨询委员会/理事会

交互保险社本身没有成员这一概念，可以将认购人理解为成员，但交互保险社没有成员大会。每个交互保险社应当根据与代理人之间签订的委托书的规定选出或任命不少于三名认购人，从而组成咨询委员会或其他类

① 《保险法》第77条。

② 万通公司2015年4月8日通过的《细则》第3条第8款。

似委员会、理事会，委托书中应规定委员会或理事会的权限和义务。咨询委员会的成员合理履行义务时的做法不应受到诽谤之诉。[①] 这里的委员会或理事会定位类似于公司中的董事会。

六、高级管理人员

万通公司的《细则》规定，每届董事会在年度成员大会之后的首次会议上应当选出董事长（应当是将被选为董事的人，且不一定是公司高管）、CEO、总裁、秘书、财务主管各一，以及其他公司经营可能需要的高管。一个人可以同时兼任多个高管职位，但不能兼任总裁和财务主管。除非因为死亡、辞职、退休或选举，否则被选任的高管应当任职到下一年的首次董事会会议。

附本章参考的万通相互人寿保险公司章程类文件简介：

万通相互人寿保险公司在《细则》、《各委员会章程》、《公司治理指南》以及《代理投票说明》等公司文件中详细规定了有关公司治理的各项内容。

《细则》分六条，分别是成员大会、董事会、高管、保障、会计年度的计算、细则与公司章程的修订。

《公司治理指南》对董事会及其委员会如何履行职责进行了进一步的指引。

《代理投票说明》是公司秘书每年向公司有资格的成员发布的关于代理投票的手册。包含了年度成员大会召开的时间地点、候选董事信息、细则修订以及有关代理投票方面的重要信息。

第四节　相互保险组织的盈余分配

一、相互人寿、责任与意外保险公司

根据保证资本章节的相关规定，相互人寿保险公司以及相互人寿、责

---

① 《保险法》第94K条。

任与意外保险公司保证资本的股东有权获得从公司净溢余中支付的每年不超过8%的分红。

根据《万通相互人寿保险公司2014年第四季度法定合并财务报告》[①]，公司董事会负责批准下一年预计支付给保单持有人的红利，且作为当前年度的费用记录。红利反映的是每组分红保单对溢余的相对贡献，并且参考投资回报率、死亡率和发病率、费用以及税金等因素。对保单持有人红利的责任包括预估的年度红利以及结算红利（Settlement Dividend）。结算红利是因到期、死亡或退保而保单终止时所需支付的额外红利。万通公司的年报中披露了公司上年度支付的红利总额，并预测了下一年的红利总额。

万通公司的财报还提到，分红合同（Participating Contract）指可能可以分享公司宣布之分红的合同。公司签发的分红合同代表了2014年和2013年12月31日公司保单持有人准备金以及存款型合同负债的55%。[②]保单持有人准备金和存款型合同负债被财报纳入"保单持有人负债"中进行说明。万通公司2014年财报中的"保单持有人负债"（Policyholders' Liabilities）包括保单持有人准备金和存款型合同的负债（Liabilities for Deposit-type Contracts）、未赔款理赔和赔款费用准备金、其他年金合同责任、其他个人人寿合同责任等。其中存款型合同的负债包括供资协议、分红累积、保费存款基金、投资型合同。

二、海上互保公司

海上互保公司的协议认购人有权从公司利润中获得认购额2%的分红，有权从公司未来利润中获得偿还，并得到合法的利息。根据协议，认购人在公司有需求时要向公司支付金钱，用于支付公司的亏损和费用。除非第48条规定的资本和溢余最低金额被认购，且由公司总裁和多数董事签字的、证明认购人有清偿能力且能支付认购额的凭证（Certificates）被存在

---

① 英文原文参见《万通相互人寿保险公司2014年第四季度法定合并财务报告》，13页、16页、55~59页。

② 参见《万通相互人寿保险公司2014年第四季度法定合并财务报告》，16页。

保险监督官处之后，公司方可签发保单。

公司的净利润或可分配溢余每年应当在当年终止的保单的被保险人中分配，分配比例按照其对上述利润或溢余的贡献来计算，并且，此种分红只能来自用净利润或溢余的累积额进行支付的凭证，这种累积额应当组成一个独立的信托基金，由公司负责维持和投资，基金的用途是赎回向认购人颁发的凭证及支付第86条规定的亏损及费用。除非被赎回，否则此种凭证应当承受公司未来亏损和费用的影响，且如果赎回基金被用于支付此种亏损和费用的话，凭证会被减少。除非公司的现金资产不足以支付亏损或费用，否则不能动用赎回基金支付；如果赎回基金的任何部分被用于支付亏损或费用，则发行在外的凭证应当按比例相应减少，从而使赎回基金始终与未赎回之凭证的金额相等。赎回基金的净收入每年应当向凭证持有人分配，或者，公司可以从被投资的基金中向这种凭证支付特定利率的金额。当此种利润积累下来并被投资，同等金额的认购将被赎回（Cancel）。

此外，利润累积额的最大值为30万美元，所有超出这一金额的利润都应当按签发顺序向凭证支付。当公司应停止签发保单且基金不再有责任被用于支付亏损时，凭证应是可立即支付的。①

三、相互火险公司等其他公司

相互火险公司等其他公司的净利润和保费在扣除各项当期费用、损失、债务及再保险准备金后足以支付每半年不超过7%的分红的话，则保证资本的股东有权获得这笔分红。此种保证资本的股东在任何情况下均不得参与分配超出其所持有份额的票面价值的公司资产以及分红。

《保险法》第80条规定，相互火险公司等的董事可以通过投票谨慎决定分红或到期应返还保费的比率（以下简称“分红比率”）。在保险监督官批准的情况下（可附条件），如果业务种类不同，分红比率仍可不同。州内签发的同类保单，分红比率应当相同。被追征的风险类型的保单可以与同期限的其他风险类型的保单分红比率不同；但承保同类风险的保单，追

① 《保险法》第86条。

征比率应当相同，并且，公司的所有基金，无论是实际的还是或有的，都应当足以支付任何对其提出的请求权。每一份根据《保险法》第 80 条的规定分类的保单在签发时都应当载有使保险监督官满意的、确定其种类的背书（Endorsement）；但不可分保单或仅有一类保单时不必背书。与其他保险公司共同承保的外贸信用风险保单以及与其他保险公司共同承保的飞机、导弹和宇宙飞船等相关损失的保单，可以单独分类。其他可以单独分类的还有承保核能灾害、放射性污染、洪水、海浪、潮汐等的保单。

公司可以累积并持有不高于生效保额 4% 的利润，并且该累积适用州内公司进行股份投资的规定。这些累积可以随时用于支付亏损、分红和费用。①

四、交互保险社

根据《保险法》第 94J 条规定，除非法律明确排除，否则交互保险社、交互保险社的代理人和认购人的其他代理人适用《保险法》的规定。由此可推断交互保险社的溢余分配应参照前述第 80 条的规定。此外，除非与代理人之间签订的委托书或认购人协议另有规定，否则交互保险社的未使用或未分摊预存保费（Premium Deposits）也适用前述第 80 条等相关规定。②

第五节　相互保险组织的税收与信息披露

一、税收

根据马萨诸塞州州法《税法》（以下简称《税法》）的规定，《保险法》第 118 条所界定的在州内经营的人寿保险公司每年要根据上年度新取得的可分配至本州的保单的所有保费支付 2% 的税。③ 而《保险法》第 118

① 《保险法》第 80 条。
② 《保险法》第 94M 条。
③ 《税法》第 20 条。

条没有区分是否是相互保险。与人寿保险类似，火险、海上等保险公司亦未见此种区分，其税率均为再保险之外的所有保费及下一年对保单持有人的追征额的2.28%。[①] 此外，在州法上对投资收益、应税承保利润等的税收同样没有对相互保险作出单独规定。[②] 普华永道会计师事务所2011年的《保险税收之国际比较》报告也显示，在税务方面美国的相互公司“一般与股份制公司相同”，“没有额外规则”。[③]

万通公司合并后的法定运营报表首先将州税作为费用列出，同时计算出保险赔偿额和费用的总额，并用总收入减去上述总额，得到初步的营业净收益；然后从中减去向保单持有人分配的红利，得出联邦所得税税前的营业净收益；再减去联邦收入税费用得到一个营业净收益。[④]

联邦所得税总额的计算基于公司对其当期和递延所得税资产或负债的最合理估计值。在法定合并运营报表中，当期税收费用如果来自营业，则作为联邦所得税费用报告；如果来自资本交易，则纳入已实现净资本损益。递延税余额的变化中包含了账面与税金的暂时差额，这种变化不仅受到限制，而且记在溢余上（GAAP与法定会计准则不同，GAAP把这种变化记录在净收入的递延所得税中）。因此，账面与税金暂时差额（例如准备金和保单购置成本）以及永久差额（例如免税利息和税收扣减）的报告，导致了法定合并运营报表中的有效税率根据联邦法定税率的不同而不同。

二、信息披露

（一）年度财务报告

马萨诸塞州《保险法》对相互公司年度财务报告的要求总体上与股份公司一致，应每年在指定日期提交一份财务和经营状况报告。交互保险社每年只需提交一份由代理人进行确认的财务状况报告（代理人为公司时，

---

① 《税法》第22条。

② 参见《税法》第22A、22B、29A条。

③ PWC：International Comparison of Insurance Taxation，2011，p. 43.

④ 参见《万通相互人寿保险公司2014年第四季度法定合并财务报告》，3页。

由有正式授权的行政人员确认），而无须提交法律规定以外的其他年度报告。《保险法》对这两种报告的要求是一致的：须向NAIC提交该年度财务报告的副本以及其他表格；根据NAIC的财务报告说明和《会计实务及程序手册》[①]备置，保险监督官可以进一步修改备置要求；外国公司的报告需要由本地经理签字；等等。此外，保险公司还要在说明中囊括以保单索赔为诉讼理由的索赔列表。

（二）与股份制保险公司的区别

在有关相互公司转制的章节中，《保险法》强调相互公司和相互控股公司应对奖励或支付给高级管理人员或董事的所有薪酬，进行清晰、简明、易懂、显著的披露。其目的可能在于防止他们利用职务之便谋取非法利益。

此外，《保险法》要求州内股份保险公司的高管、董事和10%以上公司股票的实际控制人向保险监督官提供说明，披露其实际控制的股票数量，并且定期在有变动的情况下披露变动情况。但《保险法》对相互公司没有此种要求。

第六节　相互保险组织的转制、合并与解散清算

一、转制与重组

马萨诸塞州《保险法》对相互组织的各类转制规定得极为详尽，其类型主要包括公司的相互化、完全非相互化、重组（含部分非相互化）以及交互保险社相互化四种。

（一）相互化

《保险法》第19D条对从股份公司转制为相互公司进行了规定。根据该条，在马萨诸塞州，只有人寿保险股份公司和仅经营个别种类意外保险的股份公司可以转制为相互公司。在相互化过程中，转制计划是核心。股

① NAIC Accounting Practices and Procedures Manual.

份公司制定的这一计划必须得到公司多数董事、保险监督官、持有公司三分之二以上股份的股东以及大多数投票的保单持有人的通过或批准。该计划要详细说明股票的收购方法和支付模式，确定收购价格。保险监督官还要确定，公司在扣除计划分配额和其他未确定款项后公司的认可资产不会少于负债，才能批准计划。一方面，公司有权优先获得股票；另一方面，公司未完全取得所有已发行股票前，已经取得的股票应该交给计划中提名的合格董事作为受托人信托持有。公司所有股本被赎回或因计划规定的期限届满而取消的时候，公司就成为了没有股本且对保单持有人没有追征权的相互制保险公司。

第19D条翻译如下：

第19D条 从股份公司转制为相互公司

州内人寿保险股份公司或任何仅经营第47条第6款（a）项[①]或（b）项[②]规定的业务的公司，可以变为相互制保险公司，并且，为此可以按照下列要求制定并执行一项收购其发行在外股本的计划：

（1）该计划应经过该公司多数董事投票通过。

（2）该计划应向保险监督官提交并获批准，保险监督官需确认该计划符合保险法要求，并且不会对该公司保单持有人或投保群众造成损害。

（3）该计划应在为此召集的特别股东大会上由至少持有该公司三分之二已发行股票的股东投票通过。

（4）该计划应由该公司多数有权投票且确实在为此目的召集的会议上投票的保单持有人投票通过。保单持有人可以亲自、通过代理或邮件投票。如果他是相互保单持有人，他的资格应根据第94条的规定来确定。会议通知应在该会议召开前至少30天通过邮件从公司总部发出，邮件应装在密封信封中并预付邮资，发送到每一位有权投票的保单持有人

---

① 承保因意外事故造成的人身伤害或死亡。

② 为个人健康提供保险或通过支付法律服务费而提供的个人及其家庭成员的心理或情感福利。

的最近更新的通讯地址。会议应当根据保险监督官批准的计划中可能规定的方式进行。保险监督官应当监督并指导上述会议的方法及程序，并且委派数量充足的检查员在会议上指导投票，检查员有权决定有关投票验证、确定投票效力、投票人资格以及拉选票等所有问题。上述检查员，或任何保险监督官指派的人，应当向保险监督官和该公司确认投票结果，并且按照保险监督官指定的规则行事。由保险监督官或由他指派的检查员导致的所有该会议的必要费用，应在保险监督官的许可下由该公司支付。

(5) 该计划应详细说明公司股票的收购方法和支付模式，是立即支付还是推迟支付。该计划还可以指定将向这些股票支付的收购价，而指定的价格应被遵守。如果该计划没有详细说明将向这些股票支付的价格，该公司首先应当取得保险监督官对收购所有公司股票的各项支付价格之批准。除非保险监督官在批准时查明，公司在分别扣除股票收购计划分配的总额以及该计划没有确定的任何支付之后，公司认可资产（包括按照保险法规定计算的未偿付合同的净值以及所有负债基金、应急准备金和已经根据该计划拨付的溢余以外的溢余）的金额不会少于公司所有负债，否则保险监督官不能批准任何这样的计划或支付。

(6) 按照该计划，公司应有权且优先通过赠与、遗赠或购买来获得其股票份额。除非已取得所有公司已发行股票份额，否则所有已取得份额应按照下文规定以信托方式为公司保单持有人持有，并且这些份额应在公司账簿上被分配并转移到三至五个受托人处，受托人应为在该计划中得到提名的符合资质的公司董事。除非不再担任董事或被保险监督官撤职，否则这些受托人应任职到完成或放弃信托目的之时。该计划应规定填补受托人空缺的方法，并且任何被提名的受托人在承担任何职责之前应当向保险监督官确认接受任职。受托人持有的所有份额应按照面值作为该公司的认可资产。这些受托人应有权在股东有权投票的所有公司会议上代表这些已收购份额的投票，直到该公司所有已发行股本均被收购，或者直到本条第（8）款规定的最长期限届满。在二者中更早的那个时间，公司所有股本应当被赎回或取消，并且公司应成为一个没有股本并且对其保单持有人没有追征权利的相互制保险公司。这些受托人在以这种方式收到股票股份上获得的所有红利及其他款项，在支付运营信托的必要费用后，应为该公司保单持有人或可能成为保单持有人且有权参与分配公司利润之人的利益立即偿还给公司，并且应添加到盈余中并成为该公司所赚取的盈余的一部分。

(7) 如果公司的股东反对按照第156B章第86条规定的方式进行相互化，则应适用第156B章第86条至第96条及第98条。在确定股票公允价值时，任何相互化所引致的升值或贬值应排除在外。公司一旦按照股东的股票协议价或判定价向股东进行支付，则股东应立即将他持有的股票凭证转移并交给第（6）款规定的受托人。

(8) 该计划应根据上文规定注明保单持有人通过计划之后的最长期限，在这个期限内，该公司的所有股东应按照计划交出他们的股票以便注销，并且如果在这个期限内任何股东未能或忽略照此交出股票，那么除了该计划或者按照本条第（7）款的规定接受股票的款项以外，他的所有权利、权力以及作为股东的特权仍应终止且不复存在。

(9) 该公司可以在保单持有人通过该计划之前的任何时间，通过董事的多数和股东的多数票表决放弃这一计划。一旦放弃，任何按照计划被支付股票价款的股东的权利，以及按照本条第（7）款规定向被支付股票公允现金价值的任何异议股东的权利，应当终止，并且该公司应作为州内股份制保险公司继续开展业务，如同不曾采用过这个计划。

(10) 如果保险监督官拒绝给予本条规定的任何批准，则该拒绝必须受到司法审查。

(11) 不论是公司股本的赎回，还是公司章程的修订，均不得影响该公司的未结诉讼、权利或合同。当该公司股本已被赎回并取消，且该公司已变为相互制公司时，股份公司的管理人员和董事应留任相互公司的管理人员和董事，直到依照股份公司细则规定的任期届满。[①]

① 《保险法》第19D条。

（二）完全非相互化

《保险法》第19E条将完全非相互化分为两种情况，一种是单纯地转制为股份公司；另一种是作为重组计划的一部分转制为股份公司，被另一家股份公司控股。完全非相互化仅适用于人寿保险公司。

完全非相互化计划需要三分之二以上保单持有人投票通过。投票通过当日，原公司的所有权利和对财产的利益直接转移到转制后的保险公司身上。转制后的保险公司还应继受原保险公司的所有义务和责任。公司支付给成员的对价应以公司所有溢余为基础，按照公平合理的公式确定。对价形式可以是现金、有价证券、认购证书、额外的人寿保险或年金的利益、增加的分红等。此外，符合条件的保单持有人按比例对重组后的公司的股票享有优先购买权。

第19E条翻译如下：

第19E条 从相互公司转制为股份公司

满足本条规定的要求并完成本条规定的程序后，州内相互人寿保险公司可以（i）转制为州内人寿保险股份公司；或（ii）作为重组计划的一部分这样转制，根据这个重组计划，州内人寿保险股份公司的大部分或全部普通股，被一家母公司或另一家公司（这家公司可能是但不必是为此目的而设立的法人，也可以是该州内相互人寿保险本次合并之前的子公司或其他附属公司）收购，并且，无论是哪种情况，可能会作为非相互化计划的一部分，与州内人寿保险股份公司或根据第156D章设立的公司合并，并且，为本次合并提供的对价可能是由此产生的或既存的公司或其他公司的股份、现金或其他对价。任何这样的合并，应当根据本条规定进行授权并根据第（2）款规定进行批准，而不是依据第19A条的规定。

这种转制应根据符合下列要求的计划来完成：

（1）该计划应向保险监督官提交，并且，在召开已向保险人及其董事、管理人员、员工和保单持有人（所有这些人应有权在听证会上出席并发言）发出听证通知的听证会之后，保险监督官应确认该计划符合保险法要求，并且不会对该公司保单持有人或投保群众造成损害，从而批准该计划。

(2) 该计划应由不少于三分之二的保险人的保单持有人在为此目的召集的保单持有人会议上亲自、通过代理人或邮件投票批准，会议应遵循保险监督官批准的合理的通知和程序。经上述批准，转制应在计划中指定的日期生效。该日期之后（含当日），保险人的所有权利、特许经营权以及对每种财产的利益，应无需任何契约或转移就归属于转制后的保险人，并且，转制后的保险人应继受原保险人的所有义务和责任。

(3) 在换取全体成员在公司中的利益时，该计划应向每个符合条件的保单持有人给予适当的对价。上述对价应根据保险监督官批准的公平合理的公式确定，并且应以根据第25条规定提交给保险监督官的保险公司最新财务报表中显示的保险人的所有盈余为基础，盈余中包括所有自愿准备金但不包括应急偿还基金和处在赎回价值的已发行保证资本份额，并且不考虑非认可资产价值或生效保险业务（Insurance Business in Force）。

(4) 该计划应给予每个符合条件的保单持有人优先购买权，使之在指定的合理期限内有权优先按比例获得保险人或未来母公司或其他法人所有未来股票中的相应部分，并且有权优先根据第（3）款的规定按其对价申请购买，除非该计划可能规定，如果总认购价少于2 000美元（含），依照本条保单持有人不得购买或接受股票，并且规定这样的优先购买权不适用于下列情况：保单持有人居住在不可能发行股票的辖区中，会牵涉到不合理的延误，或者会要求保险人承担不合理费用的；但是，任何此种保单持有人应获得现金对价；并且，如果重组计划中第（3）款下的合格保单持有人收到的合理对价是本条授权的交易中的公司股票或者保险监督官批准的其他对价（不限制上述一般性），那么根据第（4）款所允许的，该计划应（i）规定任何保单持有人均无优先权获得任何保险人或未来母公司或其他公司的未来股票，或（ii）根据保险监督官的批准在其他条款中规定其他优先购买权。尽管有上述规定，但根据第（1）款，保险监督官保留了不批准该计划的充分权力。

(5) 有权参与对价分配并购买股票的保单持有人的名字应在转制之日作为保单所有人出现在保险人的记录上，根据保单，他享有一票投票权，并且在转制后的首个12月31日和保险人董事会首次为转制为股份制形式投票之日，该投票权在任何适用的宽限期届满时、在没有未付保费或对价的情况下对其所有基本利益完全有效，或者，该投票权在不丧失利益的情况下继续有效并且有资格继续参与保险人可分配盈余的年度分配。

(6) 向保单持有人提供股票的价格不高于按照该计划给他人的价格。

(7) 该计划应规定支付给每个保单持有人的对价可以包括现金、有价证券、认购证书、额外的人寿保险或年金的利益、增加的红利或其他对价或这些对价形式的任意组合。

(8) 该计划完成后，应规定转制后的保险公司的实收资本不低于新的州内股份保险公司根据经营同类保险的初始授权所要求的最低实收资本和净现金盈余之和。

(9) 保险监督官应查明，保险人的管理层没有通过减少新承保业务量，或取消或以任何其他方式寻求减少、限制或影响有权在该计划中参与分配的保单持有人的数量或身份，或通过该计划以其他方式使包括管理层在内的个人取得任何不公平优势。

本条不应视为禁止将规定下列内容的条款列入转制计划：包括保险公司管理层和雇员团体在内的个人，应有权以按照计划中规定且经保险监督官批准的对这些个人的合理分类提供给保险公司的保单持有人的同样价格，用现金购买保单持有人未在优先购买中获取的股票。

转制计划还可以包括限制任何一致行动人能力的规定，使之不得直接或间接要约取得转制后的保险人或母公司或其他公司10%以上任何类型普通股的实际控制权。

除非在批准保险监督官的计划中有规定，否则保险人的任何董事、管理人员、代理人或员工，或其他任何人，不得因以任何方式帮助、促进或协助转制而收取正常工资和补偿以外的任何手续费、佣金或其他任何有价值的对价。本规定不应被视为禁止向律师、会计师和精算师支付他们提供独立专业服务的合理费用和赔偿，即使对保险人的董事也是如此。

为确定转制方案是否满足本条以及本章其他相关规定的要求之目的，保险监督官可聘用雇员人员和外部顾问。包括由于使用雇员人员而产生的费用在内的有关审查转制计划的所有合理费用，应当由提出备案的保险人承担。①

（三）与相互控股公司相关的重组

马萨诸塞州《保险法》第19F条至第19W条对与相互控股公司相关的重组作出了规定。相互控股公司的特点包括：（1）直接或通过一个或多个中间控股公司，拥有一个或多个重组后的股份保险公司不低于51%的有表决权的股份。（2）不能发行有投票权的股票。（3）在清算重组流程后（非指本章所说的重组），其资产和负债包括在重组后的股份保险公司的财产中。相互控股公司适用有关公司权利、义务和责任的一般原则，一般不应经营保险业务。

中间控股公司是指被相互控股公司直接，或通过另一个中间控股公司，持有至少51%有投票权的股票，且直接或间接持有至少一个重组后的股份保险公司至少51%有投票权的股票的机构。

1. 相互公司重组为相互控股公司所有的股份公司（部分非相互化）

在这种情况下，由于相互保险公司成员的利益只是被转移到相互控股公司，而不是成员直接获得相应对价，因此这种重组也被称为“部分非相互化”。在满足《保险法》规定的要求并完成相关程序的前提下，州内相互保险公司可重组为由相互控股公司直接或间接所有的州内股份保险公司。重组后，相互保险公司将成为股份保险公司，相互保险公司的成员成为相互控股公司的成员。相互控股公司直接或间接取得重组后股份保险公司至少51%有投票权的股份。重组计划需要经过相互公司的董事、成员投票通过，而且需要在举行听证会的基础上由保险监督官批准。在这些程序中，保险监督官有权对实质性问题进行审查和监督。

马萨诸塞州的利宝相互人寿保险公司的转制即属于这种情况。利宝相互人寿保险公司转制后，由利宝相互控股公司持有其100%的股份。这两

① 《保险法》第19E条。

个公司均纳入利宝相互保险集团的年报当中统一进行信息披露。利宝相互人寿保险公司的名称没有变更，是由于《保险法》规定在相互公司重组为相互控股公司所有的股份公司的情况下，公司名称可以保留“相互”一词，除非保险监督官认为这会对公众造成误导或欺骗。

第19H条翻译如下：

第19H条 重组计划；公开听证会；计划的批准；成员大会

(a) 重组计划应规定修订相互保险公司章程的适当程序，从而使相互保险公司重组为股份公司。重组的方案应：

(1) 经董事会四分之三多数投票通过；

(2) 根据第(d)款规定向保险监督官提交重组中保险人的授权机构执行的申请，并取得书面同意。申请应附下列文件或这些文件真实、正确的副本：

(i) 重组计划草案；

(ii) 重组后各公司的公司章程草案；

(iii) 重组后各公司的细则草案；

(iv) 重组后各公司的管理人员和董事的名单以及他们的介绍（采用保险监督官通常要求的格式）；

(v) 根据第19F条至第19W条授权重组的、经相互保险公司秘书确认的相互保险公司的董事会决议；

(vi) 以保险监督官可接受的形式编制的财务报告（该保险监督官是对相互控股公司与任何重组后将成为其子公司的实体以及由于重组将经历股本变化的实体实行重组的保险监督官）；

(vii) 拟邮寄给成员、用以争取他们批准计划的材料，包括重组计划的摘要；以及

(viii) 其他保险监督官要求的相关信息。

(3) 根据第(e)款的规定，在为此召开的成员大会上，经不低于三分之二的相互制保险人成员投票通过；

(4) 在获得保险监督官的同意以及根据第(d)款规定投票通过之后，提交保险监督官备案。

(b) 依据第 19F 条至第 19W 条采用的重组计划，应解释重组方案的目的，并详细说明重组方案的原因，并应规定，相互制保险人将成为股份制保险人，相互制保险人的成员成为相互控股公司的成员，由重组中的相互制保险人签发且在重组生效日仍有效的保单的所有人，应从重组生效日起在相互控股公司中享有权益权利（Equity Rights），并且相互控股公司应直接或通过一个或多个中间股份制公司取得重组后股份保险公司至少 51% 有投票权的股份。

(c) 保险监督官应针对下列事项举行听证会：重组计划的条款和条件的公平性，相互保险公司重组的理由及目的，重组是否符合上述相互制保险人的最大利益，对其保单持有人是否公平公正，是否有损于投保大众。除非保险监督官确认邮件通知不可行，否则载有听证会时间、地点和目的的通知，应由重组中的相互制保险人邮寄给每一位有权投票的保单持有人，邮寄地址是在重组中的相互制保险人的记录上最近更新的通讯地址。该通知应至少在听证前 60 天寄出。该通知应带有该计划真实、完整的副本，或者经保险监督官批准的摘要，以及保险监督官应批准或要求的其他说明资料。此外，重组中的相互制保险人应当在三家广泛发行的报纸上发出公告，说明听证会的时间、地点和目的，其中一个在重组中的相互制保险人总部所在郡，另两个在保险监督官批准的其他州内外城市。这些内容应在听证会举行前不少于 15 天且不超过 60 天的时间内刊登在报纸上，并应采用保险监督官批准的形式。重组中的相互制保险人的董事、管理人员、员工和保单持有人应有权出席听证会并发言。

(d) 如果保险监督官查明下列情况，则应根据第（c）款的规定在公开听证会之后批准重组计划：拟进行的重组符合重组中的相互制保险人的最大利益；该计划对重组中的相互制保险人的保单持有人是公平、公正的；该计划规定了提升重组中的相互制保险人的经营情况；该计划将不会严重削弱任何保险业务条线的竞争；规定了重组完成时重组后的保险人的实收资本不低于新的州内股份保险公司根据经营同类保险的初始授权所要求的最低实收资本和净现金盈余之和；该计划符合第 19F 条至第19W条的要求。保险监督官应按照第（c）款规定在公开听证会结束后60天内作出批准或不批准该计划的书面决定。如果保险监督官认为重组计划对保单持有人不是公平、公正的，可以要求重组中的相互制保险人在他批准或不批准上述计划之前重新修改上述计划；但是，该要求不影响重组中的相互制保险人依据第19K条第（a）款至第（n）款撤回上述计划。如果批准被拒绝，该拒绝应采用书面形式，并说明拒绝的理由，并且重组中的相互制保险人应有权在该拒绝之日起30日内得到保险监督官的听证。

（e）第（a）款第（3）项规定的成员大会，应由董事会、董事长或重组中的相互制保险人的总裁召集。除非保险监督官确认邮件通知不可行，否则载有成员大会日期、时间和地点的通知，应由重组中的相互制保险人邮寄给其保单持有人，邮寄地址是在重组中的相互制保险人的记录上最近更新的通讯地址。向保单持有人发出的成员大会通知应构成对成员资格来自保单的成员的通知。成员大会应在不少于本款规定的公开听证会举行日期的30天后召开。该通知应在上述成员大会召开至少60天前寄出。该通知可以依据第（c）款与公开听证会的通知一起邮寄给保单持有人。该通知应带有该计划真实、完整的副本，或者经保险监督官批准的摘要，以及保险监督官应批准或要求的其他说明资料，包括第（a）款第（2）项第（vi）小项规定的财务报表、有关保单持有人权益的重大风险和利益的说明，以及有关规定在按照第19P条提交给保险监督官的重组计划中的向公众发出股票要约的任何信息。每个有权对重组计划投票表决的成员，应当亲自、通过邮寄或通过成员合理指定的代理投票权进行书面投票。有权对重组计划投票表决的人应是那些作为成员在计划采纳之日姓名出现在相互制保险人的记录中上的人。

保险监督官应有权根据第19F条至第19W条的规定，按照他认为为确保投票公平准确所必要的程度，监督、指导和指定针对方案的投票程序的规则。这些权力应包括但不限于监督和监管：（a）有权对方案投票表决并接到通知的保单持有人的确定；（b）方案通知的发出；（c）代理投票权表格和选票的接收、保管、维护、验证和制作；（d）争议解决。

为确定重组计划是否满足第19F条至第19W条的要求之目的，保险监督官可聘用雇员人员和外部顾问。包括由于使用雇员人员而产生的费用在内的有关重组计划的所有合理费用，应当由提交计划的保险人承担。①

2. 相互控股公司合并

两个或两个以上相互控股公司合并，适用《保险法》第19S条。但该条并没有授权股份公司与相互控股公司兼并或合并。

根据该条规定，两个或两个以上相互控股公司，其中至少有一个是州内公司时，可以根据美国任何一个州的法律兼并或合并成这样的州法规定的相互控股公司。所产生的公司可以以兼并或合并前的公司中的一个或多个公司的名义，或以新公司的名义继续经营。如果这个持续经营的公司或这个新公司是州内公司，那么它应受第19F条至第19W条规制；其名称须经由保险监督官审批并且受第156B章第11条的规定限制；任何相互控股公司的成员，其存在将使兼并或合并无效的，应成为持续经营的相互控股公司的成员；在相互控股公司中有权益的任何人，应在持续经营的相互控股公司中享有权益。②

此种合并协议应当经过相互控股公司的多数董事、三分之二以上的成员投票通过，并且需经保险监督官批准。合并后持续经营的公司或新设公司继受原公司的所有财产和权责。

3. 相互保险公司与相互控股公司合并

州内相互保险公司与既有的州内外相互控股公司合并，适用《保险法》第19T条。这种合并与第一种重组计划类似，但不需要设立新的相互控股公司。

州内相互保险公司的重组计划应规定，州内相互保险公司将成为州内股份保险公司，州内相互保险公司的成员将成为相互控股公司的成员。由州内相互保险公司签发且在生效日仍有效的保单的所有人，应从生效日起

① 《保险法》第19H条。

② 《保险法》第19S（a）条。

在相互控股公司中享有权益，并且相互控股公司应直接或通过一个或多个中间股份制公司取得重组后股份保险公司至少51%有投票权的股份。①

4. 相互控股公司转制为股份公司

州内相互控股公司转制为州内股份公司，适用《保险法》第19U条。该条前半部分有关听证会、成员大会以及保险监督官的监督等程序要求与“相互公司重组为相互控股公司所有的股份公司”类似，后半部分有关成员的优先购买权、成员投票资格、对价形式等杂项要求方面与“非相互化”的规定类似。不同的是，在这种转制计划生效之后，相互控股公司中的所有成员利益和权益归于消灭。

此外，在获取相互控股公司股权权益时，计划应规定适当的对价。这种对价应当是平等的，上述对价总体上应与相互控股公司所有资本和溢余的价值相等，其中不包括联邦成文法要求存放在独立账户中的任何基金，并且，应当可以根据保险监督官批准的公平合理的公式确定这一价值。如果转制计划规定相互控股公司在转制后作为存续公司继续经营，给保单持有人的对价应采用股票、现金或保险监督官批准的其他补偿形式。向符合资格的保单持有人分配所有原相互控股公司的股票时，或在向某些特定的符合条件的保单持有人分配其他同等价值的对价时，应根据第19F条至第19W条形成适当的对价。如果转制计划并没有规定相互控股公司在转制后作为存续公司继续经营，那么可支付的对价须采取的形式是本条其他规定允许的应当向符合条件的保单持有人进行分配的方式。②

5. 其他法律规定

（1）重组计划应在提交保险监督官后一年内或计划生效后六个月内开始执行。如果计划被撤回，撤回的行动应在董事会批准之后六个月内开始。

（2）重组后的保险人或其子公司可以依据重组计划或保险监督官的事先批准，在计划生效后的任何场合，向相互控股公司或其所有或控制的公司转移资产或负债。但无论是单独计算还是总计，转移的负债不能高于转移的资产。

---

① 《保险法》第19T（a）条。

② 《保险法》第19U（5）条。

（3）重组后的保险人或中间控股公司向相互控股公司或其全资所有的子公司以外的人首次发行股票时，如果保险监督官不认为上述发行没有按照首发上市的惯例或者会有损相互控股公司成员的利益，那么就应当批准这样的发行申请。

（4）当重组中的保险公司是相互人寿保险公司时，公司应当为保单持有人分红之目的，建立一个由重组中的保险公司在计划生效日有效的所有分红型个人保单组成的封闭模块（Close Block）。这个封闭模块要有一个符合重组计划的、以过往经历为基础的红利规模（Dividend Scale），在计划生效日或之前向这些分红个人保单分配的保险人资产应等于封闭模块业务产生的现金流与预期收入，这一金额应足以维持该封闭模块，其中包括支付索赔以及重组计划中写明的税费。如果不建立这样的封闭模块，公司应当采取保险监督官批准的其他保护分红保单个人持有人的替代方式。[①]

（5）首次公开发行、私募和证券转换为有投票权的股票等之后的六个月内，中间控股公司和重组后的保险公司不得向相互控股公司、中间控股公司或重组后的保险公司高管或董事奖励任何股票期权。且在这六个月之后的两年里，这三类公司的高管和董事不得拥有或实际控制中间控股公司或重组后的保险公司总计超过5%的有投票权的股票。即使是上述两年半的时间之后，这一比例也不能超过18%，除非保险监督官认为必要且适当。此外，这些高管和董事还受至少一年的禁售期限制。[②]

（6）非经保险监督官事先批准，任何人不得直接或间接持有重组后的保险公司、中间控股公司或其他重组后的保险公司的控股机构，超过10%的任何种类的有投票权的股票。[③]

（四）交互保险社转制为相互公司或与相互公司合并

《保险法》第94N条对交互保险社转制为相互公司或与相互公司合并的规定与前述相互公司非相互化基本一致，只是转制后的股份公司股票变成了转制后的交互保险社权益，董事会变成了咨询委员会，而且没有规定

① 《保险法》第19Q条。

② 《保险法》第19R（2）、（3）、（4）、（7）条。

③ 《保险法》第19R（5）条。

重组的情形。此外，该条最后一段还对发行非追征型保单要求的持续经营时间做了特殊规定：交互保险社持续经营保险的年数应当计入相互公司。如果是1995年之前设立的交互保险社，其持续经营保险达5年，转制后的相互公司即可发行非追征型保单。

第94N条翻译如下：

第94N条 交互保险社转制为相互公司或与相互公司合并

满足本条规定的要求并完成本条规定的程序后，州内交互保险社可以转制为州内相互保险公司或与州内相互保险公司合并，并且，为本次合并提供的对价可能是由此产生的或既存的公司或其他公司的权益、现金或其他对价。任何这样的合并，应当根据本条规定进行授权，而不是依据第19A条的规定。

这种转制应根据符合下列要求的计划来完成：

(1) 该计划应向保险监督官提交，并且，在召开已向保险人及其董事、管理人员、员工和保单持有人（所有这些人应有权在听证会上出席并发言）发出听证通知的听证会之后，保险监督官应确认该计划符合保险法要求，并且以公平、合理、不会造成损害的方式对待该公司的认购人或投保群众，从而批准该计划。

(2) 该计划应由不少于三分之二的交互保险社的认购人在为此目的召集的认购人会议上亲自、通过代理人或邮件投票批准，会议应遵循保险监督官批准的合理的通知和程序。经上述批准，转制应在计划中指定的日期生效。该日期之后（含当日），交互保险社的所有权利、特许经营权以及对每种财产的利益，应无需任何契约或转移就归属于转制后的保险人，并且，转制后的保险人应继受交互保险社的所有义务和责任。

(3) 在换取全体成员在交互保险社中的权益时，该计划应向每个符合条件的认购人给予适当的对价。上述对价应根据保险监督官批准的公平合理的公式确定，并且应以根据第25条规定提交给保险监督官的交互保险社最新财务报表中显示的保险人的所有盈余为基础，盈余中包括所有自愿准备金但不包括应急偿还基金和处在赎回价值的已发行保证资本份额，并且不考虑非认可资产价值或生效保险业务。

（4）该计划应给予每个符合条件的认购人优先购买权，使之在指定的合理期限内有权优先按比例获得相互制保险人未来权益中的相应部分，并且有权优先根据第（3）款的规定按其对价申请购买，除非该计划可能规定如果总认购价少于2 000美元（含），依照本条认购人不得购买或接受权益，并且规定这样的优先购买权不适用于下列情况：认购人居住在不可能发行权益的辖区中，会牵涉到不合理的延误，或者会要求交互保险社承担不合理费用的；但是，任何此种认购人应获得现金对价。尽管有上述规定，但根据第（1）款，保险监督官保留了不批准该计划的充分权力。

（5）有权参与对价分配并购买转制后的保险人权益的认购人的名字应在转制之日作为成员出现在交互保险社的记录上，根据保单，他享有一票投票权，并且在转制后的首个12月31日和交互保险社咨询委员会首次为转制为相互形式投票之日，该投票权在任何适用的宽限期届满时、在没有未付保费或对价的情况下对其所有基本利益完全有效，或者，该投票权在不丧失利益的情况下继续有效并且有资格继续参与交互保险社可分配盈余的年度分配。

（6）向认购人提供权益的价格不高于按照该计划给他人的价格。

（7）该计划应规定支付给每个认购人的对价可以包括现金、有价证券、认购证书、额外的人寿保险或年金的利益、增加的红利或其他对价或这些对价形式的任意组合。

（8）该计划完成后，应规定转制后的保险人的溢余不低于新的州内相互制保险人根据经营同类保险的初始授权所要求的最低实收资本以及盈余之和。

（9）保险监督官应查明，交互保险社的管理层没有通过减少新承保业务量，或取消或以任何其他方式寻求减少、限制或影响有权在该计划中参与分配的认购人的数量或身份，或通过该计划以其他方式使包括管理层的个人取得任何不公平优势。

转制计划还可以包括限制任何一致行动人能力的规定，使之不得直接或间接要约取得转制后的保险人10%以上任何类型普通股的实际控制权。

除非在批准保险监督官的计划中有规定，否则交互保险社的任何董事、管理人员、代理人或员工，或其他任何人，不得因以任何方式帮助、促进或协助转制而收取正常工资和补偿以外的任何手续费、佣金或其他任何有价值的对价。本规定不应被视为禁止向律师、会计师和精算师支付他们提供独立专业服务的合理费用和赔偿，即使对交互保险社咨询委员会委员也是如此。

对于1995年1月1日或之后设立的交互保险社的转制，在对转制之后的相互保险公司适用第85A条的规定时，（a）如果在转制之前，保险监督官授权交互保险社交换非追征型合同，那么相互保险公司有资格发行非追征型保单，无论该公司和其前身是否按照第85A条的要求始终在美国一个或多个州连续十年或以上积极从事保险业务；（b）转制前的交互保险社积极从事保险业务的年数应算入相互保险公司积极从事保险业务的年数。对于1995年1月1日或之前设立的交互保险社的转制，如果交互保险社转制前始终在美国一个或多个州连续五年或以上积极从事保险业务，那么相互保险公司应当在转制之日后立即享有发行非追征型保单的资格，无论该公司和其前身是否按照第85A条的要求在美国一个或多个州连续十年或以上始终积极从事保险业务。①

（五）其他合并

《保险法》对相互公司的合并没有单独规定。与股份公司相比较，相互公司之间合并的唯一特殊之处是，在对合并协议进行投票表决时，需要出席并投票的保单持有人数的三分之二以上的保单持有人投票通过（股份公司是持有三分之二以上股份的股东）。

此外，有关保险公司合并的条款均明确说明其不适用于相互公司和股份公司之间的合并。也就是说，这两类公司之间不能直接合并，而要经过转制流程。

二、解散和清算

相互组织的解散和清算在《保险法》中没有单独规定，而是和股份保

① 《保险法》第94N条。

险公司适用相同的规定。

（一）禁制令、接管及整顿

如果保险监督官发现非人寿保险公司的净资产减损到少于资本的四分之三，但公司仍可在保障公众和保单持有人安全的情况下继续经营，那么保险监督官可以书面通知公司补充资本。

如果该公司未能在收到通知三个月内补足，或者资本减少到法律规定的最低标准以下；或者保险监督官认为公司无力偿付债务，或财务状况不佳；或者商业保单或方法不健全或不适当；或者公司状况或管理使公司未来的业务经营危害公众或其保单持有人或债权人；或者欺诈经营或其高管或代理人拒绝为法定检查提交材料；或者公司由于无法完全支付债权人的请求而试图与债权人谈判；或者当资产（包括未赚得保费，但不包括资本）小于负债时，公司试图通过再保险偏向或已经偏向尚未遭受损失的保单持有人，并因此对已遭受损失的保单持有人产生不利影响，那么保险监督官应当向州最高法院申请临时禁制令全面或部分限制经营并指定接管人。如果保险监督官认为公司逾越权限或违反法律；或者公司基金、生效保险或保费的金额不足，或风险数量、担保资本、担保基金受到损害，那么保险监督官可以向州最高法院申请临时禁制令全面或部分限制经营并指定接管人。法院可以发出临时禁制令并指定保险监督官为临时接管人，并且可以在充分听证之后发布永久性禁制令并指定接管人。①

法院在听证之后可以指定保险监督官为本州人寿或非人寿保险公司的永久接管人，并授权其接管公司的所有财产，为财务整顿之目的进行经营。保险监督官随时可以申请法院终止整顿程序，归还公司的所有财产，并批准公司恢复经营活动。

（二）清算

1. 清算程序

如果保险监督官认为，处在或者应当处在整顿程序中的公司资不抵债且应被清算，那么他可以向法院申请授权进行清算。在通知所有已知的债

① 《保险法》第6条。

权人和股东（保单持有人）且充分听证之后，法院可以下令清算，并且指定保险监督官为永久接管人。可以看出，整顿并不是清算的必须前置程序，但公司应当达到被接管的程度。

法院下令清算后，保险监督官可以变卖公司财产，并且向法院提交提案，以便将公司全部或部分对保单持有人的负债转移到有偿付能力的公司。

2. 清偿顺序

清偿应按照下列顺序：

（1）管理费用；

（2）不超过公司签发的保单和保险合同的适用限制且在其覆盖范围之内的保单持有人、受益人和被保险人的索赔，以及马萨诸塞州保险人破产基金公司、马萨诸塞州人寿和健康保险保障协会或其他州的任何类似组织提出的请求权；

（3）返还保费请求权；

（4）联邦政府的第（2）项和第（3）项之外的请求权；

（5）雇员（不包括高管）在清算程序启动前三个月内提供服务的、不超过每名雇员 1 000 美元的薪酬；

（6）欠任何州政府或地方政府的、在诉讼程序开始之前有已完成的留置权作担保的税款和债务；

（7）所有其他请求权。①

在清算程序期间，州内法院不应有对抗公司的扣押或征收性质的行动。程序开始前四个月内或其后通过此种行动取得的任何留置权，在对抗该程序中产生的任何权利时，均属无效。

此外，公司资不抵债或不能全额偿还法律规定的负债时，保单（非人寿保单、两全保单、年金合同、纯两全合同）下的未偿付损失的请求权在分配公司资产时应被视为优先于已取消或未到期保单的保费返还。这种规定不损害非人寿相互公司的高管对公司成员进行追征。②

① 《保险法》第 180F 条。

② 《保险法》第 46 条。

（三）其他规定

在与相互控股公司有关的重组计划的相关规定当中，有一些特殊规定：在重组计划生效之日起十年之内，如果重组后的股份保险公司被发起清算，相互控股公司的资产（包括但不限于其在因第19K（j）条而设立的任何中间股份公司中的利益）应视为该重组后的保险人的接管资产，其范围限于对重组后的保险人具有法定优先权的人的索赔。但无论如何，相互控股公司对重组后的保险人的接管财产的贡献额都不能超过减去净负债的资产的价值。未经保险监督官或法院依照清算发起程序事先书面批准，相互控股公司不可以解散、清算或清盘并解散。①

第七节　偿付能力监管

美国的偿付能力监管初期以最低资本限额制度为主。20世纪90年代，美国全国保险监督官协会（NAIC）推出了以风险资本（Risk-based Capital，RBC）要求为核心的偿付能力监管制度。RBC借鉴了巴塞尔协议对商业银行资本充足性的要求，按保险公司面临的不同风险分别计算所需要的风险资本额。RBC在保守估计资产与负债面临的各种风险的基础上，根据业务的规模和风险程度设定资本金要求。风险资本以通用公式为基础，统一适用于各州所有保险公司。风险资本比率被用来评估资本盈余的充足性率，实现对保险公司偿付能力的早期预警和监管。RBC比率等于调整资本除以授权控制水平RBC。当公司资本超过公司的授权控制水平风险资本的2倍时，也就是RBC比率大于200%时，公司无需任何监管干预；RBC比率为150%～200%时，公司必须向保险监督官提交整顿方案；RBC比率为100%～150%时，保险监督官必须对其进行审查，也可提出改进措施；RBC比率为70%～100%时，保险监督官应依法对其进行整顿或清算；RBC比率小于70%时；保险监督官必须进行接管。后四种情况的RBC分别被称作公司行动水平RBC、监管行动水平RBC、授权控制水平RBC、强

① 《保险法》第19K（j）条。

制控制水平 RBC。马萨诸塞州保险监督管理部门针对 RBC 出台了专门的监管规则[①]，其要求与 NAIC 大体一致，且没有对相互公司作出特别规定。

除 RBC 之外，NAIC 的偿付能力监管工具还包括保险监督信息系统、财务分析和偿付能力跟踪系统、现金流量测试、法定会计准则、现场稽核等。[②]

① 211 CMR 20.00：Risk - based Capital（RBC）for Insurers.

② 参见陈文辉等：《中国偿付能力监管改革的理论和实践》，78 页，北京，中国经济出版社，2015。

第十一章
美国加利福尼亚州

概　　要

在美国加州，根据《加州保险法典》（以下简称《保险法》）的规定，主要存在两种相互保险组织形式：相互保险公司和交互保险社。[①] 相互保险公司（Mutual Insurance Company）是指不存在股东或股本投入，由被保险人为自己办理保险的具有一定合作性质的企业组织；交互保险社[②]（Reciprocal Insurance Exchange）是指由若干商人共同组成互相约定交换保险的组织。二者比较接近，但也存在诸多区别：（1）相互保险公司是公司制法人，而交互保险社不是；（2）相互保险公司的承保人是公司本身，而交互

① 本章研究依据的核心资料是《加州保险法典》和样本公司——农民交互保险社的年报等。尽管交互保险社与相互保险公司存在诸多区别，但鉴于交互保险社创建和运作的核心与相互保险公司趋同，都是为了成员利益最大化而分散风险以实现“互保”目的，本质上交互保险社可以理解为相互保险组织的特殊形式。而且，《保险法》对二者诸多方面的规定亦趋同。为行文方便，本章中用相互保险组织指代相互保险公司和交互保险社，如果需分别阐述相互保险公司或交互保险社的内容，则单独使用“相互保险公司”或“交互保险社”指代。

② 交互保险社最先创立于1881年，是单独存在于美国的一种特殊形态的保险组织。交互保险社虽为合作保险的一种组织形式，但并非法人或合伙组织。其社员除个人外，还可以是公司或合伙组织。其业务通常由各社员以委托方式委托代理人经营。代理人是交互保险社的重要管理人，负责处理有关保险的一切业务，如选择危险、处理赔偿等。其报酬，有时会付以一定的薪金，通常为所收保险费的一部分，但是有关经营费用，必须由交互保险社支付。通常代理人的报酬及经营费用等为所收保险费的35%左右。由于代理人本身对承保的危险不负任何责任，实际负责者是参加交互保险社的各社员，故有时各社员亦互选代表组成顾问委员会，以监督代表人执行业务，与股份公司的董事会颇为相似。

保险社的承保人是社员本身；（3）相互保险公司由成员组成的董事会管理，而交互保险社通常由代理人管理；（4）法律对相互保险公司的业务范围没有限制，而交互保险社不能经营人寿、产权、抵押、抵押保证及破产保险；（5）法律对交互保险社的实收资本要求高于相互保险公司。

为了展现加州相互制保险组织的全貌，本章涵盖了相互保险公司和交互保险社的相关内容。鉴于早期设立的相互保险公司大多数已转制为股份制保险公司，所以本报告选取的样本公司是典型的交互保险社——农民交互保险社（Farmers Insurance Exchange），它由苏黎世金融服务公司的全资子公司 Farmers Group，Inc. 作为代理人进行经营管理。

本章研究美国加州相互保险组织的运作及风险管理，目的是厘清加州相互保险组织从设立到存续到终止整个过程中的具体运作，以及为防范风险而作为保险业务载体的相互保险组织所接受的各方面监管。本章内容简要概括如下：

相互保险公司的投保人基于投保关系而建立起成员与公司之间的关系。由于不存在投资人，相互保险公司的资金主要来源于投保人缴纳的保费。但在公司设立之初，保费尚不足以支付公司的营运费用、保证金或赔付金时，需要向第三人筹措资金来获得初始运营资金。虽然基于借款而筹措的资金通常在公司的保费收入足以支付公司营运费用以及保险赔付之时需要开始偿还，但其在相互保险公司的资产负债表上不作为“负债”列示，而作为一种特殊的“权益资本”。

在加州，相互保险公司的组织结构包括成员大会、董事会及经理，除了部分特殊规定，其职权和议事规则与股份有限公司的股东大会、董事会及经理基本一致。但交互保险社的治理结构却有很大区别，其主要通过认购人和代理人之间的委托代理关系来实现内部治理。

相互保险公司收取的保费及资产运作的收益在支付各种保险赔款和各项经营费用之后，如有盈余，因无股东分配，完全由社员共享。在不违反偿付能力监管要求的前提下，相互保险公司只要保持获得许可证所需的最低实收资本与溢余额就可以随时向会员分配红利；只要不会对盈余维持的资产或准备金构成损害时，交互保险社也可以进行盈余分配。

加州相互保险组织的合并、分立和转制既可以是经保险监督官批准下的自愿推进，也可以是保险监督官主导下的被动进行。法律对合并对象没有限制，可以是相互保险公司、股份保险公司也可以是其他非保险公司。对于公司债权债务的承担，与普通公司间的合并没有区别，即由合并后的公司全部承担原相互保险组织的债权债务。另外，《保险法》根据保险公司业务范围规定了不同的破产界限，此外，在破产清算顺序上，保险索赔优先获得清偿，成员的剩余索取权和认购人的出资返还劣后清偿。

在相互保险组织的风险管理方面，由于加州保险业实行特许经营，相互保险组织的设立需要向州保险监督官申请注册登记；经营过程中，出于防范风险的考量，相互保险组织受到偿付能力监管的约束，此外，监管者亦对保险资金的投向和保险保障基金的缴纳设置了相应要求，并有权力在相互保险组织出现严重的财务问题时，对保险公司进行整顿或采取积极的监控措施，干预保险公司的业务活动，以维护保险公司的偿付能力。

第一节　相互保险组织的出资与融资

一、初始营运资金（Initial Fund）

在加州，保险业实行特许经营，相互保险组织（包含相互保险公司[①]和交互保险社[②]）在申请许可证之前须满足一定的资本金要求，即满足《保险法》关于实收资本[③]（Paid in Capital）和溢余[④]（Surplus）的要求。因此，相互保险组织设立时的实收资本和溢余就构成其初始营运资金。

在运营中，相互保险组织的实收资本和溢余可以来源于出资、已赚得

① 根据《保险法》第4012节规定，相互保险公司应当遵守本法典适用于其他公司制保险公司的全部规定，但有其他规定的除外。

② 《保险法》第1370.2节明确规定，交互保险社应适用与股份制保险公司同样标准的最低实收资本和溢余。

③ 按照加州《保险法》的规定，对于相互保险公司来说，其“实收资本”指的是“资产超过法律规定的，其对已报告的损失、费用、税收及其他债务和再保风险所负债务总额的价值”。

④ “溢余”一般是指资产大于负债的部分，但这里最低溢余要求中的“溢余”实际上是资产大于负债再减去法定实收资本部分。

的保费收入及投资收益等，但其在取得许可证前不得营业，也就不能签发保单，不能收取保险费，更不可能有投资收益，所以相互保险组织的初始营运资金只能源于出资人的原始出资。

二、最低实收资本与溢余要求

（一）相互保险公司

加州对于保险企业有统一的最低实收资本与溢余要求，该要求因业务种类而异。基本做法是：除人寿、产权、抵押、抵押保证保险外，对每种业务规定不同的数额要求，比如火灾险是35万美元、责任险是30万美元、盗窃险是10万美元，在确定某一保险企业的最低实收资本额时，将其在美国经营的全部保险业务种类所对应的数额加起来，如果高于或等于260万美元则为260万美元，如果低于260万美元则为该数额之和，但是不能低于100万美元。对于人寿、产权、抵押、抵押保证保险，其最低实收资本额则由依照前述方法确定的数额分别加上225万美元、25万美元、100万美元、25万美元得出。最低溢余额则由最低实收资本额×100%得出。而对于从事汽车责任险和汽车险的保险人，除上述最低实收资本和溢余额要求外，还有20万美元的附加溢余要求。

（二）交互保险社

整体而言，交互保险社最低实收资本和溢余要求如前所述。但此外，《保险法》对交互保险社的最低溢余额还有一些特别要求。交互保险社在加州从事担保保险业务的，其溢余额必须至少为从事同类保险业务的公司型保险人实收资本的2倍。若交互保险社从事责任或职工赔偿保险，其应当在任何时候维持资产足以偿付其所有债务且提供超过所有债务总额10万美元的溢余；任何其他相互保险社应当在任何时候维持资产足以偿付所有债务且提供超过所有债务总额5万美元的溢余。若交互保险社的溢余低于从事同类保险业务的股份制保险公司所需的实收资本，则该交互保险社宣告破产。

三、初始营运资金的来源及偿还

《保险法》为相互保险组织提供了一种特殊的“出资”方式——发行

“溢余票据”(Surplus Note),[①] 可以称之为“借款”。相互保险组织在取得许可证前需要以这种借款方式作为最低实收资本与溢余。该类借款不同于一般的信贷，它的特点是：第一，借款协议须获得保险监督官的批准；第二，可以用来支付相互保险公司的组织费用、提供溢余基金或业务发展资金；第三，借款协议可被称为溢余票据，并且该借款在会计处理上作为溢余而不是负债；第四，借款协议必须约定一个溢余额，该借款只能从获得借款的相互保险公司超过该数额的溢余中偿还；第五，借款利息可以是固定的，也可以是可变的，但不能超过保险监督官允许的数额；第六，偿还借款本金及利息，支付借款的佣金及推销费用；第七，当相互保险公司破产清算时，该借款上的请求权仅优先于成员的剩余索取权；第八，除非票据发行符合全国保险监督官协会采用的《会计实务与程序指南》(*Accounting Practices and Procedures Manual*）规定，并且在保险公司向保险监督官提交的财务报告中将其作为溢余而不是负债，否则不得发行溢余票据。由此可以看出，该类借款人实际上处于一种准债权人的地位。

四、再融资及补充营运资金

在相互保险组织持续经营过程当中，可以发行溢余票据来补充实收资本和溢余，另外，已赚得的保费收入和投资收益亦用来补充实收资本与溢余。

而对于交互保险社而言，其还可以发行“认购人的溢余存款”[②]（Surplus Deposits of Subscribers）来补充运营中的溢余，该溢余存款金额是认购

---

① 《保险法》规定，为提供溢余基金或为业务提供资金而借款的协议，可被称为溢余票据。第 1315 节关于交互保险社借款的规定与第 4040 节关于相互保险公司借款的规定完全一致。

② 《保险法》第 1374.1 条：(a）本章节中使用的“认购人的溢余存款”指的是超过任何保费请求的数额，其由认购人出资且用于为交互保险社的溢余提供资金。认购人并不对基于这些溢余存款的资产享有受保障的或受偏好的请求权。所有的资产，包括溢余存款，应当由交互保险社持有，并用于支付该交互保险社保单持有人或债权人的请求且其优先于认购人的赎回。认购人可以基于其成员关系的撤回和与保险人之间保险合同的解除赎回其溢余存款并根据认购或保险合同减去赎回费用，但认购人必须至少提前六十日给予代理人赎回的书面通知。(b）认购人溢余存款的赎回将不被允许，若该赎回的结果是保险人溢余将会少于第 700.01 节、第 700.02 节和第 700.025 节所要求的资本金以及盈余。(c）认购人溢余存款的赎回将不被允许，在该交互保险社的保存或清算命令已被下达或其保存人及清算员已被任命后。

人交纳的超过任何保费请求权的数额。溢余存款劣后于保单持有人和债权人的请求权受偿，但在认购人与交互保险社成员关系或保险合同解除时，并且认购人至少提前六十日向交互保险社的代理人发出书面赎回通知时，该溢余存款可以被赎回，除非该赎回将导致交互保险社的实收资本或溢余低于法定标准，或者赎回时交互保险社处于清算情形下。

五、农民交互保险社的净资产明细和溢余票据

（一）根据农民交互保险社 2014 年度报告，其净资产明细见表11－1。

表 11－1　农民交互保险社净资产明细表

	CAPITAL AND SURPLUS ACCOUNT		
21.	Surplus as regards policyholders, December 31 prior year (Page 4, Line 39, Column 2)	3,879,721,103	3,750,799,663
22.	Net income (from Line 20)	2,472,316	55,003,924
23.	Net transfers (to) from Protected Cell accounts		
24.	Change in net unrealized capital gains or (losses) less capital gains tax of $ 7,725,829	169,505,714	131,146,792
25.	Change in net unrealized foreign exchange capital gain (loss)		
26.	Change in net deferred income tax	(8,030,794)	(16,623,126)
27.	Change in nonadmitted assets (Exhibit of Nonadmitted Assets, Line 28, Col. 3)	(24,444,629)	(7,361,332)
28.	Change in provision for reinsurance (Page 3, Line 16, Column 2 minus Column 1)	14,239	33,662
29.	Change in surplus notes	159,064,999	(36,398,000)
30.	Surplus (contributed to) withdrawn from protected cells		
31.	Cumulative effect of changes in accounting principles		
32.	Capital changes:		
	32.1 Paid in		
	32.2 Transferred from surplus (Stock Dividend)		
	32.3 Transferred to surplus		
33.	Surplus adjustments:		
	33.1 Paid in		
	33.2 Transferred to capital (Stock Dividend)		
	33.3 Transferred from capital		
34.	Net remittances from or (to) Home Office		
35.	Dividends to stockholders		
36.	Change in treasury stock (Page 3, Lines 36.1 and 36.2, Column 2 minus Column 1)		
37.	Aggregate write-ins for gains and losses in surplus	3,152,994	3,119,520
38.	Change in surplus as regards policyholders for the year (Lines 22 through 37)	301,734,840	128,921,440
39.	Surplus as regards policyholders, December 31 current year (Line 21 plus Line 38) (Page 3, Line 37)	4,181,455,944	3,879,721,103

（二）农民交互保险社通过向合格机构购买者（Qualified Institutional Buyers）发行溢余票据和向 Zurich American Insurance Company（ZAIC）发行出资证明（Certificates of Contributions）来获得现金出资，具体见表 11－2。

表 11-2　　农民交互保险社发行溢余票据及出资证明

	Date Issued	Interest Rate	Par Value (Face Amount of Note)	Carrying Value of Note	Interest And/Or Principal Paid Current Year	Total Interest And/Or Principal Paid	Unapproved Interest And/Or Principal	Date of Maturity
1.	5/11/1994	8.625%	203,444,000	203,444,000	17,547,045	521,391,045	-	5/1/2024
2.	7/10/1998	7.050%	373,077,923	279,776,923	19,724,273	422,363,121	-	7/15/2028
3.	7/10/1998	7.200%	111,923,077	103,316,077	7,438,758	130,796,682	-	7/15/2048
4	6/30/2011	6.150%	707,000,000	707,000,000	43,480,500	152,181,500	-	6/30/2021
5	11/5/2013	6.151%	312,000,000	312,000,000	18,977,885	18,977,885	-	11/1/2053
6	10/7/2014	5.454%	399,000,000	399,000,000	-	-	-	10/15/2054
	Total		2,106,445,000	2,004,537,000	107,168,461	1,245,710,233	-	
Retired Surplus notes								
	8/9/2004	6.000%			6,000,000	59,867,000		
	6/30/2011	6.150%			8,610,000	30,135,000		
	Total Interest paid in 2014				$ 121,778,461			

第 1 项金额为 203 444 000 美元的溢余票据是于 1994 年 5 月 11 日在公开市场上向合格机构购买者发行并由摩根大通银行（JP Morgan Chase Bank）管理。该溢余票据未进行担保，并劣后于所有现在及未来的优先债务和保险索赔，另外，溢余票据本金和利息的偿还须得到加州保险监督官的允许。该溢余票据的到期日为 2024 年 5 月 1 日，其初始金额为 300 000 000 美元，其中价值 96 600 000 美元部分由农民交互保险社于 2013 年 11 月份以 130 900 000 美元赎回（溢价 34 300 000 美元）。前述溢余票据的赎回经过了保险监督官的认可，赎回的溢余票据所对应的负债由此消灭。

第 2 项金额为 279 776 923 美元的信用溢余票据是于 1998 年 7 月 10 日在公开市场上向合格机构购买者发行并由摩根大通银行管理。该溢余票据未进行担保，并劣后于所有现在及未来的优先债务和保险索赔，另外，溢余票据本金和利息的偿还须得到加州保险监督官的允许。该溢余票据的到期日为 2028 年 7 月 15 日，其初始金额为 373 077 923 美元，其中价值 93 300 000 美元部分由农民交互保险社于 2013 年 11 月份以 116 800 000美元赎回（溢价 23 500 000 美元）。但根据发行合同，在到期日之前，该信用溢余票据不得被赎回，并且其所对应的偿还责任不得终止。因此，农民交互保险社仍然拥有该溢余票据，并将原始的溢余票据在所附的财务报表中重分类为应付票据（一项负债）。列示在农民交互保险社财务报表资产部分的溢余票据金额是原始的溢余票据减去应付票据的净额。此外，应付票据的内含未来利息支出是扣除赎回的信用溢余票据内含利息收入的余额。

第 3 项金额为 103 316 077 美元的信用溢余票据是于 1998 年 7 月 10 日在公开市场上向合格机构购买者发行并由摩根大通银行管理。该溢余票据未进行担保，并劣后于所有现在及未来的优先债务和保险索赔，另外，溢余票据本金和利息的偿还须得到加州保险监督官的允许。该溢余票据的到期日为 2048 年 7 月 15 日，其初始金额为 111 923 077 美元，其中价值 8 600 000 美元部分由农民交互保险社于 2013 年 11 月份以10 000 000美元赎回（产生溢价 1 400 000美元）。但根据发行合同，在到期日之前，该信用溢余票据不得被赎回，并且其所对应的偿还责任不得终止。因此，如前所述，农民交互保险社仍然拥有该溢余票据，并将原始的溢余票据在所附的财务报表中重分类为应付票据（一项负债）。列示在农民交互保险社财务报表资产部分的溢余票据金额是原始的溢余票据减去应付票据的净额。此外，应付票据的内含未来利息支出是扣除赎回的信用溢余票据内含利息收入的余额。

第 4 项金额为 707 000 000 美元的出资证明是于 2011 年 6 月 30 日作为一项再融资与再分配交易的一部分而向 ZAIC 发行的，其到期日为 2021 年 6 月 30 日。该项交易中 HE 偿还了分别于 2013 年 12 月 31 日到期的 280 000 000 美元和 2014 年 8 月 1 日到期的 296 000 000 美元出资证明。该出资证明本金和利息的偿还须经保险监督官同意。

第 5 项金额为 312 000 000 美元的信用溢余票据是于 2013 年 11 月 5 日在公开市场上向合格机构购买者发行并由纽约银行梅隆公司（Bank of New York Mellon Trust Company）管理。该溢余票据未进行担保，并劣后于所有现在及未来的优先债务和保险索赔，另外，溢余票据本金和利息的偿还须得到加州保险监督官的允许。经加州保险监督官的同意，2014 年 8 月 1 日，用一部分收益偿还了于该日到期的 100 000 000 美元已有短期溢余票据。

第 6 项金额为 399 000 000 美元的信用溢余票据是于 2014 年 10 月 7

日在公开市场上向合格机构购买者发行并由纽约银行梅隆公司管理。该溢余票据未进行担保，并劣后于所有现在及未来的优先债务和保险索赔，另外，溢余票据本金和利息的偿还须得到加州保险监督官的允许。经加州保险监督官的同意，2014 年 12 月 31 日，用一部分收益偿还了 140 000 000 美元的出资证明。此外，预计还需用收益赎回最高额为 300 000 000 美元的向 ZAIC 发行的到期日在 2021 年，但可赎回日在 2016 年 6 月 30 日的出资证明，该预计赎回部分占农民交互保险社出资证明余额的 6.15%。

第二节　相互保险组织的发起与设立

一、出资人的权利和义务

《保险法》对于出资人规定主要体现在第 4040 节[①]（相互保险公司）和第 1315 节[②]（交互保险社）。在加州，初始出资人与相互保险组织之间的关系主

① 《保险法》第 4040 节：相互保险公司可以通过签订书面协议借款，以支付其组织费用、为其提供溢余基金（Surplus Funds）或为其业务提供资金，而该协议须约定，该借款仅从该保险公司超过该协议规定数额的溢余中偿还。该协议可以规定不超过保险监督官允许数额的固定或可变利息，其基金而不是该协议中规定的超额部分的利息应当或不应当构成该保险公司的一项负债。该种协议应当规定所有的利息支付或本金偿还须事先得到保险监督官的批准。除非获得保险监督官的另行批准，书面协议表明该借款不应当以低于 1 万美元的单位发行。除非获得保险监督官的另行批准，不应当支付该类贷款的佣金或推销费用。为提供溢余基金或为业务提供资金而借款的协议，可被称为溢余票据（Surplus Note）。除非符合票据发行时，全国保险监督官协会采用的《会计实务与程序指南》中规定的，在保险公司向保险监督官提交的财务报告中将协议（Agreements）作为溢余而不是作为负债报告的要求，不得发行溢余票据或其他协议。任何许可或其他协议都不能构成授权或批准发行与该类票据或协议相关的证券。

② 《保险法》第 1315 节：交互保险社可以通过签订书面协议借款，以支付其组织费用、为其提供溢余基金（Surplus Funds）或为其业务提供资金，而该协议须约定，该借款仅从该保险公司超过该协议规定数额的溢余中偿还。该协议可以规定不超过保险监督官允许数额的固定或可变利息，其基金而不是该协议中规定的超额部分的利息应当或不应当构成该保险公司的一项负债。该种协议应当规定所有的利息支付或本金偿还须事先得到保险监督官的批准。除非获得保险监督官的另行批准，书面协议表明该借款不应当以低于 1 万美元的单位发行。除非获得保险监督官的另行批准，不应当支付该类贷款的佣金或推销费用。为提供溢余基金或为业务提供资金而借款的协议，可被称为溢余票据（Surplus Note）。除非符合票据发行时，全国保险监督官协会采用的《会计实务与程序指南》中规定的，在保险公司向保险监督官提交的财务报告中将协议（Agreements）作为溢余而不是作为负债报告的要求，不得发行溢余票据或其他协议。任何许可或其他协议都不能构成授权或批准发行与该类票据或协议相关的证券。

要是债权关系，除此之外，法律并未规定出资人的其他权利和义务，也并未对初始运营资金偿还后出资人和相互保险组织之间的关系进行界定。

《保险法》对相互保险组织的出资人没有任何资格限制，出资人是在公司取得许可证前通过与公司签订借款协议加入的。由于法律对发起人没有限制，所以发起人可以成为会员，也可以不成为。因此，《保险法》并未对主要发起会员的权利或义务进行特别规定以与一般会员有所差异。

二、设立

（一）相互保险组织的业务领域

《保险法》未对相互保险公司的从业领域进行限制，但规定交互保险社不得从事人寿、产权、抵押、抵押保证及破产保险业务。除此之外，对于适合开展相互保险风险领域和风险人群并无提及。

（二）设立登记条件

《保险法》对普通相互保险公司的设立登记没有特殊规定，适用对保险企业设立登记的一般规定以及《公司法典》对普通公司的设立登记，主要监管在于最低实收资本和溢余等资本方面的要求，此外并未涉及太多其他必备要件。

对于交互保险社，其准入关键在于代理人牌照，《保险法》对此提出系列要求，[①] 比如独立且至少 100 个认购人为了交互保险社的赔偿责任已

---

① 《保险法》第 1322 节：申请准入前的代理人应当向保险监督官提交由其宣誓或由其授权官员宣誓（当代理人是公司时）印证的声明，该声明应当规定或附加下述内容：

（a）代理人名称以及成为代理人的合同名称；

（b）交互保险社主要办公室的地址；

（c）交换的保险类别；

（d）保险交换依据的各保单复件；

（e）保险交换依据的授权委托书复件；

（f）一份表明由独立且至少 100 个认购人为了交互保险社的赔偿责任已签署合同或真实申请并同时生效的声明；

（g）一份表明存在代表年账单总额不低于 100 万美元的已签署合同或真实申请并同时生效的声明，若涉及员工责任或职工赔偿保险；

（h）一份表明该代理人拥有符合本章第五条要求且受制于咨询委员会监督资产的声明；

（i）经过宣誓且以保险监督官规定年度报告格式呈现的财务报告；

（j）授权本章节中所规定送达的机制；

（k）表明基金或证券存款的证书。

签署合同或真实申请、年账单总额不低于100万美元的已签署合同或真实申请（若涉及员工责任或职工赔偿保险）、代理人拥有符合要求且受制于咨询委员会监督的资产等。

（三）设立登记程序

普通相互保险公司设立登记的基本程序是，发起人先从保险监督官那里获得名称预先核准，再筹建公司，然后连同章程及名称预先核准证明等文件一起到州务卿处登记，公司即得以成立，但在经营每种保险业务前均须从保险监督官那里获得的许可证，保险监督官决定颁发还是拒绝颁发许可证的期间为申请日后180天。

1. 名称预先核准

根据《保险法》第881条规定，保险监督官应当要求每一家保险企业（包括交互保险社）、代理人、汽车俱乐部，以及承保产权的公司向其书面申请名称或名称变更核准，该申请应当在该名称作为商业目的在本州使用前提出。如果得到批准的话，保险监督官应当颁发其官方证明认可该名称，并且适当的话，从批准日开始，将该名称保留一段时间。[①]

如果某名称与已经合理存在的名称相冲突或太相似，或者在任一方面很可能误导公众，保险监督官可以拒绝批准。在拒绝的时候，申请人应当将其名称依法改为保险监督官批准的名称，如果是外州或外国公司的话，可以安排以一个批准的营业名称在加利福尼亚州营业，并在与保险监督官进行的所有正式行为中，以其真实名称和营业名称双重确定其身份。

2. 州务卿登记

相互保险组织只有获得保险监督官的名称许可，才能向州务卿申请公司章程注册登记，从而成立相互保险公司，该流程与一般股份制公司

① （1）如果申请人系新成立的为一年，如果该申请是为将要成立的实体的利益作出的，依据本州的法律；（2）如果是外州或外国申请人的话，为180天以及真诚申请许可证期间；（3）如果是已经获得认可的实体申请名称变更，以变更后的名称在本州公开营业，则为90天。

除非申请人已经就未决许可申请支付费用，保险监督官应为名称预先核准收取每笔58美元的费用。名称预先核准申请可以按申请人偏好顺序包括不超过三个名字，但保险监督官的批准应仅限于每次提交申请中的一个名字。在州务卿登记公司章程或修改后的章程的时候，章程后面应附有该许可证。

设立程序无差别，只需按照加州《公司法典》第 200 节[①]的规定进行即可。

3. 保险公司许可证

由于在加州保险业为特许经营行业，任何人在加州经营保险业务须获得保险监督官的许可。对于普通保险公司而言，其申请文件主要包括保险监督官颁发的名称核准书以及附有该核准书的公司章程。而对于交互保险社，其申请文件还包括交互保险社被承认时使用的授权委托书及其修正案、偿付合同等。[②]

保险监督官在授予申请人保险公司许可证时可以酌情考虑举行听证会来使自己的授权许可更正当合理。保险监督官颁发许可证或拒绝申请的时间为申请日后 180 天内。

---

① 加州《公司法典》第 200 节：一个或以上自然人、合伙、组织或公司，国内或国外，可以通过签署并登记公司章程成立公司；公司的存续开始于章程的登记并永久持续，除非法律或章程另有规定。

此外，第 201.5 节、201.6 节和 201.7 节对于保险公司的登记进行了特别规定。第 201.5 节规定，“州务卿不得注册业务为保险的公司章程，除非其附有保险监督官许可的名称授权书。”第 201.6 节规定，“州务卿应当登记保险人的国有化（Redomestication）证书，当其公司章程之前已经登记过且保险监督官已经许可其根据保险法典第 709.5 节进行的国有化。”第 201.7 节规定，“收到保险监督官根据保险法典第 11542 节（a）款以及第 4097.11 节（a）款签发许可的经认证副本后并根据公司法典第 110 节（a）款，州务卿应当接受登记被州务卿认证的国内交互保险人的公司章程修正案的证书。收到保险监督官根据保险法典第 11542 节（a）款以及第 4097.11 节（a）款的转化程序授权登记相互公司和股份公司的公司章程的许可的经认证副本后并根据公司法典第 110 节（a）款，州务卿应当接受登记相互公司或股份公司的公司章程。”

② 加州《保险法典》对于申请文件作出了特别规定，体现在第 1320 节，其规定，“每个受承认的相互保险社的代理人应当核实并向保险监督官提交相互保险社使用的以下表格的复印件：(1) 交互保险社被承认时使用的授权委托书及其每次修正案或替代案的表格；(2) 应在被保险监督官许可时提交的每份保险的申请表以及交互保险社的每份偿付合同包括其使用的费率，若该保险人为股份制保险人；(3) 前述 (2) 中所述表格的每一份修正案、替代案表格；(4) 保险监督官可能不时通过书面要求其他提交的特定表现申请表格或交互保险社的特定偿付合同。保险监督官可以拒绝批准根据本章节提交的表格，若：(a) 该表格与法律相违背；(b) 保险监督官发现其含有任何难以理解、不明确、不公平、模糊、迟钝或可能误导该表格所将提供、传达或签发至人员的材料。上述拒绝批准的程序应当在第 12957 节予以明确，为了其他保险人先前被许可表格许可的撤销。上述保险人在拒绝许可成为终局后使用任何这样的表格均是违法的。”

（四）创立大会

加州《保险法》并未对相互保险公司的创立大会进行特别规定。① 当《保险法》对相互保险公司无特别规定时，应适用《保险法》对其他公司制保险公司的规定以及《公司法》对普通股份公司规定。

三、会员

（一）成为会员的前提条件

1. 相互保险公司

相互保险公司的成员是在公司取得许可证后通过与其签订保险合同加入公司的。每一名相互保险公司的保单持有人，在保单或保单声明页规定的保单期间内，即为该保险公司的成员。对于普通相互保险公司来说，由于法律对发起人没有限制，所以发起人可以成为会员，也可以不成为会员。

加州对相互保险公司会员和可经营的保险业务没有任何限制，所以相互保险公司可以向保险监督官申请经营任何该州允许的保险业务，任何人都可以向它投保。相互保险公司的会员就是持有有效保单的保单持有人，但不包括再保险合同持有人，也就是说，识别某人是否是某相互保险公司的会员，唯一的标准是看他是否持有该相互保险公司的原保险保单，以及是否在保单期间内。需要说明的是，加州不存在相互保险公司向非成员提供保险的情形。

除此之外，《保险法》本身并未对成为成员的前提条件进行规定，也未对成员的保费有所要求，仅要求成员根据保单承担相应义务。

---

① 加州《保险法》第4012节规定："设立或取得经营第100节、123节和700.01节规定的部分或全部保险业务资格的相互保险公司，应当遵守本法典适用于其他公司制保险公司的全部规定，但有其他规定的除外。"保险公司不必拥有或发行股本或股份，也不必向成员提供年度报告，但首次签发保单或每年一次更新报告时除外。除《公司法》关于股东或成员的规定，应当如同该规定是关于相互保险公司的保单持有人或成员一样适用外，第1140节的规定应当适用于该类保险公司。

《保险法》第1140节规定："除非本法典有其他规定，公司制保险公司应当同其他公司一样遵守普通公司法的规定。"

2. 交互保险社

交互保险社的成员即认购人（Subscriber），但《保险法》本身并未对成为成员的前提条件进行强制性规定。

参照农民交互保险社保单规定可知，该保单约定投保人同意缴交会费（Membership Fees）给相互保险公司的法定代理人（Attorney-in-fact），并同意保费的20%给法定代理人作为其管理相互保险组织的补偿。[①] 实践中，除保费外，认购人若想要成为交互保险社的会员还需要缴纳一笔会员费。

（二）会员的权利义务

《保险法》没有明确规定相互保险公司及其成员对外承担责任的方式，但在上述定义中将其界定为“公司”。从一般公司对外承担责任的方式，或许可以推导出相互保险公司以其全部财产对外承担责任，其成员以保单上记载的保险费为限对公司承担责任。而相互保险组织可以发行不同种类的保单，可以是追征保费保单也可以是不追征保费保单，那么成员对相互保险组织承担的责任就可以是有限的也可以无限的。关于追征保费保单的具体内容如下：

1. 相互保险公司

在加州，相互保险公司可以发行不同种类的保单，可以是追征保费保单也可以是不追征保费保单。

首先，《保险法》允许相互保险公司在资本充足的情况下，向保险监督官申请允许发行不追征保费保单的证书，在这种情况下，就不存在征收追征金的问题。而在发行追征保费保单的相互保险公司中，追征金应当向其持有有效追征保费保单的全体会员征收，投保人缴付保险费的责任可以是无限的，也可以有限的。

其次，对于追征型保单，如果相互保险公司保留的未受损害的溢余金额，不低于经营同类业务的股份保险公司最低实收股本要求的1.5倍的时

---

① Subscriber further agrees that there shall be paid to said Association, as compensation for its becoming and acting as attorney-in-fact, the membership fees and twenty per centum of the Premium Deposit for the insurance provided and twenty per centum of the premiums required for continuance thereof.

候，就可以向保险监督官申请授权证书，以消灭其成员持有的有效保单上的追征金。满足上述条件时，追征性保单可以宣布为不追征。

2. 交互保险社

根据《保险法》对交互保险社发行追征型保单的规定，追征条款仅适用于交换承保责任（Writing Liability）、公共承运人责任或提供员工赔偿保险的交互保险社。对于前述类型的交互保险社，若其不具备足以偿付所有负债且维持所需溢余的承认资产时，代理人或保险监督官（当代理人怠于追征时）应向认购人追征足以弥补该缺口的数额。该追征可以在平时进行，也可以在最后清算时追征。但需要明确的是，认购人的追征责任并非无限的。①《保险法》要求认购人在签订委托授权书时限制认购人的追征责任，所有追征均以该数额为限。②

此外，《保险法》亦明确了追征保单何时转变为不追征保单。对于认购人而言，应当在交互保险社中维持除保单中规定保费存款之外的其他存款作为该认购人的溢余存款，每个维持等同或加上保单中规定当前每年总保费数额溢余存款的认购人在溢余存款维持期间内不负追征责任。③ 对于交互保险社而言，若交互保险社承认资产超过所有负债的溢余数额等于在储备金基础上发行保单且从事同样类别业务的公司制保险人所要求最低实收资本的11/2 倍，则可以向保险监督官申请许可证，获得该许可的交互保险社的认购人在该证书有效期内对其发行保单不承担追征责任。

（三）非会员业务

加州不存在相互保险公司向非成员提供保险的情形。

---

① 《保险法》第 1393 节：每个认购人根据本条缺口追征款的份额应根据追征期内成员保单所赚取保费、适用该追征的所有保单总缺口与该期限内总赚取保费的比例确定。为了本节的目的，赚取保费应基于保单签发的对价数额计算，该数额不扣除代理费、保单费或其他费用，除非该费用基于保单更新或延期并未重复发生。

② 《保险法》第 1397 节：本条下的追征，不管是由代理人还是保险监督官在交互保险社清算过程中进行征收，均不得超过委托授权书明确的数额。《保险法》第 1398 节：适用本条交互保险社的委托授权书应限制认购人对于追征的或有责任，但上述或有责任不应当少于等同或加上保单中所规定保费存款的数额。

③ 《保险法》第 1399 节：适用本条交互保险社的每个认购人应当在交互保险社中维持除保单中规定保费存款之外的其他存款作为该认购人的溢余存款。第 1400 节：每个维持等同或加上保单中规定当前每年总保费数额溢余存款的上述认购人在溢余存款维持期间内不负追征责任。

对于交互保险社，《保险法》允许其向非成员的被保险人提供分担风险计划保险（Assigned Risk Plans），前提是其获得溢余证书，且其认购人无追征责任。前述分担风险计划保险属于共保和分入业务，这些保单持有人虽持有公司保单，但是不被视作会员，亦不参与分红。例如，财险业务中很常见的共保，通常是一项大额的保险标的由多家保险公司共同承保，每家保险公司按照协议的承保比例分摊保费和赔付，此类模式存在的原因是为了能够使保险公司有效地分散风险，投保人虽然拥有相互保险公司的保单，但不具有所有权，不同于传统意义上的相互保险。与会员业务相比，非会员业务的领域较窄，仅限于责任保险，而交互保险社的业务领域涵盖换除人寿、产权、抵押、抵押保证及破产保险的所有保险类别。此外，《保险法》对于非会员业务施加了诸多限制，除溢余证书的取得以及无追征责任等，还对交互保险社的溢余有更高的要求。

第三节　相互保险组织的治理

加州相互保险公司的组织结构包括成员大会、董事会及经理，除了部分针对相互保险公司的特殊规定外，其职权和议事规则与股份有限公司的股东大会、董事会及经理基本一致。加州交互保险社的治理结构与普通公司的治理结构有很大区别，其主要通过认购人和代理人之间的委托代理关系来实现内部治理。

一、治理结构比较

（一）相互保险公司与股份制保险公司

加州相互保险公司的组织结构包括成员大会、董事会及经理，各自的职权和议事规则与股份有限公司的股东大会、董事会及经理基本一致。其特殊之处在于：

首先，在表决权上，不同于股份制公司股东大会表决权由所持股份数决定，相互保险公司成员大会对所议事项的表决实行一人一票制，不考虑成员缴纳的保费多少及其他因素。

其次，董事资格要求上，股份制公司并未要求其董事必须为其股东，但是相互保险公司的董事应是其保单持有人，此外对于一个仅在加州获得经营授权的保险公司，其董事会成员的大多数应当是本州公民并实际在本州居住。

最后，授权经理管理方面，股份制公司天然赋予经理层管理公司的权力，但相互保险公司授权经理层管理需签订特别合同，且该合同应经过保险监督官的批准或备案。

（二）交互保险社与股份制保险公司

交互保险社的治理结构与股份制保险公司存在较大差别，其不存在所谓的股东大会、董事会及经理，仅包括行使认购人权利的组织和代理人，其相互之间的关系由委托代理合同约定，但认购人可以直接或通过董事会以及其他组织间接保留任何权利的行使，此外行使认购人权利的组织还负有类似监事的职责，即监管交互保险社的财务状况并监督交互保险社的运营以确保与认购人合同和授权委托相一致。而代理人具体负责交互保险社的运营，类似公司中的董事或经理，其负有忠实义务，而违反忠实义务将会被认购人起诉。

二、相互保险公司的治理结构

（一）成员大会

1. 成员资格与投票权

根据《保险法》，相互保险公司成员所享有权利义务与股份保险公司股东相同。相互保险公司成员大会对所议事项的表决实行一人一票制，不考虑成员缴纳的保费多少及其他因素。成员大会的法定召开人数为5%以上的会员亲自或通过代理人参加，职权包括但不限于修改公司章程和规章，公司章程可以对该数额作出例外规定。会议通知应当不少于会议召开前七天送达每一名有权参加的会员，但章程可对该时间作出例外规定。

2. 成员大会的通知与召集

《保险法》规定，年度或特别成员大会，应当由秘书或助理秘书，或负有该义务的其他人书面通知有投票权的成员。如果没有这样的办事员，或者办事员疏忽或拒绝的话，由任何董事或成员作出。保险公司可选择将该通知印在保险费通知单或收据或二者之上。保险公司可以亲自或通过电子邮件或其他预先付费的其他书面通讯方式，将通知送达成员在保险公司记录簿上登记的地址，或其为该目的而提供的地址。如果成员没有提供地址，那么如果通过电子邮件或其他书面通信方式，将通知发至保险公司主要办事机构所在地，或者至少在该办事机构所在县全面流通的报纸上公布一次，则视为通知已送达成员。

成员大会的通知应当具体列明会议召开的地点、日期和时间，以及待处理事务的概况。如果年度大会的通知至少连续四周，每周一次在报纸上公布，而该报纸是在保险公司主要办事机构所在县全面流通的，并且没有该会议的其他通知，则会议举行的时间和地点应当十分详细地列明。

3. 代理投票权

关于成员在成员大会上的代理投票权，《保险法》规定，该代理权需至少在会议召开前五天在公司秘书处登记，且该代理权必须是可撤销的，也不得超过 11 个月，但公司章程还可以规定不超过 11 个月的期限。对于剥夺保险公司业务或资产或其主要部分的提案的投票，需要进行特别委托，即委托要具体到需要投票的事项上，而且是新近委托。

（二）董事会

1. 董事的选任

《保险法》规定，相互保险公司事务由董事会管理，董事会由 5 ~ 15 名董事组成，董事须是保单持有人，若该公司仅在加州授权经营，则董事须大多数在加州居住，由成员在年度成员大会上选举产生，董事的任期最长为 5 年，当任期超过 1 年时实行交叉任期制，即董事会一定比例成员的任期在每一年度成员大会上结束，章程中应当详细规定交叉任期制的具体做法。

2. 董事会议事规则、决策机制与下设的委员会

《保险法》并未对相互保险公司的董事会的议事规则、决策机制和下设的委员会进行特别规定。根据加州《保险法》第 4012 节和第 1140 节，当法典对相互保险公司无特别规定时，应适用《保险法》对其他公司制保险公司的规定以及加州《公司法》中对普通股份公司的规定。

3. 经理

《保险法》对相互保险公司的“经理”有特别规定。相互保险公司可以签订合同,[①] 授权经理实际管理保险公司，但该合同必须经过保险监督官的批准[②]并备案，而该合同不得使保险公司或保单持有人受到不公正对待，并且必须有公正和足够的履行标准。保险监督官在举行听证会后，如发现批准的基础已经不存在或者批准不当的，可以主动撤销批准。此外，合同持有人应当受到保险监督官的检查。

三、交互保险社的治理结构

交互保险社的内部治理依赖于认购人与代理人之间签订的委托代理合同，其可以规定更换代理人、废止合同及废除代理权限的权利；基于认购人的合意对代理权限的行使施加限制；规定或限制认购人支付的最高数额；规定认购人直接或通过董事会以及其他组织间接保留任何权利的行使。据此，交互保险社的运营大体上委托给代理人，但认购人可以通过董事会以及其他组织间接保留任何权利的行使，并通过行使认购人权利的组织监督代理人。

（一）行使认购人权利的组织

《保险法》并未对行使认购人权利的组织形态进行强制性规定，允许其根据认购人采纳的规则而选择出来。该组织应当由认购人及认购人的代理组成，其中不能有三分之一以上成员是代理人的代理、员工或股东。该组织的职责在于监管交互保险社的财务状况并监督交互保险社的运营以确保与认购人合同和授权委托相一致。为此，该组织应有权获取账户审计以及交互保险社及代理人的记录，其开销由交互保险社承担。

---

① 《保险法》第4031节：该类合同应当规定，业务经理或经营者应当在每一公历年度结束后90日内，向保险公司董事会书面说明该年度内依据该合同获得的收入额和支出的费用额，包括各董事、行政人员和经理或经营者中的主要管理人员获得的报酬，以及当董事会合理要求的时候，书面说明该分类的项目及细节。

② 《保险法》第4032节：保险监督官如果发现有下列情形，则不得批准该类合同：使得保险公司支付过多的费用；或者延长一个不合理的期间；或者没有包括公正和足够的履行标准；包含其他不公平或削弱保单持有人正当权益的规定。

（二）代理人

代理人作为交互保险机构的主要管理者，《保险法》对其提出了系列监管要求。代理人在申请准入前应向保险监督官提交由其宣誓或由其授权官员宣誓（当代理人是公司时）印证的声明，该声明需规定系列法律强制性规定的内容。此外更为重要的是，为了约束委托代理人的欺诈和不诚实，加州《保险法》要求代理人签署一种“为了加州人民利益”的债券，该债券的赔偿金为5万美元（但认购人签署的委托授权条款或互助保险社采纳的规则可以规定一个更高金额），要求该代理人忠诚地保管交互保险社的财产而不将其用于私人用途。若代理人违反该忠诚义务，则因其违反该义务遭受损失的认购人或者认购人的任何成员均可提起诉讼，在清算中则由接管人或托管人提起诉讼。

第四节　相互保险组织的盈余分配

一、盈余分配的要素

（一）盈余分配的前提

1. 相互保险公司

在加州，对于相互保险公司来说，没有“利润”的概念，有的只是溢余。《保险法》规定，当溢余超过法定要求的，即超过办理同类保险业务的股份保险公司获得许可证所必须具有的实收资本与未分配溢余总额（这里的未分配溢余额实际上就是《保险法》所要求的最低溢余额）的时候，相互保险公司的董事，可以随时向会员，从代表了已实现的净存款、已实现的净收益和已实现的资本利得部分的溢余基金中支付或分配红利。只要从其他方面来看是正当的，即使溢余总额少于该保险公司未偿还的资本溢余，这种红利分配也可以进行。

《保险法》没有对该种红利分配作其他任何限制，也就是说，相互保险公司只要保持获得许可证所需的最低实收资本与溢余额就可以随时向会员分配红利，但实际上，这要受到最低偿付能力监管的影响。需要说明的是，《保险法》并没有规定红利的分配标准，比如说按成员对公司的贡献度或投入的保费多少等，只能认为这是由章程或成员大会决议来解决的问题。

2. 交互保险社

对于交互保险社，《保险法》规定，只要不会对盈余维持的资产或准备金构成损害时，就可以进行盈余分配。《保险法》要求交互保险社的资产不得低于最低溢余，所以只要交互保险社资产不低于最低溢余且维持最低偿付能力时便可进行盈余分配。不同于相互保险公司对盈余分配的来源进行限定（已实现的净存款、已实现的净收益和已实现的资本利得部分的溢余基金），交互保险社的盈余分配对分配资金来源并无任何要求，只要是交互保险社的存款或结余，便可用于分配。

（二）剩余金分配的方法

加州保险法中未对盈余分配的方法进行明确规定，实务操作中，相互人寿公司和相互产险公司在分红的方式上存在较大的差异。

1. 相互人寿公司

相互人寿公司的分红较为频繁，且美国相互人寿保险公司在年度信息披露文件中都会有一个文件（Participating Opinion for Exhibit 5）对当年的分红方法进行单独介绍。

2. 相互产险公司

相互产险公司的分红较为少见，案例较少，一般通过以下两种方式进行：

（1）直接以现金或者支票的形式

采用该方式发放红利主要是基于以下两个考虑：一是尽量避免在投保和续保以外的时间给投保人添加麻烦；二是投保人到了续保的时候收到红利，对提升续保率有一定帮助。

（2）以降低未来续保保费的方式

产险公司基本上每半年会对产品费率进行调整，在测算产品费率的调整幅度时，通常会将产品的盈利和分红因素考虑进去，这样可以增加费率可下调的幅度，从而提升产品的竞争力。

（三）参与剩余金分配的成员范围

对于参与盈余分配的成员范围的规定，主要取决于各家保险公司的产品是否具有分红的特性，美国的各家相互保险公司对于可以参与分红的产品的观点不尽相同，在购买相互保险公司产品时若产品具有分红的性质，则该保单持有人则可以参与盈余的分配。实践中，通常会通过保单载明该产品是否可以参与分红（如 USAA）。公司章程一般不会对投保人的分红权进行规定，因为公司总是会有新产品出现，但章程不会不断调整。

（四）分配金额的确定

相互保险公司的收入包括承保收入、投资收益入和其他收入（类似于营业外收入），费用主要是经营费用，包括保单获取成本、广告费用、职工薪酬、承保费用、审计费用、经营租赁产生的租金、相关税费等，前述收入减去费用就可以计算出公司当期的收入净额。在一个会计期间，相互保险公司的当年溢余为：

以前年度溢余 + 本年收入净额 + 其他溢余变动 + 本年资本投入

由此计算出的相互保险公司溢余超过法定溢余要求的部分均可以由董事会自主决策用于对保单持有人的分配。在加州，各项保险分支业务（或者各个保险产品类别）不单独核算，保单持有人作为公司成员参加公司总利润的分配。

相互产险公司分红的案例较少，美国前五大相互产险只有 USAA 年年分红，这和产险公司需要将经营的利润积累起来提升公司应付巨灾风险的能力有关。全美最大的相互产险公司 State Farm 上一次分红是在 2007 年，在红利宣告日宣布发放红利，红利从当年 4 月初一直到年底，以支票的方式在保单持有人续保的时候发放给保单持有人，若保单持有人所分配到的红利少于 15 美元，则该红利将直接作为未来续保保费的抵减。

二、保单分红的会计处理与税务处理

（一）会计处理

在加州，分红保单下对投保人的分红可以作为费用扣除，但其会计处理与税务处理是独立的。从会计上看，保单分红是作为利润分配过程的一部分，其操作程序包括两步：（1）从本年盈余中提取保单红利支出；（2）从提取的保单红利支出中宣派本年对保单持有人的实际分红额并支付，未分配的剩余部分保单红利理论上属于成员，应列入权益部分或净资产部分，但是，由于提取的保单红利是利润分配的结果，算是已经分配出去了（尽管并未宣派给保单持有人），构成公司对保单持有人的一种负债，因此，它被列入资产负债表上的“负债”部分。

（二）税法上的规定

从美国税法以及财务制度中税收对SAP的调整的规定来看，保单分红费用指的是本年度所提取的保单分红准备金全部税前扣除。所以在税法上，可以税前扣除的是公司提取的全部保单红利。“保单分红作为费用扣除”对相互人寿保险和相互财险公司的分红都适用，它指的是税法意义上，保单分红可以作为费用予以扣除。

第五节　相互保险组织的信息披露

一、信息披露的内容及责任

《保险法》规定，相互保险组织需要在每年3月1日之前按要求制作并向保险监督官提交上一年度报告，年报披露的财务信息须经审计。另外，每一年度，在规定日期当天或之前，[①] 在加州营业的每家保险公司需要制作并向保险监督官提交符合形式要求的季度报告，该报告需呈现从当年年初开始到每个季度末保险公司的资产状况和经营成果。

若保险公司故意提交虚假的财务报告，保险监督官可以拒绝授予或更新、或者暂停、甚至撤销对该保险公司的授权许可。任何保险公司的高管、董事、职员或者代理人为欺骗监管者或管理者而故意提交虚假或错误的财务报告的行为是一种犯罪行为，会被追究法律责任。

① 第一季度报告须在每年5月15日或之前向保险监督官提供；第二季度报告须在每年8月15日或之前向保险监督官提供；第三季度报告须在每年11月15日或之前向保险监督官提供。如果前述日期为非工作日，那么提交报告的时间可以顺延至规定日期之后的第一个工作日。

二、信息披露的形式要求

保险监督官将要求每家需要提交年度和季度报告的保险公司使用全国保险监督官协会制定的财务报告表格和填报指引。只要全国保险监督官协会采用的《会计实务和程序手册》规定的内容不与《保险法》发生冲突，则保险公司所提交财务报告的填列须依据《会计实务和程序手册》作出。为了使保险公司更好地呈现其财务状况，保险监督官可以随时自主修订财务报告的形式、列报的数据要求以及提交报告的方式。保险监督官需要向保险公司通知其决定适用的全国保险监督官协会针对财务报告表格的最新修订。

三、特殊主体的信息披露要求

（一）经营财产和伤亡保险的保险公司

除非获得注册地保险监督官的豁免，经营财产和伤亡保险的保险公司须每年提交委任精算师（Appointed Actuary）签署的精算意见书（Statement of Actuarial Opinion），该精算意见书须按全国保险监督官协会制定的财产与伤亡保险（公司）年度报告指引作出。此外，还需要提交公司委任的精算师撰写的精算意见总结（Actuarial Opinion Summary），该精算意见总结须按全国保险监督官协会制定的《财产与伤亡保险（公司）年度报告指引》作出，并且被视为前述精算意见书的辅助文件。

每份精算意见书需要精算报告，及其他按全国保险监督官协会制定的《财产与伤亡保险（公司）年度报告指引》作出的相关文件的支撑。如果保险公司未能按保险监督官的要求提交该支持性的精算报告或相关文件，保险监督官可以任命一名合格精算师来审阅保险公司提交的精算意见书及其作出的依据，并出具支持精算意见书的精算报告或相关文件，由此发生的费用由保险公司承担。

（二）被采取监管措施的保险公司

根据保险监督官的要求，任何被实施监管措施的保险公司需要向保险监督官提交补充的会计、财务及精算信息。保险监督官可以要求前述保险公司选任和保留符合其要求的一名注册会计师和一家注册会计师事务所、一名精算师或一家精算师事务所。如果保险公司未保留前述会计师和精算师，但出现已提交或需要的信息不符合保险监督官要求的情形，而且保险公司未在保险监督官规定的合理时间范围内选任前述人员和机构，保险监督官可以选任或保留一名独立的注册会计师、一家合格的注册会计师事务所、一名独立的精算师或一家精算师事务所。当信息是由该独立的注册会计师或精算师，或其他独立的专业财务公司或人员作出时，该公司或人员须核查并提交自己关于补充信息的意见。

四、信息披露文件的置备及保存

保险公司须按要求将独立的注册会计师或精算师、其他独立的专业财务人员提供的补充信息文件、支持性文件和其他相关文件，以及保险公司依法向保险监督官提交的文件置备于公司、保险监督官办公室或其他任何由保险监督官指定的合理地方以便于保险监督官进行检查。

由注册会计师或精算师出具的补充信息文件、支持性文件和其他相关文件应当自报告日起保留 5 年以上时间。根据保险监督官向保险公司作出的合理请求，注册会计师或精算师可以向保险公司提供前述文件和信息，除非该文件和信息适用于“不得自证其罪”或者有其他法定特权。

第六节　相互保险组织的合并分立、转制与解散清算

一、合并分立和转制的一般规则

根据《保险法》的规定，相互保险公司的合并、分立和转制既可以是经保险监督官批准下的自愿推进，也可以是保险监督官主导下的被动进行。法律对合并对象没有限制，可以是相互保险公司、股份保险公司也可以是其他非保险公司。对于公司债权债务的承担，与普通公司间的合并没

有区别，即由合并后的公司全部承担原相互保险组织的债权债务。[1]

相互保险公司的合并、分立和转制需有董事会多数票决议批准，[2] 在董事会上应当书面说明前述交易的理由和目的，以及期望该交易有助于和服务于相互保险公司及其成员最佳利益的方式，该交易的计划和协议应当提交保险监督官批准。另外，前述交易的计划和协议需有10%以上的成员亲自或通过代理人出席专门为该类事项而举行的成员大会，有三分之二以上的赞成票，还有关于会议通知的送达要求等，这些与普通成员大会的议事规则不同。[3]

除了适用前述规则，《保险法》第1540条规定了适用于交互保险社合并的特殊规则。在履行法定通知程序下，经交互保险社三分之二以上认购

---

① 《保险法》第4094节：任何依据本条的兼并、合并或其他联合计划应当规定，当事人的所有权利和财产应当成为存续的、合并后的或持续的公司的权利和财产，而后者应当承继并承担被兼并者、合并前或转化前公司的所有义务和债务，如同这些义务和债务是由存续的、合并后的或持续的公司自身招致或担负的一样。

② 《保险法》第4091节：该类交易的计划和协议的生效应当经过每一个相互保险公司董事会多数票决议批准，同时应当书面说明该提议交易的理由和目的，以及期望该交易有助于和服务于相互保险公司及其成员最佳利益的方式。该计划和协议应当提交保险监督官，后者应当检查上述内容并要求将这些规定加入协议当中，而这些与交易有关的事项包括但不限于：

（1）交易的期限和条件；

（2）任何费用、佣金或者其他有价报酬，但不包括与该交易有关的支付相互保险公司董事、行政人员、代理人或雇员的正式工资和补偿；

（3）基于申请人的利益，对于计划期限的公允意见，和对每一个保险公司，及各自成员的所有者权益的公允价值的评价，由相互保险公司征得保险监督官的同意后任命的一个或多个独立人士进行，但保险监督官发现该意见或评价对保护相互保险公司现行成员的利益不是必需的情形除外；

（4）作为一方当事人的每一个相互保险公司的成员，就该交易进行投票的通知的内容；

（5）每一个保险公司的成员投票的方式和形式；

（6）为了对于交易当事人及他们各自的保单持有人、所有者、债权人以及公众来说，该交易是的公正、正义、公平的，保险监督官认为的其他必需的修改。

③ 《保险法》第4092节：当任何该类计划和协议获得保险监督官的同意，并根据其要求作出了修改的时候，上述事项应当获得，作为交易当事方的每一个相互保险公司的成员，亲自或通过代理人在专门为该事项而举行的大会上三分之二以上的赞成票。该会议及其目的的通知，应当至少在召开前30天送达成员在保险公司主要办事机构保存的登记簿上登记的地址。对于那些地址没有登记在该保险公司的该类登记簿上的成员，如果通知至少在报纸上公布一次，而该报纸是在该保险公司主要办事机构所在的县全面流通的，则视为已送达。在该类会议上，该保险公司10%的成员亲自或通过代理人出席构成法定人数。亲自或通过代理人出席的成员不足法定人数，会议则可延期举行。会议延期举行的日期无需进一步通知。

人以肯定的方式作出同意合并决议，而且前述通知时间、决议的方式、形式及内容获得了保险监督官的同意，州内的任何两家或以上的交互保险社可以进行合并。但是当合并会给认购人带来不公，或者任何合并一方在向保险监督官提交合并申请前的一年以内存在章程细则、规章制度、代理人权限或其他影响认购人权利的工具的变更情形时，保险监督官不得批准任何合并计划。

此外，比较特别的是一家相互保险组织被一家股份保险公司合并的情形。在这种情形下，原相互保险组织成员，可以选择将其所有者权益转化或换为股份保险公司的股份，也可以选择转为保费保证金；相互保险组织的出资人，可以选择将其持有的票据或债务工具兑换为现金或合并计划中规定的证券。①

二、特定交互保险社的转制示范

《保险法》对于1974年以后在加州设立的提供医疗事故保险的交互保险社的转制单独做了详细规定。

为了便于理解转制规则，有必要进行如下概念界定：（1）转制后的股份保险公司（Converted Insurer）是指根据法律规定，由州内交互保险社转制而来的股份保险公司。（2）转制的交互保险社（Converting Insurer）是指根据转制计划而进行转制的州内交互保险社。（3）管理主体（Governing

① 《保险法》第4095节：如果一家相互保险公司依据本条的规定被兼并、合并或者成为新组织的一部分，而存续的、合并后的或持续的公司是一家股份保险公司，那么该计划应当规定转化或将相互保险公司现有成员的所有者权益换为股份、认购权（Subscription Right）、认股权证（Warrant）、选择权、现金、红利、保费存款、出资证明或其他权益的方式。然而，尽管在该计划和协议有规定的情况下，相互保险公司保单持有人的上述所有者权益可以单独转为保费存款，但仅以保单持有人的选择为限。任何持有表明对相互保险公司有出资的认购票据（Subscription Note）或其他债务工具的人，应当有权根据要求将该票据或债务工具兑换为现金或该计划规定的证券。该计划可以规定卖给该相互保险公司董事、行政人员、雇员及前成员的附属证券，这要符合第1篇第2部分第1章第8条（从第820节开始）的规定。倘若以不低于分配给现有保单持有人的证券的转换或交换价值的价格发行可比证券，本节的任何规定都不应当排除依据保险监督官的批准发行该类证券。尽管法律有其他规定，但是转换或交换构成了对相互保险公司成员财产权益的全额偿还及清偿，并且除前成员在存续保险公司中享有的所有者权益或分担的后续债务外，成员对该事项没有其他权利。

Body）是指根据认购人的授权而管理州内交互保险社者。（4）相互控股公司（Reciprocal Holding Company）是指根据加州普通公司法而成立的公司，其目的是拥有股份控股公司（Stock Holding Company）51%以上有表决权股份，而该股份控股公司拥有转制后的股份保险公司全部的有表决权股份。这就意味着，相互控股公司总是对股份控股公司的全部所有者权益享有51%以上的份额。（5）股份控股公司（Stock Holding Company）可以被授权发行一种或一种以上股票来筹集资本，其设立目的是拥有一家由州内交互保险社转制而来的股份保险公司全部的有表决权股份。（6）对溢余的权利（Rights in Surplus）是指认购人享有的对代理人尚未分配或宣告分配作为保单持有人红利的交互保险社溢余的返还权。

（一）转制计划的内容

交互保险社为成立相互控股公司的转制计划的内容应包括三个方面：该交互保险社拟转制为一家股份制保险公司，其认购人将成为相互控股公司的认购者；相互控股公司将拥有股份控股公司51%以上有表决权股份，而该股份控股公司将拥有转制后的股份保险公司全部的有表决权股份；修改交互保险社章程及规章制度以使得转制计划生效的适当程序。

（二）转制计划的内部批准

转制计划应当经过董事会三分之二以上赞成票决议批准，在董事会上应当书面说明转制的理由和目的，以及转制有助于和服务于投保人最佳利益的方式。在董事会批准转制计划后，由交互保险社的管理者（Governing Board）、董事长（the Chairperson of the Board）或总经理（the President）召集为批准转制计划而召开的认购人会议。召开认购人会议的通知应当至少在召开前45天邮寄给合格认购人，通知须附有对拟转制事项的信息披露，其具体内容应包括：

（1）转制计划及其总结。

（2）针对转制原因和目的的论述，其中应包括转制前后的比较分析。

（3）转制对于交互保险社及其成员的利弊风险分析。

（4）关于如下内容的解释说明：转制如何使保单持有人受益；转制对于保单持有人的潜在风险；保单持有人在交互保险社中的现有权利与转制

后在相互控股公司中拥有权利的差异。

（5）针对股票发行的说明，包括：与转制计划相关的任何为了董事、高管、代理人、员工利益和基于员工福利计划而发行的股票或股票期权；股票发行的准则和指标，包括授予保单持有人认购权的详细论述。

（6）转制后的股份制保险公司的章程及章程细则。

（7）相互控股公司，以及因转制而设立的其他主体的章程及章程细则。

（8）财务信息。

（9）保险监督官认为应当向保单持有人完全、充分披露的其他信息。

在专门为该转制事项而举行的大会上，交互保险社10%以上有投票权的认购人亲自或通过代理人出席构成认购人会议的法定人数，并且需要认购人以三分之二以上的赞成票批准通过转制计划，会议以无记名投票方式作出决议。

（三）保险监督官对转制计划的审查批准

转制计划应由经授权的交互保险社负责人提交至保险监督官以获得其书面同意，同时附上以下文件的正本或者副本：

（1）转制计划；

（2）转制后存续公司的章程；

（3）转制后存续公司的章程细则；

（4）符合保险监督官形式要求的转制后存续公司的董事及高级管理人员名单和简历；

（5）交互保险社秘书签署的经代理人同意的转制决议，以及董事表决通过该决议的比例；

（6）符合保险监督官形式要求的财务报表；

（7）转制后股份保险公司的经营计划；

（8）转制计划总结和起草的拟邮寄给认购人以获取其同意转制计划的书面文件；

（9）任何公开发行股票的计划简述，包括：最大发行比例、发行程序、拟发行价格和在公开发行股票情形下投保人的待遇；

（10）向相互控股公司转移资产、负债及附属机构的计划简述；

（11）联邦政府层面对转制计划的相关规制，以及根据该规制需提交的相关文件；

（12）基于转制计划而召开特殊成员大会的通知副本；

（13）保险监督官要求的其他相关文件。

保险监督官应当检查提交的转制计划，并在向交互保险社及其认购人和公众进行书面通知后举行针对该转制的听证会以履行检查职责，前述被通知者均有权参加听证会。该听证会必须在投保人表决前召开。基于保护投保人利益的必要，保险监督官可能会要求交互保险社修改转制计划以获得其同意。在符合以下情形下，保险监督官应当同意转制计划：

（1）对交互保险社及其保单持有人而言，转制计划是的公正、正义和公平的；

（2）转制计划未违反法律规定；

（3）转制后的股份制保险公司满足颁发现有保险营业执照所须符合的条件；

（4）转制计划未要求认购人支付额外的费用以维持对溢余的权利，而且不存在禁止拟转制的交互保险社通过建立相互控股公司的方式，向其认购人提供除对相互控股公司溢余的权利以外的认购权；

（5）任何向高管、董事、员工及基于员工福利计划的股票发行是公正、正义、公平的，且不会损害保单持有人、股东及债权人的利益；

（6）转制计划提供了多种方式以使相互控股公司为其成员利益而拥有累积收入、现金及/或其他非经营性资产。

保险监督官会认为必要时，可以任命一至多名精算师、财务咨询师及法律顾问向其提供建议，以便于其作出转制计划是否合规的决定。任命前述人员产生的合理支出，向交互保险社及其成员进行通知而产生的邮寄和公告费用均由拟转制的交互保险社承担。

在转制中，未经保险监督官的同意，交互保险社的董事、高管、代理人和员工除了获得正常工资和补偿外，不得获取任何费用、佣金或者其他有价报酬（包括任何形式的援助、晋升或帮助）。

（四）转制计划的法律效力

转制计划生效之时，交互保险社就立即转变为一家股份制保险公司，认购人对该交互保险社的溢余权益至此消失。认购人会立即成为相互控股公司的成员，并享有相互控股公司的溢余权益，其与认购人所持有的转制前交互保险社溢余权益具有同等价值。对于交互保险社的认购人而言，除了其行使优先购买权而使自己享有相互控股公司的成员利益之外，转制不得试图或者将会使得保单持有人（交互保险社的认购人）对转制后的股份制保险公司的合同权利消除、剥夺或者削弱。

转制后的股份制保险公司是原交互保险社的存续主体，除了经批准的转制计划所规定的情形外，转制不得改变原交互保险社的既存诉讼、权利、合同和负债。转制后的股份制保险公司可以行使原交互保险社享有的权利并承担由其承保的保险合同项下的所有义务。

自转制计划生效起，相互控股公司须拥有至少51%股份控股公司已发行和将发行的有表决权股票，而该股份控股公司须持续拥有转制后的股份制保险公司全部已发行和将发行的有表决权股票。在一直保持相互控股公司享有不低于51%持股比例的前提下，股份控股公司既可以向相互控股公司额外发行有表决权的股票，也可以向其他人发行股票或者可转换证券。

如果一家州内交互保险社依据法律规定而转化为股份制保险公司，只要新成立的股份制保险公司的名称中含有表明其是股份公司的字样且不会误导或欺骗公众，其就可以在公司名称中继续使用“相互”字样。

三、破产和清算

（一）破产和清算的标准

《保险法》对保险公司破产界限的规定，根据其经营的业务不同而有所不同。具体来说，除人寿、产权、抵押及抵押保证保险外，经营其他保险业务的保险公司的破产界限是其资本低于《保险法》所要求的最低额，或者不能偿还到期债务；人寿保险公司的破产界限是其资产低于等于《保险法》规定的最低实收资本额与需要计提的准备金额的总和；产权、抵押及抵押保证保险公司的破产界限是其资本低于25万美元或低于已发行的股本票面价值的75%。

另外，在接管命令发布后的任何时候，或者一开始，保险监督官如果认为继续作为财产管理人经营该保险公司的业务没有实际意义的话，即该保险公司继续存续没有价值或者说财务复兴的成本大于收益时，保险监督官就可以向法院申请清算该保险公司。

（二）破产与清算的程序

根据《保险法》的规定，相互保险公司和交互保险社，与股份制保险公司适用同样的破产与清算程序。需要注意的是，在清算中，无论是源于一个或多个合同，相互保险组织与他人的债权债务可以相互抵销，并以净额结算偿还，但如下情形不能抵销债务：（1）保险人对特定主体的负债，在进入清算程序之时，不会授予该主体作为原告分享保险人财产的权利；（2）为了行使抵销权而购买或受让保险人对债权人的负债；（3）认购人的履行追征义务不得与保险人对其所负的基于认购股本而享有的剩余索取权抵销；（4）在一笔交易中，一方或相互保险人承担了风险和责任之后又将其全部转移给了另一方。尽管如前所述，但在获得保险监督官明确的书面同意情形下，基于合同订立、续签或展期而产生的一方与相互保险人的互负债务可以抵销。

按照《保险法》的规定，保险公司破产后，分配顺序按优先权从大到小依次为：管理费用；保险保证协会的请求权，未满期保费返还，基于保单、长期债券融资协议的请求权（以破产公司没有进行请求权投保为限）；美国法下的优先请求权；尚未支付的检查费用；税收；州法下的请求权；其他债权人的请求权；出资返还及追征保费保单的保险费退款；股东或其他所有人的剩余索取权。

可见，保险索赔较为靠前，排在最后所有者的剩余索取和出资者的出资返还，追征保费保单上的保险费相当于出资，相互保险公司的出资人实际上就是前文提到的具有准债权人地位的特别借款人和持有追征保费保单的成员。

第七节　保险保障基金缴纳

美国各州监管机构在相互制保险公司和股份制保险公司缴纳保险保障基金的规定上没有特殊的要求。美国保险保障基金的筹集方式主要是通过各州保障协会管辖下的会员公司缴费来实现的。美国只有纽约州采取事前征集的方法，即在发生偿付能力不足情况之前就向会员公司征收费用，而其他的州保险保障基金都是采取事后征集的办法，即在发生保险公司无偿付能力的情况时，州保险保障基金的功能才会启动。

征收的费用分为两类：一是一般行政管理费用，其金额有基金董事会决定；另外是补偿费用，用于提供当保险公司失去偿付能力时为履行保险责任等所需的费用，根据会员公司在过去一年或三年，销售相应保单所获得的（平均）保费收入占指定基金账户对应的市场总保费收入的比例，确定各会员公司所应缴纳的费用。同时也设定了各会员公司的缴费上限。各州规定公司每年向财产与意外保险保障基金账户的缴费不超过其年（或三年平均）保费收入的1%或2%。纽约州对寿险公司采取事后征收的方式，对财险公司采取事前征收的方式，除了相同的缴费依据和最高上限的比例之外，还对保险保障公司的日常管理费用以及基金账户的规模做了限定。纽约州保险法第76章规定，会员保险公司于每年2、5、8、11月提出当季保费收入报告给保障协会，一并提取当季总保费收入的千分之五到保障基金账户，同时为避免长期积累并闲置巨额资金，分别设立了基金总额的上下限。

一、寿险保证基金

（一）责任范围

按照人寿和健康保险保证协会示范法规，责任范围列于其成员保险公司签发的直接承保的个人寿险保单、健康险保单、年金保单及其附属保单，或列于团体保单的保险凭证及不分配年金合同上。年金合同包括有担保的投资合同和存款管理合同。不分配年金合同是指不能向个人签发并归其所有的个人保单或团体保单的保险凭证，虽然个人可以领取合同或凭证规定的年金收益。

（二）责任范围的限制

尽管保证基金的保障范围扩展到某些险种的保险单和保险合同及被保险人，责任范围还是收到除外责任和保险金额的限制。

依据全国保险监督官协会的《保证基金示范法规》规定，不属于保障责任范围的有：保单未承保的部分或由被保险人自担的部分；再保险（除非开具了承让证明）；保险单或保险合同中的利率超过规定利率部分；自筹资金或非保险方式的员工福利计划保障的部分；保单分红或经验费率退费；保单签发时未取得执照的保险公司签发的保单；为受联邦养老金保障公司（该公司独立提供保障）保护的员工福利计划提供的不分配年金合同。

（三）保险金额

示范法规规定保险金额不得高于下列较低的一个：保单或保险合同的给付责任（假定保险公司没有被损害或失去清偿能力）；30 万美元的寿险死亡给付。但若出现投保人选择终止保险合同的情形，则死亡给付金额上限为 10 万美元。因此，一般情况下，对每个投保人的所有给付利益不超过 30 万美元。此外，对于单个投保人无论投保多少份保险，其分配年金利益不得超过 500 万美元。

（四）保证基金的分摊

保证基金通过向其成员保险公司募集资金履行对保单持有人的利益给付，其成员保险公司支付金额的多少有赖于他们为筹集保险基金对某种或某几种保险（死亡保险、疾病保险、年金保险）的承保责任。每年的分摊额不得超过成员保险公司上年保费收入的规定比率。根据示范法规有关二级账户分摊的特别规定，每个账户的分摊限额比率为 2%。

目前示范法规有两个账户，寿险和年金账户及健康保险账户。寿险和年金账户设有三个二级账户：寿险、年金和未分配年金。

（五）税收冲销

示范法规中包含一项选择性条款，允许成员保险公司在缴纳分摊额当年之后的五年内，把分摊的保证基金额与其保费、特许权或收入所得税对冲。尽管示范法规视税收冲销为一项可选择性权利，但在全国保险监督官协会对示范法规的解释中阐明：对于承保人寿和健康保险的公司，唯一适合及可行的补偿方法在于其保费和应承担的其他税收冲销。税收冲销条款有效地把分摊保证基金额中的一大部分，分散由执行保证基金所在州的所有纳税人承担，而不仅限于单个分摊保险公司的保单持有人承担。

（六）禁止性广告

示范法规禁止任何个人、保险公司或保险代理人以销售保单为目的为保证基金的存在做广告，然而它又规定必须把有关保证基金承保范围和责任的一般内容告知新的保单所有人。

（七）动用保证基金的原因

在示范法规下，如果成员保险公司丧失偿付能力（被勒令清算）或符合某些必须条件则需动用保证基金。同样，若保险公司遭受损害（被保险监督官认为不具备履行合同义务的潜能或被勒令接管或接受保护）以及不能及时履行给付也要动用保证基金。若州内成员保险公司遭受损失，符合特别规定情况者可以动用保险基金。

二、财产/责任保证基金

（一）责任范围

评估后的财产与意外保险保证协会示范法规适用于各种直接保险，除了：（1）人寿、年金、健康和丧失工作能力保险；（2）抵押保证和债权保证保险；（3）忠诚保证和确实保证保险；（4）信用保险；（5）保证或服务合同保险，包括：为提供某些利益的契约或服务合同签署造成的责任提供补偿的保险；（6）契约保险；（7）海上保险；（8）任何个人（包括个人的附属机构）与保险公司（包括其附属机构）之间进行的交易或一系列交易，其中只有投资和信用风险转移而不伴随保险风险转移；（9）任何由政府提供或担保的保险。

保证基金有义务支付承保范围内的索赔，这些索赔满足：清算命令前就已存在的索赔；清算命令后 30 天内，如果 30 天后保单已到期则在保单到期日前提出索赔；在清算命令后 30 天内被保险人提出置换或撤销保单，但在这之前就已提出的索赔；承保范围内的索赔是指由索赔人提出的、包括为索取未到期保费而提出的尚未赔偿的索赔，它必须符合保险公司订立的并适用于示范法规的保单中规定的承保范围及限制条件。

（二）除外责任

承保范围内的索赔不包括：支付罚款或罚金而造成的损失；在追溯法费率厘定方案下应退还的保险费金额；作为权益转让返还、再保险摊回、捐赠、赔偿或其他应支付给再保险公司、保险公司、保险集团或承保协会的金额；在保险公司丧失偿付能力的当年的前一年 12 月 31 日由被保险人提出的净值超过 2 500 万美元的任何第一方索赔；由丧失偿付能力的保险公司的附属机构提出的第一方索赔。

（三）保险金额

示范法规下提供的保险金额如下：工人补偿保险负责的索赔的全部金额；为获取未到期保费而提出承保范围内的索赔，每份保单金额不得超过 1 万美元；其他承保范围内的索赔，每个索赔人的索赔金额不得超过 30 万美元。

（四）保证基金的分摊额

保证基金用来分摊保险公司在丧失偿付能力后需要支付的合同义务、处理保险责任范围内的索赔费用及示范法规规定的其他费用。每个成员保险公司的分摊额不得超过分摊日历当年其直接净保费的 2%。

（五）税收冲销

示范法规的保险单，其费率和保险费应足够支付成员保险公司需缴纳的保证基金与保证基金给予的返还之间的差额，不能因为成员保险公司需要支付这部分合理的分摊额而厘定过高的费率。

（六）动用保证基金的原因

保证基金负责丧失偿付能力的保险公司的索赔。

第八节　偿付能力监管

一、整体介绍

美国的偿付能力监管采用的是 RBC（Risk-Based Capital）系统，该系统包括以下两个主要组件。

（一）RBC 公式

RBC 公式通过一个对所有保险公司普遍使用的公式计算出公司所需资本的最低水平（授权控制标准 ACL），该最低水平意在反映保险公司为了支撑所面对的风险所需要持有的资本。用公司调整后的资本总额（Total Adjusted Capital）除该最低水平得到 RBC 比例，该 RBC 比例应用于界定公司行动水平和监管行动水平的一系列数据范围。相互制保险公司使用的也是同一套 RBC 公式和监管要求。

（二）针对保险人的 RBC 模型法案（NAIC RBC Model Act for Insurers）

该方案一旦被各州作为法律接受，就赋予了州监管局在一个公司的 RBC 比率低于一定的标准时采取具体行动的权力。RBC 系统适用于财险、寿险和健康险公司，对于特定的实体不适用，包括产权保险公司、专业财务保证保险公司、专业抵押保证保险公司。保险公司要在 3 月 1 日前以上一年末评估时点的信息为基础向 NAIC 提交 RBC 报告，RBC 报告的内容包括 RBC 公式计算和管理层对 RBC 结果的讨论和分析。

二、RBC 公式

（一）RBC 的计算

寿险公司和财险公司的 RBC 公式有一定的区别。

1. 寿险公司

寿险公司的 RBC 公式包括五个风险分类：

C_0，关联企业风险，即对关联企业的投资无法收回的风险；

C_1，资产风险，不良资产的风险，含投资风险；

C_2，保险风险，即各类承保业务关于死亡率、发病率、续保率、费用率等所有的假设与实际经历不一致造成的风险；

C_3，利率风险，即由于利率变动引致资产和负债不匹配的风险；

C_4，业务风险，即一般的经营管理不当的风险。

RBC 总额的计算公式为：$RBC = \sqrt{(C_1 + C_3)^2 + C_2^2} + C_0 + C_4$

2. 财险公司

财险公司的 RBC 公式包括六个风险分类：

R_0，关联企业风险，即对关联企业的投资无法收回的风险；

R_1，资产风险—固定收益类；

R_2，资产风险—权益类；

R_3，资产风险—信用风险；

R_4，保险风险—准备金风险；

R_5，保险风险—保费风险。

RBC 总额的计算公式为：$RBC = R_0 + \sqrt{(R_1^2 + R_2^2 + R_3^2 + R_4^2 + R_5^2}$

（二）调整资本总额

资本总额须经过针对赔款准备金贴现的调整。

（三）RBC 比例

RBC 比例的定义为调整后的资本总额与 ACL 的比率。其中 ACL 是指保险监管单位根据 RBC 模型法案授权接管保险公司的资本水平，ACL 等于 RBC 的一半。

RBC 比例 = 调整后的资本总额/ACL = 调整后的资本总额/（RBC/2）

三、RBC 模型法案

根据 RBC 比例的计算结果，将公司分出五个等级，分别采取如下监管行动：

（1）当 RBC 比例达到 200% 以上时，被认为具有足够的偿付能力，符合无需关注标准，不需要任何监管行动；

（2）当 RBC 比例位于 150% ~200% 之间时，为公司行动标准，保险公司应向监管部门提交一份 RBC 计划，说明公司偿付能力状况不佳的原因，并陈述改进计划；

（3）当 RBC 比例位于 100% ~150% 之间时，为监管行动标准，监管部门可以发布行政命令，要求公司采取必要的改进措施；

（4）当 RBC 比例位于 70% ~100% 之间时，为授权控制标准，监管部门可以采取重整或清算保险公司的行动，发布行政命令，要求公司采取必要的改进措施；

（5）当 RBC 比例低于 70% 时，为强制控制标准，监管部门应接管保险公司。

第十二章
德　　国

概　　要

在德国，申请从事保险业务的机构必须具备特定的法律形式，即须在股份有限公司、公法组织或相互保险中择其一，其中，相互保险的地位相当重要。德国既是欧洲大陆的主要经济体，也是社会本位思想较为浓厚的国家。德国的相互保险与合作社、基金会以及协会组织一起，共同作为社会经济或者说第三部门的组成部分。根据国际合作和互助保险联合会的数据，2013 年相互保险企业占德国保险市场总份额的 43.3%，接近半壁江山。

相比于公法保险组织，相互保险出现时间更晚，但也可谓是保险行业中一种历史悠久且具有代表性的企业组织形式。相互保险发轫于欧洲早期的互惠组织，德国则在欧洲最早萌发相互保险制度的国家之列。1677 年，德国地区出现商人和手工业者为保护共同利益组成的同业者组合（Wandsbeker Kranken-und Totenlabde），对成员的死亡、火灾及疾病等危险进行担保，客观上发挥着人寿和火灾两重保险的作用。18 世纪，精算学在欧洲诞生后，德国出现最早的现代意义上的相互保险形态（例如，1778 年汉堡地区的 Hamburgische Allgemeine Versorgungs-Arstalt）。其中，最著名的当属 19 世纪 20 年代诞生的相互型保险组织——科达生命。

相比于股份制保险公司，相互保险在组织形式、出资结构、公司治理和盈余分配等方面颇具特色。

从组织形式来看，德国不仅存在大型相互保险企业，更有为数众多的小型互助协会。小型互助协会的活动范围集中于有限区域（例如一个镇、一个行政区），所从事的业务也比较特殊（例如动物保险、丧葬保险等）。由于人数较少易于管理，小型互助协会以全体成员大会为最高权力机构，人合性更强。德国在申请、登记、偿付能力监管及税收等方面都给予了小型互助协会政策上或法律上的支持，以便扶持其发展。

从出资结构来看，相互保险设立之初，公司成员或非公司成员可以通过借贷或捐赠的方式向公司提供初始运营资金，用以负担设立费用、保证金和营业基金，但初始运营资金在企业成立几年后必须偿还。相互保险企业缺乏股本融资的手段，因此其在后续发展过程中，需要通过发行参与性凭证或者次级债的方式来筹集公司的资本。

从公司治理来看，相互保险（除德国监督部门所认定的小型互助协会外）组织机构均适用《德国股份公司法》相应规定。德国公司治理结构为双层模式，公司监事会和董事会呈垂直的双层状态。公司股东会选举产生监事会（实行员工参与制度，部分监事由员工选举），监事会则选举产生董事会。因此，大型相互保险企业与股份制保险企业在机构设置上是相同的，只是由成员大会或成员代表大会替代了股东大会。此外，由于相互保险特殊的所有权结构，其成员代表大会决策时通常实行一人一票的投票规则。但因相互保险缺乏“出资”与“资本所有权”概念，成员大会并不代表由所有人明确定义的资本维持、增值和盈利等利益，而是代表着一种缺乏明确定义的“成员利益”。当公司业务范围极广泛、投保人多元化时，成员利益更难统一。因此，在大型相互保险企业，成员大会运作的专业性很弱。此项不足亦影响到了监事会，其结果是，上述两个机构未行使的决策权都交给了董事会。

从盈余分配来看，相互保险的全部经营收益都用于投保人身上，除保留偿付能力监管所要求的部分外，其余收益均将分配给投保人。分配以分红、增加保额、计入盈余公积或者保费返还等方式体现。

目前，德国保险业的法律框架以《保险企业监督法》为中心，同时适用《德国股份公司法》、《德国商法典》、《德国民法典》等相关法律法规。

本章将结合德国保险行业的法律规定以及代表性相互保险样本——Debeka集团的具体情况进行介绍。

第一节 相互保险组织的形态与法律地位

相互保险发轫于欧洲早期的互惠组织，德国便是欧洲较早萌发相互保险制度萌芽的国家之一。目前，在德国从事保险业务的机构必须具备特定的法律形式，相互保险便是其中之一。从组织形态上来看，相互保险可以划分为大型相互保险企业与小型互助协会。

一、大型相互保险企业

相互保险基于互助理念而设立。设立之初，相互保险可以从公司成员或非公司成员处获取初始运营资金。初始运营资金可以借贷或捐赠方式提供，主要用于负担设立费用、保证金和营业基金，但该资金在企业成立几年后必须偿还。在后续存续过程中，相互保险只能通过发行参与性凭证或者次级债的方式来筹集资本。

大型相互保险公司组织机构适用《德国股份公司法》相应规定，因而在监事会、董事会等机构的设立和成员选任上与股份制保险公司有相通之处。但由于相互保险机制先天缺乏“出资”与“资本所有权”概念，其最高机构成员大会所代表的“成员利益”难以明确定义，从而导致成员大会运作专业性较弱。

二、小型互助协会

（一）定义

根据《保险企业监督法》的规定，经营限定于一定范围、一定区域及一定人群的互助社被称为小型互助协会。除了经营范围、区域和人群的特殊外，该法特别规定是否能够取得小型互助协会的资格需由德国联邦金融监管局（以下简称“BaFin”）决定。

（二）业务范围

在实践中，小型互助协会通常包括以下几种类型[①]：（1）只经营一类保险业务的小型互助协会，如动物保险联合会、船舶保险联合会、养老金联合会、丧葬金联合会等；（2）仅在一个有限的区域中（如一个镇、一个行政区），提供保险服务的小型互助协会；（3）仅为某些确定的人（如某个企业的员工、某个职业的成员等）所遭受的风险提供保险服务的小型互助协会。此外，《保险企业监督法》特别规定小型互助协会不能从事非会员的业务或者再保险的业务。

（三）初始运营资金与损失准备金

根据《保险企业监督法》的规定，在2003年12月31日之前成立的小型互助协会，如其业务具有特殊性质或者有其他特别安排提供安全性，BaFin可以放弃对欲经营人寿保险业务的小型互助协会初始运营资金的要求。在该日之前，监管机关也可以基于同样的考量，豁免对损失准备金的要求。此外，小型互助协会并不需要满足欧洲偿付能力II中MCR和SCR中的要求。

（四）治理结构

通常情况下，小型互助协会的最高权力机构是全体会员代表大会，并且小型互助协会在治理结构的设置上并不适用《德国股份公司法》或者《保险企业监督法》，而是适用《德国民法典》的规定。小型互助协会可以按照《德国民法典》关于社团的规定来建立自己的治理结构并行使相关职权。

1. 全体会员代表大会

（1）会议的召集

社团全体成员大会应在章程规定的情形下或者社团的利益所必需时召集。当章程所规定的一定人数的成员，或者在章程没有规定时全体成员的十分之一书面提出要求并表明目的及理由时，应召集社团全体成员大会。

如果上述要求没有获得允准，初级法院可以授权提出要求的成员召集社团全体成员大会，作出关于在大会中主持会议的规定。管辖法院为该社团住所地主管社团登记的初级法院。此项授权必须在召集大会的通知中载明。

---

① ［德］D. 法尼：《保险企业管理学》，张庆洪、陆新等译，141页，北京，经济科学出版社，2002。

（2）决议的事项

不属于董事会或者社团其他机构处理范围内的社团事务，由社团全体成员大会作出决议。为使决议有效，召集大会时须要明确阐明待决议的事项。决议由出席成员过半数决定。

（3）表决权规定

当决议事项涉及社团与某成员之间缔结法律行为、提起诉讼或解决诉讼时，该成员没有表决权。如果社团全体成员书面表示同意某项决议，则即使不召开大会，该决议也有效。

2. 董事会

小型互助协会必须设立董事会，董事会可以由数人组成。董事会在法庭内和法庭外代表社团，具有法定代表人的地位。代表权的范围可通过章程加以限制，其作用可以对抗第三人。在没有监事会的情况下，董事会由全体会员代表大会选出。

3. 监事会

小型互助协会可以不设监事会，若设立监事会，相关职权必须在章程中订明。

（五）其他规定

1. 税收规定

对于小型互助协会免除企业所得税和工商税。此外，业务涉及养老、死亡金、健康险，并且符合特殊前提的企业免征营业税。

2. 合并及财产转移

根据《德国公司改组法》，在新设合并和吸收合并的情形下，小型互助协会的申请和登记事项与互助社不同，其只需在《联邦法律公报》上公告即可，无需另行登入登记簿及发行其他公告（参见《德国公司改组法》第118条、第119条）。就财产转移的形式而言，小型互助协会只能采用全部转移财产的方式，不能部分转移财产，公告和登记方式同上。其他规定与一般的互助社相同。

在财产转移的情形下，小型相互协会申报登入登记簿的义务被向监督机关申请核准的义务所取代；登入登记簿的公告，由《联邦法律公报》公告即可。

3. 解散、清算及破产的规定

小型互助协会在解散、清算及破产的规定上适用《德国民法典》第41条至53条的规定，在解散清算时也应适用《保险企业监督法》第45条至47条的规定①。

4. 公司章程及公司名称

根据《保险企业监督法》的规定，一般的互助社的公司章程必须进行公证，小型互助协会豁免了该项义务。此外，在公司名称上，一般的互助社必须显著标明互助社注册的办公地址，小型互助协会也豁免了该项义务。

第二节　相互保险组织的出资与融资

一、相互保险组织的出资

（一）设立基金的募集

根据德国《保险企业监督法》第22条的规定，相互保险的章程必须

---

① 第45条解散登记公司的董事会应向商事登记机关提交互助社解散的登记申请。如果破产诉讼程序尚在进行或者破产申请被否决，不适用前述规定。在本法第42条第3款和第4款规定的情形中，法院应根据其权利登记互助社的解散及其解散事由。破产法院办公室应当送交法院其核发的破产程序进行之中或者破产申请被否决的证明文件的副本，以证明上述核发文件为最终状态。

第46条清算

1. 除破产诉讼程序已开始进行外，公司因解散而进行清算。

2. 公司清算时，除下列规定或其隐含的目的之外，清算前的行为仍适用相同的规定。特别是追征的保费或追征的费用（本法第24条至第27条）可以被追缴或者汇集。新保险契约不可以签发且有效契约也不可以增加或延长。

第47条清算的程序

1. 除章程有所指定或会员大会决议外，董事会的成员为清算人。法人也可以为清算人。

2. 存在相关事由时，保存商业登记簿的法院可以因监事会或公司章程规定的少数成员的申请指定或撤换清算人。关于自愿管辖法的第146条规定相应适用。非由法院指定的清算人可以在任何时间内由会员代表大会的决议撤换。因雇佣契约引起的诉讼适用一般法律规定。

3. 《德国股份公司法》第265条第4项，第266条至第269条，第270条第1项及第2项第1款，第272条及第273条也适用于清算程序。尽管第270条第2项第3款及第3项有类似的规定，也应适用其关于年度审计和管理报告的规定。初期余额表、解释报告、年度财务和管理报告比照适用《德国股份公司法》第175条及第176条，《德国商法典》第325条及第38条。

含建立初始运营资金的规定，包括使用初始运营资金的条件及偿还方式。初始运营资金可以由相互保险成员提供，也可以由非成员提供（例如，其他保险企业也可以成为相互保险[①]开办时的出资人）。[②] 初始运营资金的提供形式较为多样，可包括赠送、附利息或者附分享利润等形式。

德国《保险企业监督法》要求初始运营资金的投资者必须具备使得保险机构能够进行健康而谨慎的管理所要求的条件，特别是要可靠。如果投资方是法人公司或合伙公司，那么同样的要求将适用于被委派代表保险机构并对其业务进行领导的自然人。此外，直接或者间接通过一个或多个子公司或类似的关系，或通过与其他人或机构合并持有占相互保险初始运营资金10%权益的持有人，或者对管理层或机构有重大的影响力的初始运营资金的权益持有人，应提交必要事实供监管机关评估他们的可靠性。德国法并未限制初始运营资金的出资人数，并且允许多个出资人共同出资。

（二）设立基金的性质

1. 设立基金的性质

在德国，设立基金被称为初始运营资金，计在股本项下，会计科目名称为“Gründungsstock”。初始运营资金的筹集只发生在相互保险初始设立时，而其融资结束的标志为初始运营资金被偿还并且被同等金额的盈余公积金（损失公积）所替代[③]。初始运营资金没有最低门槛，但相互保险应证明其可以在可持续的基础上完成保险合同所规定的义务。[④]

从功能上看，初始运营资金与股权资本是相似的。然而，这项资本仅仅只有暂时性的任务：一方面，它为创建阶段和启动阶段的支出提供资金，并可以用于弥补亏损；另一方面，它对公积金的自我融资起到催化的

---

① 互助社的英文名称在不同报告中都有不同的对应翻译，如在欧盟的报告中采用 Mutual Insurance Association，在德国金融监管局颁布的《保险企业监督法》的英文译文中译为 Mutual Society，同时在其他报告中会出现 Mutual Insurance Company 的翻译，本报告主要采用 Mutual Society 的英文翻译。

② ［德］D. 法尼：《保险企业管理学》，张庆洪、陆新等译，566页，北京，经济科学出版社，2002。

③ D. 法尼：《保险企业管理学》，张庆洪、陆新等译，141页，北京，经济科学出版社，2002。

④ Study on the Current Situation and Prospects of Mutual in Europe, p. 64.

作用。[①] 换句话来说，按照法律规定，相互保险成立后必须偿还初始运营资金，而法律规定[②]开始偿还的条件是，损失公积在增长且资本化后的设立费用已全部摊销完毕，这促进了相互保险通过公积金增长以达成自我融资。

与股份制保险公司可以在成立后不断通过增资扩大股本相比，互助社在这方面存在着特别的企业管理的不利之处。初始运营资金没有一个固定可以增长的数额，满足条件后就必须偿还。

2. 设立基金的借款利息

如上所述，初始运营资金的提供形式较为多样，可包括赠送、附利息或者附分享利润等形式。如果附利息，主管监督机关可以在其自由裁量权内决定其出资金额的利息和获得的还款的最大百分比。对于利润参与方式，相互保险章程可以授权初始运营资金的提供者参与年度资产负债表上所显示盈余的分配。初始运营资金的创建、利息的计算以及还款都应获得BaFin的批准，并且上述内容都应记入相互保险章程中。[③]

（三）出资人的权利与义务

根据德国法的规定，初始运营资金可以由相互保险成员提供，也可以由非成员提供。如果章程作出明确规定，则初始运营资金的提供者除每年度从公司收入中获取的利息外，还可通过公司授权参与年度资产负债表上所显示盈余的分配[④]；除参与盈余分配外，公司章程也可以规定出资达到一定比例的出资人有权加入公司的经营[⑤]。初始运营资金提供者应按时缴付资金，并且在出资后不享有要求提前偿还的权利[⑥]。德国法下并没有区

---

① D. 法尼：《保险企业管理学》，张庆洪、陆新等译，141页，北京，经济科学出版社，2002。

② 《保险企业监督法》第37条：公司章程中必须建立以覆盖正常经营过程中出现的异常经营损失的准备金（责任准备金、准备基金）；章程中也须订明该准备金每年的提存额，以及准备金的最低数额。

③ Study on the Current Situation and Prospects of Mutual in Europe, p. 64.

④ 《保险企业监督法》第22条，除每年度从公司收入获取的利息收入外，公司的章程可授权初始运营资金的出资者，参与年度资产负债表上所显示盈余的分配。

⑤ 《保险企业监督法》第22条。

⑥ 《保险企业监督法》第22条，（3）初始运营资金的出资者，不可以被授予提前偿还权（an early repayment right）。

分主要发起会员和一般会员。在权利层面，两者并无差别。

（四）互助社初始运营资金赎回过程

根据德国法律的规定，在满足以下两个条件时，初始运营资金必须予以偿还：（1）相互保险按照章程规定对损失准备金（或称为损失公积）进行提存，且损失准备金的资金数额持续增长；（2）资本化的设立费用已全部摊销完毕。具体的偿还方式由公司章程进行规定。

应注意的是，偿还的资金来源于互助社的年度收入，“不允许用期初资产即以缩减资产负债表余额的方式来偿还”。[①] 在偿还时间上，必须是相互保险成立后的最初几年之内完成。

具体而言，相互保险在成立后的几年内，存在着通过利润留存和税后利润提取的盈余公积替代初始运营资金的自我融资过程，在这个过程之中，年度收入的一部分将用于偿还初始运营资金，并且“未偿还的创建基金[②]和公积金的总额不允许低于创建基金的期初额”。因而，当初始运营资金完全归还后，自我融资的盈余公积恰好增长到与初始运营资金数额一致，这也是初始运营资金融资结束的标志。

根据德国法律，相互保险的章程对初始运营资金的偿还时间和具体方式都应进行规定[③]。

二、相互保险组织的融资

根据德国《保险企业监督法》的规定，初始运营资金在满足一定条件后必须返还。如后续要补充公司的运营资本，主要有以下几种方式：（1）通过扣税后留作公积金的保留盈余获得；（2）发行参与性凭证；（3）次级债务。以下主要介绍发行参与性凭证和次级债务两种补充自有资本的方式。

---

① D. 法尼：《保险企业管理学》，张庆洪、陆新等译，141 页，北京，经济科学出版社，2002。

② 即初始运营资金。

③《保险企业监督法》第 22 条，公司章程须规定公司使用初始运营资金的条件，而且须特别规定如何偿还初始运营资金及基金的出资者是否出资或出资至何种范围，才有权加入公司的经营。

（一）法律规定

在德国，保险公司有自有资本的概念，其计算与风险偿付能力的要求有关。作为欧盟成员国，德国的保险企业应符合欧洲偿付能力 II 的要求，这就要求相互保险经一系列复杂计算后的资本（对相互保险来说，为实缴的初始运营资金数额、扣税后留作公积金的保留盈余、股利分配后结转的利润等之和，此外对人寿保险公司还有例外规定），能够满足偿付能力 II 的要求。

德国《保险企业监督法》第 53c（3c）中规定参与性凭证与次级债务资本总额不可超过自有资本的 50% 以及相应的偿付能力额度的 50% 。该比例为参与性凭证与次级债务资本可发行的最高额。

（二）参与性凭证或享用权资本

在法律上，参与性凭证并没有一个明确的形式。参与性凭证的特点主要为：参与利润分配、参与亏损、破产清算程序中的次级清偿顺序，但通常不具备公司的选举和质询权。享用权的权利义务一般由发行说明中的条款进行规定。2013 年德国出台的新的《投资法典》，对发行说明书进行了规定。参与性凭证允许发行方自由发挥，例如，支付凭证的利息（固定或浮动、参与分红方式等），以及偿还方式、到期时间、还款方式、解约方式等，都可以根据公司实际情况与债权人商讨制定。

参与性凭证的融资形式并没有明确的定义，参与性凭证发行人可以自行决定其形式。参与性凭证作为一种融资工具，属于有价证券，该有价证券使得持有者有义务缴入资金，同时享有一定权利。权利和义务的设定是随意的，特别是，缴款可以是有期限的，也可以是无期限的；报酬可以是固定利息，也可以是约定利润分成；亏损弥补的分摊可以是被包括在内的，也可以不被包括在内；参与性凭证持有者在组织中可以有参与决策权，也可以没有。对于参与性凭证资本来说，根据不同的安排，其特征可以偏向自有资本或者外来资本。对于不同的资本形式，也会有不同的税收方面的结果。①

① D. 法尼：《保险企业管理学》，张庆洪、陆新等译，561 页，北京，经济科学出版社，2002。

（三）次级债务

次级债务是指优先级之后的负债，当相互保险破产或者清算时，首先对优先级之前的债权人进行清偿。对于一般的债权人而言，当相互保险的自有资本被用完时，次级债事实上承担了吸收亏损的责任。

第三节　相互保险组织的发起与设立

一、适合开展相互保险的领域

相互保险允许经营的保险种类很广，包括欧洲偿付能力 II 第 2 条和第 3 条规定的保险业务，基本囊括了大部分可以从事的保险业务。在德国，相互保险是在人寿和非人寿业务上与股份制保险公司互相竞争的一种组织形态。

相互保险不能从事的保险业务主要是：没有互助利益或卫生互助会（Health Provident Societies），以及保险活动成为法定的社会保障系统的一部分的业务[①]。除了上述业务外，相互保险企业基本都能从事。此外，应注意的是，相互保险只能从事保险业务，[②] 非保险业务并不允许开展。

二、新设相互保险组织的必要条件

在德国，根据 BaFin 的要求[③]，包括相互保险在内的任何机构希望从事保险业务，需要满足以下条件：

1. 申请的机构必须有特定的法律形式——股份有限公司、相互保险或者公法组织。

2. 该机构必须只从事保险业务以及直接相关的业务；不应从事其他非保险的业务。法律规定了业务分离的原则，如人寿保险公司不应再同时提

① Study on the current situation and prospects of mutual in Europe, p. 61.

② Study on the current situation and prospects of mutual in Europe, p. 61.

③ 摘自德国金融监管局 BaFin 的官方网站：http：//www. bafin. de/EN/Supervision/Insurance-UndertakingsPensionFunds/Authorisation/DomesticInsurers/domesticinsurers_ node. html.

供健康或者财产保险。

3. 申请的机构必须提供商业计划，阐述其面临的需要解决的风险。它必须描述再保险政策的大致轮廓。

4. 保险机构必须证明它有至少两位“适格”的高级管理人员或者执行董事（双重控制原则）。他们必须展现出足够的从事保险业务的相关知识以及管理经验。

5. 申请机构必须证明其有足够的资本。自有资本的最低金额（最低保证基金）将取决于其提供的保险。此外，该机构需证明它有充足的资源来发展商业和销售组织（组织基金）。

6. 保险机构必须详细说明持有其重大权益的自然人或者法人，具体而言，是持有至少10%的名义资本或者创建基金的人。任何适格的出资人必须满足一定的条件以保证机构的稳健经营。

监管部门会对申请人的上述情况一一审核，在未获得监管部门的经营许可之前，保险机构不得营业。

三、发起设立相互保险组织的流程和程序

（一）创立大会

德国相关法律规则并未见到有关创立大会的特别规定。

（二）设立登记

根据《保险企业监督法》第32条的规定，相互保险商业登记的事项包括：（1）相互保险的商号；（2）注册办公室；（3）经营范围内的保险种类；（4）初始基金的金额；（5）授权开展业务的日期；（6）管理委员会的名单；（7）管理委员会代表相互保险行使的权力范围。

如果公司章程包括任何有关经营期限的条款也应进行登记。登记申请文件包括以下内容：（1）授权相互保险组织开展经营的证明书；（2）相互保险组织章程；（3）任命董事会和监事会的相关文件；（4）由申请人签名的相互保险组织监事会成员名单，需列明各成员的姓名、职业和住所；（5）相互组织初始基金筹集的相关文件，董事会和监事会对如何偿付初始基金的声明，以及董事会对已缴纳初始基金的自由支配权的声明；（6）相

互保险组织费用是否由预先支付的保费或估算的征收额所抵销；如果采用预付保费制，扣押追加保费的权利是否保留或放弃；支付保费的义务是否受到限制及保险金的给付额是否可以减少。此外，申请文件涉及到《德国商法典》[①] 情形的，应符合相应规定。

第四节 相互保险组织的治理

在德国，大型相互保险企业在组织结构方面与股份制保险公司很相似，包括最高权力机构（成员大会）、监事会、董事会三级机构。这些机构的组成与权限主要参照《德国股份公司法》来确定（《保险企业监督法》在这一部分基本上也是援引《德国股份公司法》的规定）。德国法下公司内部治理结构的模式为双层型，公司的监事会和董事会呈垂直的双层状态。公司股东会选举产生监事会（实行员工参与，部分监事由员工选举）。[②] 监事会任命董事，监督董事会执行业务，并在公司利益需要时召集股东会会议。

需要特别指出的是，尽管相互所有制的理念是投保人自我管理，但从实践来看，大多数互助社中成员大会及监事会所起的作用反而不及股份公司中的同行，主要事项的决策都由董事会进行。其原因在于，互助社缺乏“出资”与“资本所有权”的概念，成员大会并不代表由所有人明确定义的资本维持、增值和盈利等利益，而是代表着一种缺乏明确定义的“成员利益”，尤其当公司业务范围很广泛，投保人多元化时，“成员利益”就更难统一了。因此，成员大会运作的专业性是很弱的，这一点也影响到了监事会。其结果是，上述两个机构未行使的决策权都交给了董事会。

---

① 《德国商法典》第12条第2款：申报代理权需要采取同样的方式。当事人的权利继受人，以可能为限，应以公文书证明权利继受。引自《德国商法典》，杜景林、卢谌译，8页，北京，中国政法大学出版社，2010。

② 蒋大兴：《公司法的观念与解释1》，281页，北京，法律出版社，2009。

一、会员

（一）资质、条件及权利义务

1. 入社的条件

根据《保险企业监督法》，公司章程对会员资格的取得进行规定，只有与公司具有保险关系者才能成为会员。除公司章程有其他规定外，会员资格于保险关系终止时丧失。

2. 成员身份与投保人之间的关系

（1）法律规定

根据《保险企业监督法》的规定，取得会员资格的条件是与公司具有保险关系。但目前法律规定，在章程明示授权且获得德国联邦金融监管机构批准时，相互保险可以向非会员开展业务。非会员业务只能为固定保费的保险。

（2）样本公司信息

Debeka Life 公司章程对会员资格规定如下：

（1）该相互公司的成员只能是自然人或法人，其作为投保人与该相互公司建立了保险关系。

（2）成员必须反复或一次性缴纳事先要收取的保险费，其数额和支付方式规定于保险条款和费率中。成员不需要支付追加款项。保险金不得减少。

Debeka health 的公司章程对会员资格规定如下：

（1）该相互公司的成员只能是自然人或法人，他们与该协会签订了保险合同。成员资格存在于保险期间，它开始于保单中所指定的时间点。

（2）成员必须反复缴纳事先要收取的保险费，其数额和支付方式规定于保险条款和费率中。成员不需要支付追加款项。保险金不得减少。

（3）如果在保险条款中没有另行规定，终止成员资格时将丧失对该相互公司资产和保险金的一切权利。

3. 成员的权利和义务

（1）成员的权利

根据《保险企业监督法》的规定，相互保险成员的权利主要包括以下几个方面：①盈余分配权；②清算盈余分配；③有权获得保险保障，具体来说，有获得章程规定的和保险合同约定的保险偿付的权利；④参与互助社组织机构管理的权利。

（2）成员的义务

相互保险成员的义务取决于公司章程的规定。在德国，相互保险有两种缴纳保费的形式，一种是预付形式（Vorbeitragssystem），一种是按需求征收。按需求征收的方式并不常见，如今只能在一些非常小的相互制企业中存在。

如果保费是预付的，公司章程必须载明是否保留或放弃追加估计保费的权利。在章程规定放弃追加保费的情形下，章程还应明确规定保险利益的偿付是否可以减少。

如果相互保险保留了追加保费的权利，公司有权利向成员追加保费。这种情形是因为相互制保险不能像其他股份制保险公司一样在资本市场上再融资。如果他们评估在来年缺乏足够的资本，则会要求成员补充资本来弥补差额。但这种可能性受到很多限制，例如，人寿和私人医疗保险监管法不允许对保费或者保险利益偿付的调整。这些消费者保护的条款适用于任何形式的保险公司。目前，相互保险发行这些产品并不依赖于补充保费或者保险利益偿付的减少。因而，补充保费的可能性几乎只存在于波动性非常大的保险产品中，比如财产和意外保险。

（3）成员的责任

《保险企业监督法》明确规定，相互保险仅以公司资产对其债权人负责，公司的成员不对公司债权人负责。

4. 非成员投保人的法律地位、权利和义务

非成员投保人与相互保险之间仅存在保险关系，其基于《德国保险合同法》关于保险合同的规定或者基于保险合同的约定，对保险人（即相互保险）享有各项权利或负有各项义务。

（二）发起会员的权利义务

德国法下并没有区分主要发起会员和一般会员。因此，在权利义务层面，两者并无差别。

（三）非会员业务

在章程明示授权且获得德国联邦金融监管机构批准时，相互保险可以向非会员开展业务。由于在管理上面对更多风险，所以需要对非会员进行限制。非会员业务的存在主要是出于对共同保险、再保险业务以及一些个别险种（如宠物保险、旅行险等）的考量。例如，在财险业务中很常见的共同保险中，一项大额的保险标的由多家保险公司共同承保，每家保险公司按照协议的承保比例分摊保费和进行赔付。此类模式存在的原因是为使保险公司能够有效地分散风险，不同于传统意义上的相互保险。在德国的相互保险制度下，此类业务被归类于非会员业务。

根据统计与法规数据，健康险公司通常允许保费规模的10% ~15% 为非会员业务。这部分业务通常由家庭成员共同参保或团体险参保组成。约50% 的寿险公司允许非会员业务的存在。另一方面，约有 80% 的非寿险公司允许非会员业务，其中，最高允许其占保费规模的 20% ，并且需为特殊险种（如宠物保险等）。其次，《保险企业监督法》所确认的小型互助协会不得设立非会员固定保费业务。

二、成员大会与成员代表大会①

会员（代表）大会是相互保险的最高权力机构，其作用类似于股东大会。相互保险的章程必须规定，设置的最高机构是全体会员大会还是会员代表大会。在实践中，超过一定规模的企业主要采用会员代表大会的形式，代表大会的成员人数一般在 10 ~40 人之间。在大的相互保险中，因会员人数较多，一般都采用会员代表大会。而在几乎所有的小型互助协会中，最高机构都为全体会员大会②。在规则上，会员代表大会适用《德国

① 中文译为会员大会与会员代表大会，以下按会员大会与会员代表大会表述进行撰写。

② 鉴于全体会员大会主要出现在小型互助协会，以全体会员大会作为最高权力机构在小型互助协会中进行专章讨论，本部分只讨论会员代表大会的情形。

股份公司法》的规定。

（一）会员代表的提名和产生

除相互保险的公司章程另有规定外，通常所有的会员只要是自然人都有当会员代表的被选举权。候选人提名可以由全体会员、少数会员、特别选举委员会、最高机构本身或它与监事会及董事会共同作出。所有会员都有选举权，但章程也可以规定只有在最高机构有共同决定权的会员代表才有权再次被选或选举其他人（补选原则或增选原则），或者设立混合形式（例如初选时间间隔较长，中间进行补选）。

（二）会议的召集

会员大会通常在法律或者章程规定的情形下进行召集。在特殊情形下，如果因相互保险的利益而有必要时，也可以召集会员大会。在由董事会进行召集的情形下，董事会以简单多数对此进行决议。

会员大会的召集应在公司公报上公告，公告必须载明商号、住所、会员大会的时间、地点以及参加会员大会和行使表决权所取决的条件。如章程无其他规定，大会应在相互保险的住所地进行。

（三）议事规则和决策机制

会员代表大会的决议事项取决于章程的规定以及《保险企业监督法》的规定。如果章程没有另外的规定，每个会员算一票，而不考虑其保险关系的数量和大小。①

（四）成员代表的选举

会员代表的选举方法较为灵活，选举人可以对候选人进行书面的或口头的投票，当然也可以通过弃权反对接受候选人。在会员人数增加以及企业规模扩大时，相互保险可采用补选原则，这时，候选人由最高机构或选举委员会提出，由会员代表大会确定。

（五）会员代表大会的决策事项

根据德国《保险企业监督法》，成员代表大会或者全体成员代表大会适

---

① D. 法尼：《保险企业管理学》，张庆洪、陆新等译，134页，北京，经济科学出版社，2002。

用《德国股份公司法》的相关规定①，在法律和章程明确规定的情况下，其主要权利如下：（1）任命监事会成员，只要他们不是需要被委派或者是需要根据《共同决策法》、《共同决策法补充法》或1952年《企业组织法》作为职工监事会成员而被选出的；（2）结算盈余的使用；（3）董事会和监事会成员的解职；（4）修改章程；（5）决定发行参与性凭证；（6）任命审查公司设立和业务经营过程的审计员；（7）业务转移；（8）解散公司。

（六）样本互助社的会员代表大会

Debeka Life 章程对成员代表大会的规定如下

1. 成员代表提名的规定如下：

（1）成员代表机构由30个成员代表组成，连同两倍多的替补人员，根据监事会和董事会制定的选举条例，这需要成员代表机构的同意。代表由该相互保险的成员以九年的比例要求选举产生，即三年后三分之一的代表被淘汰，其余的在六年后有一半通过抽签淘汰。成员代表机构在九年选举时间的剩余期限里对通过抽签淘汰的代表进行补缺选举。同时，允许重选，每九年由成员进行一次改选。

（2）有行为能力的自然人和法人都具有选举权，只要他们是该相互公司的成员。与此相比，当选者必须是该相互公司三年以上的、居住地在德国的、有行为能力的自然人成员。监事会和董事会的成员以及该相互公司的职员和外勤的专职人员不能当选。同样，属于其他人寿保险公司组织机构或管理部门的人员也很少当选。

（3）代表任期开始于定期代表大会结束之时，该代表大会召开于第1节第4句②规定的选举之后。离职代表的确定和补缺选举，在该任期内

---

① 《保险企业监督法》第36条：股份公司法下列有关股东会议的规定可以适用于成员代表大会：第118条，第119条第1项第1款至第3款、第5款、第7款及第8款，第2项，第120条，第121条第1项至第4项、第5项第1款及第6项，第122条，第123条第1项，第124条至第127条，第129条第1项及第4项，第130条第1项前两款，第2项至第5项，第131条至第133条，第134条第4项，第136条，第142条至第149条，第241条至第253条，第257条至第261条。《德国股份公司法》第256条相应适用。如会员代表大会为全体成员大会，《德国股份公司法》第134条第3项的规定也同样适用。参与权［第53c（3A）］仅授予成员代表大会的决议。

② 同时，（成员代表）允许重选，每九年由成员进行一次改选。

的第三次和第六次定期代表大会结束时举行。在补缺选举情况下，代表的任期开始于定期代表大会结束时。前任代表的任期结束于这一时刻。

(4) 作为代表的职务提前到期：①由于自愿辞职；②由于排除当选资格的原因出现；③破产程序启动或由于缺乏对成员代表资产的节制而拒绝申请破产程序启动时。如果一个代表离职，那么在他的位置安排其第一替补人。如果第一替补人退出，第二替补人加入。如果两个替补人员都退出，成员代表机构将在下一次的定期代表大会上，为离职代表的剩余任期选出一个新的代表和两个替补人员。

2. 成员代表机构的地点、时间和召集（代表大会）

(1) 董事会与监事会协商确定代表大会的会议地点和时间。由董事会召开代表大会，除非法律另有规定。

(2) 定期代表大会每年召开一次。通过按照第 3 条的公告，召开大会。

(3) 如果至少三分之一的代表或监事会以书面形式说明理由申请召开，董事会有义务召开临时代表大会。定期代表大会的相关规定也适用于临时代表大会。

(4) 董事会和监事会成员必须参加代表大会。

3. 代表大会的议事规程

(1) 代表大会由监事会的主席或副主席主持，如果他们缺席，由董事会主席（在其缺席的情况下，由一位董事会成员）主持。

(2) 代表大会上的提案，可以通过监事会、董事会或代表大会的成员提交。如果该相互公司成员的提案是由至少 200 名成员通过董事会提交，则必须提上议事日程。对于定期代表大会，必须不迟于每年的 3 月 1 日提交，对于临时代表大会，必须在其召开五天后进行提交。

(3) 每次按规定召开的代表大会都有权作出决议，不用考虑出席代表的人数。对章程修改、监事会成员的解聘及按照《保险企业监督法》第 14 条所述的投资组合转移所述的决议，要求已投票四分之三的多数票。对于根据第 13 条所述的其余决议，简单的多数票就够了。如果票数相等，应视为否决。

(4) 如果法律赋予少数票某些权利，十名代表的少数票有权得到这些权利。

(5) 代表大会的决议必须是经过公证的记录。

4. 代表大会的决议事项

只要法律没有另行规定，代表大会的任务如下：(1) 验收监事会的情况报告、年度决算和审计报告，罢免董事会和监事会；(2) 对章程修改作出决议；(3) 对保险条款的修改作出决议，选举监事会成员；(4) 对监事会成员的解聘作出决议；(5) 对监事会成员的补偿金额作出决议；(6) 批准成员代表机构的选举条例；(7) 成员代表机构的补缺选举；(8) 对按照《保险企业监督法》第 14 条所述的投资组合转移作出决议。

(七) 不同类型的会员权利区别

法律上和样本公司中均未发现对作为公司成员的投保人类型作进一步的划分。

(八) 会员权利的保障

对于会员权利的保障，《保险企业监督法》相关法条及样本公司都未有直接规定。

三、董事与董事会

(一) 董事的提名选举

对于相互保险，董事会最少须由两人组成，监事会有权选任或者解任董事会成员。但在欠缺必要的董事且面临急迫情形时，法院可以任命一名董事任职直到新董事选出。

互助社的董事应符合《德国股份公司法》及《保险企业监督法》的规定。

1. 根据《德国股份公司法》的规定：董事会的成员只能是具有完全行为能力的自然人。在处理其财产事务时全部或部分受限制的被照看人，不得担任董事会的成员。因《德国刑法典》第 283 条至 283d 条的犯罪行为而受有罪判决的人，在判决确认后 5 年的期间内，不得担任董事会的成员。因法院判决或因行政机关的可执行的决定而被禁止从事某一职业、某一职业部门、某一行业或某一行业部门的人，在禁止生效的期间内，不得在经营对象与禁止的对象一致的公司担任董事会的成员。

2. 根据《保险企业监督法》的规定[①]：公司的董事必须满足称职和可信赖的要求。为了满足称职性的要求，董事必须有充分的关于保险业务的理论和实践知识以及管理经验。至少三年在同样规模和业务上从事相关业务的人员，可以认为满足上述要求。

（二）董事会议事规则

根据《德国股份公司法》的规定，如相互保险的章程未将发布议事规则的权力移转于监事会，或监事会不为董事会发布议事规则，董事会可以给自己制定议事规则。章程可以对议事规则的个别问题作出有拘束力的规定。需要注意的是，董事会关于议事规则的决议必须以一致的方式作出。

（三）董事会的主要职责

与中国不同，德国法下公司内部治理结构的模式为双层型，公司的监事会和董事会呈垂直的双层状态。公司股东会选举产生监事会（实行员工参与，部分监事由员工选举）。[②] 监事会任命董事，监督董事会执行业务，并在公司利益需要时召集股东会会议。虽然实践中，董事会负责管理和领导企业，但在法律上仅规定为对内对外代表互助社，并向监事会和最高机构进行报告。

（四）董事会下设的委员会

《保险企业监督法》及《德国股份公司法》对董事会下设委员会并未有相关规定。Debeka Life 及 Debeka Health 也未在章程中对董事会下设委员会作出任何规定。

四、监事与监事会

（一）监事的选任

1. 法律规定

根据《保险企业监督法》，监事会由 3 人或者 3 的倍数组成，最多不

---

① 具体规定见《保险企业监督法》第 5 项（5）5 条及 7a（1）的规定，该条既适用于公司高管也适用于公司董事。

② 蒋大兴：《公司法的观念与解释 1》，281 页，北京，法律出版社，2009。

超过21人。此外，根据德国《企业委员会选举法》，虽然并非是强制性的规定，但雇用超过5人的相互保险员工有权成立员工代表大会。如果相互保险有超过500人的员工，根据德国《参与决定法》，监事会三分之二的成员应由最高机构选举，三分之一的成员由员工选举产生；在员工人数较少的情况下，监事会应单独从会员大会中选举。但对于第一届监事会的组成和选任，不适用关于选任劳方监事会成员的规定。特定情形下，法院可以选任监事。不符合德国《参与决定法》规定情形的相互保险，其监事会成员应单独从会员大会中选举。

2. 任职条件

《德国股份公司法》制定的关于监事会成员的个人条件也适用于相互保险。根据《德国股份公司法》，监事须受以下条件约束。

首先，监事会成员必须为完全行为能力的自然人。根据《德国民法典》的规定，在处理财产事务时，全部或部分须以被许可为前提的被监护人，不得担任监事。

其次，存在以下情况的人员不得担任监事：（1）已在十所依法设立监事会的商业公司担任监事者；（2）在该公司附属企业中担任法定代表人者；（3）担任其他股份公司法定代表人，且该公司一名董事已属于该股份公司监事会；（4）在过去两年内曾担任同一上市公司的董事会成员者，除非，该选择是基于持有公司超过25%表决权的股东的提议作出的。[①]

此外，职工监事会成员以及其他成员的其他个人方面的前提条件，参照《参与决定法》、《矿业共同决策法》、《共同决策法补充法》、《三分之一参与法》和职工通过跨界合并进行共同决策的有关规定确定。

最后，监事会中必须至少有一个独立成员，通晓关于规定要求的账目报告或审查年度账目的专门知识。

当然，《德国股份公司法》规定的对监事会成员的个人先决条件要求，只能约束以下两类监事会成员：（1）由全体股东大会（与提名无关）选举者；（2）根据条例被派遣至监事会者。

---

① 《德国股份公司法》第100条规定。

3. 任期规定

监事会成员任期不能长于（任期开始后第四个营业年度）作出免除决议的股东大会结束之时，任期开始的营业年度不计算在内。同时，最迟在已经离职的监事会成员任职期满之时，撤销候补成员的职务。

4. 消极条件

监事会成员不得具有以下身份：

（1）监事会成员不能同时作为董事会成员、董事会成员的长期代表、代理人或者授权经营全部业务的业务全权代表；

（2）只有在事先已限定的、最长一年的时间范围内，监事会可以任命其成员中的个别人作为缺席或者是受阻的董事会成员之代表。如果总任期不超过一年，那么允许连续任命或者延续任命。在其作为董事会成员代表的任职期间，其不能行使作为监事会成员的职权。

5. 样本公司信息

Debeka Life 公司章程对监事的规定如下：

监事会由 9 名成员组成。如果监事会成员由代表大会选举产生，他们将简单地通过代表的多数票选出。由代表大会选出的监事会成员必须是该相互公司的成员，并且年龄至少有 25 岁。他们的主要居住地必须在德国。

监事会成员的任期持续至代表大会结束，在选举后的第四个经营年度对免除进行表决，其中进行选举的经营年度不计算在内。

由于代表大会方面撤销选举或在相互公司中的成员资格到期，或由于主要居住地转移到国外或由于辞职，代表大会所选出监事会成员的职务到期。要想撤销选举，必须有四分之三代表的多数投票。

（二）监事会的职责

1. 法律规定

根据《保险企业监督法》与《德国股份公司法》的规定，监事会的职责和权力如下：（1）对业务的执行进行监督；（2）可以查阅和审查公司的账簿金额文件以及财产，特别是公司金库和现存的邮件证券及商品；（3）以公司的利益而有必要召集为限，监事会应召集成员代表大会（对于决议，简单多数决即可）；（4）任命董事会成员并确定每位董事会成员的全部收入；（5）监督董事会的经营管理；（6）在董事会与公司发生冲突时代表相互保险；（7）选择、聘任、解聘公司的审计师；（8）审查并共同确定公司年终结算和盈余的分配方案。

监事会以决议的方式作出决定，在任何情形下，至少 3 名监事会成员参加的决议才是有效的。

2. 样本信息

Debeka Life 公司章程对监事会的规定如下：除了其他法律权利和义务，监事会还负责以下任务：（1）审查情况报告、年度决算、利润分配提案和代表大会上的相关报告；（2）在提交后的一个月内，向董事会陈述年度决算；（3）按照第 2 章节第 341k 条和第 1 章节第 318 条，确定年度决算审计师；（4）对保险条款的紧急更改临时作出决议；（5）修改公司章程和保险条款，只涉及措辞或监察机关要求的；（6）对选举成员代表机构的选举条例作出决议；（7）任命董事会成员并签订他们的任用合同；（8）罢免董事会成员的职务；（9）委任或解聘主管保险统计员。

3. 监事会的议事规程

（1）法律规定

《保险企业监督法》与《德国股份公司法》中并无关于议事规则的直接规定。

（2）样本信息

Debeka Life 公司章程对监事会议事规程的规定如下：

①监事会由主席或其代理人代表。

②监事会从其成员中选举一位主席及其代理人。该选举应在定期代表大会之后的会议上进行，定期代表大会选举产生了监事会；本次会议并不需要特别召开。如果主席或其代理人提前辞职，监事会必须刻不容缓地进行一次新的选举。

③由主席（在其缺席时由副主席）召开并主持监事会会议。如果监事会成员或董事会提议的话，必须召开会议。有包括主席或副主席在内至少三分之一的成员出席，方可作出决议。

④监事会的决议是以简单的多数投票通过的。如果票数相等，主席投票决定。会议之外，以书面形式或通过传真作出决议（只要主席或在其缺席时他的代理人规定这样作出决议）。

⑤监事会可以依照法律规定，针对特定任务，由其成员形成委员会。

⑥必须对监事会的洽谈和决议做记录，并由主席或其代理人签字。

五、分支机构

根据 BaFin 的要求，相互保险只能从事保险业务，① 非保险业务并不允许开展。但 BaFin 并未规定相互保险不能对外投资。以样本公司为例，其关联公司结构如图 12－1 所示。

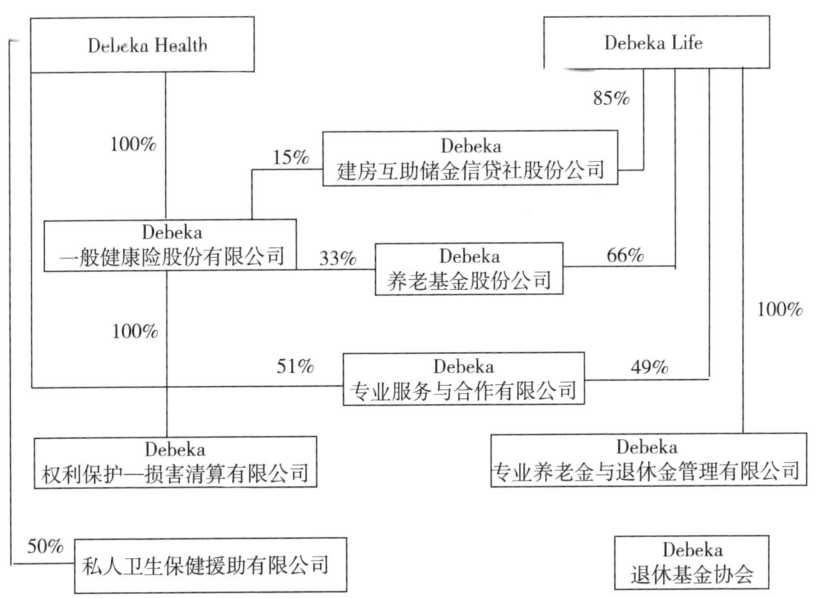

图 12－1　样本公司关联公司结构

① Study on the current situation and prospects of mutual in Europe, p. 61.

六、内部管制

除《保险企业监督法》外，相互保险的运作细节多受公司内部章程约束。在法律框架下，相互保险的章程通常会作出极为细致的规定。根据《保险企业监督法》的规定，下列内容是章程必备事项：

1. 公司名称（公司名称应显著标明相互保险注册的办公地址）。

2. 经营期限。

3. 经营的保险种类。

4. 投资的原则。

5. 直接或者间接经营（通过再保险）。

6. 会员资格取得的条件。

7. 初始运营资金及初始运营资金使用的条件，而且须特别规定如何偿还初始运营资金及基金的出资者是否出资或出资至何种范围，才有权加入公司的经营。

8. 保费。公司章程的条款必须详细记载费用是否由单次或者经常性的预付保费进行支付，或者约定按照成员缴纳的保费金额划分费用。如果保费是预付的，公司章程的条款中也须载明是否保留或放弃追加估计保费的权利；如放弃追加保费的权利，章程中也须载明保险金的给付额是否可以减少。

9. 费用分配及追征保费的要求。公司章程中须详细载明可要求（成员）追加保费或费用的条件，特别是其他资金（初始运营资金、准备金）须被首先使用的范围。公司章程中也须载明如何使用以及如何收取追加保费和费用。

10. 互助社的治理结构及权利义务职责。

11. 少数成员的人数。

12. 损失准备相关规定。互助社章程中必须建立以覆盖正常经营过程中出现的异常经营损失的准备金（责任准备金、准备基金）；章程中也须订明该准备金每年的提存额，以及准备金的最低数额。

13. 盈余分配。公司章程中应订明盈余分配的规则，及盈余分配的对象是否仅限于在该营业年度终了时仍具有成员身份的成员或也包括前互助社成员。

在互助社，只有会员代表大会有权修正公司章程。会员代表大会任何有关中止某项保险业务或从事新的保险业务的决议，只有在经过四分之三多数表决通过才有效。公司章程中可以就此规定其他的要件。

任何公司章程的修订必须申请进行商事登记。申请书需附有监管机关的批准证书，公司章程的完整文本也须一并提交；章程修订条款须与修订决议一致且未修订条款系与最近的商业登记簿档案内的原文全部一致，上述内容须附有公证认证。有关修订的文件呈交至法院以供登记。除非修订条款已向公司所在地的地方法院登记于商业登记簿，否则不产生效力。

七、偿付能力管制

（一）偿付能力标准框架

偿付能力Ⅱ（即欧盟偿付能力二代标准）是欧洲联盟在保险公司监管法条方面的重要改革，其首要目的在于对保险企业资本充足率的偿付能力法条的制定。在偿付能力Ⅱ实施前欧盟一直适用的监管法条为偿付能力Ⅰ(即欧盟偿付能力第一代标准)。新偿付能力Ⅱ是基于欧盟 2002/13/EG 号指导方针（财产险）以及 2002/84/EG 号指导方针（寿险公司）而实施的。新偿付能力Ⅱ同时也扩充了 73/239/EWG 号指导方针。

欧盟对 28 个成员国要求在保险行业实施偿付能力Ⅱ，德国保险行业主要的保险公司和再保险公司都要符合偿付能力 II 的要求。德国规定的过渡期是 2014 年 1 月 1 日至 2016 年 1 月 1 日。[①] 德国 2015 年 4 月 10 日根据偿付能力Ⅱ对《保险企业监督法》进行了修订，实施日期为 2016 年 1 月 1 日。

根据陈文辉《中国偿付能力监管改革的理念和实践》，欧盟偿付能力

① 德国联邦金融监管局。http://www.bafin.de/EN/Supervision/InsuranceUndertakingsPensionFunds/Solvency2Structure/solvency2_structure_node.html，之前推迟原因：the Omnibus II process was interrupted by the Long Term Guarantees Assessment and was not resumed.

Ⅱ的三大支柱如下：

1. 第一支柱：定量要求

（1）资本计量要求

在偿付能力Ⅱ下，资产的计量应当基于市场一致性原则，即资产的价值应当是市场上通过公平交易产生的价格。

（2）负债计量要求

在偿付能力Ⅱ下，负债的计量也应当基于市场一致性原则，其价值应当是保险人在市场上通过公平交易将负债转让出去获得的价格。负债计量，即准备金以保险合同产生的预期未来净现金流为基础进行计量，包括最优估计负债和风险边际两部分。其中，最优估计负债是预期未来净现金流现值的最优估计，在计算现值时使用无风险利率进行贴现，风险边际用于反映未来现金流的不确定性风险。

（3）最低资本介绍

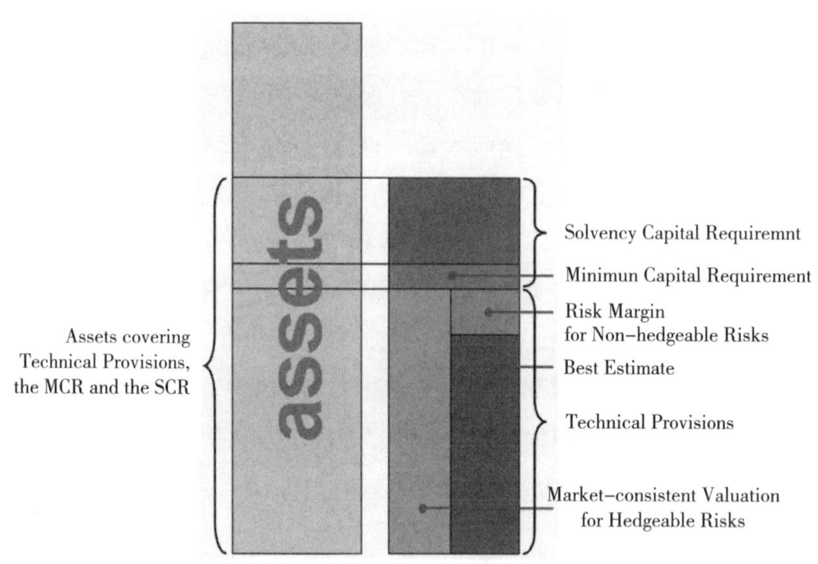

图 12-2　偿付能力Ⅱ下的保险公司资产负债结构

偿付能力Ⅱ下设置了两个资本要求，最低资本要求和偿付能力资本要求：

①最低资本要求（Minimum Capital Requirement，MCR）

MCR 是保险公司的风险底线。一旦保险公司的自有资本低于最低资本要求，将出现监管部门的“终极监管行动”，即要求公司退出市场，将保险责任转移给其他公司。最低资本要求的计算采用比例法，较为简单清晰，便于监管。

最低资本要求根据如下假设计算：保险公司在预测年内以 85% 的概率可以保证所有存量业务以及未来 12 个月内预测的新业务保单的保险责任（偿付能力Ⅱ指引第 129 节）。

MCR 作为偿付能力资本要求的底线，要求采用最低资本要求与绝对底线孰高原则计算[①]。MCR 的绝对底线要求规定，非寿险企业不得低于 220 万欧元[②]，寿险和再保险企业不得低于 320 万欧元。最低资本要求的计算见 Omnibus Ⅱ Directive 2014/ 51/ EU 第 248 条。

②偿付能力最低资本要求（Solvency Capital Requirement，SCR）

偿付能力最低资本要求根据如下假设计算：保险公司在预测年内以 99.5% 的概率可以保证所有存量业务以及未来 12 个月内预测的新业务保单的保险责任（偿付能力Ⅱ指引第 101 节）。

保险公司为了抵御风险而应当持有的资本。一旦保险公司的自有资本低于偿付能力资本要求，监管部门将对其采取一定的措施。其计算思路是：保险公司应当持有足够的资本，使得公司在未来一年内能够抵御 200 年一遇的不利情景。SCR 计算方法分为标准模型和内部模型。[③]

相互保险企业原则上同股份制保险公司一样也要遵从同样的最低资本要求即偿付能力要求（MCR 和 SCR）。除此之外，相互保险也有义务提供组织基金（指初始运营资金），而组织基金是用来承担设立的费用并起到担保和运营基金的作用（新的 2016VAG216 条），而法律规定中并没有规定组织基金所需的准确的最低金额，这更多取决于特别的情形。SCR（作

---

① Omnibus II Directive 2014/51/EU 第 248 条。

② Insovencey II Article 129（d），此处如非寿险业务包括 Annex 1Part A 中的第 10 至第 15 类中所有或者部分风险，其最低资本要求为 320 万欧元。

③ Article 101 of the Solvency II Directive，http：//www. bafin. de/EN/Supervision/InsuranceUndertakingsPensionFunds/Solvency2Structure/CapitalRequirements/capital_ requirements_ node. html.

为 MCR 的一部分）必须被履行，虽其原则上没有明确的数额必须符合（因为 MCR 及 SCR 是通过一个基于风险的方法计算的，例如，保险人依据风险的级别需要的保证资金的金额），但偿付能力 II 指令以及德国法根据 MCR 提供了一个最低的金额，非寿险企业通常为 220 万欧元，寿险和再保险是 320 万欧元。这是 MCR 和 SCR 的一个通常的要求，并不适用于小型互助协会。

③追加资本要求

当保险公司不满足第二支柱的定性要求时，监管机构将要求保险公司进行资本追加，以提高对其偿付能力资本要求。

（4）最低资本计算概述

对于每种保险风险 X 的偿付能力最低资本要求（SCR）=该保险风险×对应 $1-\alpha$ 概率的 Value at Risk－该风险×的最优估计风险边际计算出的准备金 μ（Technical Provision），即：$SCR_{\alpha}(X) = VaR_{\alpha}(X) - \mu$

通常情况下 $\alpha=0.5\%$

在计算出各级 SCR 后利用聚合公式 Kovarianzformel（Wurzelformel）计算出同级两种不同风险聚合后的最低资本：

例如，风险 X 和风险 Y 聚合后的整体 S 最低资本要求：

$$SCR_{\alpha}(S) = \sqrt{(SCR_{\alpha}(X)^2 + SCR_{\alpha}(Y)^2 + 2 \times \rho \times SCR_{\alpha}(X) \times SCR_{\alpha}(Y)}$$

（5）偿付能力标准的计算

①偿付能力充足率=公司实际偿付能力÷监管偿付能力标准，其中：收入指数=18%×毛保费收入（有最高上限）+16%×毛保费收入（有最高上限）×自我负担比例（最低 50%）

②赔付指数=26%×毛保额（有最高上限）+23%×毛保额（有最高上限）×自我负担比例（最低 50%）

监管偿付能力标准=max（收入指数，赔付指数）

最低保障金额（Garantiefonds）=1/3 监管偿付能力标准

（6）整改措施

①公司实际偿付能力÷监管偿付能力标准<1 时：企业将进行偿付能力整改方案。目标是最后通过一系列财务措施再次通过监管机构的偿付能

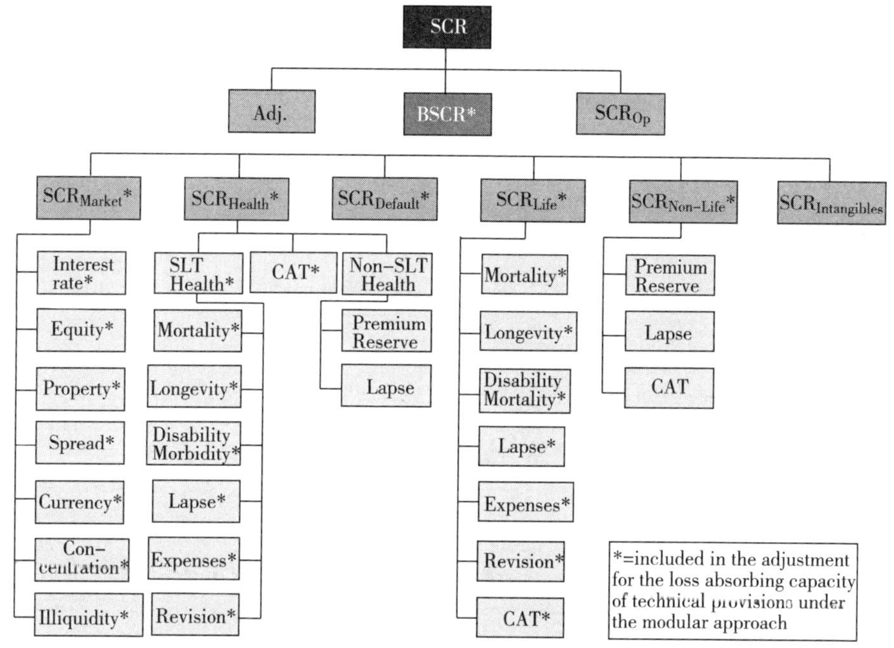

图 12－3 偿付能力Ⅱ下的保险公司资产负债端最低资本风险结构

力测试，同时将限定企业所有人员的薪酬。

②公司实际偿付能力÷最低保障金额（1/3 监管偿付能力标准）＜1 时：监管机构将短期命令企业进行整改并进行融资计划。

2. 第二支柱：定性要求

保险公司持有的资本是影响其偿付能力的重要因素，但保险公司治理结构、风险管理能力、内部控制能力、监管审查流程等对其偿付能力同样起着重要作用。为了弥补第一支柱中仅考虑定量因素所需偿付能力资本要求的不足，偿付能力Ⅱ中加入了定性要求，主要包括两个方面：一是内部风险管理要求；二是监管审查程序。

（1）内部风险管理要求

主要包括以下八个方面的要求：

①保险公司应当建立有效的内部风险管理系统，对保险业务进行稳健而审慎的管理，包括合理和透明的组织架构、明确的职责分工和有效的报告系统；

②对公司关键岗位的高管人员应当具有适当的任职要求；

③公司应当建立有效的风险管理系统，包括风险管理战略、风险识别、计量、监控、管理和报告流程等，风险管理系统应当与公司内部管理架构和决策程序有效的整合；

④风险与偿付能力自评要求，主要包括保险公司应当在考虑公司风险特征、风险容忍度和业务发展战略的基础上计算公司的资本要求，始终保持公司偿付能力充足，当风险特征发生重大变化时衡量对偿付能力资本要求的影响；

⑤公司应当建立有效的内控系统，包括内控框架、报告体系、管理和会计流程等；

⑥公司应当建立内部审计程序，以确保公司风险管理体系和内控制度的有效性；

⑦公司有足够的精算人员，使用合理的精算方法、模型、假设等来进行准备金评估；

⑧公司在将一部分职能外包给其他机构时，也应当确保这些职能满足偿付能力Ⅱ的定量要求。

（2）监管审查程序

监管审查程序是第二支柱的关键，是确保保险公司合法、合规经营的重要途径。偿付能力Ⅱ要求保险监管机构审查保险公司的经营战略、管理流程和报告制度，使之与相关法律法规保持一致。审查的内容主要包括六个方面：①内部管理系统，包括风险和偿付能力自评；②准备金评估；③资本要求；④投资规则；⑤实际资本的数量和质量；⑥内部模型。

监管审查要重点关注保险公司是否有足够的能力识别和防范未来经济环境和不利事件对公司财务状况的影响。若在监管审查程序过程中发现内部模型使用不当、风险管理系统不健全等问题，监管机构将要求保险公司进行资本追加以提高其偿付能力资本要求。

3. 第三支柱：信息披露要求

参考本章第六节相互保险组织的会计、税务与信息披露中“三、信息披露”中有关偿付能力下信息披露的相关内容。

（二）样本公司情况

Debeka Life 公司：偿付能力Ⅱ是一项全欧范围内的改革计划，以求在适当协调的监管下，对保险企业订立新的偿付能力规则。在国家层面，偿付能力的转化最初始于2009年，伴随着保险业风险管理最低要求的出台。2014年1月，对于新监管制度偿付能力Ⅱ的准备阶段开始。2016年1月，该制度将生效。2015年3月，《保险企业监督法》修正案通过，使得欧洲准则偿付能力Ⅱ向国家法律成功转化。

偿付能力Ⅱ的目标在于，创立一项针对保险人自有资金要求的，以风险导向的规则框架。同时，保险人应持续改善其自身的、内部的风险管理。Debeka保险集团基本赞同欧洲委员会之方案，进一步改进对风险的处理，并在未来使保险商的自有资产规模由所受风险的高度决定。Debeka集团将严格遵守偿付能力Ⅱ在德国法律中经适当转化后的而得的规定。Debeka保险集团对此已做好了准备，自2016年1月起适用VAG的新规定。然而，偿付能力Ⅱ据以作为基础的、条理清晰的方案（基于全部资产和负债的现值而评估一年期风险），将导致人寿险企业业绩强烈波动，并因而导致资本需求的易变。虽然问题通过震荡调整和过渡措施得到了缓解，但是，Debeka认为，必须作出改变，以进一步减少资产负债表的波动性，至少，在已经产生且长期存在的不良资本市场状态中，引导偿付能力要求的降低。

另一个问题是未来利润分配的处理。经济现实是，通过精心计算费用，保险公司已准备好风险资本。进程良性运行时，风险资本将连同利润分享一起返还。Debeka Life认为，这些风险资本的认定（例如，对自有资金性质的盈余公积金作出合适的定义），是偿付能力Ⅱ下不可或缺的。

通过严格的“资产—负债管理”及新保险产品的开发，Debeka Life无论是对自金融市场危机开始以来愈来愈紧张的金融市场关系，还是对偿付能力Ⅱ，都已做好准备。如果法律规范不做进一步调整，对人寿保险的保险人来说，低利率水平持续或再行降低时，提供长期有效的利息保障将十分困难。其结果是，养老金产品将显著提价，或者，在极端情况下，将不再提供。

第五节 相互保险组织的盈余分配

相较于股份制保险公司，相互保险盈余分配的运作有着完全不同的法律逻辑。具体而言，相互保险中的投保人作为公司所有权人行使控制权（即公司治理）和剩余索取权（利润分配以及清算分配等）。通常投保人即为公司成员（Mitglieder），共同参与相互保险的治理并分享公司的经营利润。因此在相互保险中盈余分配目标人群就可以划分为原始资金出资人和组织会员两部分。而实际业务中，投保人可以选择不成为相互保险组织的所有人（出于投保人个人因素考虑），此类投保人因自动放弃了相互保险组织的所有权而通常不列入盈余分配之列。相互制保险公司盈余分配最常见的方式为保费抵扣。

一、盈余分配的目标群体

通常情况下保单持有人即组织会员，《保险企业监督法》中21节（2）允许非会员概念的存在，但由于在管理上将面对更多风险，所以需要对非会员进行限制。非会员业务的存在主要出于对于共同保险、再保险业务以及一些个别险种（如宠物保险、旅行险等）的考量。

盈余分配方式在相互保险章程中有明确规定，通常意义上非会员不参与分红，只有会员才有分红的权利。同时相互保险章程也可能规定会员分红的限制条件，例如，在一年内何时离开相互保险组织的会员仍可以参与该年的分红、分红额度太低不能参与分红、上一年有索赔的不能参与分红等。D. 法尼在《保险企业管理学》一书中提到：分红额度的确定，一部分由董事会负责、一部分由董事会与监事会根据公司年报状况负责、一部分由公司最高管理机构负责。

二、盈余分配的过程

（一）分配过程

1. 原始盈余=收入总和扣除所有支出（不包括业绩相关分红所涉及的

支出以及分配到准备金中的份额）；

2. 盈余分配最低金额 = 通过法规层面、保险合同层面、或企业计划确定分配给会员（保户）的最低分配标准（不需要表决商议过程）；

3. 盈余分配额外金额 = 通过法规层面、保险合同层面、企业计划或公司章程确定分配给会员（保户）的除最低金额外的部分（由董事会或董事会和监事会共同决定，额外金额基于最低金额基础，以固定的分红百分比体现，每年上述机构需要根据以往经验以及公司状况决定是否改变该百分比）；

4. 制定公司年报 = 在确定 1 ~3 项后编制公司年报；

5. 计提损失准备金等 = 在章程规定的范围内计提准备金最低额度/最高额度（由董事会和监事会共同决定）；

6. 编制资产负债表盈余 = 将资产负债表盈余（Bilanzgewinn）继续计提入退还保费或准备金科目中（由盈余分配计划制定过程中的最高一级企业机构负责）。

表 12 –1　　　　盈余分配的组成

<table>
<tr><td rowspan="4">原始盈余</td><td rowspan="2"></td><td>盈余计算位置</td><td>计量方法</td><td>负责人</td></tr>
<tr><td>因业绩相关分红（保费返还）所产生的支出</td><td>最低额度由 VAG 与合同所规定
VAG 中规定企业应制定明确的最低额度
由保险合同规定
超出最低额度部分由企业章程规定</td><td>股东大会中负责法规和企业发展计划的有关人员在年报预期的框架下制定</td></tr>
<tr><td rowspan="2">公司年报</td><td>计入准备金的部分</td><td>最低额度由 VAG 规定</td><td>股东大会中负责法规和企业发展计划的有关人员在年报预期的框架下制定</td></tr>
<tr><td>资产负债表盈余</td><td>此处盈余可以应用如下两处：
继续计提入准备金
继续作为盈余分配</td><td>盈余分配计划制定过程中的最高一级企业机构</td></tr>
</table>

（二）样本公司情况

根据 Debeka Life 2013 年、2014 年年报，其分红过程大致如下：

（1）计算“总盈余”

总盈余 = 总收入 - 总支出（不含以下步骤提及的分配金额），依据年报，Debeka Life 2014 年总盈余约为 5.173 亿欧元。

（2）从“总盈余”中提取“保费退还准备金”以作分红之用

根据《保险企业监督法》第 56b 条的规定，“保费退还准备金”中所列款项仅可用于对投保人作盈余分配（包括《保险合同法》第 153 条规定的对估值储备的分配）。在特殊情况下，经监管当局同意，只要不占固定收益，“保费退还准备金”可以考虑投保人利益，用以：①规避紧急危险；②弥补有权保险合同中因所有情势变更而导致的不可预见的损失；③当计量基础依据不可预见的、非短暂的情势变更而必须进行调整时，增加提存准备金。

Debeka Life 的保费退还准备金账户实际上为分红账户，款项一旦从总盈余中被提入该账户，便成为公司对成员的分红（即使未实际分发给成员）。该款项的提取在损益表中记为费用。保费退还准备金账户是逐年累积而成的资金池，相互保险每年从“总盈余”中提取款项放入资金池中，同时也从资金池里提出一定款额实际分发给成员。

表 12 - 2　　保费退还准备金账户在资产负债中的列报

Passiva	EUR	EUR	EUR	Vorjahr EUR
A. Eigenkapital				
I. Eingefordertes Kapital				
Gründungsstock	-,—			-,—
abzüglich nicht eingeforderter ausstehender Einlagen	-,—	-,—		-,—
II. Kapitalrücklage		-,—		-,—
III. Gewinnrücklagen				
1. Verlustrücklage gemäß § 37 VAG	4.000.000,00			4.000.000,00
2. Rücklage für Anteile an einem herrschenden oder mehrheitlich beteiligten Unternehmen	-,—			-,—
3. satzungsmäßige Rücklagen				-,—
4. andere Gewinnrücklagen	762.000.000,00	756.000.000,00		722.000.000,00
IV. Bilanzgewinn/Bilanzverlust		-,—	756.000.000,00	-,—
B. Genussrechtskapital			-,—	-,—
C. Nachrangige Verbindlichkeiten			-,—	-,—

续表

E. Versicherungstechnische Rückstellungen				
I. Beitragsüberträge				
1. Bruttobetrag	137.746.895,65			139.309.271,23
2. davon ab: Anteil für das in Rückdeckung gegebene Versicherungsgeschäft	2.689.118,66	135.057.776,99		3.060.610,67
II. Deckungsrückstellung				
1. Bruttobetrag	38.005.686.363,38			35.837.667.335,02
2. davon ab: Anteil für das in Rückdeckung gegebene Versicherungsgeschäft	65.566.177,54	37.940.120.185,84		76.034.130,94
III. Rückstellung für noch nicht abgewickelte Versicherungsfälle				
1. Bruttobetrag	60.214.327,06			59.087.370,13
2. davon ab: Anteil für das in Rückdeckung gegebene Versicherungsgeschäft	219.731,08	59.994.595,98		118.181,66
IV. Rückstellung für erfolgsabhängige und erfolgsunabhängige Beitragsrückerstattung				
1. Bruttobetrag	3.744.285.133,70			3.750.354.686,47
2. davon ab: Anteil für das in Rückdeckung gegebene Versicherungsgeschäft	-,—	3.744.285.133,70		-,—

从总盈余向资金池注入的款项分为两部分，即最低金额与额外金额。其中，前者是成员应得固定收益，其额度由保险合同或法规层面的最低额度决定，无需表决商议。后者则是最低金额以外的分红金额，其提取由保险公司章程规定，具体百分比则每年由董事会决定或由董事会、监事会共同决定。

从资金池中流出的款项（实际分发）亦包括两部分，即分红与保费折扣。前者是从“保费退还准备金”账户中直接向成员分发的份额（保费退还准备金账户在提取时已全部记为费用，故实际分发时无需再记录）。后者则是从“保费退还准备金”账户中提取一定款额，并不直接分发，而是折抵投保人部分应缴保费，转为“当年已赚保费”，在损益表中确认为收入。这实际上是以保费折扣的形式向成员分红。

Debeka Life 的 2014 年资产负债表附注中说明了“保费退还准备金”

本年度的变动情况（见表12－3）。其中，Debeka Life从2014年的总盈余中提取约4.873亿欧元拨入“保费退还准备金”（见表12－4），同时，该年度中从“保费退还准备金”账户提出493 347 937.48欧元分派给成员。其中，378 338 169.24欧元直接向成员分红，115 009 768.24欧元（见表12－5）则作为保费折扣。

表12－3　　Debeka Life 2014年资产负债表附注

Rückstellung für erfolgsabhängige und erfolgsunabhängige Beitragsrückerstattung [Passiva E. IV.]	EUR	EUR
Stand am Anfang des Geschäftsjahres		3.750.354.686,47
Abgang im Geschäftsjahr		
Ausschüttung	378.338.169,24	
Entnahme als Beitrag aus der Rückstellung für Beitragsrückerstattung	115.009.768,24	493.347.937,48
		3.257.006.748,99
Zugang im Geschäftsjahr		487.278.384,71
Bilanzwert zum Ende des Geschäftsjahres		3.744.285.133,70

表12－4　　Debeka life 2014年损益表费用项

8. Aufwendungen für erfolgsabhängige und erfolgsunabhängige Beitragsrückerstattungen für eigene Rechnung			487.278.384,71	663.892.927,45

表12－5　　Debeka life 2014年损益表收入项

2. Beiträge aus der Brutto-Rückstellung für Beitragsrückerstattung			115.009.768,24	139.254.893,65

（3）从“总盈余”剩余部分中提取“损失公积金”以作异常损失储备

《保险企业监督法》第37条规定互助社应设立“损失公积金”以应对异常损失。Debeka Life公司章程中规定，“损失公积金”账户被提取后再行填充时，填充额度不得超过盈余的5%。

从年报来看，Debeka Life的“损失公积金”连续4年保持400万欧元，并未增减。因此，2014年提取的“损失公积金”为零。

(4) 如"总盈余"仍有剩余，则转入"保费退还准备金"或其他账户[①]经第 (2)、(3) 两步提取后，Debeka Life 2014 年盈余剩余 3 000 万欧元。Debeka Life 选择将其转入"盈余公积金"下的"其他盈余公积金"[②] 账户。

三、股份制和相互制保险公司盈余分配机制区别

根据"二、盈余分配的过程"，由于相互保险所有者即为投保人的自然属性，收入总和扣除所有支出（不包括业绩相关分红所涉及的支出以及分配到准备金中的份额）后的盈余部分全部计入其"业绩相关/非业绩相关保费退还准备金"，而股份制保险公司则将该盈余计入不同类的准备金科目中。同理，在盈余分配中股份制保险公司会自留一部分盈余作为股东分红，而相互制保险公司将全部盈余用于业绩相关/非业绩相关分红。

第六节　相互保险组织的会计、税务与信息披露

一、财务制度

(一) 德国财务制度综述

2007 年 11 月，德国联邦法务部提出与国际会计准则 IFRS 接轨的《德国商法典》修正案——《德国会计准则现代化法案》。经过几次修正后，2008 年 5 月内阁会议通过该法案。且《德国会计准则现代化法案》在 2009 年的 5 月正式作为 IFRS 的补充部分启用。通过该改革方案，德国企

---

① 按照 Debeka Life 的章程规定，监事会负责审查情况报告、年度决算、利润分配提案和代表大会上的相关报告，如果监事会没有其他意见，总盈余仍有剩余将转入保费退还账户，如果监事会认为可转入到其他盈余公积账户，也可以这样操作。

② 其他盈余公积金是指未被法定公积金、自有股份公积金、章定公积金等项目包含的盈余公积金份额。当无需弥补损失时，其他盈余公积金可以自由使用，例如，当年度盈余不足时承担增资或股息红利分派功能。

业的年报和合并报表适用性以及可比对性得到了提高。同时通过更国际化的财务制度提高了企业准入门槛，从而从侧面简化了德国企业资本化的工作流程。

2009 年 7 月 IASB 通过 6 年的努力制定了《国际会计准则中小企业准则》（IFRS for SMEs）。但其中规定对客户资产进行托管的中小企业（银行、保险公司等中小企业）不适用此规定。另一方面，《德国商法典》仍将企业年报作为分红计算和税收测定的主要依据。国际会计准则 IFRS 与《德国商法典》（以下简称“HGB”）的异同比对如表 12－6 所示。

表 12－6　国际会计准则（IFRS）与《德国商法典》（HGB）对比

<table>
<tr><td colspan="3">整体对比</td></tr>
<tr><td></td><td>IFRS</td><td>HGB</td></tr>
<tr><td>首要目的</td><td>为投资者提供投资决定信息参考</td><td>用于盈余分红和税收的计算参考基础</td></tr>
<tr><td>制定考量</td><td>投资者保护</td><td>所有者保护以及资本维持考量</td></tr>
<tr><td>通用规范</td><td>公允列报作为首要考量</td><td>真实公平评估</td></tr>
<tr><td>盈利水平计算原则</td><td>真实性：基于以往的盈利水平</td><td>谨慎性</td></tr>
<tr><td>现实中该原则的意义</td><td>基于以往的盈利水平对评估时点的盈利水平进行估计</td><td>充分考虑不利情景作为谨慎性的基础</td></tr>
<tr><td colspan="3">适用范围</td></tr>
<tr><td colspan="2">IFRS</td><td>HGB</td></tr>
<tr><td colspan="2">欧盟内上市公司强制适用的会计准则对于其他类公司非强制适用</td><td>对于不使用 IFRS 的非上市公司须强制适用 HGB</td></tr>
<tr><td colspan="3">基本组成部分</td></tr>
<tr><td colspan="2">IFRS</td><td>HGB</td></tr>
<tr><td colspan="2">资产负债表</td><td>资产负债表</td></tr>
<tr><td colspan="2">全面收益表</td><td>损益表</td></tr>
<tr><td colspan="2">附录</td><td>附录（只需要股份制公司提供）</td></tr>
<tr><td colspan="2">现金流量表</td><td>中型或大型股份制公司需提供的管理报告</td></tr>
<tr><td colspan="2">权益变动</td><td>权益变动</td></tr>
<tr><td colspan="2">企业合并报表中额外的管理报告（德国境内）</td><td>未建立合并报表的上市公司应额外提供现金流量表和股权变更报告</td></tr>
</table>

此外，有别于普通公司法人形式，《德国商法典》规定股份制公司还应额外提供如表 12－7 所示的报表及科目。

表 12－7　　　　　　　　　额外提供的报表及科目

不同企业形式所对应的法规	
对于所有类型法人	HGB 规定所有的公司需要评估和披露年报（§§238－263 HGB） 内审：资产负债、损益表以及相应的说明。应按季度更新，应明确规定上报时间，同时应符合商业法§341k 的上报要求。而对于商业法§341k 不使用的年报和财报，应使用独立性报告（§55a）。 监管机构可以要求预测未来的会计报告，内容应包括未来的营业状况、偿付能力、评估准备金及风险承受能力（§55b）。 除此之外，企业还须提供风险评估报告和内部审查报告（§55c）。
对于股份制公司的额外规定	HGB 要求股份制公司提供额外的信息披露（§§284，285 HGB）及公司情形报告（§289 HGB）。 HGB 要求股份制公司提供合并财务报表（§§290－315a HGB）。 HGB 要求股份制公司额外提供现金流量表及分部门报告（§297 I HGB）。

（二）保险组织财务制度

1994 年 11 月 8 日，德国《保险公司会计准则》用于在《德国商法典》背景下对于保险公司进行额外的会计规范要求。

我们研究的相互保险组织为未上市公司，且大部分执行《德国商法典》准则填报年报，因此，这里将《德国商法典》要求的年报（资产负债表、损益表）科目列示出来，如表 12－8 所示（结合《保险公司会计准则》对于保险公司的特殊要求）。

表 12－8　　　　　　《德国商法典》要求的年报科目

资产负债表	
资产	负债
A【已废除】 B 无形资产 C 可投资资产 D 独立账户资产 E 应收账款 F 其他资产 G 待摊费用 H 递延所得税资产 I 资产清算的资产差额 K 负债超过资产的部分	A 所有者权益 B 参与凭证 C 次级债务 D【已删除】 E 保险责任准备金 F 投连部分准备金负债 G 其他准备金 H 保户储金及投资款 I 其他负债 K 待摊费用 L 递延所得税负债

续表

损益表	
财产险等	健康险/寿险
I. 保险责任部分	I. 保险责任部分
1. 自行承担的实收保费	1. 自行承担的实收保费
2. 利息收入	2. 总储备金中用于保费赔付的保费收入
4. 保险索赔支出	3. 资本收益
5. 准备金提转差	4. 未实现的资本收益
6. 自行承担的损益相关及损益不相关的保险赔偿支出	6. 自行承担的保险事故的支出
9. 自行承担的保险业务的相关支出	7. 其他保险精算准备金的变动值
3/8. 其他自行承担的精算收益/费用	8. 自行承担的损益相关及损益不相关的保险赔偿支出
10. 均衡储备金变动额	9. 自行承担的保险业务的相关支出
13. 自行承担的保险精算损益	10. 资本支出
II. 非保险精算账目	11. 未实现的资本亏损
1. 资本收益	5/12. 其他自行承担的精算收益/费用
2. 资本支出	13. 自行承担的保险精算损益
3. 利息收入	II. 非保险精算账目
4. 其他收入	1. 其他收益
5. 其他支出	2. 其他支出
7/8. 营业外收支	4/5. 营业外收支
10/11. 所得税/其他税金	7/8. 所得税/其他税金
14. 当年净利润	11. 当年净利润

(三) 股份制和相互制财务审计制度的区别

根据目前掌握的资料，股份制保险公司和相互保险在财务审计制度上没有明显差别。

二、税收制度

(一) 德国税收制度综述

德国对于企业征收的税金主要包括以下三类：公司所得税（Körperschaftsteuer）、工商税（Gewerbesteuer）以及附加税（包括团结互助税）。

公司所得税纳税主体亦分为无限和有限纳税主体，凡登记注册地或管理控制机构地在德国境内的公司或其他法人承担无限纳税义务，就其境内外全部所得纳税。而注册登记地和管理控制机构地不在德国境内，但其相关收入确与德国境内有着实质上的联系的公司则承担有限纳税义务，仅就其在德国境内所得纳税。

与中国营业税不同，德国工商税不是流转税，而属于所得税种，其税收收入主要由德国各地方乡镇支配。工商税属于物税，因此在纳税过程中，企业主的人身关系将不予考虑。由于企业对其工商经营所得既要缴纳个人所得税或公司所得税，又要缴纳工商税，因而税收负担增加，所以德国立法部门一直准备废除该税种。但由于该税种是地方政府最主要的财政收入来源，故废除计划遭到了乡镇代表的极力反对与阻止。因此，德国税法改革委员会一直在酝酿新的改革方案，以求既可以确保地方的收入来源，也能避免税负过重问题，维护税法的平等、效率原则。在德国现行的所得税法体系中，工商税可以在计算应税所得时作为营业支出予以扣除。

（二）保险组织税收制度

德国《企业税法》第三章对保险公司、养老基金以及建房储金企业有特殊的法条规定。德国企业税以及工商税对某些相互保险组织及小型互助协会在税法改革前有相应的税率优惠政策，改革后则没有显著的差别。

改革前后具体规定如表 12 – 9 所示。

表 12 – 9　　税收优惠条款和政策

所得税	条款备注
无显著差别	2000 年前：对于股份制公司，保留盈余税率为 45%，分出的盈余税率为 30% 2000 年前：对于相互保险，保留盈余税率为 42%，分出的盈余免税
对于小型互助协会免除企业所得税*	小型互助协会保费收入不得超过《所得税执行条例》第四节中规定的上限，或只运营死亡金业务
对于经营养老、死亡金、健康险且符合特殊前提的企业免征营业税	企业须对投保对象承担法律保障责任 企业归属于为德国福利制度服务的公共设施 企业资产直接用于保证企业持续运营 企业资产在财报年结束时不得超过所得税法特殊条款规定的上限

续表

工商税	条款备注
营业税实施条例规定小型互助协会免除工商税	免税范围与所得税中免税的对象一致

注：＊德国某相互保险组织是否属于小型互助协会，《保险企业监督法》第53节明确规定由监管机构 BaFin 确认。小型互助协会不可开展非会员业务。

三、信息披露

信息披露分为两个层次：其一，满足2016年1月1日全面实施的欧洲偿付能力Ⅱ关于信息披露的要求，其二，满足 BaFin 对德国保险公司的信息披露要求。

（一）偿付能力Ⅱ的信息披露规定

欧洲偿付能力Ⅱ对保险公司要求信息披露是通过市场力量监管的重要途径。偿付能力Ⅱ对于保险公司的信息披露要求包括公开披露与监管报告两部分①。

1. 公开披露要求

保险公司必须在年报中简明扼要地披露其偿付能力及财务状况，包括业务性质及绩效描述、治理系统及其充足性概括、公司所面临的各类风险暴露、风险集中、风险敏感性及采取的各种风险缓和措施、企业资产、技术性准备金及其他负债的估值方法及金额、保险公司自有资金的结构及变化情况、MCR 与 SCR 金额、使用内部模型计算 SCR 与使用标准模型计算的差额等。

2. 监管报告要求

监管报告要求比公开披露要求的范围更宽泛、内容更详细、要求更严格。任何有助于判断保险公司财务状况、偿付能力状况、公司风险大小和内部风险管理体系的信息，以及任何对监管者决策可能产生影响的信息都应当向监管机构报告。监管报告包括定期报告和临时报告两种。定期报告为常规报告，监管机构为定期报告设立了专门的模板。当公司发生重大事项时，还应当在规定的时间内向监管机构报送临时报告。重大事项包括：

① 陈文辉：《中国偿付能力监管改革的理论和实践》，北京，中国经济出版社，2015。

进入新的业务领域、关键高管人员变更、内部组织架构变更、发生重大诉讼事项、业务经营战略变更、财务状况发生重大变化等。

(二) BaFin 的信息披露制度

BaFin 2010 年出台了《保险机构对联邦金融监管机构的报告规则》，该规则分为五部分，第一部分是内部年度报告的规定，第二部分是内部季度临时报告的规定，第三部分是小型互助协会的豁免，第四部分是保险产品和术语的定义，第五部分则是行政违法措施。以下主要介绍内部年度报告和内部季度临时报告。

1. 内部年度报告

受 BaFin 监管的相互保险都应提交年度报告，内容包含资产负债表以及利润和损益账户。资产负债表应按照 form 100 制定，损益账户应按 form 200 制定，需注意的是该法对生命和健康险在 form 200 下的部分有例外的处理规定，财产和意外保险在 form 200 下有特别的规定。此外，再保险业务以及养老金业务也有特殊的规定。

上述报告通常要在财务年度结束后 5 个月内提交。对于生命和健康保险机构、养老保险、殡葬费用基金及财产和意外伤害保险，特定情形下可以延长一个月。

2. 内部季度临时报告

根据 Bafin 的规定，不同类别保险适用不同的表格提交季度数据：(1) 人寿保险应按照 601 表提供季度数据；(2) 养老保险应按照 602 表提供季度数据；(3) 健康保险应按照 603 表提供季度数据；(4) 财产和意外保险以及再保险应按照 604 表提供季度数据。季度临时报告提交时间为应提交报告季度的下一个月。

3. 小型互助协会的例外规定

《保险企业监督法》第 53 条 (1) 项下的以下小型互助协会适用 form 300 格式：(1) 前一年度的纯保费收入未超过 3 000 万欧元的养老保险；(2) 收入未超过 100 万欧元的殡葬费用基金；(3) 未超过 100 万欧元的健康保险；(4) 未超过 100 万欧元的财产和意外保险。此外，个别保险种类有其他的特殊规定。

（三）样本公司情况

Debeka集团下各公司（含Debeka Life及Debeka Health）信息披露由Debeka集团网站进行。该网站实时提供集团内各公司年度报告及信息动态，并提供信息推送服务，以供公众查阅。Debeka Life信息披露文件在Debeka集团网站上实时更新，以供查阅、下载。Debeka Life及时在Debeka集团网站上发布信息，内容包括公司年报、公司组织结构、管理人员信息、最新财务数据、发展计划等。普通用户在Debeka集团网站预留电子邮箱地址后，可以获得不定期信息推送。内容包括时事新闻、产品信息及发展计划等。媒体用户在Debeka集团网站登记信息并通过验证后，可以获得其不定期新闻信息推送。

第七节 相互保险组织的合并、转制与解散清算

一、合并

《德国公司改组法》规定，互助社只能相互合并。除此之外，相互保险社可以以合并的方式被一个以经营保险业务为内容的股份有限公司（股份制保险公司）吸收。相互保险合并包括吸收合并、新设合并及较小社团的合并。其中，较小社团的合并要求已在前文小型互助协会相关内容中有过介绍，以下主要介绍吸收合并和新设合并。

（一）吸收合并

1. 合并合同

根据《德国公司改组法》的规定，吸收合并应签署合并合同。相互保险的合并合同或其草案应包含以下事项：（1）参加合并的权利承担人的名称或商号以及住所；（2）关于以给予承受财产的权利承担人股份或成员资格为条件，将任何一个转移财产的权利承担人的财产作为整体进行转移的协议；（3）转移财产的权利承担人的行为视为以承受财产的权利承担人的计算实施的行为的时刻（合并的施行日）；（4）向参与合并的权利承担人的代表机关或监督机关的成员、执行业务的股东、决策审查人或合并审查

人给予的任何特殊利益；（5）合并对雇员及其代表机关的后果以及在此方面规定的措施。

一个转移财产的权利承担人的全部股份集中于承受财产的权利承担人之手的，免除关于股份转换的事项，但以其涉及该权利承担人的吸收为限。合同或合同草案至迟应在任何一个参与合并的权利承担人的权益持有人召开会议决定是否同意合并合同的大会之日前1个月，提交给该权利承担人的主管的企业参决会。

2. 合并审查人的选任和审查报告

对于任何一个相互保险的合并合同或其草案，均应进行审查。对于任何一个相互保险，至少须选任一名合并审查人。审查人每次都应由公司董事会选任。

合并审查人应对审查结果进行书面报告。审查报告也可以共同提出。在审查报告的末尾，应说明所建议的权益转换比例，在加付现金款项时，加付现金款项的数额，或承受财产的权利承担人的成员资格作为对等价值是否为适当。在此，应注明下列事项：（1）所建议的转换比例是按何种方法确定的。（2）采用这些方法为何适当。（3）以采用数种方法为限，在采用不同的方法时，每次将得出何种转换比例或何种对等价值。同时应说明，在确定所建议的转换比例或对等价值和在确定其所依据的价值时，不同的方法各占有何种分量，以及在评价权利承担人时，出现了何种特殊困难。（4）在报告中，对于如被知悉即可能会给参加合并的权利承担人中的一个权利承担人或给一个关联企业造成非为不显著的不利的事实，无须列入。在此种情形下，应在报告中说明未将此种事实列入的理由。（5）所有参加合并的权利承担人的全部股份持有人放弃提出报告，或转移财产的权利承担人的全部股份处于承受财产的权利承担人之手的，无须提出报告。放弃的表示应作公证书。

3. 合并合同的公告

在成员代表大会召集对合并合同决议前，应将合并合同或其草案提交登记。法院应在公告其登记所指定的公报（《德国商法典》第10条）上公告，合同或合同草案已经提交商业登记。

4. 成员代表大会的筹备、实施和决议

在成员代表大会召集时起，应在互助社的营业场所陈列下列文件以供社员查阅：（1）合并合同或草案；（2）参加合并的权利承担人最后3个营业年度的年度决算和局状报告；（3）最后的年度决算涉及一个营业年度，而该营业年度在合并合同订立或在草案制定前至少已经结束6个月的，应陈列以不在订立或制定前第3个月的第1日之前的一日为报表日编制的资产负债表（中间资产负债表）①；（4）合并报告②；（5）审查报告。

在成员代表大会上，应陈列上述文件。董事会在讨论开始时，应对合并合同或其草案进行口头说明。经成员代表大会上的请求，也应向任何一名成员代表告知其他参加合并的权利承担人的、对合并具有重大意义的一切事务。

成员代表大会的合并决议需经所投票数的四分之三多数的同意，如果章程规定高于此比例的，以章程规定为准。

5. 法院审查

在相互保险进行合并的情形下，对于成员资格的转换比例，不进行法院审查；在相互保险与股份制保险公司合并的情形下，法院将会进行审查。

（二）新设合并

《德国公司改组法》对新设合并规定，在没有另行规定的情形下，适用吸收合并的相关规定。对于新设合并，《德国公司改组法》主要规定合

---

① 中间资产负债表应依权利承担人最后的年度资产负债表所适用的规定编制。无须进行实物清点。可以使用最后的年度资产负债表的各项估价。但在使用时，应考虑在中间资产负债表日之前的折旧、摊销、价值调整和准备金，以及考虑重大的、不能由账簿反映的、财产真实价值的变动。

② （1）任何一个参加合并的权利承担人的代表机关，均应提出一份在法律和经济上对合并、合并合同或合同草案进行具体说明并陈述理由，特别是对股份的转换比例或承受财产的权利承担人的成员资格以及应给予的现金一次给付补偿的数额进行说明并陈述理由的详细书面报告（合并报告）；此项报告也可以由各代表机关共同提出。对于在评价权利承担人时可能产生的特殊困难以及对股份持有人的参股可能产生的后果，应予指明。一个参加合并的权利承担人为《德国股份公司法》第15条意义上的关联企业的，在报告中，也应注明对合并具有重大意义的、其他的关联企业的一切事务。代表机关的告知义务，也扩及于此种事务。

（2）在报告中，对于如被知悉即可能会给参加合并的权利承担人中的一个权利承担人或给一个关联企业造成非为不显著的不利益的事实，无须列人。在此种情形，应在报告中说明未将此种事实列人的理由。

（3）所有参加合并的权利承担人的全部股份持有人放弃提出报告，或转移财产的权利承担人的全部股份处于承受财产的权利承担人之手的，无须提出报告。放弃的表示应作为公证书。

并后的相关事宜。

对于合并后机关的选任，移转财产的社团的董事会应选任新设的权利承担人的第一届监事会，并为第一个完整的或不完整的营业年度选任决算审查人。选任需作成公证书。第一届董事会由监事会选任。

新设权利承担人的章程及其监事会成员的选任，需要得到移转财产的社团以合并决议的方式表示的同意。在公告一个社团的议事日程时，应公告合并合同的重大内容。在公告时，董事会和监事会应对决议提出建议；关于监事会成员和审查人的选举，只应由监事会提出建议。监事会也应由劳方监事会成员组成，监事会关于选举监事会成员建议的决议，只需经社团成员中监事会成员多数票的同意即可。

一个新设社团在登入登记簿之前，不作为此种社团而存在。在社团登记前以其名义行为的人，负个人责任；数人行为的，作为连带债务人负责任。在对一个新设社团的登记进行公告时，除其他必要内容外，应列入第一届监事会成员的姓名、职业和住所。同时应公告，申报时提交的文件可以在法院查阅。

二、分立

有相互保险参与的分立，只能进行全部分立或部分分立，并且只能以一个转移财产的社团的财产转移于其他现存的或新设的相互保险或转移于股份制保险公司的方式进行。此外，一个相互保险社可以采取划出的方式，将一部分财产转移于一个现存的或新设的有限责任公司，但以此举并不移除保险合同为限。表 12－10 为三种方式下的相互保险的分立情形。

表 12－10　　　　三种方式下相互保险的分立

分立形式	相关法律规定
全部分立	为吸收的目的，通过将各部分财产分别作为整体同时移转于其他现存的权利承担人（承受财产的权利承担人）。
	为新设的目的，通过将各部分财产分别作为整体同时转移于其他的、由其因此而设立的新的权利承担人，以向转移财产的权利承担人的股份持有人给予这些权利承担的股份或成员资格为条件，将其财产全部分立。

续表

<table>
<tr><th>分立形式</th><th colspan="2">相关法律规定</th></tr>
<tr><td rowspan="2">部分分立</td><td colspan="2">为吸收的目的，通过将财产的一个部分或数个部分分别作为整体转移于一个现存的或数个现存的权利承担人（承受财产的权利承担人）。</td></tr>
<tr><td colspan="2">为新设的目的，通过将财产的一个部分或数个部分分别作为整体转移于一个或数个、由其因此而设立的新的权利承担人，以向转移财产的权利承担人的股份持有人给予该权利承担人或这些权利承担人的股份或成员资格为条件，从其财产中分立一个部分或数个部分。</td></tr>
<tr><td rowspan="2">划转</td><td>为吸收的目的，通过将财产的一个部分或数个部分分别作为整体移转于一个现存的或数个现存的权利承担人（承受财产的权利承担人）。</td><td rowspan="2">并不移转保险合同为限</td></tr>
<tr><td>为新设的目的，通过将财产的一个部分或数个部分分别作为整体转移于一个或数个、由其因此而设立的新的权利承担人，以向移转财产的权利承担人给予该权利承担人或这些权利承担人的股份或成员资格为条件，从其财产中划出一个部分或数个部分。</td></tr>
</table>

表 12－11　　吸收分立与新设分立的程序

程序要求	相关法律规定
吸收分立的程序	吸收分立的程序规定，如无其他特别规定，适用于关于合并程序的要求。 1. 分立及承受合同 （1）分立及承受合同草案至少须包含下列事项： ✓ 参与分立的权利承担人的名称或商号及住所； ✓ 关于以给予承受财产的权利承担人的股份或成员资格为条件、分别作为整体转移财产的权利承担人的财产的协议； ✓ 在全部和部分分立时，权益的转换比例，在加付现金款项时，加付现金款项的数额，或关于承受财产的权利承担人的成员资格的事项； ✓ 在全部分立和部分分立时，移转承受财产的权利承担人的权益的细节问题，或关于取得承受财产的权利承担人的成员资格的细节问题； ✓ 这些权益或成员资格给予决算盈余请求权的时间，以及关于此项请求权的一切特殊问题； ✓ 移转财产的权利承担人的行为视为以承受财产的权利承担人中的任何一个权利承担人的计算实施的时间（分立的施行日）； ✓ 向参与分立的权利承担人的代表机关或监督机关的一名成员、向一名执行业务的权益持有人、向一名决算审查人或向一名分立审查人给予的任何特别利益； ✓ 向承受财产的权利承担人中的任何一个权利承担人移转的积极财产和消极财产

续表

程序要求	相关法律规定
吸收分立的程序	的准确名称和划分，以及移转的企业和企业的各个部分的准确名称和划分，同时列明向各承受财产的权利承担人的归列； ✓ 在全部分立和部分分立时，承受财产的权利承担人中任何一个权利承担人的股份或成员资格向移转财产的权利承担人的股份持有人的分配，以及分配的标准； ✓ 分立对雇员及其代表机关的后果，以及在此方面规定的措施。 （2）应附上可以查照 因其内容而使分配个别财产成为可能的、诸如资产负债表和财产目录等文件；这些文件应作为附件附具于分立及承受合同。 （3）合同或者合同草案至少应在决议是否同意分立及承受合同的大会召开之日前1个月送交该权利承担人的主管的企业参决会。 2. 分立报告 参与分立的权利承担人中的任何一个权利承担人的代表机关，应提出一份在法律和经济上对分立、合同和合同草案进行具体说明并陈述理由，在全部分立和部分分立时，特别是对权益的转换比例或关于承受财产的权利承担人的成员资格的事项、分配标准以及对应给予的现金一次给付补偿的数额进行说明并陈述理由的详细书面报告（分立报告）；报告也可以由各代表机关共同提出。准用合并报告第1项第2款至第4款、第2项和第3项①。 3. 特别情形对分立的同意 以全部分立或部分分立时，向移转财产的权利承担人的权益持有人分配承受财产的权利承担人的权益或成员资格不按相当于在移转财产的权利承担人持有的权益比例进行的，分立及承受合同只有在得到移转财产的权利承担人的全体权益持有人同意时，始为有效。在吸收分立时，持有权益的比例的计算应以每次应移转的那部分财产为依据。 4. 分立的申报 承受财产的权利承担人中的任何一个权利承担人的代表机关，也有权对分立进行申报。 5. 分立的登记和公告 （1）分立只有在其于承受财产的权利承担人中的任何一个权利承担人的住所地的

---

①（1）对于在评价权利承担人时可能产生的特殊困难以及对股份持有人的参股可能产生的后果，应予指明。一个参加合并的权利承担人为《德国股份公司法》第15条意义上的关联企业的，在报告中，也应注明对合并具有重大意义的、其他的关联企业的一切事务。代表机关的告知义务，也扩及于此种事务。

（2）在报告中，对于如被知悉即可能会给参加合并的权利承担人中的一个权利承担人或给一个关联企业造成非为不显著的不利益的事实，无须列入。在此种情形，应在报告中说明未将此种事实列入的理由。

（3）所有参加合并的权利承担人的全部股份持有人放弃提出报告，或转移财产的权利承担人的全部股份处于承受财产的权利承担人之手的，无须提出报告。放弃的表示应作为公证书。

续表

程序要求	相关法律规定
吸收分立的程序	登记簿上登记之后，才可以被登入转移财产的权利承担人的住所地的登记簿。在承受财产的权利承担人中的任何一个权利承担人的住所地的登记簿上进行登记时，应载明，分立只有在登入转移财产的权利承担人的住所地的登记簿时，始为有效。 （2）移转财产的权利承担人的住所地的法院，应依职权向承受财产的权利承担人中的任何一个权利承担人的住所地的法院通知登记分立的日期，以及送交商业登记簿的节本和移转财产的权利承担人的公司合同或章程的认证誊本。在收到通知后，承受财产的权利承担人中的任何一个权利承担人的住所地的法院，应依职权记载在移转财产的权利承担人的住所地的登记簿上登记分立的日期。 6. 对债权人和特别权利的权利人的保护 主要规定如下：对于在分立生效前已经设定的、移转财产的权利承担人的债务，参与分立的权利承担人作为连带债务人负责人，此外请求权所指向的、参与分立的权利承担人，负有提供担保的义务。请求权经5年时效消灭①。
新设分立的程序	新设分立的程序规定，如无其他特别规定，适用于吸收分立程序的要求②。 1. 分立方案 移转财产的权利承担人的代表机关应制订分立方案。分立方案取代分立及承受合同。 2. 新设的权利承担人及分立的申报和登记 （1）移转财产的权利承担人的代表机关应将新设的权利承担人中的任何一个权利承担人向其住所应在辖区的法院申报登入登记簿。 （2）移转财产的权利承担人的代表机关应将分立申报登入移转财产的权利承担人的住所地的登记簿。 （3）新设的权利承担人中的任何一个权利承担人的住所地的法院，应依职权向移转财产的权利承担人的住所地的法院通知新设的权利承担人的登记日期。在收到全体新设的权利承担人的通知之后，移转财产的权利承担人的住所地的法院应登记分立、依职权向新设的权利承担人中的任何一个权利承担人的住所地的法院通知登记的时间，以及向其送交商业登记簿的节本和移转财产的权利承担人的公司合同或章程的认证誊本。分立的登记时间应在新设的权利承担人中的任何一个权利承担人的住所地的登记簿上依职权登记；法律上规定的、关于新设权利承担人登记的公告，只有在此之后，才是准许的。

三、转制

根据《保险企业监督法》的规定，任何保险机构的转制应符合《德国

① 《德国公司改组法》第133条、134条。

② 《德国公司改组法》第135条。

公司改组法》的规定并获得监管部门的批准。如果未符合转制的规则，可以拒绝批准。

（一）转制的程序

1. 形式变更的可能

一个非为《保险企业监督法》第53条意义上的较小社团的相互保险根据改组决议，只能取得一个股份有限公司的法律形式。在股份有限公司参股的任何一名社员至少取得完整的一股的（并且只以此种情形为限）才可以进行形式变更。

2. 最高代表机关大会的筹备和实施

最高代表大会应准备以下材料并作以下筹备：（1）财产一览表。（2）改组报告。改组报告应自决议的最高权力机构召集时起，在公司的营业场所陈列，供会员查阅。（3）现金一次性给付补偿的要约。变更形式的公司的代表机关最迟应在召集决议形式变更的股东大会时，向股东送交现金一次性给付补偿的要约。变更形式的权利承担人应向对改组决议表示异议并作成笔录的任何一名权益持有人，提出以给予适当的现金一次给付补偿为条件取得其已经改组的权益或成员资格的要约。权利承担人因其新的法律形式而不能取得自有股份或成员资格的，对于权益持有人表示其从权利承担人中退出的情形，应提出给予现金一次给付补偿的要约。移转的费用由权利承担人负担。未出席会议的权益持有人是以不法方式未被准许参加大会的，或大会不是按规定召集的，或决议的内容未按规定公告的，视同作出笔录的异议。

3. 最高代表机关大会的决议

最高代表机关的改组决议至少需要经所投票的四分之三多数的同意。最迟至最高代表机关大会前的第三日结束前，至少有100名社员以挂号信对形式变更提出异议的，其须经所投票的十分之九多数的同意。章程可以规定较大的多数和其他的要件。

改组决议中应含有改组后的公司章程，但无须社员签署。改组决议中可以规定，社员在决议形式变更前属于变更形式的社团不到3年的，其不得在股份有限公司参股。股份有限公司的股本应按法律形式为股份有限公司的可比保险企业的股本数额确定。只有在确定一个较高的股本时，监督机关才会向一个应新设的保险股份有限公司给予营业经营许可的，应将股本限于该金额，但以此举依变更形式的社团的财产情况为可能为限。此种确定依社团的财产情况非为可能的，确定股本的名义金额应保证取得股东法律地位的任何一名社员尽可能取得完整的股票。

全体会员不应获得同等数额的股份的，会员在股份有限公司股本中的参股只能按下列标准中的一种或数种确定：（1）保险金额；（2）出资的数额；（3）人寿保险中责任准备金的数额；（4）章程中规定的、分配盈余的标准；（5）章程中规定的、分配财产的标准；（6）会员资格的存续条件。

4. 资本保护

改组后的股份有限公司的名义金额，不得超过变更形式的相互保险在扣除债务后剩余的财产。在公司形式变更为一个股份有限公司时，不论在何种情形，均应由一名或数名审查人进行设立审查。但变更形式的相互保险的会员不负有提出设立报告的义务。

5. 形式变更的申报

变更形式的相互保险的代表机关应进行形式变更的申报。代表机关应申报将权利承担人的新的法律形式登入登记变更形式的权利承担人的登记簿。

变更形式的权利承担人未在一个登记簿上登记的，应向有管辖权的法院申报将新的法律形式的权利承担人登入新的法律形式所适用的登记簿。因形式变更而使权利承担人所适用的登记簿的种类发生变更的，或因与形式变更有关的住所变更而设定另一个登记法院的管辖的，适用相同规定。在前述情形下，也应申报将改组登入登记变更形式的权利承担人的登记簿。此项登记应载明，改组只有在将新的法律形式的权利承担人登入该法律形式所适用的登记簿时始为有效。只有在经过前述登记之后，才可以对新的法律形式的权利承担人进行登记。

6. 形式变更的公告

对申报新的法律形式或申报新的法律形式的权利承担人具有管辖权的法院，应在《法律公报》上和至少在另一公报上公告新的法律形式的登记或新的法律形式的权利承担人的登记的全部内容。自包含公告的公报中的最后的公报出版之日结束时起，公告视为完成。此外，公告也应注明，变更形式的社团的社员按何种标准在股份有限公司参股。

7. 形式变更的效力

相互保险原会员资格因形式变更而成为股票和部分权利。第三人对变更形式的权利承担人的股份或成员资格的权利，在取得其地位的、新的法律形式的权利承担人的股份或成员资格上继续存在。因而，存在于原会员权益上的第三人的权利，在因形式变更所取得的股份和部分权利上继续存在。

因形式变更而产生的部分权利，可以独立让与和继承。由一股产生的权利（包括签发股票证书的请求权）只有在合计构成完整一股的部分权利集中于一人之手时，或在其部分权利合计构成完整一股的数个权利人联合行使这些权利时，才可以行使。对于各项部分权利的结合，权利承担人应进行媒介。

8. 通知股东及股份的转让

新的法律形式的公司的代表机关应在公告公司登入登记簿之后，不迟延地以书面方式向任何一名股份持有人通知登记的内容，以及通知向其归属的股份和部分权利的数量，并在股票非为无面额股时，通知向其归属的股份和部分权利的名义金额。在此，应指明存在于原会员权益上的第三人的权利，在因形式变更所取得的股份和部分权利上继续存在。在进行书面通知时，应在公司公报上同时公告书面通知的主要内容。

在对公司股东进行前述通知时，应催告股东取回其拥有的股票。在此，应指明，对于不在公司公报上公告催告后 6 个月内取回的股票，公司在经 3 次警告后，有权以当事人的计算进行让与。此项指明无须列入公司公报上的催告公告。

自公司公报上公告催告时起 6 个月的期间届满后，对于未取回的股票，新的法律形式的公司应警告让与。警告应以至少 1 个月的间隔在公司公报上公告 3 次。最后一次公告必须在公告催收后 1 年的期间届满前完成。

自最后公告催告时起 6 个月的期间届满后，对于未被取回的股票，公司应以当事人的计算、按官方的交易所价格、采取由一名行情经纪人媒介的方式进行让与，在无交易所价格时，采取公开拍卖的方式进行让与。

（二）特别规定

根据《保险企业监督法》的规定，转制后的承接方必须证明，改制后，它将处置数额为偿付准备金的自有资金。为了未满期保险合同转移的目的，相互保险在保险合同下的权利和义务也关系到保险人，应转让给变更形式的权利承担人承接。监管机关如认为改制后的机构透明度或者高管合格性不够等，可以拒绝批准。

四、解散清算

（一）德国相互保险的解散事由

根据《保险企业监督法》的规定，相互保险于下列情形解散：（1）公司章程所规定的公司存续期已过；（2）经会员代表大会决议；（3）对公司资产开始实行破产程序；（4）因最终缺乏资产，自撤销破产申请书命令之日起。

（二）会员代表大会决定解散程序

在经会员代表大会决议的情形下，应召开有关解散的会员代表大会。除公司章程另有规定外，应经四分之三表决通过才可以有效，投票反对解散公司的会员可记载于会议记录。会员代表大会通过的决议应经主管监督机关的同意，否则决议不发生效力。此外，主管监督机关须向保存商业登记簿的法院通知其同意。

（三）破产程序

1. 破产标准

（1）针对保险机构破产程序开始的申请只能由监管机关提出。

（2）一旦保险机构资不抵债，董事会应尽快通知监管部门。这只在如果保险机构的资产不再足以清偿其负债时适用。这项通知的要求应取代董事会在其他法律规定的在资不抵债或者过度负债下的提出破产申请的要求的义务。如果是相互保险或者以相互原则经营的公法保险机构追征保费或者费用支出的情形，任何追征保费和费用的要求在到期日后的五个月内未被满足，且如果不以现金支付的保费或者费用的追征被忽视，董事会应决定保险机构是否将会过度负债；如果情况属实，董事会在规定期限届满后的一个月内应通知监管机关。清算人应承担同样的职责。

2. 清算过程

清算标准：企业不能支付债务（包括企业总资产价值不足以抵扣所欠债务），且董事会须向监管机构提供相应证明。

3. 清算程序

（1）决定破产程序开始（对于资产的清算）即解散；

（2）解散决定应通过四分之三多数表决通过（当章程对于“多数”没有特殊定义时），且解散决定需通过监管机构许可；

（3）业务转移（现有保单的转移）；

（4）成员损失的清算（至少隶属组织三个月的会员）（分配标准如保单总额、生命险的准备金额度、保单收入以及会员时间长短等标杆）；

（5）解散的注册；

（6）初始资金的退款（如扣除税务之后仍有剩余），且后续资金不在退款欠款之列者之后的去向，应由最高代表大会决定，且通过四分之三多数（如章程在此无特别规定）。

4. 责任延伸

《保险企业监督法》第 24 ~ 26 条中规定的会员或已退出会员均有债务责任，破产管理人规定如何清算后续资金和拨款，以及规定每个会员负担的债务。

（四）保险理赔及未满期保险业务的转移

如相互保险经由会员代表大会决议解散，被保险人最早于该解散决议所指定之日起四周后终止保险契约关系。保险理赔的发生早于此时间者，仍可以请求法院通知其同意。为将来的保险期限预付的任何预付款，可以在扣除所发生费用后偿还。除非公司章程有特别规定外，人寿保险契约不受（上述事项）影响。

以将全部或部分保险业务转移给其他公司为目的的契约，除非经过会员代表大会的同意，否则不发生效力。本项决议，除公司章程另有规定外，应经四分之三表决通过才可以生效。

（五）解散登记

公司的董事会应向商事登记机关提交互助社解散的登记申请。如果破产诉讼程序尚在进行或者破产申请被否决，不适用前述规定。在公司实行破产程序或者因缺乏资产解散的情形下，法院应根据其权利登记相互保险的解散及其解散事由。破产法院办公室应当送交法院其核发的破产程序进行之中或者破产申请被否决的证明文件的副本，以证明上述核发文件为最终状态。

（六）社团的延续

如果相互保险因期间届满或经由会员代表大会决议解散，会员代表大会可以决议继续经营公司直至资产开始分配至有资格的权利人。除章程另有规定外，该决议需要四分之三表决通过。经监管机关批准后，须通知法院对该批准进行登记。公司继续经营的决议记载于公司所在地的商业登记簿上，否则不发生效力。

第八节　保障基金的缴纳

一、制度概述

德国现有两种保险保障基金模式（寿险和健康险救济模式），其法规基础为《保险企业监督法》。这两种保障基金制度建立于2006年，同时对于别的险种没有保障基金模式。其中BaFin为寿险公司建立了Protektor Lebensversicherung AG用于负责保险保障基金业务并接管破产企业保单，为健康险公司专门成立了Medicator AG用于负责保险保障基金业务并接管破产企业保单。《保险企业监督法》对于两个险种分别制定了不同的救助机制和规定。

表12－12　　保险保障基金模式

参与公司		备注
寿险公司模式	128	包括23个养老基金以及3个欧盟外公司的德国子公司
个人健康险模式	48	只针对国内业务

注：2006年数据。

二、救助机制

保险保障基金不直接提供赔偿支付，但其会接管破产公司的所有保单（且不进行折算），且按合同约定全额保证保险责任至合同满期。除此之外，BaFin 允许将给付责任最多下调 5%，以保证救助机制的正常运行。在 2003 年接管 Mannheimer Lebensversicherung AG 的案例中，Protektor 公司按照合同规定进行了给付。

三、成员资格

《保险企业监督法》规定所有受其监管限制的保险公司必须参与保险保障基金计划，德国寿险公司和欧盟境外的寿险公司须强制参与保险保障计划，但欧盟境内在德国的寿险公司子公司不得参与。《保险企业监督法》允许（非强制）养老基金加入保险保障基金计划。

四、基金运营

除了得到 BaFin 的法规支持以及 Protektor 和 Medicator 两个救助机构之外，所有保险保障基金参与者需缴纳相应费用。缴纳机制在寿险公司和健康险公司中规定不同，特别是缴纳的时间点。寿险公司为事前累计（ex ante），即在期初需要累积到目标值；个人健康险公司为事后累计（ex post），即在赔付产生后再根据保单进行基金额度的缴纳。

表 12－13　　基金缴纳额度

描述		合计缴纳（百万欧元）
年度缴纳额度	最高达赔款准备金的 0.02%（或达到目标值）	123
目标值	赔款准备金的 0.1%	615
额外缴纳额度	最高达赔款准备金的 0.1%（当某保单出现赔付的情况下）	615

注：2006 年数据。

五、财务处理

结合表 12－13，根据 Debeka Life 2014 年数据，其缴纳赔款准备金

0.1%的份额（目标值），2015 年其预计需要交纳 1 673 427.36 欧元。

根据寿险救助机构 Protektor Lebensversicherung AG 2014 年年报，成员缴纳的保险保障基金（Sicherungsvermögen）列为负债项（见表 12－14）。

表 12－14　　Protektor 成员缴纳的保险保障基金

Passiva Angaben in €		31.12.2014	31.12.2013
A. Sicherungsvermögen			
I. Beiträge			
Stand 1. Januar	763.139.866,58		730.245.193,73
Rückzahlung von Anteilen	0,00		–4.760,72
Beitragserhebung	33.230.171,80		32.899.433,57
		796.370.038,38	763.139.866,58
II. Bilanzgewinn		21.544.982,50	17.589.074,34
		817.915.020,88	780.728.940,92
B. Andere Rückstellungen			
Sonstige Rückstellungen		657.120,00	894.260,00
C. Andere Verbindlichkeiten			
Sonstige Verbindlichkeiten		878.709,24	1.001.512,60
davon gegenüber:			
Protektor Lebensversicherungs-AG: 223.149,55 € (i. V. 216.377,57 €)			
Andere Mitgliedsunternehmen: -,- € (i. V. -,- €)			
		819.450.850,12	782.624.713,52

第十三章
英　　国

概　　要

相互保险组织在英国有着悠久的历史。1994 年，相互保险组织曾一度占据英国保险市场 50% 的份额。但随着越来越多的相互保险组织向股份制保险公司转化，到 2008 年，相互保险组织只占到英国保险市场份额的 5%。

尽管相互保险组织的市场份额已经显著萎缩，但是相互保险组织基于业务需要而向外进行的款项支付，每天都高达 1 500 万英镑。而如果将相互保险组织管理的资产全部兑换成 1 英镑的硬币，那么这些硬币重叠起来的高度可以直达月球。而如果将相互保险组织视为单独的一个国别，那么它将是欧洲第十五大保险市场国。

在 2008 年的国际金融危机中，没有一家英国相互保险组织倒闭，也没有一家英国相互保险组织请求政府的紧急援助。也因此，金融危机过后，人们又开始重新关注相互制这种特殊的公司组织形态，而截至 2013 年，相互保险组织的市场份额已比 2008 年提高了 50%。

相互保险组织有着其独特的本土优势，它一般根植于当地社区（据相关统计，没有一家相互保险组织以伦敦市为营运中心），其收益也会在当地社区进行再投资。相互保险组织归属于英国居民，其雇员也为英国居民，并且也只为英国的税收作贡献。

除此之外，相互保险组织在规范运行、服务质量上也具有显著的优势。在2008—2013年间，英国金融监管当局对违规运行的公司开具了共计10亿英镑的罚单，但没有一起是针对相互保险组织的。而据相关调查发现，相互保险组织在雇员满意度与顾客满意度上都领先于同行业的股份制公司。在2003—2013年间，相互保险组织分配给分红（With-profit）保单持有者的收益，比一般的保险组织平均要高出29%，而与投资连结险（Unit-linked Policies）保单相比较，相互保险组织的分红保单也能提供持续的更好的收益，平均比投资连结险带来的收益高出17%。

值得指出的是，与一般的股份制公司相比较，相互制公司的运行效率往往更为低下，相关的运作费用也比股份制公司更为高昂。虽然最近几年相关运作效率有所改善，但仍不及股份制公司。

按照《英国偿付能力二代》的相关指引（*Solvency II Directive Annex 3*）的叙述，以下四种组织形态可以在英国境内开展人寿保险、非寿险和再保险业务：（1）股份有限公司、担保有限公司（Limited by Guarantee）和无限公司；（2）依据《工业和住房社区法案》（*Industrial and Provident Societies Acts*）而成立的互助社（Society）；（3）依据《1992年互助社法案》（*Friendly Societies Acts 1992*）而登记或公司化的互助社（Friendly Society）；（4）劳合社（Lloyd's）。

而在英国语境下，相互制（Mutual）的含义是非常宽泛的，它一般指没有外部权益投资者而被会员所拥有的实体。在英国的保险市场上，相互保险组织大致可以包括两类：（1）相互保险公司（Mutual Insurance Companies），指除了互助社之外的相互保险组织；（2）保险互助社（Mutual Insurance Society），依据《1992年互助社法案》或者《工业和住房社区法案》而设立的相互保险组织。

对于互助社而言，法律规定互助社必须在其名称中冠以有限责任（Limited）字样。并且从1993年起，所有新成立的互助社必须以公司化（Incorporated）的互助社形式进行登记设立，而在这之前成立的非公司化的互助社也可以选择性地变更为公司化的互助社。公司化的互助社相比非公司化的互助社而言，能够开展更多地活动，并且能够设立自己的附属公司（Subsidiary Companies）。当然，法律法规也允许公司化的互助社设立当地的分支机构（Local Branches）。①

在本章中，选取了两家代表性公司 Royal London 公司（The Royal London Mutual Insurance Society Limited，以下简称“RL”）和 Liverpool Victoria 公司（Liverpool Victoria Friendly Society Limited，以下简称“LV”）。RL 公司属于担保有限公司，相互保险公司；LV 公司属于互助社，保险互助社。下文中提及的 RL 公司年报指 RL 公司 2013 年年报，LV 公司年报指 LV 公司 2014 年年报。

表 13－1　　　　　　　　样本公司基本情况

公司名称	注册地址	产品情况	公司网址
Royal London	Royal London House Alderley Road Wilmslow SK9 1PF	传统人寿保险 重大疾病险 养老金 保护抵押付款 收入保障 车险 投资理财	http：//www. royallondon. com
Liverpool Victoria	County Gates， Bournemouth， Dorset， BH1 2NF	传统人寿保险 重大疾病险 年金 保险抵押付款 收入保障 旅游保险 房屋保险 50 岁以上人群的寿险业务 宠物保险 病假工资保险 多汽车折扣 经典汽车保险 商队保险 房东保险 （汽车）故障覆盖险	http：//www. lv. com

英国相互保险组织在初始营运资金方面，其来源为成员的自愿认缴和

① HM Revenue and Customs：http：//www. hmrc. gov. uk/manuals/ctmanual/ctm40310. htm.

捐赠，而对初始营运资金的限制，则更多地取决于具体业务的要求。在后续运作过程中，资本的补充一是来自内部的盈余保留，二是来自外部的负债，而从 2015 年起，相互保险公司和互助社都可以使用递延权益工具来补充其营运资本。

在会员资格方面，相互保险组织董事会会指定特定的产品构成会员资格产品，相互保险组织也会进行大量的非会员业务。会员资格产品与非会员资格产品的划分主要来自相互保险组织董事会的决定，而非保险产品本身的特质。

相互保险组织的治理结构与一般的英国公司治理结构没有太大差异，都适用统一的治理规范，但是考虑到相互保险组织特有的组织特性，相关的治理规范也会有相应的变通。英国公司的治理结构中并不包含监事会，相互保险组织也同样如此。与一般的公司相比，相互保险组织董事会需要专门设立分红委员会，以处理分红保单下各方利益主体的利益关系。

在盈余分配上，相互保险组织的董事会拥有较大的自由裁量权，但也受限于偿付能力的要求。分红方式上，一般采用英式分红。

在税收上，相互保险组织从事相互保险业务，由于并不产生交易利润，因此并不需要承担纳税义务。若相互保险组织从事非相互保险业务，则由于会产生交易利润，因而需要纳税。同时，英国税法并没有给相互保险组织以特别的税收优待。

相互保险组织的组织形态转换，主要遵循会员大会决议通过，再监管者审批的流程。而从样本公司的章程来看，其对相互保险组织的去相互化存在抵制。

第一节　相互保险组织的出资与融资

一、初始营运资金

从所观察到的法律法规来看，并没有对初始营运资金有一个特别的称谓。而在所考察的两家样本公司中，其资产负债表均体现为左边资产、右边负债的对称结构，并不包含权益部分（未分配的累积盈余作为一个负债项目“Unallocated Divisible Surplus”列支），也未见到专门的科目对应初始营运资金。

表 13－2　　　　　　Royal London 2013 年资产负债表

		Group			Parent company		
ASSETS	Notes	**2013 £m**	2012 Restated £m	1 January 2012 Restated £m	**2013 £m**	2012 Restated £m	1 January 2012 Restated £m
Property, plant and equipment	17	**34**	42	45	-	-	-
Investment property	18	**3,998**	2,319	2,259	**2,503**	2,234	2,191
Intangible assets							
Goodwill		**250**	254	254	**232**	232	232
Acquired PVIF on investment contracts		**42**	56	97	**33**	56	91
Acquired PVIF on insurance contracts		**222**	137	178	**104**	127	160
Deferred acquisition costs on investment contracts		**458**	554	476	**458**	478	427
Other intangible assets		**69**	82	104	**52**	64	75
Total intangible assets	19	**1,041**	1,083	1,109	**879**	957	985
Reinsurers' share of insurance contract liabilities	25	**3,947**	1,159	1,043	**608**	1,159	1,042
Pension scheme asset	38	**151**	144	270	**151**	144	270
Deferred tax asset	37	**61**	121	85	**49**	108	76
Current tax asset		**2**	10	9	**8**	7	7
Financial assets							
Financial investments	20	**52,231**	31,719	31,096	**19,122**	18,962	17,534
Investments in Group entities	21	-	-	-	**10,940**	7,965	8,418
Loans and receivables, including insurance receivables	23	**505**	277	353	**314**	174	177
Cash and cash equivalents	24	**2,154**	2,901	2,512	**1,760**	2,091	1,696
Total financial assets		**54,890**	34,897	33,961	**32,136**	29,192	27,825
Total assets		**64,124**	39,775	38,781	**36,334**	33,801	32,396
LIABILITIES							
Participating insurance contract liabilities	25	**26,365**	11,722	11,985	**11,268**	11,722	11,985
Participating investment contract liabilities	29	**2,284**	1,947	1,923	**1,980**	1,947	1,923
Unallocated divisible surplus	31	**3,005**	2,668	2,406	**2,938**	2,668	2,406
Non-participating value of in-force business	28	**(1,335)**	(963)	(796)	**(1,169)**	(906)	(771)
		30,319	15,374	15,518	**15,017**	15,431	15,543
Non-participating insurance contract liabilities	25	**6,999**	4,069	4,326	**3,388**	3,797	3,893
Non-participating investment contract liabilities	29	**19,148**	17,501	15,575	**16,254**	13,397	11,526
		26,147	21,570	19,901	**19,642**	17,194	15,419
Subordinated liabilities	32	**640**	398	398	**640**	398	398
Payables and other financial liabilities	33	**4,089**	460	826	**558**	293	607
Provisions	34	**248**	238	201	**232**	228	191
Other liabilities	35	**320**	322	280	**245**	257	238
Liability to external unit holders	36	**2,315**	1,413	1,657	-	-	-
Deferred tax liability	37	**46**	-	-	-	-	-
Total liabilities		**64,124**	39,775	38,781	**36,334**	33,801	32,396

二、初始营运资金的来源

《1992年互助社法案》规定，设立互助社的资金应有来源于不少于7名成员的自愿认缴（Subscription），而这种认缴可以是捐赠性质的，也可以不是。

三、最低保证金的要求

英国并没有专门的法律法规对相互保险组织的最低初始营运资金进行要求。而实践中，对初始营运资金的要求多来自其从事的特定业务的要求。在从事保险业务上，相互保险组织并不会受到监管部门特别的优待，它们与其他组织形式的保险公司一样，受到同等的偿付能力要求；而相互保险组织在筹集资金方面与其他形式的保险公司相比存在根本缺陷，这也导致最近很少有新成立的相互保险组织，因为它们无法在设立时就筹集到运行保险业务所需要的最低资金要求。

根据《1994年互助社规则》[*The Friendly Societies* (*Insurance Business*) *Regulations* 1994] 的要求，若互助社从事长期业务，其最低保证金（Minimum Guarantee Fund）与其上一会计年度的保费收入（Contribution Income）存在如表13-3所示的关系。

表13-3　　保费收入与最低保证金的关系

保费收入（欧元）	最低保证金（欧元）
≤1 000 000	100 000
1 000 001～1 500 000	200 000
1 500 001～2 000 000	300 000
2 000 001～2 500 000	400 000
2 500 001～3 000 000	500 000
≥3 000 001	600 000

而如果互助社上一会计年度没有开展长期业务，或者上一会计年度持续时间过短，则其最低保证金为100 000欧元。

若互助社从事一般业务，则应有225 000万欧元的最低保证金。

四、再融资及补充营运资金

从 LV 公司与 RL 公司的运行实际情况以及英国的相关法律规定来看，补偿营运资金一般分为两部分：一是公司通过发行次级债券（Subordinated Notes）补偿营运资金；二是公司通过发行递延权益工具（Deferred Share）补偿营运资金。由于递延权益工具要求劣后清偿且不能撤回，其性质更接近于股权。

英国政府于 2015 年通过了《2015 年相互组织递延股份法案》（*Mutuals' Deferred Shares Bill 2015*），该法案试图通过授予相互保险组织发行递延权益工具来解决相互保险组织的融资困境。递延权益工具属于权益工具且不可撤回，一般只能在公司解散或者终止时劣后清偿，递延权益工具筹集的资金可以纳入偿付能力二代的计算范围之中。递延权益工具的持有人因持有递延权益工具而成为相互保险组织的会员，但是其投票权仍保持相互保险组织的惯有规则“一人一票”（One member，one vote），与其所持有的递延权益工具对应的资金多少无关。除此之外，递延权益工具的投票权也并非与一般相互保险组织会员的投票权完全等同，而是受到更多地限制，如在涉及互助社合并、业务转让和转换的时候，并不具有投票权。递延权益工具就是这样一种既要解决相互保险组织的融资困境，又要保持相互保险组织特有组织架构的融资工具。

第二节　相互保险组织的发起与设立

一、相互保险组织的业务领域

根据相关报告的描述，英国相互保险组织主要以社区为经营基础，服务的人群也主要是社区居民。而在服务领域上来看，英国的相互保险组织在非寿险领域比寿险领域更为突出。[①] 例如，相互保险组织可以为农户提

① “Mutuals and cooperatives are more active in the non-life insurance market than in the life sector.” See Panteia, *Study on the current situation and prospects of mutuals in Europe.*

供农业保险，农户按年缴付保费，相互保险组织如果当年收取的保费多于其实际的赔付，那么农户第二年缴付的保费可以相应减少。不过，本章涉及的两家样本公司均以寿险为主营业务。

而根据《1992 年互助社法案》附件 2 的规定，以下领域属于相互保险的法定范围：人寿、年金、婚姻、出生、长期健康、联合养老、资本赎回（Capital Redemption）、[①] 养老金管理以及事故、病症、各类财务损失。

二、设立登记条件

对于新设保险互助社，《1992 年互助社法案》主要作出以下规定：

（1）至少有 7 名成员；（2）若从事长期业务，应有 10 万欧元的最低保证金，若从事一般业务，应有 22.5 万欧元的最低保证金；（3）获得主管部门的前置审批。除此之外，互助社应该是为了会员或会员的关系人而提供保险或其他福利，其名称也应该符合一定的要求。

对于新设的相互保险公司，其设立与一般公司设立的要件没有太大区别，需要向注册机关提交章程条款大纲、登记申请书、合规声明（Statement of Compliance）、担保声明（Statement of Guarantee）和拟定高管声明。

三、设立登记程序

（一）保险互助社

在《1992 年互助社法案》框架下，保险互助社的设立有三种路径：（1）依据《1974 年互助社法案》设立的已注册的互助社，再依据《1992 年互助社法案》转化而成为公司化的保险互助社；（2）两家以上的互助社合并为一家保险互助社；（3）根据规定直接设立的公司化保险互助社。

因转化而设立的保险互助社申请设立应向中央办公室（Central Office）提交下列文件：（1）章程大纲（Memorandum）和规则（Rules）副本 3 件（至少有 7 名成员和互助社秘书签字）；（2）秘书的法定声明。

因合并而设立的保险互助社，需要向中央办公室提交章程大纲（认同

① Effecting and Carrying Out Capital Redemption Contracts.

各方的承继主体的意思表示）、规则以及审议通过章程大纲和规则的特别决议。参与合并的各家互助社的秘书应当共同签署上述章程大纲、规则。

新设的保险互助社申请设立登记应将章程大纲和规则送交中央办公室，并且每件副本应由至少发起人中的 7 人（若共有 7 人，则为其全部）和拟定秘书（除非秘书待选）签字。

基于上述申请材料，中央办公室将收取一份章程大纲和规则，并将公司登记证书及其余文件一并交还公司秘书，同时将相关文件在公司公开档案中备案。

（二）《2006 年公司法》下的设立

《2006 年公司法》（*Company Act 2006*）规定：从事相互保险业务的保证有限公司的设立，需要向登记员提交章程条款大纲、登记申请书、合规声明、担保声明、拟定高管声明。若登记员对提交材料满意，则其应将文件予以登记，并颁发由登记员签字并由注册处盖章的证书。

四、会员

（一）成为会员的前提条件

1. 会员资质

一般来说，购买保单或者特定的金融产品就可以成为会员。而在相互组织发行递延权益工具的情形，递延权益工具的持有者也成为相互组织的会员，但是其投票权利与传统的会员相比，存在部分限制。因此会员的类型大致可以分为因参加组织业务而成为会员，与参加公司资本扩张而成为组织会员两大类。参加组织业务，又可分为参加组织保险业务与其他业务。

具体而言，LV 公司规定的会员资质实质条件是持有特定保单（某种保单是否能成为会员资格产品，取决于董事会作出的规定，LV 现在的会员资格产品有寿险、纯保障、投资或退休产品等 108 种），或者购买可以成为会员的金融产品；会员资质的形式条件是会员应该登记在册。RL 公司会员包括两类，一类是在 1995 年 4 月 25 日前成为公司会员并持续缴纳保费的人，另一类是 1995 年 4 月 25 日之后成为购买可参与公司分红的保单的人；RL 公司并没有对会员资质的形式条件进行规定。

而在 RL 公司中，其保险合同又是多种多样的，有累积式分红险（Unitised with-profits），也有投资连结险（Unit-linked），更有介于这两种保险业务之间的混合保险合同（Hybrid Contract）。[①]

2. 加入条件

在加入条件上，一般不做特殊限制，只不过未成年人成为会员后的投票权应该由其监护人代为行使。

（二）会员权利与义务

以下是依据《1992 年互助社法案》的几项成员的法定权利，相互保险公司成员的权利绝不仅限于此，更多的更经常性的权利由公司章程及管理规则授予。

1. 账簿记录检查权，任何成员或其他个人，均可以在适当的时间，在相互保险公司的注册办事机构所在地或记录存放的其他地方，查看公司的记录。但是，除相互保险公司高级职员或经相互保险公司特别授权，没有成员的书面同意，任何其他成员或个人均无权查阅该成员的贷款账户。

2. 决议投票权，相互保险公司及其分支机构的规则不得规定：依据成员的认购额（包括出资）确定是否授予其投票权。若有此规定，则该规则无效。但英国金融服务管理局（Financial Service Authority，FSA）可以规定例外的情形，而在此情形下，可以根据成员的认购数额排除或限制成员的投票权。依据这些例外规定制定的相关公司规则，则具有法律效力。

3. 要求对一些事项举行投票的权利，相互保险公司的规则不得排除成员要求在会议上对任何事项要求举行投票的权利，会议主席的选举与会议延期的决定除外。即使该事项是由不少于 10 名享有投票权的成员或不少于 5 名被授权代理投票的代表（在公司规则允许代理投票的情况下）提出，也不得剥夺其要求举行投票的权利。

就所观察的两家样本公司而言，会员的权利主要体现在两个方面，一是分享组织的收益，二是参与组织的管理（通过会员大会）。但是参与会

① Royal London Annual Report and Accounts，2013，P. 82.

员大会的权利需要受到成为会员的时效的限制，如 RL 公司的规定是只有成为会员 3 个月才能有权利参与会员大会并具有投票权；LV 公司的规定是只有成为会员 12 个月才能有权利参与会员大会并具有投票权。

关于会员的义务，较为重要的是会员的保费追加义务。根据 FSA 颁布的《术语表》，英国的相互保险组织依据会员是否有追加出资的义务，分为非直接相互保险公司（Non-directive Incorporated Friendly Society）和直接相互保险公司（Directive Incorporated Friendly Society）。法律首先根据其经营业务的不同，对非直接相互保险公司做出了界定，分为三类：

其一为经营长期保险业务的相互保险公司：（1）组织章程包含有要求会员追加出资（Additional Contributions）或者降低收益或向承诺提供援助的人申请援助的条款；（2）所涉及的每个会计年度以及之前两个会计年度保险费毛收入（再保险合同业务除外）不超过 500 万欧元。

其二为经营一般保险业务的相互保险公司：（1）组织章程包含有要求会员追加出资或降低其收益的条款；（2）业务中不包含责任险（附加险除外）、信用险以及保证险；（3）所涉会计年度保险费毛收入（再保险合同业务除外）不超过 500 万欧元；（4）会员投入至少占保险费毛收入的一半。

其三为一般保险责任全部进行再保险或有其他相互保险公司（包括互助社）提供担保的相互保险公司。

凡不属于非直接相互保险公司的相互保险公司，则为直接相互保险公司，其会员无追加出资义务。

对于非直接相互保险公司，会员追加出资的义务要通过章程事先予以明确，包括追加条件、方式、额度等，法律没有涉足应由组织体内部规则所解决的问题。但是，通过对该类相互保险公司一个会计年度保费毛收入最高额的限制，在一定程度上限制了该类保险公司的规模，将会员的追加义务控制在一定范围之内。

在所考察的两家样本公司中，RL 公司虽然为直接相互保险公司，但其章程仍规定了会员的追加义务：会员在公司清算时，就其退出公司前，公司与其他人签署的合同所附债务，以及各种清算费用，承担连带责任。

（三）非会员业务

保单持有人并非一定要成为相互保险公司的会员，这种情形在消费型保单中尤为明显。例如，汽车保险保单的持有人通常而言并非相互保险组织的会员，虽然这些保单是由这些相互保险组织所签发。[①]

而就所考察的两家公司而言，从其章程对会员权（Membership）的规定可以看出，并非所有购买其保单或者金融产品的人就是其会员，也就是说存在购买保单或者金融产品的人但并非其会员，也即两家公司均开展非会员业务。非会员业务与会员业务的区别体现于是否参与公司利润的分享。

第三节　相互保险组织的治理

一、治理结构概述

根据 LV 和 RL 两家英国相互保险组织年报披露的运行情况，这两家公司都将《英国公司治理法典》（*UK Corporate Governance Code*，以下简称"法典"）作为其公司治理的参照。LV 公司同时指出，虽然相互组织并不强制适用法典，但是他们认为法典对于公司治理结构的设计是一个非常好的参照。

法典由英国金融报告委员会（Financial Reporting Council，FRC）逐年颁布，致力于改善英国公司的治理结构。法典认为公司治理就是公司运行与控制的一套系统：董事会（Board）的董事们（Directors）需要为公司治理负责；股东在公司治理结构中的角色在于选任董事与审计师以及选择合适的公司治理架构；董事会的职责包括设定公司的发展目标，领导公司，监督公司的运作，并向股东会报告其管理工作；董事会的行为需要符合法律、公司规则以及股东大会的决议。法典的内容多属于原则性（Principal）规定，指引性作用更强。

---

① "For example, motor insurance policyholders are generally not members in many mutual-type organizations", See Panteia, *Study on the current situation and prospects of mutuals in Europe.*

按照法典，公司治理结构可以概述为：股东大会选举董事会，董事会负责公司的日常运转，董事会下设各个专门委员会，董事会聘任公司经理层，公司经理层负责公司具体运作；董事会设有董事会主席，对整个董事会负责；经理层设有一个总经理，负责经理层的管理；总经理和董事会主席不能由同一人兼任；董事会和经理层各自的职责有明确的分工。

英国金融相互组织协会（Association of Financial Mutuals，AFM）于2015年4月针对法典提出了一个适用于相互保险组织的注释版本（*Annotated Version*）。由于法典的一般适用主体为股份制公司，所以法典的诸多规定均按照股份制公司的一般情形进行规定，而这种规定在相互组织中可能根本无法适用，因此，注释版本就相关情况就行了变通。如在法典中涉及主要股东（Major Shareholders）的条款时，由于相互组织不存在主要股东，注释版本规定此时相互组织应该采用合适的方式用直接受影响的会员组成的一个团体进行相关适用。又如在一般的公司治理结构中会要求同股同权，而大多数相互组织却是一个会员只有一票，因此注释版本规定，在满足法律规定的情形下，相互组织与上市公司可以有不同的投票结构。上述注释版本的规定，主要是协调相互组织在适用一般公司治理结构时无法适用的情形，但大前提还是以一般的公司治理结构为基础，同时兼顾相互组织自身的特点。[①]

除此之外，《英国示范公司章程》［*Companies*（*Model Articles*）*Regulations* 2008］也是按照公司法框架设立并运行的相互保险组织（如RL）开展内部治理的重要行动准则。

二、与股份制保险公司治理结构的区别

相互保险组织作为公司组织中的特殊类型，其一方面体现出了《2006年公司法》及后续的《英国示范公司章程》以及逐年更新的法典所设定的治理规则或治理指引方面的痕迹（以RL为代表）。另一方面，也体现出按

① "The annotations are not intended to alter the principles of the Code but rather to promote interpretations that should best uphold these principles." see AFM, *THE UK CORPORATE GOVERNANCE CODE*, *An Annotated Version for Mutual Insurers*.

照《1992 年互助社法案》运行的互助社的传统治理的一些特点（以 LV 为代表）。具体情况梳理如下：

1. 在最高权力机构上，相互保险组织最突出点在于没有股东大会，而由会员大会（Annual General Meeting）取代。另外，并非所有会员均具有参加会员大会并进行投票的权利——LV 公司的规定是需要成为会员 12 个月才能具有参加会员大会并进行投票的权利，RL 的规定则是 3 个月。并且相互保险组织在表决时不以出资额分配投票权，而是坚持一人一票的投票原则。

2. 在会员大会表决方式上，法典列举了公司的投票方式为举手表决（Show of Hands）。而在两家相互保险组织中，均出现了举手表决与投票（Poll）两种备选方式。但两种表决方式中，以举手表决为通行方式，以投票表决为例外。例如，在 RL 公司章程规定，当主席决定采用投票或至少 5 名会员决定采用投票时才采用投票方式。而根据相关资料的显示，举手表决和投票的区别在于会员存在委托投票的情形下，投票制更能确保相关的委托得到真实反映。

3. 在会员大会会议周期上，RL 公司章程规定需要在每一会计年度开始后的 6 个月内举行会员大会。而作为 LV 公司登记依据，《1992 年互助社法案》附件 12 对公司化的相互保险组织年会时间间隔的设定规则则更加灵活：（1）两次会议之间不得超过 15 个月；（2）如公司化的互助社在设立之日起 18 个月内举行了第一次年会，则其不必要在其设立当年或次年举行年会；（3）如登记的互助社在登记之日起 18 个月举行了年会，则其登记当年及次年不必要举行年会。

4. 在通知期限上，法典列示了两种通知期限：年度会员大会通知期限为会议召开前 20 个工作日，其他会员大会通知期限为前 14 个工作日。《1992 年互助社法案》附件 12 规定了三类会议通知时限：（1）一般会员大会提前通知期限为 14 天；（2）特别会议的特殊通知（Special Notice）通知期限为 28 天；（3）邮递选票（Postal Ballots）方式下通知期限则为 14 ~ 56 天。

5. 监事会设置，与中国公司的治理结构相比，英国相互保险公司治理结构中均没有监事会的设置（One-tier Corporate Structure）。作为替代，《1992年互助社法案》规定了外部监督机制的安排——审计师制度，并规定审计师必须是被认可的监督主体的会员。

三、会员大会与会员代表大会

（一）会员代表

在英国，大多数相互组织的运行以一人一票为基础，只有少数的相互组织采用代表制度——一群会员选举一名会员代表来代表他们利益进行投票。但在样本公司LV和RL公司治理结构中，并不存在会员代表的设置，只要满足章程规定条件的会员，均有权参加会员大会。但是从统计情况来看，真正参与投票的会员只占会员人数中的极少数。

表13-4 英国相互保险组织会员投票情形概览①

公司名称	投保人数量	会员数量	参与会员大会投票人数	会员投票比例（%）
RL	4 000 000	562 012	16 169	2.88
LV	5 500 000	1 139 618	54 112	4.75
NFU Mutual	993 000	993 000	55 221	5.56
Shepherds Friendly Society	81 600	81 600	315	0.39
Health Shield	173 508	173 508	73	0.04

（二）会员大会的召集

会员大会的召集，具体可以参考LV公司的实例：

（1）年会应该每年举行一次；举行日期不应迟于上次年会后的15个月。董事会在会议召开前应该事先准备好以下材料：财务年报、董事报告、薪酬报告、审计报告。在所有的宣传材料中，均应提示上述材料是可以获取的。年会的审议事项包括：财务年报、董事报告、薪酬报告、审计报告、董事任命、审计任命，以及在会议通知中提及的事项和在年会召开之前董事后提及的业务。

① 相关数据由德勤提供。

（2）年会之外的其他会员大会都叫做特别会议（Special General Meeting）。董事可以决定召开特别会议，500个会员也可以要求召开特别会议：董事会在面对会员召开特别会议的要求下，应尽快召开特别会议；要求中应注明会议审议事项并签章；如果董事会没有在28天内召开特别会议，会员可以在5个月的通知期内自行召开特别会议；上述特别会议仍应遵守会议规范；组织应该支付董事会在过错情形下没有及时召开特别会议而给会员带来的相关损失，且有权从董事的薪金中将上述赔偿扣除；特别会议只讨论通知中包含的事项，会议应该在规定的时间和地点举行。

（三）会员大会的议事规则与决策规则

会员大会议事规则和决策规则，具体可以参考LV公司的实例：

（1）会议由董事会主席或董事会选任的人主持；开会后，15分钟内无人主持会议，由会员选任一名人员主持会议。

（2）相关议案由简单多数进行决定，优先采用举手投票制。以下情形可以采用投票制：董事会主席认为需要；会员中6人提议。以下情形不采用投票制：任命董事会主席；会议延期举行。决议采用投票制，不影响其他业务的进行。除非采用投票制，否则均由主席宣布的结果为准，而不需要其他证据作为支撑。以下情形必须采用投票制：特殊决议；对于前任董事或者审计的质疑（A contest for a post of Director or Auditor）。

（3）相关决议的形式的选择可经由董事会主席同意而撤回，但不影响之前已经举手表决的结果。选票的方式由董事会主席决定，可以采用电子方式；董事会主席可任命监票人员（不一定是会员）；选票结果可以延时公布。

（4）所有的选票都需经过组织签章才是有效票。所有的大会均应有会议记录。

（四）会员大会的职权

根据《1992年互助社法案》的规定，会员大会可以处理的事务包括任何决议，无论是否特别决议，也无论该相互保险组织或其分支机构的规则如何规定。其具体职权内容包括：（1）通过决议限制或扩大董事会的职权；（2）依据相互保险组织章程，当该行为在董事会职权范围之外但却在其能力范围之内时，对董事会行为的追认权；（3）通过特别决议修改章程，包括相互保险组织经营目的及其权限范围；（4）审议董事会提交的年度工作报告；（5）任命审计师；（6）决定审计师的薪酬；（7）审议审计报告；（8）通过决议变更相互保险组织的名称；（9）在规则没有明确其他程序的情况下，通过决议变更相互保险组织注册办公地。

（五）会员的选举权与被选择权

只要是满足既定条件的会员，都具有投票权。如 LV 公司的规定是：年满 18 周岁，且成为会员已满 12 个月。

（六）会员参与经营管理和重大决策的权利

会员参与经营管理和重大决策的权利，从 LV 公司和 RL 公司的运行情况来看，均是通过会员大会与特别会议的举行而实现的。

四、董事会

（一）董事的提名与选举

董事的提名与选举，具体可以参考 LV 公司的实例：

可以由董事会进行提名，也可以由会员推荐。会员推荐，需要满足下列条件：（1）500 名连续 12 个月拥有成员权的成员推荐；（2）在会计年度的最后一日内将推荐信寄达登记处；（3）呈报任职条件。

选举程序为：（1）通知中需包含董事空缺职位以及候选人全名；（2）董事会决定纸质选票的形式；（3）董事会应注明什么是当选的投票标准；（4）成员投票时选择的候选人数目最多只能与空缺职位数目相同；（5）成员投票一人一票；（6）投票可空缺，可弃权。

以下情形下，董事可能会离职，但最终需经董事会同意通过才生效：（1）书面辞职；（2）取得境外永久居留权；（3）董事中五分之四作出决定；（4）擅离职守 6 个月；（5）破产或发生信用不佳事件；（6）精神状态不佳；（7）年会中经大多数投票而被辞退；（8）未经同意，自我交易；（9）执行董事为了在组织中获取执行职务；（10）被法律所禁止成为管理者；（11）明知利益往来，却未披露；（12）非执行董事期限届满。

（二）董事会的议事和决策规则

董事会议事规则和决策规则，具体可以参考 LV 公司的实例：

（1）董事会可以自行规定其会议流程安排；董事可以召集董事会，但需提前 14 天通知其他董事；会议审议内容只能是通知中含有的内容；董事中于国外者，可以免于通知；会议结果采用多数决；董事会主席只能投一票，对于平局结果不享有决定性投票权。

（2）董事会讨论的法定人数不少于 3 人，且可电话进行。

（3）只要投票人是适当的，尽管后来发现他们的任命存在小瑕疵，也不影响其作出的决议的效力；相关决议在签字后有效且签字的传真件同样具有效力。

（4）首席秘书需要记录会议内容。

（三）常设委员会

LV 公司与 RL 公司的年报显示，董事会下设如下委员会：审计委员会（Audit Committee）、风险管理委员会（Risk Committee）、投资委员会（Investment Committee）、薪酬委员会（Remuneration Committee）、提名委员会（Nomination Committee）、分红委员会（With-profit Committee）。

五、特有组织

分红委员会是相互保险组织董事会下的一个特殊组织，委员会的职责是依据 FCA 的规定扮演一个前瞻性（Proactive）的管理角色，对影响分红保单持有者的相关事项提出自己独立的意见，特别关注 FCA 提及的是否能公平对待顾客，有效地控制和管理业务，与顾客顺畅沟通以及处理好利益冲突事项。分红委员会的详细介绍见本章第四节相互保险组织的盈余分配。

六、分支机构

（一）法规层面

《1992 年互助社法案》对于分支机构的规定只涉及分支机构能够从事的业务的限制规定。

《1992 年互助社法案》附件 7 对分支机构的业务范围进行了设定。就分支机构而言，该法案下只有公司化的互助社才可以设立分支机构。根据该法案，一个公司化的互助社的分支机构可以从事下列业务：（1）私人权益计划（Personal Equity Plan）的设立与管理；（2）信托计划（Unit Trust Schemes）的设立与管理；（3）长期或者普通业务的经营；（4）为保险活动提供安排或者提供建议；（5）在借贷双方之间提供相关合同安排；（6）对退休金（Pension）的受托管理；（7）房地产和遗嘱（Will）信托的执行管理（Administration）；（8）遗嘱信托（Testamentary Trust）的管理与执行（Executry）服务；（9）住房、养老院、医院的建设与管理；（10）上述9项的任何管理（Administration）服务。

（二）样本公司情况

1. 在RL公司年报中，详细列举了其分支机构，如表13－5所示。

表13－5　RL公司分支机构

名称	2013年持有比例（%）	业务件质
Royal London Asset Management Limited	100	投资管理
Royal London Unit Trust Managers Limited	100	信托管理
Royal London Savings Limited	100	ISA管理
Royal London 360° Insurance Company Limited	当期卖出	人寿保险
Royal London Pooled Pensions Company Limited	100	养老金管理
RL Finance Bonds Plc	100	财务公司
RL Finance Bonds No 2 Plc	100	财务公司
Wrap IFA Services Limited	90.1	平台管理
Royal London（CIS）Limited	100	人寿保险
Royal London Asset Management（CIS）Limited	100	投资管理
RLUM（CIS）Limited	100	信托管理

年报显示，CIS属于2013年6月31日从外部收购的公司；2013年，公司又将从事海外业务的360°公司整体出售，以更好地将业务集中于英国和爱尔兰境内。

根据年报对分支机构与总部的关系进行的说明，总部可以直接或间接拥有权力去影响分支机构以影响其回报（Gain），分支机构的盈亏最终都会体现到合并报表的结果中。从上面来看，RL提及的分支机构都是具有独立主体地位的公司，与RL的关系是一种母子公司的控股关系。

对于不具有独立主体地位的公司分支机构，年报未做说明。

2. 在 LV 公司年报中，详细列举了其分支机构，如表 13 –6 所示。

表 13 –6　　　　LV 公司分支机构

名称	2014 年持有比例（%）	业务性质
Frizzell Financial Services Limited	100	财产管理
Highway Insurance Company Limited	100	普通保险
Highway Insurance Group Ltd	100	普通保险
Liverpool Victoria Financial Advice Services Limited	100	金融咨询
Liverpool Victoria General Insurance Group Limited	99	普通保险
Liverpool Victoria Insurance Company Limited	100	普通保险
Liverpool Victoria Life Company Limited	100	人寿保险
Liverpool Victoria Portfolio Managers Limited	100	投资管理
LV Protection Limited	100	普通保险
LV Capital PLC	100	投资管理
LV Equity Release Limited	100	权益管理
LV Insurance Management Limited	100	管理服务
LV Life Services Limited	100	管理服务
LV Assistance Services Limited	100	道路救援
LV Commercial Mortgages Limited	100	商业抵押
NM Pensions Trustees Limited	100	投资管理

其情况与 RL 大致相同。

（三）小结

就目前所观察到的情况，两家样本公司没有针对公司不具有独立主体地位的分支机构的特别说明。而对具有独立主体地位的分支机构，都属于公司控股（Hold）形成的，因为这些分支机构自身构成独立的主体，其设立也按照其所具有的主体属性进行。其与总部是母子公司的关系，与普通的股份制公司不存在区别。

第四节　相互保险组织的盈余分配

一、盈余分配概述

《1992 年互助社法案》没有对相互保险组织的分红条件、决策、分红主体等事项设定规则。《2006 年公司法》对分配进行了规定，但是并没有对相互保险组织设定特殊规定。相互保险组织关于盈余分配的规定，更常见于公司各自的章程之中。

作为相互保险组织的成员，其可以基于成员身份而获得相应的分红（在 RL 公司中，称作 Mutual Dividend，在 LV 公司中，称作 Mutual Bonus），其性质更多地类似于股份制公司的股东从公司获得的派息，其来源是公司营业利润（Operating Profit）。

在相互保险组织从事寿险业务时，针对生存险保单（此类产品带有储蓄与投资成分），还存在额外的分红（在 RL 公司中，称作 Bonus，在 LV 公司中，称作 With-profit Bonus），该类保单一般称为分红型保单（一般称作 With-profit Policy 或者 Participating Policy），该分红的规则一般也会在保单中列明。

同时，在英国，保单持有人在相互组织中存在 2 个独立的账户，一个是 Underwriting 账户，记录其保费以及保险赔付的情况；另外一个是 Capital 账户，记录其作为成员拥有公司盈余的情况。

从两家公司的年报来看，其损益表中形成的利润，都会通过可分配未分配（Unallocated Divisible Surplus）科目进行结转，而该科目在资产负债表中属于负债科目。

表 13－7　RL 公司 2013 年报披露的分红情况

Royal London Group *Annual Report and Accounts 2013*　1

Returns to with-profit policyholders

— **Mutual dividend allocated £81m** (2012 £88m)
— **Bonuses added to with-profit policies £318m** (2012 £282m)
— **Royal London with-profits fund investment performance 10.6%** (2012 8.6%)

二、盈余分配程序

针对保单持有人以相互保险组织会员身份取得的分红，两家样本公司的年报或者章程均未作介绍。但从 RL 公司 2013 年年报来看，这种分红来源于公司良好的经营表现，由董事会作出决定，但分红的多少受到法律规则对公司资本金与偿付能力的限制，而不同的会员享有的分红数额则取决于他们享有公司资产份额（Asset Share）的多少。①

针对生存险下的保单分红，LV 公司章程设定了较为详细的规则：

（1）在分红的前置程序上，LV 公司章程规定：每 12 个月的期间内，董事会应要求精算师根据有关规定调查相互保险组织有关长期业务的财务状况，而精算师应当向董事会提交一份报告，该报告应当注明相互保险组织一般性基金（General Fund）和独立基金（Separate Fund）的可分配盈余（Available Surplus）。

（2）在分配条件上，LV 公司章程规定：当相互保险组织一般性基金和独立基金存在可分配盈余，或董事会在精算师在场的情况下，认为下一次精算师调查时将产生可分配盈余时，董事会可以根据其独立判断，就上述可分配盈余和预期的可分配盈余进行分配。因此，董事会对分配条件具有较灵活的决定权。

（3）在分配方式上，待分配盈余可以通过提供增额红利（Reversionary Bonuses）、保费扣减或停付（Reduction or Cessation of Premiums）以及董事会认为合适其他方式进行。

（4）在分配周期上，董事会可以根据自身判断和精算师的建议，采取临时分红（Interim Bonus Addition）、特殊增额红利（Special Bonus Addition）、末期红利（Terminal Bonus Addition）或者其他形式。特殊增额红利只在一些特殊情况下如政府税收政策的变动时将红利一次性地增加保险金额；末期红利一般为已分配红利或总保险金额的一定比例，将部分保单期间内产生的盈余递延至保单期末进行分配，减少了保单期间内

① Royal London Annual Report and Accounts 2013，p. 9、p. 33、p. 39.

红利来源的不确定性，使每年的红利水平趋于平稳。[①]

（5）在分配范围上，公司盈余分配指向的是不同的基金，因此只有和该基金有联系的会员才具有分配资格。

从 LV 公司的情况可以看出，从形式上看，董事会是分配事项的最终决定机构，且其具有自由裁量权（Discretion）；在分配的实质性条件方面，保险公司偿付能力要求构成分配的主要约束条件。在盈余分配的方式上，体现出多样性和灵活性。

另外，值得说明的是，上述分红方式叫做英式分红或者增额红利法。增额红利法赋予寿险公司足够的灵活性对红利分配进行平滑，保持每年红利的平稳，并以末期红利进行最终调节。由于没有现金红利流出以及对红利分配的递延增加了寿险公司的可投资资产，同时不存在红利现金流出压力，寿险公司可以增加长期资产的投资比例，这从很大程度上增加了分红基金的投资收益，提升了保单持有人的红利收入。但是在增额红利法下，保单持有人处理红利的唯一选择就是增加保单的保险余额，并且只有在保单期满或终止时才能获得红利收入，保单持有人选择红利的灵活性较低，丧失了对红利的支配权。此外在增额红利分配政策下，红利分配基本上由寿险公司决定，很难向投保人解释现行分配政策的合理性以及对保单持有人利益产生的影响，尤其在寿险公司利用末期红利对红利进行平滑后，缺乏基本的透明度。[②]

以 RL 公司为例，分红委员会成立于 2012 年，委员会由 5 名成员组成，其中公司任命 2 名，另外 3 名属于独立人士。在 2012 年之前，分红委员会的职责通过独立人结构（Independent Person Structure）行使。

委员会的职责是依据 FCA 的规定扮演一个前瞻性（Proactive）的管理角色，对影响分红保单持有者的相关事项提出自己独立的意见，特别关注 FCA 提及的是否能公平对待顾客，有效地控制和管理业务，与顾客顺畅沟通以及处理好利益冲突事项。

① 参见百度百科词条“英式分红”。

② 参见百度百科词条“英式分红”。

委员会的职责是就下列事项进行评估、报告和提供清晰的建议：(1) 分红保单基金的管理方式；(2) 对于分红基金 PPFM (Principles and Practices of Financial Management) 条件的满足；(3) 是否保单持有者的利益与公司的利益在分红保单基金的管理上得到了公平的对待，包括分红保单持有者之间、保单持有者与公司之间，保单持有者和公司成员之间的利益冲突；(4) 其他涉及委员会的事务。

三、分红委员会

分红型保单，使投保人和保险公司共同分享产品利润。对公司而言，分红产品比传统险种更有利于控制风险，而能够分享利润的特征则使分红产品更受投保人的青睐。可是与传统产品相比，形式多样的红利使分红产品的管理颇为复杂。如何才能保证利润在公司与投保人之间以及不同投保人之间公平分配更是一个棘手的问题。基于此，2014 年 12 月，英国废除了行之已久“指定精算师”制度，代之以三类职权分立的精算师职责：主要负责准备金评估的精算师（Actuary Functional Holder）、负责分红业务的分红保险精算师（With-profit Actuary）和来自外部咨询公司的审核精算师（Reviewing Actuary）。并且将许多权力与职责转向公司董事会。在相互保险公司的治理结构中体现为分红委员会（With-profit Committee）的设立。

同时，英国监管机关也就分红委员会应该重点关注的事项进行了列举:[①]（1）盈余以及超额盈余（Excess Surplus）的确认，可以分配的盈余以及需要留存的盈余的确认，对被提议能进行分配的保单的确认；（2）分红率如何得到平滑，如果相关，市场价值的减少如何进行计算与适用；（3）如果相关，保单持有人在有担保和无担保情形下的不同收益（With and without valuable guarantees）；（4）与分红保单顾客的沟通，诸如年度保单持有人的陈述报告、产品报告，以及分红委员会是否希望在公司的年度报告内列上一份针对分红保单持有人的陈述报告作为附件；（5）与分红保

① See COBS 20. 5. 3R (2) (b) .

单基金相关的风险与投资领域内任何重大的情形改变，包括非流动性投资的管理和公司战略投资涉及的相应义务；(6) 公司依靠分红保单基金作为支持而进行的未来销售战略，以及该战略对于盈余的相关影响；(7) 计划的或者已经实施的管理行为的相关影响；(8) 相关的管理信息，如顾客的投诉数据（不包括那些不重要的个人顾客投诉）；　(9) 对于流量（Run－off）计划、法院重组计划（Court Schemes）等相似情形的起草、回顾、更新以及完善；(10) 在运作分红保单基金过程中产生的开支。

第五节　相互保险组织的税务与信息披露

一、相互保险组织的税务

相互保险组织的业务可以分为寿险业务和非寿险业务两大类。从《英国财政法案》[*Finance* (*No.* 4 *Bill*)] 对英国保险业务的课税规定来看，寿险业务和非寿险业务采用不同的计税基础与计税方法。而对于寿险业务，一般称作 BLAGAB（Basic Life Assurance and General Annuity Business），它指人寿保险业务，但是不包括年金业务、儿童信托基金业务、个人储蓄业务、再保险业务等。对于非寿险业务，则称为 Non-BLAGAB。对于相互保险业务，英国税法并没有给予特别的税收优惠，而是与其他保险公司同等对待。

(一) 人寿业务计税基本规则

英国人寿保险业务采取 I－E（Income Less Expense）方法进行计税。《英国财政法案》对 I－E 方法进行了详细说明，具体计算步骤如下：

步骤一：计算应税收入（Income）。

《英国财政法案》第 74 条对应税收入进行了具体的列举，大致包括财产业务的收入、公司借款的收入、递延合同的收入、无形财产、公司分红、单位信托为授权的分红、境外债券的销售收入、其他收入等。

步骤二：计算经过对允许的损失调整后的应税收益（Gain）。

《英国财政法案》第 75 条对应税收益的计算进行了相关说明，首先计算因对适用于长期业务的资产进行清理而获取的收益，其次，扣减下述：与长期业务的资产清理相关的允许的损失（Losses）；到目前为止，前期没有从应税收益中扣除的与长期业务的资产清理相关的允许的损失。但是上述资产不应该包括与公司长期业务相关的固定资产（an asset that forms part of the long-term business fixed capital of the company）。

步骤三：计算在步骤一和步骤二中未被纳入计算依据第 92 条和第 93 条（5）（a）计算的收入。

步骤四：将前三步骤结果相加。再减去非交易赤字（Non-trading Deficit）（与贷款及衍生品合同相关）得到结果 I。

步骤五：计算经过调整后的 BLAGAB 管理支出，得到结果 E。

《英国财政法案》第 76 条对经过调整后的 BLAGAB 管理支出进行了相关说明：（1）计算一般管理支出；（2）如果 1 中计算涉及收购费用，应该将其扣除；（3）计算其他视同管理费用的支出；（4）将 1 和 3 的结果相加，并扣除在会计年度内冲减的管理费用以及确认的交易损失；（5）再加上前期的调整。

一般管理支出指的是为了管理长期业务而导致的支出，以下项目排除：资本本金、再保险收入、利润佣金及利润分成（不论如何描述）、非商业性质的支付、基于合同而产生的支出。

步骤六：用 I 减去 E 得到结果。

如果结果是个正数，那么这个数目就是第 68 条中所指的 I－E 利润。如果结果是个负数，则作为第 76 条 5 中所指的前期调整项目。这个数目也叫作“超额 BLAGAB 费用”。

以下举个例子来说明 I－E 方法的运用。

首先，计算保险公司运用保费收入进行投资取得的投资收益，然后用这个投资收益减去税法上允许进行扣除的公司运作支出，得到一个数值，假设为 A。

其次，再按照一般的会计方法计算公司的经营利润（Trade Profit），假设为 B。

如果 A > B，那么在股东层面，需要按照 B 的数值进行公司所得税的计算。同时，保单持有者需要承担以 A - B 的结果进行计算的个人所得税（Income Tax）。

如果 A < B，那么需要调整 A 使得 A 与 B 相等，同时在股东层面，需要按照 B 的数值进行公司所得税的计算。由于 A - B = 0，所以不存在计算保单持有者的个人所得税问题。

值得说明的是，英国的税法为了解决双重征税的问题，采用了部分归集抵免制。归集抵免制，它是指国内公司收取股息的股东，可以用该项收到股息所交得原始公司税（预提税）额，全部或部分抵免其应缴纳的个人所得税。[①] 也就是说在部分归集制下，将公司所得税的看作是股东个人所得税的源泉预扣，公司所得税的最终承担主体是公司股东，所以在计算公司所得税的时候，实际上计算的是股东层面承担的税负。而对于英国个人所得税，根据个人应税收入的多少，会区分基本税率与较高税率。对于按基本税率纳税的个人股东来说，归集抵免制完全避免了股东的重复征税，而对于适用较高税率的个人股东，归集抵免制不能完全消除对股东的重复征税，个人还需要额外负担一定的个人所得税。[②]

I - E 基础运用的目的在于通过构造一种方法将保单持有人的所得部分反映在保险人的课税基础中而实现对具有退保现金价值（CSV）的保单的年度增加值进行课税。如何衡量 CSV 则成为理解这种制度的关键。从理论上看，CSV 应该等于投保人保费在满足保险人经营费用支出及红利和股息派发后的剩余部分在投资过程中产生的积累，它反映在人寿保险公式的责任准备金中。保单持有人在保险公司内部的积累所得等于 CSV 减去保单成本，这样便可以将保单持有人年度所得额表示为：保单持有人年度所得额 = CSV 的年度改变额 - 保单成本的年度改变额 = 投资所得 - 年度费用。所以，通过每年的投资所得与费用支出的差额可以确认保单持有人每年所

① 国家税务总局所得税管理司、国家外国专家局出国培训及国外管理司：《国外公司所得税概览》，北京，中国政法大学出版社，1994。

② 魏志梅：《企业所得税与个人所得税一体化的国际比较与借鉴》，载《税务研究》，2006（9）。

获得的所得。[①] 但是上述计算过程中，也将其他业务的利润（Trade Profit）计算进去了，所以应该将其扣除（即上面例子中的 B）。

I－E 方法的优势是它能同时计算股东分享的利润与保单持有者分享的利润。

股东分享的利润 = 保费收入 + 投资收益 － 运作支出 － 保单持有人的请求权 （1）

保单持有者分享的利润 = 保单持有人的请求权 － 保费收入 （2）

（1）+（2）= 投资收益 － 运作支出

I－E 方法的特点是没有借助准备金来确定所得，从某种意义上说在一定程度上消除了准备金估计对税基产生的影响，另一方面就是将保单持有人的年度所得纳入了课税范围之内。但是该方法打破了保险公司会计上的确认体系，必须依照税法的要求来进行，当涉及的调整较为繁琐时会增加遵循的成本。

I－E 方法将保单持有人年度所得纳入课税范围之内，可以通过一个例子进行说明：

假设 3 年期保单面值 1 000 元，每年收益率为 10%，公司所得税为 20%，个人所得税税率适用较高税率 40%。那么按照英国的计税规则会有如下的计算：

第一年

面值	1 000
收益	100
公司层面的税负	－20
保单账面价值	1 080

第二年

收益	108
公司层面的税负	－21.6
保单账面价值	1 166.4

第三年

收益	116.64

① 吴金光：《人寿保险公司应税所得确认模式的国际比较》，载《税务与经济》，2005（2）。

公司层面的税收	-23.328
保单账面价值	1 259.712

到期兑付

兑付总额	1 259.712
扣减本金	-1 000
总回报	259.712
可抵扣税款	64.928（20+21.6+23.328）
总收入	1 324.64（1 259.712+64.928）
保单持有人应纳所得税	129.856［（1 324.64-1 000）×40%］
可抵扣税款	64.928
未纳税款	64.928
税后收益	194.784

（二）相互保险组织的计税规则

对于相互保险组织运作的人寿保险业务，其按照 I-E 基础进行课税，但是由于相互保险组织的相互性质，其并不存在经营利润（即不存在前述例子中的 B），因此 I-E 方法计算的利润直接就是保单持有人层面分享的利润（即上述例子中的 A）。

而对于相互保险组织运作的非人寿保险业务，由于相互保险组织的相互性质，其并不产生经营利润，也就不存在计税的基础。但是如果该业务不具有相互性，则该业务产生利润，需要按照营业利润计算现有的企业所得税。

（三）样本公司的情况

表 13-8 是 LV 公司 2014 年公布的年报中关于税收事宜的节选。

表 13-8　　LV 公司年报（节选）

b) Reconciliation of tax charge	Group 2014 £m	Group 2013 £m	Society 2014 £m	Society 2013 £m
Profit/(loss) before tax, mutual bonus and UDS transfer*	37	156	(20)	104
Tax calculated at the average standard rate of corporation tax in the UK at 21.5% (2013: 23.25%)	8	36	(4)	24
Permanent differences				
Income and expenses not subject to tax	2	(3)	–	–
Mutual profit not subject to tax	4	(24)	4	(24)
Unprovided deferred tax movement	–	22	–	21
Policyholder I-E tax	34	(21)	34	(21)
Adjustment to current tax charge in respect of prior years	(1)	–	(1)	–
Adjustment to deferred tax charge in respect of prior years	–	–	1	–
Total charge	47	10	34	–

从表 13－8 中可以看出，2014 年互助社的总利润是亏损 2 000 万英镑，按照这个基数，算得一个公司所得税为负 400 万英镑，但是在之后有一科目——不纳税的相互组织利润（Mutual profit not subject to tax），其数额恰好是公司所得税负 400 万英镑的相反数 400 万英镑。之所以这样计算，是因为 LV 经营寿险业务，其计税基础为 I－E 基础，而非会计上的利润，因此按照会计上利润计算的应纳税额并非实际的应纳税额，所以通过上述科目将会计上计算的应纳税额直接冲销掉，同时再根据 I－E 基础计算公司的所得税，其数额体现在科目——保单持有人的 I－E 利润（Policyholder I－E tax）上。

二、相互保险组织的信息披露

（一）信息披露方式

根据《1992 年互助社法案》，信息披露的内容涉及互助社设立、合并、解散、注销等事宜，这些信息属于公司主动披露的内容。除此之外，互助社还可能根据委员会的要求，进行被动披露。而根据《1992 年互助社法案》，披露信息的主要方式是在英格兰、威尔士、贝尔法斯特公报或其他报纸上进行公告。除了报纸公告，有关互助社设立、变更和合并、注销等事项在 FCA 官方网站（注册为互助社形式）及 Companies House 官方网站（注册为保证有限公司形式）上也有披露。如果相互保险公司属保证有限公司，则基于《2006 年公司法》，其披露信息的方式更加灵活，公司的相关通知除了可以在公报公布外，还可以经登记官根据国务大臣（Secretary of State）制定的规则以不时批准方式进行公告。

（二）治理信息披露

根据《1992 年互助社法案》规定，在互助社注销时，中央办公室应根据互助社注册地址的情况，分别在伦敦公报（London Gazette）、爱登堡公报或贝尔法斯特公报上或其认为的一家或多家报纸上，就互助社注销事宜进行刊登。

当互助社向委员会申请合并、转换时，其应当就申请事项公布一则通知。该通知应当根据委员会的指令，公布在伦敦公报、爱登堡公报或贝尔法斯特公报或委员会指定的另外一家或多家报纸上。

在委员会就互助社解散事宜出具命令（Award）之后21天内，委员会应当将解散命令送交中央办公室。中央办公室收到命令后，应将命令在公报和互助社邻近的地区发行的报纸上进行刊登。

（三）经营信息披露

从样本公司来看，公司年报是公司对外披露信息的重要途径，其披露内容相对全面、细致。例如LV公司的年报，披露的内容包括公司战略报告（Strategic Report）、公司治理（Governance）和财务信息（Accounts）。RL公司年报列示的内容除了战略报告、公司治理和财务信息外，还附上了年度会员大会的通知信息。

（四）被动披露规则

作为互助社的管理机构，互助社委员会（Commission）可以向互助社或公司化的互助社的分支机构或由其共同控制的实体发出通知，要求后者：（1）不时地在一定期限内提供委员会基于其监管目的认为需要的相关信息；（2）在指定时间、指定地点，提供指定的文件或委员会基于其监管的目的认为需要的其他材料；（3）在指定时间内，就委员会基于其监管目的认为需要的特定事项进行解释；（4）在指定时间，提供经委员会批准的审计师或精算师出具的有关特定事项的报告、信息、文件或其他材料。

就上述（1）、（2）或者（3）规定的事项，当委员会有权要求互助社准备任何信息、提供任何文件材料或提供任何解释时，委员会应当拥有和如下人士一样的权利：（1）一位现在或曾经的高管、雇员或互助社机构；（2）或在（提供）文件材料场合，在委员会看来拥有并控制了相关文件资料的人。

若提供文件资料的人士提出文件资料上设定了留置权（lien），则向委员会提供材料应不影响留置权的效力。

任何人故意或过失提供任何信息、解释或声明时，如果存在实质性错误或误导，将被认为存在犯罪并有责任：（1）若被确信定罪，应处以不超过2年的监禁、单处或并处罚金；（2）承担不超过法定最高限额的罚金。

第六节 相互保险组织的合并、转制与解散清算

一、合并、分立、转制、解散和清算概述

《1992 年互助社法案》就合并（Amalgamation）、业务转让（Transfer of Engagements）和转换（Conversion）进行了相关规定。

在程序上，其大致流程为相关提议由会员进行决议通过，然后向管理委员会（互助社的监管者）提出相关申请，管理委员会根据法规规定的内容对相关申请进行审查，作出是否准许的决定。在内容上，对于合并、业务转让和转换，主要从会员权利义务保障，承继者是否有能力进行相应承继等方面进行实质性考察。

值得注意的是，在《1992 年互助社法案》下，合并专指新设合并。中国语境下的吸收合并，在该法案中对应的是业务（Engagement）的全部转让；分立，在该法案中对应的是业务的部分转让。

《1992 年互助社法案》也对解散和清算进行了规定，而对于清算又进行了区分：（1）由会员同意的清算；（2）法院强制清算。

二、合并

在程序上，计划合并的相互保险组织应当：

第一，在作出合并决议的会议召开之前不少于 14 天之内，就转让意图向有投票权的成员作出声明。

声明需作出特殊说明的事项包括：（1）参与合并或转让的每一家相互保险组织或其他主体的财务状况；（2）在合并或转让中，相互保险组织董事会成员的利益情况；（3）被提议的董事会成员或相互保险组织其他职员以及参与合并或转让的任一相互保险组织或其他主体的职员的补偿金或其他补偿（如有）；（4）在转让的情况下，相互保险组织向委员会提供的精算师的报告摘要；（5）根据合并或转让的特殊情况，委员会要求的其他任何事项。

声明在其所包含以上特殊事项获得委员会的批准之前，不得发布给会员。

第二，合并各方分别通过合并提议及合并条件的特别决议。

第三，由参与合并的相互保险组织共同向委员会申请批准。获得批准后，承继的相互保险组织即可注册成立。

在实体上，合并后的主体属于新设互助社，仍需按照一般互助社的设立标准进行设立。新设互助社成立后，原合并方均注销登记。合并后的新设互助社承继合并前互助社的财产和权利义务。

三、业务转让

业务转让，包括部分业务的转让和全部业务的转让。

业务转让的程序与合并程序大致相同。但是如果属于部分业务转让，则有权进行投票的会员只限于该转让业务涉及到的会员。另外，受让方的主体类型包括互助社和公司。除此之外，如果所转让的业务属于保险业务，那么受让方也应该是保险公司。业务转让后，受让方承继该转让部分的财产和权利与义务。

业务转让部分还涉及部分特别规定。例如，对于保险业务的受让，需要受让方受让后由其精算师对其偿付能力进行相关报告；并需要受让方聘任独立精算师对其长期业务进行相关调查报告。另外，如果委员会认为互助社不能顺利地完成相关业务，也可以主动要求其转让相关业务。

四、转换

事实上，转换有两个层面的意义：互助社转变为公司；相互制或公司化了的相互保险公司转变为股份公司。

（一）互助社转换成公司

主要程序仍然是先通知声明，再进行特别决议，最后申请委员会确认转换。特殊决议应当包括设立公司的章程大纲和公司章程。特殊之处在于转换的决议中需包含原有基金如何分配，以及公司成立之后与份额（Share）相关的其他权利如何确定的议案。公司设立需要按照公司法的要求进行。

除此之外，虽然互助社转换成了公司，但并不影响由于互助社而产生的任何请求权；而为了实现这些请求权，其仍将按照互助社而被起诉和执行。

（二）公司制相互社转换为股份公司

《2006 年公司法》第 620 节规定，有限责任公司可将股权（Stock）转换为具有任何名义价值的实缴股份（Paid-up share）。在程序上，有限责任公司会员大会通过普通决议可以授权公司按以下方式进行转换：（1）一次或多次转换；（2）特定时间、特定情形下转换。

在公司进行上述转换行动后 1 个月内，公司应当通知公司登记员，并附上一份公司资本声明（Statement of Capital）。资本声明应当列明如下事项：（1）公司总股份数；（2）上述股份的票面金额总数；（3）对每一类的股份，列明其特殊权利、股份数量以及票面金额总数；（4）就每一股份已经支付和未支付的金额。

（三）样本公司对于转换事项的规定

在实践层面，RL 属于保证有限公司，该公司章程规定，公司在任何时候均不能转换或合并成股份公司。LV 公司对公司转换并没有直接予以否定，LV 公司章程规定，相关将相互制形式转换为股份公司的事项，必须经过具有投票权的会员中过半数同意才能进行。

五、解散

在程序上，自愿解散应当做出特别决议并作出解散书（Dissolution Instruments）。该解散书应当列明如下事项：（1）相互组织的资产、负债明细；（2）会员数量以及会员在组织中利益的性质；（3）债权人的请求权及支付条款；（4）互助社的各类基金及财产的分配方案；（5）为清算目的拟任命的托管人的名单及其薪酬。

如果解散书任命的受托人为该互助社的董事会，则该受托人应当在解散书获得特别决议通过后 15 天内，就解散的事实、解散开始日期等通知中央办公室，并附上解散书副本。在解散完成之日起 28 天内，受托人应当就解散的事实和解散完成的日期通知中央办公室，同时附上经受托人签署并鉴证的财务账目和资产负债表（该表应当显示清算开始阶段的资产、负债情况以及资产负债被处理的方式）。

中央办公室应将其收到的通知和其他法律文件放置于公共档案中，并注明公布日期。

六、自愿清算

（一）清算决议

《1992 年互助社法案》规定，公司化的互助社可以通过特别决议的方式决议自愿清算。通过特别决议后，互助社应当在 15 日内将特别决议送交中央办公室，并由中央办公室将文件放置于互助社的公共档案中。

（二）董事会声明

当相互保险公司拟进行自愿清算时，董事会或其多数会员可以在董事会上作出法定声明，声明他们已经对相互保险公司事务进行充分调查，并认为相互保险公司在声明限定的自解散时起不超过 12 个月内，能够完全支付其债务及按照官方利率计算的利息。而且，董事会作出的声明应该在解散决议通过之日前 5 周内或者在通过决议当日且在决议通过之前作出。并且，决议含有在作出声明之前相互保险公司最近一期的资产及负债的声明。

（三）债权人会议（指定清算人）

公司应当在清算决议通过之日起 14 日内通知并召开债权人会议。债权人基于其考虑，可以任命不超过 5 人的清算委员会（Liquidation Committee）来实施债权人的功能。如果清算委员会成员被指定了，公司应当在自愿清算的决议通过的会员会议上或之后任何时间召开的会员大会上任命不超过 5 人的清算委员会成员。

债权人和公司应在相关会议上提名一人作为公司清算环节及资产分配事宜的清算人。清算人应当是由债权人提名，若债权人未提名，则公司提名清算人。若有不同的人士被提名为清算人，则应申请法院指定清算人。

根据《1986 年偿付能力法案》规定，在自愿清算的情况下，自决定清算的决议通过之日起 14 日内，相互保险公司应当在公报上进行公告。

（四）财产的分配

在满足优先债务清偿的前提下，自愿清偿的相互保险公司财产应当根据公司规则对债权人进行平等清偿。

根据《1992 年互助社法案》规定，公司化的互助社会员的责任限于未兑现的出资额（Any Subscription Outstanding）。

换言之，根据《1992 年互助社法案》设立的相互保险公司会员以出资额为限承担有限责任。但是，如果相互保险公司为保证有限公司，当公司清算时，会员或其停止成为会员之日起不超过一年的“前会员”，应向公司资产进行注资，以满足下列公司清算时进行的下列对外支付的需要：（1）公司在相关会员终止担任会员前产生的负债和责任；（2）清算费用；（3）会员之间权利调整的特定费用。

一旦相互保险组织清算事务全部完成，清算人应当编制清算账目，注明清算过程及及其处理的公司财产，在此基础上召集公司会员大会和债权人会议，通报并解释清算账目。

（五）注销

对于互助社的注销申请，中央办公室在由其认可的相应形式的证据的基础上，注销互助社的登记。根据《1986 年偿付能力法案》，对于相互保险公司注销申请，注册官应当立刻予以注销。

若中央办公室确信一家公司化的互助社：（1）获得公司化证明是基于欺诈和误解；（2）互助社不再存续，则中央办公室应提前不少于两个月通知互助社并注明拟实施注销的理由，在此基础上可以注销该互助社。

根据上述规定清算并宣告注销的相互保险社，在注销日后 12 年内，法院可以在任何时候出具命令（Order）宣布清算无效。法院基于托管人、清算人以及法院认为的其他利益相关人的申请进行宣告。当法院作出上述宣告后，相关诉讼可以正常进行，视同互助社尚未被清算。

（六）注销公告

中央办公室在互助社注销登记完成后，应毫不迟延根据互助社注册地址的情况，分别在伦敦公报、爱登堡公报或贝尔法斯特公报上或其认为的一家或多家报纸上，就互助社注销事宜进行刊登。

七、法院强制清算

（一）法院权限

英国高等法院就注册在英格尔和威尔士的任何公司的清算享有司法管辖权。就互助社而言，《1986年清算法案》第117条规定：如果其最近一期资产负债表显示的出资或认购收入额（The amount of the contribution or subscription income）不超过12万英镑，则由互助社注册地的郡法院与高等法院共同享有对其清算事务的司法管辖权。

（二）清算的启动

《1992年互助社法案》附件10之第18部分说明，《1986年清算法案》第122节规定的一般性公司适用法院强制清算的7种情形（如设立后不开展经营或停业达到1年、不能清偿债务、会员少于2人等），不适用于互助社。

根据《1986年清算法案》第125节规定，法院在听取清算的申请后，法院可以驳回，有条件或无条件地休庭，或发布临时命令以及其认为合适的命令。当公司会员以出资人身份，并基于公司清算符合正义和公平原则向法院提出解散申请，如果法院认定：（1）申请人可以通过解散或其他方式进行救济；（2）认定在缺乏其他救济途径的情况下，解散将体现正义和公正，则法院将发布解散的命令。当然，如果法院认为，对申请人而言尚有其他救济方式存在并认为通过解散而不是寻求其他救济方式的行为是不够理性的，上述情况不适用。

联系《1992年互助社法案》附件10第21（2）节的表述，法院可能作出解散命令的情形是为了实现：（1）相互保险公司因会员同意而解散；（2）相互保险社与另一家互助社合并或将全部或部分业务转让至另外一家互助社；（3）互助社转换为一家公司；（4）违约行为导致解散申请显得正当，而申请解散的花费又是由应对前述违约情况负责的人士支付。

（三）清算的公告

公司化的互助社应当在法院作出清算命令之日起15天内，将法院命令通知中央办公室，并由中央办公室将通知备置于互助社的公共档案中。

法院下达清算命令或任命了临时清算人后，除非法院许可并基于法院设定的条件，则任何针对公司或其财产的诉讼行动将不再启动。

（四）清算管理人任命

债权人和出资人在其各自会议上可以提名清算管理人。公司的清算管理人应由债权人提名，若债权人未提名，则由出资人提名。若债权人和出资人提名不同清算管理人，任何出资人或债权人有权在提名 7 日后向法院申请裁定，将出资人提名的候选人列为清算管理人，或将出资人提名的候选人与债权人提名的候选人共同成为清算管理人，或者将债权人提名候选人之外的人任命为清算管理人。

在英格兰和威尔士范围内，当法院下达了清算命令后，以选举清算管理人为目的的债权人和出资人召集会议，这些会议可以设立一个清算委员会来实施《1986 年偿付能力法案》规定的权利。当债权人会议和出资人会议就是否设立清算管理人委员会有不同意见时，该清算管理人委员会应当设立，除非法院另有命令。

当没有清算委员会时，清算人与官方清算管理人不属于同一个人时，除非公司规则另有约定，该清算管理委员会的职责应有州秘书（Secretary of State）担任。

在法院强制清算场合，清算管理人的职责是将公司拥有或公司看起来拥有权利的财产纳入其监管和控制范围。具体而言，清算管理人应当确保公司财产向公司债权人变现和清偿，若有盈余，则向相关权利人支付。清算管理人应当向清算人提供上述资产分配信息，提供公司账册和相关记录、允许清算人进行检查，并向清算人提供相关协助。

（五）公司事务的清查

当法院下达了清算命令或任命了临时清算人，官方的清算管理人应当要求部分或全部的公司相关人士［现任或历任管理人员、参与公司设立的相关方、雇员（或清算当年曾为雇员）、公司管理机构的管理人员］向其提交有关公司事务的声明。这些声明应当能够显示公司资产、负债和责任；公司债权人名单和地址；职员持有的证券及授予的时间；以及管理人规定或要求的其他内容。

（六）清算的中止

法院可以在发布解散命令之后的任何时候，基于清算人、官方接管人、债权人或出资人的申请，并基于足够的证据证实解散的程序应当被暂停或搁置（Stayed or Sisted），而发布命令，在一定期限或基于其认可的条款或条件，暂停或搁置解散程序。

（七）清算的效果

法院有权调整出资人之间的权利和根据互助社规则规定的待分配的盈余。

当资产不足以清偿负债时，法院可以发布命令根据其认为公正的顺序清偿因清算程序发生的相关花费。

八、解散清算期间特殊规定

（一）清算期间董事暂停履职

清算人任命后，董事停止履行其权力，除非清算委员会（若没有清算委员会，则债权人）批准其持续其权力。

（二）清算期间的公司行为

在自愿清算的情况下，清算开始日起发生的公司会员状态的变更均无效。

与此同时，在法院强制清算情况下，自公司清算开始后，任何公司财产的处置、股份转让或公司会员状态的变更都归无效。在法院强制清算的情况下，如果公司注册在英格兰或威尔士，任何对公司不动产和财产的附着、扣押和执行都归于无效。

（三）清算人和清算管理人的区分

从目前的法规阅读情况看，在法院强制清算情况下，清算人主要负责清算事项的总体管理，而清算管理人职责限于监管和控制公司拥有的财产和权利。清算管理人负责向清算人提供上述资产分配信息，提供公司账册和相关记录、允许清算人进行检查，并向清算人提供相关协助。因此，清算事务的处理权限级别上，清算人的级别应当高于清算管理人。

九、清算的前置审批

另外，考虑到作为从事金融业务的相互保险公司［属于受双重监管的互助社（Dual-regulated Society）］，其在设立环节 FRC 和 FCA 有相关前置审批，在清算环节逻辑上也应有相应的前置审批。但目前在官网尚未查到确切的信息。

FCA 官网列明，如果属于受双重监管的互助社，在解散时首先需要注销《2000 年金融服务和市场法案》的许可证，之后再解散互助社。

第七节　相互保险组织的章程管理

一、章程与规则管理

（一）章程内容

《1992 年互助社法案》附件 3 第 4 条的规定，相互保险组织的章程应：（1）规定相互保险组织的名称；（2）说明相互保险组织的注册地是否位于英格兰或威尔士，且该说明不可变更；（3）规定主要办事机构的地址；（4）规定相互保险组织的经营目的及其权利范围；（5）若经营目的包括联合王国地域范围之外的业务，根据经营目的说明其合理性。

（二）章程效力

依据《1992 年互助社法案》，相互保险组织的章程条款约束其每一个会员和职员，以及对会员或依据规则享有权利主张的任何主体。所有的这些会员、职员和主体对章程的条款都负有一定的注意义务。

与相互保险组织进行交易的对方，如果不属于章程约束主体范围，且该交易属于该类相互保险组织被许可的能力范围，则该交易对方没有义务查明该交易事项是否在所涉相互保险组织的能力范围之内。此处的“交易”是广义概念，包括相互保险组织进行的任何行为。在其谨慎地考虑了该交易，但不知道该交易在该相互保险组织的能力范围之外，则该行为视同在组织能力范围之内所为的行为，而不论章程条款如何规定。

即使对相互保险组织的越权行为的外部效力进行肯定，也是从保护交易安全和善意第三人利益角度考虑的，相互保险组织会员仍然可以通过一定的程序控制组织进行超越能力范围的行为（履行相互保险组织先前行为所带来的法律义务的行为除外）。若要证明该第三人知晓该限制性程序，则采取“谁主张、谁举证”的原则。董事会仍承担遵守相互保险组织章程对其权力的限制的义务。由于任何人所为的、超越相互保险组织能力范围的组织行为所导致的责任将由个人承担；该责任的免除必须由全体大会特别决议通过。

（三）规则内容

《1992 年互助社法案》规定相互保险组织的规则（Rule）应包括以下内容：（1）会员资格的取得条件及其消灭方式；（2）若该规则未规定收益分配，则应当规定收益分配的决定方式；（3）可能分摊给任何一个会员的损失；（4）未缴付出资的后果；（5）审计师酬劳决定方式；（6）有关高级职员选举或任命及撤换、酬劳以及根据工作性质养老金发放的情形及其决定方式；（7）董事会的权力与职责；（8）互助社基金的投资；（9）争议解决方式；（10）若相互保险组织有公章，其样式、保管及使用；（11）会议的召集和召开，特别是请求召开会议的权利，提案权，会议通知方式、会议将要审议的议案的通知方式，会议程序，会议召集通知的格式，会员的投票权、要求举行投票的权利以及投票的方式；（12）在相互保险组织解散或自愿清算时，在履行债务后，会员参与剩余资产分配的权利；（13）修改章程和规则的程序。

（四）规则效力

依据《1992 年互助社法案》，相互保险组织的规则条款约束其每一个会员和职员，以及对会员或依据规则享有权利主张的任何主体。所有的这些会员、职员和主体应当对规则的条款负有一定的注意义务。

相互保险组织交易的对方，如果不属于规则约束主体范围，则该交易方没有义务查明相互保险公司对其董事会的任何权力限制。该原则适用于相互保险组织所为任何行为，且该行为是，或者依法被认为是在该相互组织公司能力范围之内，由董事会决策作出，但依据相互保险组织章程或规则为越权行为。如果交易对方不属于规则约束对象范围，且其谨慎地考虑了该交易，仍不知道该事项在该董事会的权限范围之外，则董事会的权力应当被视为未受章程任何限制。

相互保险组织声称转让或赠与一定的财产利益，依据相互保险组织章程，即使该行为在董事会的权力范围之外，如果该交易对方为善意第三人，即善意且经过审慎考虑，但事实上没有注意到影响相互保险组织行为有效性的情况（如有）而取得财产或财产利益的人，该善意第三人权利的行使不受影响。

相互保险组织的会员可以通过一定的程序控制董事会进行超越权力范围的行为（履行相互保险组织先前行为所带来的法律义务的行为除外）；董事会仍负有遵守相互保险组织章程对其权力的限制的义务；由于任何人所为的、超越董事会范围的行为所导致的责任，应由个人承担。该责任的免除必须由特别决议通过，且该特别决议应独立于追认董事会行为效力的决议。依据相互保险组织章程规定的权力范围，董事会所为的越权但在其能力范围之内的行为，可以依据规则规定的程序获得相互保险组织会员全体大会的追认。

二、登记注册

（一）登记事项

在英国法下，相互保险公司组织形式可以分为两大类，一类为依据英国《2006 年公司法》设立的公司，另一类是根据《1992 年互助社法案》登记设立的相互保险公司。作为同样适用于依据公司法设立的相互保险公司的规则，《2006 年公司法》只对一般性公司登记进行了设定，但未明晰需要登记的事项。《1992 年互助社法案》没有对登记事项进行集中表述，但根据该法案内容及作为登记机关的 FCA 登记的 LV 的登记信息，可以推断的登记事项包括名称、代码、住所、登记日、会计年度结算日。根据《2006 年公司法》设立的 RL，Company House 是其登记信息的公示平台。RL 的登记事项除包括上述信息外，还包括公司类型、业务性质以及更细致的会计期间的日期信息。

（二）设立登记需提交的文件

在《1992 年互助社法案》框架下，相互保险公司的设立有三种路径：其一为依据《1974 年互助社法案》设立的已注册的互助社，可以依据《1992 年互助社法案》公司化而成为相互保险公司；其二为两家以上的互助社合并为一家相互保险公司；其三为根据《1992 年互助社法案》规定直接设立的相互保险公司。前两者暂且称为“转化的相互保险公司”、“合并的相互保险公司”，第三种为“新设的相互保险公司”。

1. 转化的相互保险公司申请设立登记应向 FSA 提交下列文件：（1）章程大纲（Memorandum）和规则（Rules）副本 3 件，并且每件至少有 7 名成员和互助社秘书签字；（2）秘书的法定声明，表明法律所要求的设立步骤（成员大会通过公司化申请书；就公司化后互助社的经营目的以及符合《1992 年互助社法案》要求的章程所规定的权力范围达成一致；就公司化后互助社的管理规则达成一致，且该管理规则符合《1992 年互助社法案》要求）都已经完成。

2. 就合并的相互保险公司，需要提交章程大纲（认同各方的承继主体的意思表示）、规则以及审议通过章程大纲和规则的特别决议。参与合并的各家互助社的秘书应当共同签署上述章程大纲、规则。

3. 新设的相互保险公司申请设立登记应向将章程和规则送交中央办公室，并且每件副本应由至少发起人中的 7 人（若共有 7 人，则为其全部）和拟定秘书（除非秘书待选）签字。

在《2006 年公司法》框架下，保证型的有限公司的设立，需要向登记员提交章程条款大纲、登记申请书、合规声明、承诺声明、拟定高管声明。其中，登记申请书应当注明公司拟定名称、注册地域（英格兰、威尔士、苏格兰或北爱尔兰）、成员责任是否有限，公司为私人还是公众公司；承诺声明必须注明：每个成员承诺当公司清算时，若其届时为成员或停止成员身份不满一年的，则就公司债务、责任及相关清算成本费用及成员间权利调整费用，该成员将承诺向公司缴付相应的出资以满足公司对外支付之需。

第八节　保险保障基金的缴纳

早在1975年，英国就颁布了《保单持有人保障法》，旨在加强对被保险人利益的保护。法案规定设立全国性的保单持有人保障委员会，负责寿险和财险两个保障基金账户的征收和管理。2000年的《金融服务和市场法案》规定由单一机构负责所有金融产品和服务的补偿工作，以配合整个金融市场统一管理的监管模式。如今在英国，金融服务补偿计划（Financial Services Compensation Scheme，FSCS）从2001年开始成为单一的保障基金，覆盖包括保险、银行存款、投资等金融服务领域的保险保障。

任何经金融服务管理局批准或者监管的寿险或者非寿险保险机构都应该参与到金融服务补偿计划中，并且支付相应的保费。FSCS只在保险机构处于不能或者很有可能不能赔付时进行赔付。如果一个机构还在运营，并且有足够的金融资源满足赔付要求，这家机构就必须自己完成赔付。

英国的保障基金采用费用发生拨款制（Pay-as-you-go），以及收支平衡的原则，其产生的费用分为两大类：一类是管理费用，包括用于维持FSCS的日常管理费用，比较固定；另一类是支付给金融消费者的补偿费用。FSCS每年会预估一个花费数额，如果当年的花费超过预估，或者年度内出现的问题金融机构数量超过预估，则会实施进一步的征收活动。这一费用征收方式又被称为“年度性事前筹集方式”，本质上还是一种非基金制的筹资模式。

费用的征收区分了寿险及非寿险，对于寿险其征收比例限定在净保费收入的0.8%，非寿险比例也是如此，英国这种方法也被称为“保费收入比例法”。FSCS费用的征收由金融服务管理局代为征收。从2008年开始，规定寿险及年金保费的缴费上限为7.9亿英镑，非寿险的缴费限额为9.7亿英镑。

在2010年之前，对于保单持有人补偿的标准问题，英国的规定是寿险保单持有人，如果现金价值不足2 000英镑的，可以获得100%的给付，超过 2 000 英镑的，可以获得 2 000 英镑加上剩余保险金额的 90% 的保单现金价值；而强制性财产可以获得 100% 的赔偿。自 2010 年 1 月 1 日起，除强制性保险以外，所有非强制性保险的补偿限额都改为保险请求金额的 90%。

第十四章
日　　本

概　　要

本章从日本保险法中的相互保险公司法律制度介绍入手，首先梳理了日本相互保险公司运作在法律层面的基本问题与主要特点。其次结合日本生命保险公司和日本明治安田生命保险公司在实践中的做法，对日本相互保险公司的组织运作与监管方式进行了简要介绍。

1900 年，日本制定了第一部保险业法，正式规定保险公司的经营形态为股份公司和相互公司两种。同年 9 月，日本第一家相互保险公司——第一生命保险公司正式设立。

随着第二次世界大战的战败，日本经济遭到重大打击，保险业也面临着一个极度恶化的经营局面。日本通过在 1946 年制定《金融机构再建整理完备法》等一系列措施，使保险业随着日本经济整体的复兴，逐步走上了再建乃至发展的道路。随着日本经济的恢复和高度成长，以相互公司为代表的日本寿险事业得到了高速发展。1987 年，日本寿险业务的保有保费收入超过了美国，居世界第一。

1996 年，日本实施了新修订的保险业法，本次修法，增加了相互公司向股份有限公司进行组织变更的有关规定。1997 年 4 月，拥有 110 万投保人的第 16 大人寿保险公司日产相互人寿保险公司倒闭，这是五十年来日本首家保险公司宣告破产，也拉开了相互制公司破产的序幕。实践中，大同生命于 2002 年，共荣生命、太阳生命于 2003 年各自进行了从相互制公司到股份公司的改组，同时其他许多相互保险公司也在制订改组的计划。

在日本，相互保险公司是不以营利或公益为目的的中间法人。其初始运营资金来源于资本出资人（债权者）出资的基金。相互保险公司与股份制保险公司在治理机构的设置上趋同，都遵循了现代公司三权分立的治理结构，通过权力制衡来降低相互保险公司运行中的代理成本。

相互公司的准备金共有6种，其中，填补损失准备金、基金偿还准备金和为进行剩余金分配的准备金是相互公司所独有的；价格变动准备金、责任准备金和支付准备金是相互公司和经营保险业务的股份有限公司所共有的。

《日本保险业法》对于相互保险公司和经营保险业的股份有限公司在监管方面的规定趋同，其主要法律制度可以大体划分为四个方面的内容：第一方面是行业准入及对公司内部经营方面的监管；第二方面是限制关联交易和反垄断，属于对保险公司之间的行为的监管；第三方面是应申请或呈报的事项，包括对变更相关文件、章程等的申请和需要保险公司主动向监管机构进行报告的规定；第四方面是监管机构的主动监管措施，包括对保险公司的调查、判断和处罚等规定。

本章选取了日本生命有限公司和日本明治安田生命有限公司进行样本研究，以其2012—2014年年报作为资料来源。

日本生命保险公司成立于1889年，是日本最大的人寿保险公司。截至2015年3月31日，日本生命保险公司拥有1 150万投保人，以及3.42万亿日元初始运营资金。公司业务范围包括人寿保险、投资管理、咨询、信托、担保、租赁等。依据《日本保险业法》第60条，公司于2013年和2012年3月31日分别发行了500亿日元和1 000亿日元新基金。2014年3月31日，公司设立基金达到1.25万亿日元。

日本明治安田生命保险公司由日本明治生命保险公司和安田生命保险公司合并而来，是日本最大的寿险公司之一。公司的产品包括个人寿险、年金、团体寿险和养老金以及投资产品。2013年，公司保费收入达到3.61万亿日元。

第一节　相互保险组织的出资与融资

按照日本相互保险公司的理解，相互保险公司与股份制保险公司区别如表14－1所示。由于不存在股份公司的股东出资，主流公司法的“资本多数决”原则在相互保险组织中无法贯彻实施。因此，相互保险公司的组织运作可以大体分为三个独立的模块：一是公司初始营运资金以及类似功能的资金的筹措、使用与偿还；二是投保人作为公司成员参与公司治理，基本原则是一人一票；三是投保人作为公司成员参与利润分配以及在清算或转制过程中行使最终的剩余索取权（residual claim），这个问题比较复杂，法律规定、会计处理、税、精算等都交织在一起。

表14－1　　相互保险公司与股份制保险公司比较表①

	相互保险公司	股份制保险公司
性质	不以营利或公益为目的的中间法人	以营利为目的的法人
资金	资本出资人（债权者）出资的基金	股东（公司的投资人）出资的资本金
最高权力机构	成员大会或成员代表大会	股东大会
保险关系	相互保险（成员关系与保险关系同时发生）	营利保险（根据保险合同发生保险关系）
损益的归属	成员（投保人）	股东

一、设立基金的募集

根据《日本保险业法》第6条的规定，相互公司的设立基金总额须为10亿日元以上。认购基金总额属于相互保险公司设立登记时的必要记载事项。

资金来源于基金认购人。《日本保险业法》第27条规定：发起人在公司设立时销售基金总额。申请认购基金者必须在基金认购申请书上写明认购金额以及住址，并署名。然后由发起人确定最终认购成功者及其认购份额，并将该结果公告。认购人在收到通知后需立即去规定的认购场所缴纳认购款，从而成为基金份额持有人。

① 日本生命2014年年报第57页。

《日本保险业法》中对出资人的资质没有限制，自然人或法人均可作为相互公司的出资人。

二、设立基金的性质

（一）设立基金类似于贷款

设立基金类似于贷款（负债），《日本保险业法》允许相互保险公司销售设立基金来获得公司的初始营运资金，由于该基金发行时规定了利息偿付和到期日等，所以设立基金类似于贷款（负债）。

（二）设立基金的借款利息及偿还方式

《日本保险业法》未对设立基金的利息率作出具体规定，对其支付则是比照利润分配进行规制的。《日本保险业法》第55条之1规定：支付基金利息，须以资产负债表上的净资产额扣除以下金额后的余额为限：基金总额；亏损弥补准备金和基金赎回公积金；行政法规规定的其他金额。但需要特别说明的是，虽然相互保险公司资产负债表上将支付基金利息作为分配过程在净资产部分处理，但在税法上其仍被视为债务利息可以由公司税前扣除，同时基金出资人收到的利息也不适用公司间股息免税的规定。[①]

（三）样本公司信息

根据日本生命的公司章程："本公司对基金出资人，以年10%为上限，按照基金出资合同约定的利率，支付基金利息。"

日本生命在其公司章程第51条中规定了基金的偿还方式：（1）本公司以偿还基金为目的提存基金偿还准备金；（2）基金的偿还按照董事会的决议进行，相当于偿还金额的基金偿还准备金划归基金偿还公积金；（3）除前2款规定的方法之外，经总代会决议，可在决算中出现盈余金时，在扣除基金利息后，提存损失弥补准备金、基金偿还公积金、基金偿还准备金、社员分红准备金、社员分红平衡公积金、特别公积金等处置。在盈余金的处置中，提存基金偿还公积金，进行相同金额的基金偿还。

① PWC：Japan – Comparison of Insurance Taxation October 2011，p. 6.

三、设立基金的补充：新基金的募集

（一）法律规定

公司可以在成立之后修改公司章程增加基金总额并进行筹集，认购基金者的法律地位以及权利义务应与公司成立时认购基金者的法律地位以及权利义务相同。

《日本保险业法》第60条之1规定：相互保险公司成立以后，依社员大会或者总代会决议，可以募集新基金，并由社员大会或者总代会决议决定募集额。决议须由所有社员（或总代人）半数以上出席，并经出席人所持表决权四分之三以上同意通过。

相互保险公司必须向基金份额认购申请人告知以下事项：（1）公司名称、基金总额、基金出资人的权利和基金偿还方法；（2）基金营销额、认购申请人权利和赎回方法；（3）认购款缴纳期限；（4）认购款缴纳场所。

认购申请人须向公司提交记载有以下事项的书面申请：（1）认购申请人的姓名（或名称）与住所；（2）认购份额。

（二）样本公司信息

1. 通过SPC募集新基金

从样本公司的情况看，目前日本相互保险公司主要是通过SPC的架构来筹集新的基金。SPC是日本《资产证券化条例》下创设的新型法律主体，具有税法上的穿透性。实务中，相互保险公司很长时间内并不重视内部留存资金。1995年的保险业法改革后开始重视内部留存，通过设立SPC来进行资金筹集。其具体操作是：保险公司和银行签署消费借贷合同，承诺向公司提供基金；然后，银行将基金债权转让给SPC，SPC再向投资者进行基金的销售募集。

2. 其他准权益资金的筹集

日本相互保险公司还通过发行次级债募集资金。2012年10月，日本生命发行了20亿美元次级债，有利于公司应对不确定的资产管理环境，巩固公司的金融市场地位，使基金来源更加多元化。①

① NISSAY ANNUAL REPORT 2014 p. 21.

四、相互保险公司初始运营资金赎回过程

日本相互保险公司获得的设立基金（初始运营资金）在会计上被列入“净资产”，但其本金和利息均需要偿还，实质与债务相同。日本相互保险公司通过计提准备金的方式，来赎回（或偿还）以前募集的“债务出资”。该种赎回具体可以细分为以下步骤：（1）公司提取每年净利润的一部分作为赎回设立基金的准备金（Reserves for Redemption of Foundation Funds）；（2）在公司实际赎回设立基金时，从已计提的赎回准备金中拨付；（3）为了体现设立基金已被保留盈余所置换，在资产负债表中新设科目“累计已赎回基金”（Accumulated Redeemed Foundation Funds）来展示置换过程。此种做法是对《日本保险业法》规定的遵循，即相互保险公司在基金赎回之时，须提取与赎回额相当的赎回准备金，以维持其设立基金的数额。

为了清晰展现日本相互保险公司的初始运营资金从募集到赎回全貌，以下以明治安田公司为例，用具体的会计分录来呈现前述出资及其赎回过程。

表 14－2　　明治安田 2014 年资产负债表权益部分

NET ASSETS			
Foundation funds	**260,000**	210,000	**2,526.2**
Accumulated redeemed foundation funds	**410,000**	410,000	**3,983.6**
Revaluation reserves	**452**	452	**4.4**
Surplus retained:			
Reserves for loss compensation	**8,854**	8,389	**86.0**
Other surplus retained:			
Reserves for redemption of foundation funds	**85,000**	40,000	**825.8**
Accumulated fund for price fluctuations	**29,764**	29,764	**289.1**
Social welfare project promotion reserves	**48**	48	**0.4**
Operating base reinforcement reserves	**50,000**	28,000	**485.8**
Reserves for reduction entry of real estate	**24,052**	23,474	**233.6**
Special reserves	**2,000**	2,000	**19.4**
Other reserves	**85**	85	**0.8**
Unappropriated surplus for the period	**241,508**	223,593	**2,346.5**
Total foundation funds and others	**1,111,766**	975,807	**10,802.2**
Unrealized gains on available-for-sale securities	**1,738,003**	1,637,216	**16,886.9**
Deferred hedge gains (losses)	**944**	3,815	**9.1**
Revaluation reserves for land	**106,051**	107,619	**1,030.4**
Total valuation and translation adjustments and others	**1,845,000**	1,748,651	**17,926.5**
TOTAL NET ASSETS	**2,956,766**	2,724,459	**28,728.7**

1. 设立基金（Foundation Fund）投入公司

借：现金（或银行存款）

　贷：设立基金

根据明治安田年报，截至2014年末，公司有2 600亿日元设立基金。

2. 从公司年度利润中提取赎回设立基金的准备金

借：利润分配

　贷：赎回准备金

公司进行年度利润分配时会提取用于赎回设立基金的准备金，2014年度，明治安田提取赎回准备金850亿日元。

3. 赎回设立基金

借：赎回准备金

　贷：现金（或银行存款）

需要注意的是，从本年盈余中提取的赎回准备金与公司以前年度累积的赎回准备金构成一个赎回准备金池子，公司实际赎回设立基金时，从赎回准备金池子（累积已提取的赎回准备金）中拨付。

4. 在资产负债表上体现设立基金已经被保留盈余所置换

借：设立基金

　贷：累计已赎回基金

由于《日本保险业法》要求相互保险公司在基金赎回之时，须提取与赎回额相当的赎回准备金以维持其设立基金的数额，所以在资产负债表上，公司设立新的科目“累积已赎回基金”来展示用保留盈余置换设立基金的过程，其本质上相当于公司用自己的权益资金填补赎回的设立基金。年报显示，2014年度，明治安田的累积已赎回基金为4 100亿日元。

不过，另一家样本公司——日本生命的资产负债表中没有“累积已赎回设立基金”科目，只有赎回准备金科目。根据其年报附注，设立基金赎回时，相互公司须增加与赎回金额相等的赎回准备金，以保持设立基金数额不变。日本生命年报披露其依据《日本保险业法》第56条，于2014年、2013年、2012年3月31日分别赎回了500亿美元设立基金并增加了等额的赎回准备金。这表明日本生命在赎回设立基金时直接贷记“设立基金”科目，同时减少银行存款。

表 14－3　　　　日本生命 2014 年资产负债表权益部分

NET ASSETS:				
Foundation funds (Note 13)	250,000	300,000	300,000	2,429
Reserve for redemption of foundation funds (Note 13)	1,000,000	950,000	900,000	9,716
Reserve for revaluation	651	651	651	6
Consolidated surplus	477,329	424,922	379,311	4,637
Total foundation funds and others	1,727,980	1,675,573	1,579,962	16,789
Net unrealized gains on available-for-sale securities, net of tax	3,261,140	2,509,186	1,022,171	31,686
Deferred losses on derivatives under hedge accounting, net of tax	(134,156)	(74,128)	(6,969)	(1,303)
Land revaluation differences	(85,561)	(84,481)	(67,515)	(831)
Foreign currency translation adjustments	10,162	(37,957)	(68,619)	98
Remeasurement of defined benefit plans (Note 11)	20,085	—	—	195
Total accumulated other comprehensive income	3,071,671	2,312,619	879,066	29,845
Minority interests	14,399	13,278	12,141	139
Total net assets	4,814,051	4,001,471	2,471,169	46,774

五、样本公司的设立基金概况

1. 日本生命

日本生命保险公司成立于1889年，是日本最大的人寿保险公司。截至2015年3月31日，日本生命保险公司拥有1150万投保人，以及3.42万亿日元初始运营资金。[①] 公司业务范围包括人寿保险、投资管理、咨询、信托、担保、租赁等。[②]

依据《日本保险业法》第60条，公司于2013年和2012年3月31日分别发行了500亿日元和1 000亿日元新基金。2014年3月31日，公司设立基金达到1.25万亿日元。

自2001年3月31日，日本生命着眼于扩展基金投资者数目。2003年3月31日，日本生命通过SPC公司发行资产支持证券的方式向普通个人投资者募集相应资金。2006年3月31日，日本生命向海外投资者发行。[③]

① NISSAY ANNUAL REPORT 2014 p. 9.

② NISSAY ANNUAL REPORT 2014 p. 92.

③ NISSAY ANNUAL REPORT 2014 p. 20.

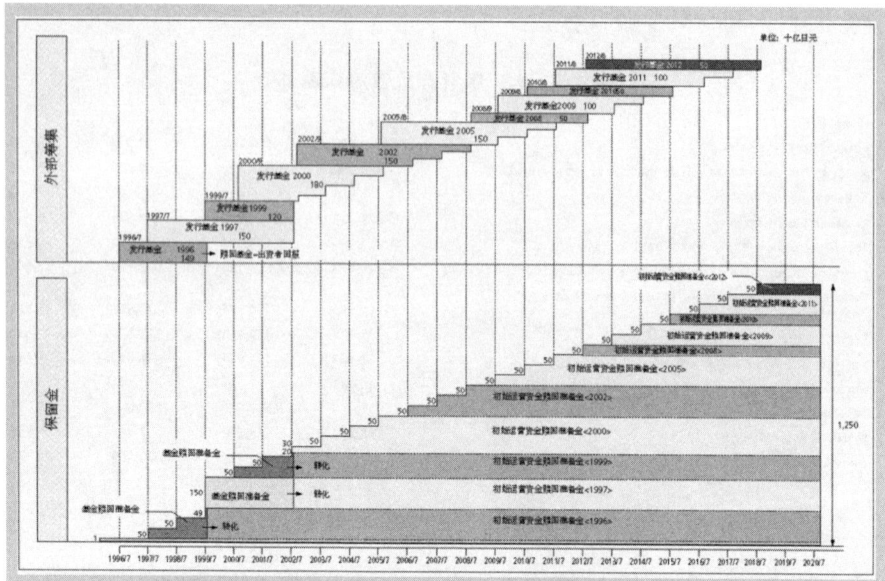

图 14－1　日本生命基金赎回情况①

根据《日本保险业法》，基金总额最少为 10 亿日元。根据《日本保险业法》第 56 条，基金赎回之时，公司必须提取与赎回额相当的赎回公积金。基金赎回准备金是自愿提取的，并且当初始运营资金赎回时，会转化为初始运营资金赎回准备金。

表 14－4　　日本生命基金出资人（截至 2014 年 3 月 31 日）②

基金数量	2 500 亿日元	基金出资人数量	4
基金出资人名称		出资额	
		数量（十亿日元）	比重（%）
日本生命 2011 年基金特殊目的公司		100	40.00
日本生命 2009 年基金特殊目的公司		50	20.00
日本生命 2010 年基金特殊目的公司		50	20.00
日本生命 2012 年基金特殊目的公司		50	20.00

① NISSAY ANNUAL REPORT 2014 p. 21.

② NISSAY ANNUAL REPORT 2014 p. 21.

日本生命2009年、2010年、2011年、2012年基金特殊目的公司(SPC)发行了由对基金的求偿权(claims on the funds)支持的特殊公司债券。发行收益被用于购买设立基金。日本生命对这些SPC没有特定投资。

2. 明治安田

日本明治安田生命保险公司由日本明治生命保险公司和安田生命保险公司合并而来，是日本最大的寿险公司之一。公司的产品包括个人寿险、年金、团体寿险和养老金以及投资产品。2013年，公司保费收入达到3.61万亿日元。[①]

表14-5　明治安田公司基金出资人（截至2014年3月31日）[②]

基金出资人名称（前五名）	出资额	
	数量（十亿日元）	比重（%）
明治安田生命2012年基金特殊目的公司	100	38.46
明治安田生命2011年基金特殊目的公司	50	19.23
明治安田生命2013年基金特殊目的公司	50	19.23
The Bank of Tokyo-Mitsubishi UFJ, Ltd.	10	3.85
Mizuho Bank, Ltd.	10	3.85

明治安田2011年、2012年、2013年基金特殊目的公司发行了特殊公司债券用于购买基金债权。明治安田公司没有对这些SPC投资。

第二节　相互保险组织的发起与设立

一、出资人的权利和义务

认购基金者和相互保险公司之间签订基金契约，向公司提供基金，其地位与成员资格不同，属于第三者。根据《日本保险业法》，认购人、发

① MEIJI YASUDA LIFE INSURANCE COMPANY ANNUAL REPORT 2014, p. 18.

② MEIJI YASUDA LIFE INSURANCE COMPANY ANNUAL REPORT 2014, p. 35.

起人在最终分配的基金份额内享有基金持有者的权利，并履行缴纳基金款的义务。

（一）义务

认购基金者必须以金钱的方式足额缴纳其认购的基金，在创立大会召开之前缴齐。认购人在收到发起人通知后需立即去规定的认购场所缴纳认购款，从而成为基金份额持有人。未按规定缴纳认购款的认购人，丧失认购人权利。

认购人不得在公司成立后以错误为由主张认购行为无效，或以欺诈、胁迫为由主张撤销认购行为。

（二）权利

有关认购基金者的权利的规定和基金偿还办法属于相互保险公司章程的绝对记载事项，必须由章程明确规定。

法律上已经明确规定的认购基金者的权利主要包括：（1）取得基金利息的权利；（2）在相互保险公司清算时要求返还基金的权利，但返还顺序位于公司的债权人之后；（3）在相互保险公司转制为股份公司且发行股份时，可以“债转股”的方式转换为公司的股票。

二、设立

（一）适合开展相互保险的领域

日本相互保险公司主要经营人寿保险领域。公司业务范围包括人寿保险，并通过子公司从事投资管理、咨询、信托、担保、租赁等业务。相互保险针对一定行业或者特定地区的参与者，投保人具有特定性。日本相互保险开展的行业几乎不受限制，如交通运输、教职员工、警务人员、消防员等都可以在行业间进行相互保险。

相互保险无论是保费还是保险金额都相对较低，因此是日本大多数中低收入家庭的首选。相互保险省去了商业保险所必需的人力成本和广告费，导致相互保险的费用要远低于商业保险。在日本，相互保险的保费是商业保险的60%～70%。以大学生生活合作社互助为例，有了相互保险，如果出现人身伤害会由保险资金出资自费部分的70%～80%，大大减轻了学生的负担。[①]

（二）新设相互保险组织的必要条件

1. 10亿日元设立基金

相互保险公司在创立之初必须拥有一定的基金，总额为10亿日元以上，且必须以现金方式缴纳，不可由现物或任何其他方式替代。申请认购基金者必须在基金认购申请书上写明认购金额以及住址，并署名。申请认购书由发起人填写法定记载事项。

2. 100名以上成员

相互保险公司在设立时，如果不能构成一定规模的保险团体，保险业务就不能正常运营，因此必须规定最少人数，其设立时的必要成员数为100人以上。

（三）发起设立相互保险组织的流程和程序

1. 召开创立大会

（1）召开创立大会的前提条件

按照《日本保险业法》第30条之8的规定，发起人在认购款缴纳完毕且提交认购申请的入社申请人人数达到100人后，须立即召集创立大会。

创立大会召开的前提条件有两个：第一是认购基金者所认购的基金必须全部缴齐；第二是提出加入申请书的人数必须达到发起人在加入申请书上记载的人数（如果相互保险公司设立时不接纳成员的，则不必具备这一条件）。上述两个前提条件具备后，发起人必须立即召开创立大会。

（2）会议规则

创立大会由相互保险公司成立后能成为其成员的全体人员构成。每位已缴纳认购款的入社申请人，在创立大会上享有一票表决权。创立大会决议由已缴款入社申请人半数以上出席，并经出席者四分之三以上表决权同意通过。

（3）董事和监事的提名

根据《日本保险业法》第30条之10的规定，设立时董事、会计参与

① 《日本保险业发展的新趋势》，载《中国保险报》，2008－09－08第3版。

人、监事或会计监察人，由创立大会任免。设立时的董事至少三人，若公司成立之后欲设置监事会，则设立时监事不得少于三人。

2. 设立登记

相互保险公司设立登记必须在创立大会结束日起两周内，在主营业所所在地完成。

办理设立登记的必要登记事项包括：（1）相互公司的目的、名称、基金总额（10 亿日元以上）、基金出资人的权利、基金偿还方法，以及利润分配方法；（2）事务所所在地；（3）董事姓名，董事中哪些是外部董事，会计参与人姓名（或名称）及其主要经营场所，监事姓名，是否有外部监事，会计监察人的姓名（或名称），临时会计监察人的姓名（或名称）；（4）若是委员会设置公司，须登记以下事项：是否有外部董事；各委员会的委员和执行委员的姓名；代表执行委员的姓名和住所；（5）若相互公司依行政法规之规定，在定期社员大会结束后五年内，持续以电磁方式公告其资产负债表，及相互公司为公开资产负债表内容所采取的措施。

设立登记的申请文件包括：（1）公司章程；（2）基金份额认购证明；（3）认购人名录；（4）入社申请证明；（5）若有关于检查员报告的法院裁判书，裁判书誊写本；（6）认购款的金钱保管证明；（7）与选任设立时的代表董事有关的文件；（8）若要设立的是设置委员会的公司，与设立时委员、设立时执行委员和设立时代表执行委员的选任有关的文件；（9）创立大会的会议记录；（10）设立时董事、设立时监事和设立时代表董事的就任承诺证明书。

3. 申请营业执照

在日本，保险业属于特许经营行业，所以除了筹集初始运营资金和招募一定数量的会员外，新设相互保险组织还应取得内阁总理大臣颁发的营业执照。

根据《日本保险业法》第 4 条，申请保险业营业执照，须向内阁总理大臣提交记载有以下事项的书面申请：（1）商号或者公司名称；（2）基金总额；（3）董事和监事的姓名（设置委员会的公司，为董事和执行委员）；（4）欲申请的执照种类；（5）总公司或主要营业场所所在地。

申请书必须附带以下文件：章程；事业方法书；保险合同的格式条款；保险合同和责任准备金的计算方法。

根据《日本保险业法》第5条，内阁总理大臣在受理营业执照申请时，必须审查以下事项：（1）申请者是否有足够的财产基础，确保保险公司业务的健全有效运营，以及申请者从事该业务的收支预计是否良好。（2）申请者是否有足够的知识、经验和社会信用确保保险公司业务正常有效运营。（3）相互保险公司章程和事业方法书所记载事项是否符合以下标准：①保险合同内容是否完整、公正，以保护投保人、保险人、被保险人和保险受益人的利益；②保险合同是否存在差别对待条款；③保险合同的内容是否可能诱发或助长违反公序良俗的行为；④投保人的权利义务，以及其他保险合同的内容是否明确、合法；⑤行政法规规定的其他标准。（4）保险合同和责任准备金的计算方法是否符合以下标准：①保险费和责任准备金的会计方法是否妥当；②保险费收取方面，对特定人是否有不正当的差别对待；③行政法规规定的其他标准。为维护公共利益，在必要范围内，内阁总理大臣可以参照前述审查标准，对申请人的营业许可附加或者变更条件。

三、会员

（一）资质、加入条件、权利和义务

1. 入社的条件

根据《日本保险业法》第30条之7的规定，对于设立时入社的人，入社申请人须向发起人提交含有以下事项的书面申请二份：（1）申请人姓名（或名称）和住所；（2）与相互保险公司间缔结的保险合同的种类。发起人须告知入社申请人以下事项：（1）章程公证的年月日以及公证人姓名；（2）相互保险公司章程的绝对必要记载事项和相对必要记载事项；（3）基金认购人的姓名（或名称）、住所、认购金额；（4）入社申请人的数量；（5）相互保险公司开办费用的偿还方式；（6）行政法规规定的其他事项。

对于公司成立后加入的公司成员，凭投保保单成为公司成员。

2. 成员身份与投保人之间的关系

（1）法律规定

相互保险公司的投保人有成员和非成员之分。在成员地位与投保地位的关系上：一方面，成员必须要加入保险，向相互保险公司缴付保险费；另一方面，向相互保险公司投保的人，并不必须取得其成员地位。公司章程或保单条款会通常载明成为“成员”的条件。1996 年《日本保险业法》修改之前，不允许相互保险公司接受非成员保单，即不是其成员就不能加入保险；修法之后，已经允许相互保险公司中存在部分非成员保单。

（2）样本公司信息

①日本生命

日本生命的公司章程规定：“与本公司签订保险合同的人员，除对盈余金不进行分红的保险合同外，均为社员。对盈余金不进行分红的保险合同的保费总额不超过全部保险合同保费总额的 20%。”

根据日本生命 2014 年年报，购买分红保险保单的保单持有人成为公司成员，类似于股份制公司的股东，公司向其支付分红。分红保单持有人可以参与公司治理，享有股东权利。①

②明治安田

根据日本明治安田生命 2014 年年报，购买其保单的人同时成为公司相互成员，但不包含非分红险投保人。分红险投保人相当于股份公司的股东，是相互保险公司的拥有者。②

3. 成员的权利和义务

（1）成员的权利

相互保险公司的成员一方面是该社团法人的组成人员，具有社员资格；另一方面成员向相互保险公司投保，和相互保险公司之间签订保险契约，向公司缴付保险费。

依据相互保险公司成员的双重法律地位，其权利可分为成员关系上的

① NISSAY ANNUAL REPORT 2014 p. 52.

② MEIJI YASUDA ANNUAL REPORT 2014，p. 26.

权利和保险关系上的权利。

成员关系上的权利包括：参与相互保险公司运营、管理的权利；剩余金分配请求权；退出及退出时的返还请求权。相互保险公司的成员可以根据保险关系的消灭或发生公司章程所规定的事由退出公司。在其死亡的情况下，由其继承人代其成为相互保险公司的成员。退出成员根据章程或保险条款的规定，可以向相互保险公司提出要求返还归属于退出成员所有的金额的请求，但不适用于他人代其成为成员的情况。返还请求权的时效为两年。

保险关系上的权利包括：基于保险合同的约定，对保险人（即相互保险公司）享有的各项权利。

（2）成员的义务

依据相互保险公司成员的双重法律地位，其权利可分为成员关系上的义务和保险关系上的义务。

成员关系上的义务包括：成员以其缴付的保险费为限对相互保险公司的债务承担有限责任。

保险关系上的义务包括：基于保险合同的约定，对相互保险公司负有的各项义务。

（3）成员的责任

在成员责任方面，《日本保险业法》第 31 条明确规定相互保险公司的成员以其缴付的保险费为限对公司的债务承担有限责任。日本生命的公司章程也明确了社员承担的责任不超过基于保险合同已缴纳的保费。

4. 非成员投保人的法律地位、权利和义务

非成员投保人与相互保险公司之间仅存在保险关系，其权利或义务是基于日本商法关于保险合同的规定或者基于保险合同的约定，对保险人（即相互保险公司）享有的各项权利或负有的各项义务。

（二）发起会员的权利义务

以是否为发起人为标准，相互保险公司的成员可以分为发起人成员和非发起人成员。

1. 发起人成员

发起人和提出加入申请书者，在相互保险公司成立并取得许可证之

后，应当立即向该相互保险公司提交投保申请书。由此也可以看出，发起人必然会取得相互保险公司的成员资格。

2. 非发起人成员

相互保险公司设立之时，非发起人若要成为成员，必须提交一式二份记载有准备与该相互保险公司签订保险合同的保险种类在内的加入申请书，该申请书必须由其署名，并由发起人填写法定记载事项。

3. 认购基金者

认购基金者和相互保险公司之间签订基金契约，向公司提供基金，其地位与成员资格不同，属于第三者，基金契约可以被看作是特殊内容的消费信贷。

（三）非会员业务

相互保险公司可以开展非会员业务。非成员投保人与相互保险公司之间仅存在保险关系。

第三节　相互保险组织的治理

一、相互保险公司的组织结构与股份保险公司的区别

在日本，相互保险公司与股份制保险公司在治理机构的设置上趋同，都遵循了现代公司三权分立的治理结构，通过权力制衡来降低相互保险公司运行中的代理成本，构建高效的激励相容机制。这从《日本保险业法》的规定中可见一斑，该法第 5 条之 2 规定：“保险公司采用股份公司或相互公司的组织形式，并设置以下机关：董事会；监事会或者监察委员会；会计监察人。”

相互保险公司原则上由其成员组成相当于股份有限公司股东大会的成员大会，成员大会是相互保险公司的权力机构。但是，对于大型的相互保险公司，其成员多达 1 500 万人，召开成员大会是不现实的，因此允许成员代表大会行使成员大会的职权。此外，相互保险公司还设置董事会和监事会（或监察委员会）。

相互保险公司的组织结构如图14－2所示。

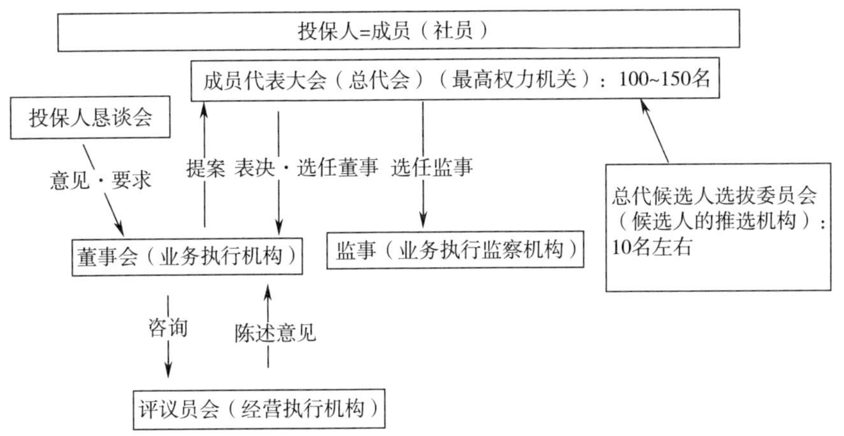

图14－2 相互保险公司组织结构图

二、成员大会与成员代表大会

（一）会员代表的提名和产生

1. 成员大会

根据《日本保险业法》第37条，每位成员在成员大会上各拥有一票表决权。相当于成员总数1‰以上的成员，或1 000名以上6个月之前至今一直是成员的成员拥有提案权、成员大会检查人选任请求权。相当于成员总数3‰以上的成员，或3 000名以上6个月之前至今一直是成员的成员拥有召集成员大会的请求权。

2. 成员代表大会

鉴于相互保险公司成员人数众多且分散在全国，相互保险公司可以根据章程的规定，从成员中选出成员代表组成成员代表大会以代替成员大会。并将提案权、成员大会检查人选任请求权赋予相当于成员总数1‰以上的成员，或1 000名以上6个月之前至今一直是成员的成员，或三名以上的成员代表；将成员代表大会的召集请求权赋予相当于成员总数3‰以上的成员，或3 000名以上6个月之前至今一直是成员的成员，或9名以上的成员代表。

（二）会议的召集

召集会议请求权。连续六个月持有成员份额、人数达到成员总数3‰以上或者3 000人以上的成员，可以要求董事召集成员大会，但须说明理由和所要决议的事项。

成员自行召集。成员向董事提出召集请求后，董事未立即召集成员大会的，或董事虽发出召开成员大会的通知，但召开日期距离提出前项请求之日超过8周的，召集请求权人经法院判决，可以自行召集成员大会。

（三）议事规则和决策机制

成员大会和成员代表大会的决议事项仅限于《日本保险业法》和公司章程规定的事项。

成员（代表）在成员（代表）大会上每人享有一个表决权。

（四）成员代表的选举

成员代表由成员代表人提名委员会（Representative Nomination Committee，以下简称“选拔委员会”）从成员中选出，任期4年。每个成员代表在成员大会上各拥有一票表决权。

选拔委员会由成员代表大会从有权参加相互保险公司盈余分配的投保人成员中选举出的选拔委员组成（一般10名左右），其负责制定候选人的选拔标准、评审并推荐候选人。

在选拔成员代表候选人时，选拔委员会应综合考虑职业、能力、年龄等因素，根据各地区的成员人数所占的比例，推荐那些不偏向特定成员利益而能代表全体成员利益的成员作为成员代表候选人。此外，选拔委员会还应通过每年在公司各分支机构召开的投保人恳谈会上征求成员对经营的意见，从参加投保人恳谈会的成员中选拔一定人数的成员代表候选人。

对于通过选拔委员会提名的每个成员代表候选人，由全体成员进行投票，选拔委员会应向全体成员公开其选拔的标准和投票结果，如果对该候选人的反对票票数低于成员总数的10%，则该候选人当选为成员代表。

（五）样本公司的成员代表大会

1. 日本生命

根据日本生命2014年年报，相互公司从投保人中选出的“总代”组成“总代会”，类似于股份制保险公司的股东代表大会。总代会对公司章程的修改、利润（盈余金）的分配方案、董事、监事的选举等公司重要事项进行审议和表决。

总代会的总代人数约有200名，任期4年，可连任两届。按照各地区的投保人数分配名额，各地区再从投保人中按照职业、年龄等选出合适的代表，这些代表须对公司的经营提出自己的质疑，以确保总代会能够进行实质性的审议和表决。

2. 明治安田

根据明治安田的年报，截至2014年，公司拥有660万投保人，公司根据《日本保险业法》的规定选举成员代表召开成员代表大会。成员代表大会是公司的最高决策机构，负责审核财务报告，决定盈余分配，任命董事。公司拥有222名投保人代表，其中120名选自日本的47个辖区，每个辖区至少1名。另外80名代表不根据其居住地选举，以保障公司代表反映不同地区、年龄、职业的意志。公司还指定了22名自愿成为代表的投保人。因此，明治安田的代表大会保持了透明和活力。目前的代表人数能够适当地反映投保人意志，从多角度监督公司管理层，并作出有效的公司决策。

明治安田的提名委员会从投保人代表中选出，并由投保人大会认命。选拔委员会有10名以下成员。明治安田提名委员会还有非公司雇员组成的秘书团队，以保障提名委员会成员选举过程的透明度。①

（六）不同类型的会员权利区别

法律上和样本公司中均未发现对作为公司成员的投保人类型作进一步的划分。

---

① MEIJI YASUDA LIFE INSURANCE COMPANY ANNUAL REPORT 2014, p. 26.

（七）会员权利的保障

1. 法律规定

对于会员权利的保障，法律上没有相关规定。

2. 样本公司信息

实践中样本公司通过如下方式保障会员权利：明治安田生命为保障会员参与公司大会，会在其地区办公处和各办公机构发布宣传海报，并在开会前在网站公开发布会议信息。客户在公司网点可获取更详细的会议信息。①

根据日本生命 2014 年年报，其投保人通过网站申请可以旁听公司总代会。

三、董事与董事会

（一）董事的提名选举

董事的选任：相互保险公司的董事由成员大会或成员代表大会选任。

董事的任职条件：从董事任职的积极条件来看，担任保险公司的常务董事（或执行委员），必须具备足够的知识、经验和社会信用，确保公司业务的正常有效运营。已受破产宣告且未复权者，不得担任保险公司董事（或执行委员）、监事。

《日本保险业法》第 53 条之 2 规定了董事任职的消极条件："下列人员不得成为董事：法人；成年被监护人、被保佐人等限制行人能力人（包括在外国法上被认定为限制行为能力的人）；违反《公司法》、《中间法人法》，或触犯《证券交易法》、《关于金融机关重整程序特例的法律》、《民事重整法》、《关于外国倒产处理程序的承认与援助的法律》和《破产法》中规定的相关罪名，受到刑事处罚结束未超过两年者；违反除前号所述以外的法律、被判处拘役以上刑罚且执行未结束者（但缓期执行期间例外）。"

（二）董事会的议事规则

1. 法律规定

相互保险公司的董事会由成员代表大会选出的董事组成，为公司的业

---

① MEIJI YASUDA LIFE INSURANCE COMPANY ANNUAL REPORT 2014, p. 27.

务执行机构。相互公司的董事和董事会的地位与功能相当于日本法上的股份有限公司的董事和董事会。

董事会的议事规则由《日本保险业法》和公司章程决定。《日本保险业法》第53条之14规定，董事会的职权包括：（1）决定公司业务的执行；（2）监督董事执行职务；（3）公司代表的选定与解职；（4）下列事项以及其他重要的业务执行决定，只能由董事会作出：处分或者受让重要资产、大量借款、支配或者其他重要使用人的选任与解任、附属营业所或者其他重要组织的设置、变更和废除、行政法规规定的，与募集公司债认购人有关的重要事项、创设确保董事执行职务行为符合法律、行政法规或者公司章程要求的体制，以及其他确保公司业务健康运营的体制、基于《公司法》与本法规定作出的免除管理人损害赔偿责任的决定。

2. 样本公司信息

日本生命

根据日本生命2014年年报，公司董事会根据成员代表大会的决议来决定公司的重大经营事项，同时监督董事的职责履行。日本生命共有19位董事会成员，其中有4名是外部董事（法律上对外部董事的人数要求为3名）。主管公司经营的董事同时是直接负责公司经营的经理，此种结构有助于将公司战略决策和业务运营监督结合起来，从而可以使董事会直接掌握公司运营的实际情况。

（三）董事会下设的委员会

1. 法律规定

根据《日本保险业法》规定，各委员会由三人以上委员组成；董事会从董事中选举各委员会委员；各委员会委员过半数须是外部董事；监察委员不得担任设置委员会公司或其实质子公司的执行委员或业务执行董事，也不得担任该实质子公司的会计参与人、支配人或其他使用人。董事会可随时解职各委员会委员。

2. 样本公司信息

1. 日本生命

日本生命董事会下设多个委员会和管理委员会。公司有19名董事，其中4人为外部董事。[①]

2. 明治安田

明治安田董事会通过下设委员会来提高公司治理及其透明度，董事会成员共计11人，包括占据多数的6名外部董事。董事会下设提名委员会、监察委员会和薪酬委员会，各委员会成员大部分为外部董事。[②]

四、监事与监事会

(一) 监事的选任

1. 法律规定

相互保险公司的监事由成员大会提名并选举产生，若相互保险公司设有成员代表大会的，由成员代表大会选举产生。

《日本保险业法》第53条之18规定了相互保险公司监事的职责：(1) 监事负责监察董事（设置会计参与人的公司，为董事和会计参与人）的职务执行情况。此时，监事须依行政法规作成监察报告。(2) 监事随时可以要求董事、会计参与人、支配人或其他使用人提交事业报告，或者调查相互公司的业务和财产状况。(3) 监事在必要之时，可以对实质子公司提出前项要求。但实质子公司若有正当理由，可拒绝前项要求。

2. 样本公司信息

日本生命

根据日本生命2014年年报披露的信息，公司监事通过参加董事会会议或公司其他重要会议来对董事履行职责进行监督。此外，监事会讨论关于公司审计的重要问题并作出决议。日本生命的监事会共有5位成员，其中3位是外部监事。

---

① NISSAY ANNUAL REPORT 2014 p. 58.

② MEIJI YASUDA LIFE INSURANCE COMPANY ANNUAL REPORT 2014, p. 34.

（二）监事会的议事规则

根据《日本保险业法》第 53 条之 19 的规定：监事会由全部监事组成。监事会履行以下职责：（1）作成监察报告；（2）常务监事的选定与解职；（3）监察方针、设置监事会的公司的业务和财产状况的调查方法、其他有关监事执行职务的事项。监事会从监事中选定常务监事，并有权随时要求监事报告职务执行情况。

五、其他机构

（一）投保人恳谈会

投保人恳谈会以向投保人提供经营情况、听取投保人的意见和要求为目的，每 2 ~3 年分别在保险公司的每家分公司召开。

1. 日本生命

根据日本生命 2014 年年报披露的信息，公司自 1975 年开始，每年都在日本境内举行投保人恳谈会（Nissay Konwakai Meetings），它是日本生命介绍公司经营活动和听取投保人针对公司管理、产品和服务的反馈意见及要求的平台。公司会向会员代表大会和评议委员会报告和回应那些呼声最高的反馈意见和要求。参会者包括会员代表和董事。

2. 明治安田

根据明治安田 2014 年年报，自 1973 年开始，明治安田在全国范围内开展投保人恳谈会（Conference of Customers）。2014 年 1 月至 2 月期间，明治安田在日本境内的 75 家地区分支机构举行了针对 2013 财务年度的共计 1 709 名投保人参加的投保人恳谈会。投保人对公司的建议由促进客户满意委员会（the Customer Satisfaction Promotion Committee）负责监督实施。

为了发挥明治安田投保人恳谈会与会员代表大会互补作用，参会的投保人被邀请在会员代表大会上来反映此前在投保人恳谈会上提出的意见和要求，公司亦会邀请参会的一定数额的会员代表在会员代表大会上反映问题。

（二）评议委员会

相互公司设置评议委员会作为经营咨询机构。评议委员会由成员代表大会从成员或资深人士中选举。评议委员会就董事会向其咨询的事项陈述意见，审议由成员提出的意见，向成员代表大会报告。

1. 日本生命

日本生命在其公司章程第25条对评议委员会相关内容作出了规定：(1) 本公司为了进行更加合理的经营，设置评议委员会；(2) 评议委员会除了对本公司质询的事项或经营上的重要事项阐述意见外，还负责对成员提出的有关公司经营事项，进行必要的审议；(3) 评议委员会成员由会员代表大会从会员或有学识有经验的人士当中选出的“评议员”组成；(4) 评议员的人数在25名以内；(5) 评议员的任期截至当选后2年内结束的事业年度中最后一期的定期会员代表大会结束时，可连任，但是，原则上不得超过6个任期；(6) 补缺当选者的任期为前任者任期的剩余期间；(7) 本公司将在下次召开的会员代表大会上对评议委员会的议事结果进行汇报；(8) 评议委员会的相关细则由会员代表大会制定。

2. 明治安田

根据明治安田2014年年报，公司评议委员会（Board of Councilors）是管理建议机构，负责处理重要的投保人对公司管理问题的意见和建议，以及其他相关重大事宜。评议委员会每年召开3次会议，并需要向会员代表大会报告讨论的会议议题。评议委员会会员为20名或以下，由会员代表大会从投保人和专业人士中选任。

六、分支机构

（一）综述

《日本保险业法》和《日本保险业法施行条例》中对相互保险公司的分支机构无特殊规定，要求与股份公司一致。相应条文为《日本保险业法》第106条、第107条，《日本保险业法施行条例》第56~58条。

从地域来看，日本生命和明治安田公司的分支机构都包括本国和海外。从行业来看，其分支机构涵盖人寿、咨询、资产管理、抵押租赁等领域。

（二）样本公司情况

1. 日本生命附属公司和关联公司

截至2014年3月31日，日本生命拥有48家附属公司和关联公司，在其年报中列出了14家。①

分支机构组织形式以有限公司为主，业务范围包括保险业、信息服务业、融资租赁、风险投资等。

表14－6　　日本生命附属公司和关联公司

名称	国家	主营业务	已发行股本	日本生命拥有的投票权比例（%）	日本生命附属公司或关联公司拥有的投票权比例（%）
附属公司					
日生电脑有限公司	日本	信息服务和系统管理	220百万日元	—	100.00
日生信用担保有限公司	日本	信用担保服务	950百万日元	87.26	3.14
日生租赁有限公司	日本	租赁服务	3 099百万日元	51.21	2.45
日生资本有限公司	日本	风险投资服务	3 000百万日元	100.00	—
日生资产管理公司	日本	投资管理，投资咨询和第二类金融工具服务	10 000百万日元	90.00	—
日生信息科技有限公司	日本	软件开发和信息服务	4 000百万日元	75.00	3.00
美国日生人寿保险公司	美国	人寿保险业务	3.6百万美元	96.96	—
NLI商业抵押基金有限责任公司	美国	抵押贷款	100百万美元	100.00	—
NLI商业抵押基金有限责任公司II	美国	抵押贷款	100百万美元	100.00	—

① NISSAY ANNUAL REPORT 2014, p. 93.

续表

名称	国家	主营业务	已发行股本	日本生命拥有的投票权比例（%）	日本生命附属公司或关联公司拥有的投票权比例（%）
关联公司					
日本 Master Trust 信托银行	日本	信托和托管服务	10 000 百万日元	33.50	—
企业年金业务服务有限公司	日本	企业年金系统管理	6 000 百万日元	49.00	1.00
曼谷生命保险公共有限公司	泰国	人寿保险业务	1 211 百万泰铢	24.37	—
Reliance 生命保险有限公司	印度	人寿保险业务	11 963 百万印度卢比	26.00	—
日生长城生命保险有限公司	中国	人寿保险业务	1 300 百万人民币	50.00	—

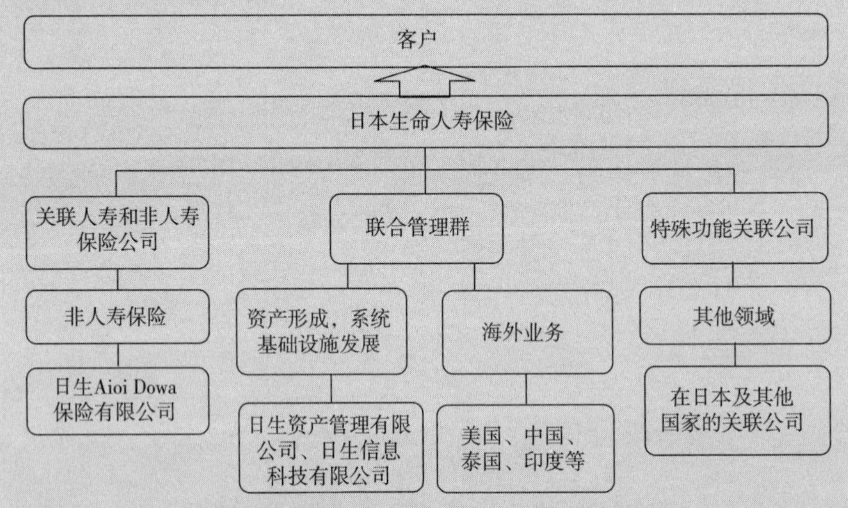

图 14－3　增强人寿保险业务的关联公司结构图

2. 明治安田生命附属公司和关联公司

明治安田的分支机构包括国内和海外的多家附属公司。公司类型以有限公司为主，有少量合伙企业，业务范围包括保险业、投资管理、房地产、咨询业等。①

① MEIJI YASUDA ANNUAL REPORT 2014, p. 37, 38.

表 14-7　国内附属公司和关联公司

（截至 2014 年 3 月 31 日）

公司名称	主要营业地	资本或投资（百万日元）	成立时间	主营业务	投票权比例（%）
明治安田普通保险有限公司	日本	52 000	1996. 8. 8	非人寿保险	100. 0
明治安田保险服务有限公司		30	1984. 4. 5	保险机构	100. 0
明治安田资产管理有限公司		1 000	1986. 11. 15	非上市公司投资和资产管理	92. 9
明治安田第八投资合伙企业		686（投资）	2005. 4. 8	非上市公司投资和资产管理	—
明治安田第九投资合伙企业		297（投资）	2008. 5. 22	非上市公司投资和资产管理	—
RP Alpha Tokutei Mokuteki 公司		15 210	2001. 8. 7	房地产投资	—
明治安田房地产管理有限公司		10	1978. 11. 10	建筑管理	100. 0
明治安田生命规划有限公司		100	1987. 4. 1	保险咨询、生命规划调查	10. 0
明治安田科技有限公司		100	1982. 4. 1	系统操作管理、医疗和疾病预防服务	6. 6
MYJ 有限公司		100	1987. 4. 1	保单持有人记录、合同确认、雇员利益相关工作等	100. 0
钻石体育有限公司		50	1983. 7. 1	运动俱乐部运营	10. 0
明治安田生命机构公司		25	1991. 7. 1	养老计划调查	
		490	1987. 12. 1	私人医疗运营	100. 0
MST 保险服务有限公司		1 010	2003. 10. 1	保险机构	16. 1
安田发展有限公司		400	1996. 12. 17	风险投资	50. 0
三菱资产有限公司		480	1998. 12. 25	信托投资基金评估调研咨询	25. 0
日本发展计划咨询有限公司		4 000	2001. 3. 16	特定贡献计划运营管理	20. 0
安田公司发展 III 有限合伙		980（投资）	2005. 3. 31	非上市公司投资和投资基金管理	—
安田公司发展 IV 有限合伙		5 112（投资）	2008. 1. 31	非上市公司投资和投资基金管理	—
KSP 社区有限公司		20	1988. 10. 25	神奈川 科技公园建设项目管理	10. 0
日本养老服务有限公司		2 000	1988. 4. 1	公司养老金相关公文工作	39. 7
明治安田生命健康和福利基金会		250（基础资金）	1962. 6. 6	协助调查等提升普遍大众健康的活动	
明治安田精神健康基金会		460（基础资金）	1965. 3. 26	协助调查等关于社会福利和咨询中心运营事项	
明治安田文化基金会		1 520（基础资金）	1991. 6. 10	音乐、文化保护等	

表 14－8　　海外附属公司和关联公司

（截至 2014 年 3 月 31 日）

公司名称	主要营业地	资本或投资	成立时间	主营业务	投票权比例（%）
太平洋保护人寿保险有限公司	美国	635 万美元	1961. 8. 3	人寿和健康保险	100. 0
明治安田美国有限公司	美国	700 万美元	1986. 10. 15	保险产品经济	100. 0
明治安田欧洲有限公司	英国	400 万英镑	1987. 8. 10	金融经济调查和客户发展	100. 0
明治安田亚洲有限公司	中国香港	300 万美元	2001. 12. 17	保险产品经济、投资咨询管理	100. 0
美国明治安田房地产有限公司	美国	4266 万美元	1998. 8. 3	美国房地产投资业务	100. 0
方正明治安田生命保险有限公司	中国	11. 8 亿元人民币	2002. 11. 28	人寿保险	29. 2
PT AVRIST 保险	印度尼西亚	45 亿印尼卢比	1975. 5. 19	人寿保险	23. 0
Towarzystwo Ubezpieczen EUROPA	波兰	3780 万波兰兹罗提	1994. 11. 28	非人寿保险	33. 5
Towarzystwo Ubezpieczen WARTA	波兰	1. 88 亿波兰兹罗提	1920. 9. 3	非人寿保险	24. 3
Thai 人寿保险有限公司	泰国	106 亿泰铢	1942. 1. 22	人寿保险	15. 0

第四节　相互保险组织的盈余分配

一、分红前各项准备金的提取

日本相互保险公司的准备金共有以下六种：亏损弥补准备金、基金赎回准备金、为进行剩余金分配的准备金、保险责任准备金、价格变动准备金和支付准备金。前三种是相互保险公司所特有的，经营保险业务的股份有限公司没有这三种准备金，而后三种则是相互保险公司和经营保险业务的股份有限公司所共有的。

（一）亏损弥补准备金

《日本保险业法》第 58 条规定：相互公司在每个决算期处分盈余金之时，应在每个决算期提取作为剩余金分配而支出的金额（包括为进行剩余金分配的准备金）的3‰以上，作为亏损弥补准备金，直至达到基金总额（包括基金赎回准备金）。同时，该法第 59 条规定：亏损弥补准备金只能用于弥补亏损。在亏损弥补准备金不足以弥补亏损时，可将基金赎回准备金用于弥补亏损。

（二）基金赎回准备金

《日本保险业法》第 56 条规定：基金赎回之时，公司必须提取与赎回额相当的赎回准备金。当基金的债务被解除（即赎回了基金），公司相应地减少与赎回的债务额相当的保证金金额。不过，该条后半段对操作程序的规定是原则性的要求，实践中样本公司的会计处理方法在细节上均与此不同。另外，根据该法第 57 条规定，相互保险公司可以依据成员大会或成员代表大会的决议，减少基金赎回准备金。减少基金赎回准备金，未经内阁总理大臣同意，不得生效。

（三）为进行剩余金分配的准备金

相互保险公司在其章程中规定剩余金的分配方法所列举的事项时，必须规定在结算期对剩余金进行处分时，应从该金额中提取一部分作为分配给成员剩余金的准备金。

该项准备金包括成员分红准备金和成员分红平衡积累金。成员分红准备金，作为对成员分配剩余金的准备金计入资产负债表中的负债部分。成员分红平衡积累金，是以稳定对成员的剩余金的分配为目的的任意积累金，计入资产负债表中的所有者权益部分。

（四）保险责任准备金

责任准备金是指保险公司在每一决算期，为准备在将来履行根据保险合同产生的赔付责任所应当提存的准备金。《日本保险业法》将责任准备金进一步分为生命保险公司的责任准备金、损害保险公司的责任准备金和再保险合同的责任准备金。

（五）价格变动准备金

价格变动准备金指为了承担某些波动性资产的价格变动风险而提取的准备金。对于该项准备金的全部或一部分，保险公司可以向金融监督局长官提出不提存的申请，取得内阁总理大臣认可的金额部分可以不提存。价格变动准备金只能用于弥补上述对象资产买卖的损失金额超出其买卖的利益金额时的差额，除此之外不得动用。但是，保险公司可以向金融监督厅长官提出用于其他用途的申请，得到内阁总理大臣许可时则可以用于其他用途。

（六）支付准备金

保险公司在每一决算期，根据保险合同产生的支付义务的保险金、解约金、其他支付费用等，以及那些被认为已经发生保险合同规定的支付事由但还未收到发生支付事由的报告的保险金、解约金、其他支付费用等，对于其中没有计入支付的金额，应当提存支付准备金。

二、盈余分配的要素

（一）剩余金分配的前提

相互公司在全部偿还其根据《日本保险业法》第 113 条第 1 项前段和《日本保险业法实施条例》第 61 –2 条的规定计入资产负债表的资产部分的创立费和事业费之前，不得进行剩余金的分配，否则其债权人有权要求返还。①

---

① Article 61 –2 The amount to be specified by Cabinet Office Ordinance, as referredto in Article 113 of the Act, shall be as follows:

(i) the amount disbursed as the remuneration and other special benefit underArticle 28, item (iii) (Matters to be Described or Recorded in articles of incorporation) of the Companies Act or incorporation expenses as set forth in item (iv) of that Article (including the authentication fee for articles of incorporation and the expenses set forth in the items of Article 5 of the Ordinance for Enforcement of the Companies Act) (in case of a Mutual Company, including the remuneration and other special benefit under Article 24, paragraph (1), item (ii) of the Act and incorporation expenses set forth in item (iii) of that paragraph (including theauthentication fee for articles of incorporation and the expenses set forth in the items of Article 20); and

(ii) the amount disbursed for preparation of starting business.

（二）剩余金分配的方法[①]

剩余金的分配必须按照公正、公平的标准进行，即根据保险合同的特性进行分类，计算每一类保单持有人应取得的剩余金分配金额，并按以下各项所列方法进行分配。

1. 从成员缴纳的保费以及对所接受的保费的金钱进行资金运用而获得的利益中，扣除保险金、退款和其他给付金的支付，以及事业费支出和其他费用、成本等之后的金额，然后将该金额分配出去的方法；

2. 列明并汇总构成可供分配剩余金的每一来源，计算各保险合同基于责任准备金、保险金和其他作为标准而应取得的各个来源下的分配额，然后进行分配的方法；

3. 列明基于保险期限而划分的不同组别可供分配剩余金，计算各保险合同基于责任准备金、保险费和其他作为标准而应取得的分配额，然后进行分配的方法；

4. 其他以上述三项规定的方法为标准的方法。

第1种方法是所谓的资产份额方法（Assets Share），常用于终身保险等储蓄部分较多的生命保险合同；第2种方法是利源分析方法，以死差益、利差益、费差益三种利益来源为分红的财源，常用于定期保险合同等储蓄部分较少的生命保险合同；第3种方法用于损害保险公司承保的储金型保险。[②]

---

① Ordinance for Enforcement of the Insurance Business Act Article30 – 2 When a Mutual Company distributes surplus to its members, it shall calculate the amount of surplus to be distributed in accordance with the types of the insurance contracts categorized by the distinctiveness thereof, and shall implement such distribution by one or more of the methods set forth in the following items (or in items (i), (ii) and (iv), in case of a Mutual Company which falls under the category of Low-Cost, Short-Term Insurer).

(i) to distribute the amount of the insurance premiums paid by the members and gains generating from investment of money received as insurance premiums, less the amount of Insurance Money, refund or any other benefit, operating expenditure and any other costs;

(ii) to specify the amount of surplus to be distributed, as categorized by the grounds of the distribution; to calculate the respective amount pertaining to each insurance contract based on the Policy Reserve, insurance money or any other base amount; and to distribute the total of such amounts;

(iii) to specify the amount of surplus to be distributed, as categorized by the insurance periods, etc.; and to distribute the amount pertaining to each insurance contract calculated depending upon the Policy Reserve, insurance premiums or any other base amount; or

(iv) any other method equivalent to the methods set forth in the preceding three items.

② 《各国保险法规制度译编》，433页，北京，中国金融出版社，2005。

（三）参与剩余金分配的成员范围

根据日本生命公司章程的规定，公司的社员有权参加盈余金的分配，并按照保险条款规定的方法对公司提取的社员分红准备金进行分红。而社员的范围被界定为：与日本生命签订保险合同的人员，除对盈余金不进行分红的保险合同外，其余合同持有人均为社员 。另外，公司章程还规定，对盈余金不进行分红的保险合同的保费总额不超过全部保险合同保费总额的20%。

（四）分配金额的确定

剩余金的分配以资产负债表中的净资产扣除下列金额后的合计金额为限度进行：

（1）基金总额；（2）亏损弥补准备金和基金赎回公积金；（3）前项所述基金利息的支付额；（4）该决算期内须积累的亏损弥补准备金；（5）行政法规规定的其他金额。

三、保单分红的会计处理与税务处理

（一）会计处理过程分析

业界一般认为，分红保单下对投保人的分红可以作为费用扣除。不过，在日本，会计处理与税务处理是独立的，且有自己的特点。

从会计上看，保单分红是作为利润分配过程的一部分，这也是《日本保险业法》的要求。操作程序上包括两步：（1）从本年盈余中提取分红准备金（Reserves for Policyholder Dividend），它与以前年度累积的分红准备金构成一个分红准备金池子；（2）从分红准备金池子中宣派本年对保单持有人的实际分红额并支付，实际的支付行为通常发生在下一年度中。

在资产负债表上列示时，理论上说分红准备金属于成员，应列入权益部分或净资产部分，但是，由于分红准备金是利润分配的结果，算是已经分配出去了（尽管并未宣派给保单持有人），构成公司对保单持有人的一种负债，因此，它被列入资产负债表上的“负债”部分。

在税法上，可以税前扣除的并非公司提取的全部分红准备金，而是其中在次年实际分配出去的部分，未实际分配出去的部分仍然要纳税。

（二）样本公司的信息

1. 日本生命

表 14－9　　日本生命 2012—2014 年度分红准备金变动表

单位：百万日元、百万美元

Balance at the beginning of the fiscal year	2014	2013	2012	2014
Transfer to reserve from surplus in the previous fiscal year	¥1 105 093	¥1 120 336	¥1 144 330	$ 10 737
Dividends to policyholders paid out during the fiscal year	167 172	167 313	175 513	1 624
Increase in interest	(226 128)	(208 387)	(226 595)	(2 197)
Balance at the end of the fiscal year	¥1 070 852	¥1 105 093	¥1 120 336	$ 10 404

资料来源：NISSAY ANNUAL REPORT 2014，p. 123.

2. 明治安田

表 14－10　明治安田生命 2013—2014 年度分红准备金变动表

(6) Reserves for Policyholder Dividends

Changes in the reserves for policyholder dividends for FY2013 are shown below:

a. Beginning balance ....¥280,524 million

b. Provision from surplus for the previous period ......¥152,835 million

c. Dividends to policyholders in
the current period ....¥163,872 million

d. Interest on reserves ....¥ 535 million

e. Ending balance ....¥270,023 million

资料来源：MEIJI YASUDA ANNUAL REPORT 2014，p. 47.

第五节　相互保险组织的税务与信息披露

一、税收

在应税所得的计算方面，依据普华永道 2011 年保险公司全球税务报告以及我们对日本生命相关职员的咨询，扣除了保单分红后，相互公司的应税所得不得低于账面净利润的 7%。相比之下，股份保险公司的应税所得不得低于账面净利润加保单分红的 7%。①

① 参见日本生命人士对邮件的回复。

在所得税税率方面，按照普华永道2011年发布的《日本保险业税收比较手册》（*Japan—Comparison of Insurance Taxation October 2011*），日本保险公司与一般企业适用相同的税法。法人税的基本税率是30%。资本金不超过1亿日元的法人，年应纳税所得额低于800万日元，适用税率为22%；年应纳税所得额超过800万日元，适用税率为30%。公司税为30%国家税加上6%的东京政府税。①

而另有资料指出，日本国民政府给予互助保险相应的政策优惠，互助保险中的简易保险是免税的，其他的险种税率也仅为25%，较之商业保险的40%税率要低很多。② 与普华永道报告中的"保险公司适用一般企业相同的税法"说法矛盾，且样本公司的税率也不是25%，甚至不是30%，而是33%、36%（参见日本生命个别财务报表的附注13和24）。③

1. 日本生命

日本生命2014年年报中所附的合并财务报表显示，其2013年度和2014年度息税前利润分别为315 051 000万日元和315 164 000万日元，远高于800万日元，所以应按照30% +6%的税率缴纳企业所得税。根据年报，日本生命缴纳法人所得税分别为66 878 000万日元（扣除77 778 000万日元递延所得税后的余额）和66 146 000万日元（扣除25 471 000万日元递延所得税后的余额）。④

法人所得税是根据合并报表中税前收入计算的。适用资产负债法来确认因资产和负债账面价值和税收基准不同产生的未来纳税结果的临时性差异。递延所得税是根据法定税率和暂时性差异计量的。⑤

---

① Pwc：Japan—Comparison of Insurance Taxation October 2011，p. 8. Corporate tax rate 36. 21% [National 30. 0% + local 6. 21% (Tokyo metropolitan government rate)].

② 《日本保险业法发展的新趋势》，载《中国保险报》，2008－09－08第3版。

③ NISSAY ANNUAL REPORT 2014 p. 150，153.

④ NISSAY ANNUAL REPORT 2014 p. 99.

⑤ NISSAY ANNUAL REPORT 2014 p. 125. The asset and liability approach is used to recognize deferred tax assets and liabilities for the expected future tax consequences of temporary differences between the carrying amounts and the tax bases of assets and liabilities. Deferred taxes are measured by applying the enacted statutory tax rates to the temporary differences.

2. 明治安田

表 14－11　　　　　　合并财务报表（一）

NET SURPLUS BEFORE TAXES AND MINORITY INTERESTS	296 007	286 952	2 876.0
Incom taxes—current Income taxes—deferred	123 988 (69 483)	85 716 (35 531)	1 204.7 (675.1)
NET SURPLUS BEFORE MINORITY INTERESTS	241 502	236 767	2 346.5
Minority interrest share in earnings (losses)	890	57	8.6
NET SURPLUS FOR THE PERIOD	¥240 612	¥236 709	$ 2 337.8

明治安田2014年年报中所附的合并财务报表显示，其2013年度和2014年度息税前利润分别为286 952 000万日元和296 007 000万日元，应按照30% +6%的税率缴纳企业所得税。根据年报，日本生命缴纳法人所得税分别为50 185 000万日元（扣除35 531 000万日元递延所得税后的余额）和54 505 000万日元（扣除69 483 000万日元递延所得税后的余额）。①

在投保人一端，日本于1984年建立生命保险费及年金保险费的扣除制度和意外伤害保险的保险费扣除制度，非累积型的保费支出最高可扣除3 000日元，积累型的可扣除15 000日元；购买对个人发行的寿险保单所支付的保费可从应纳税额中扣除最高额为50 000日元。可享受减税的保单包括提供死亡收益或生存收益或两者兼有的保单。保单收益必须归指定被保险人、其受抚养家属或其他家属成员所有。

表 14－12　　　　　　合并财务报表（二）

Surplus before income taxes and minority interests Inceome taxes (Notes 12 and 20):	315 051	315 164	479 141	3 061
Current	144 657	91 617	32 521	1 405
Deferred	(177 778)	(25 471)	220 896	(755)
Total income taxes	66 878	66 146	253 417	649
Surplus before minority interests	248 173	249 018	225 723	2 411
Minority interests	1 020	1 080	819	9
Net surplus	¥247 152	¥247 937	¥224 903	$ 2 401

① MEIJI YASUDA ANNUAL REPORT 2014 p. 60.

二、信息披露

(一) 法条规定

《日本保险业法》和《日本保险业法施行条例》对于日本相互保险公司信息披露的特殊规定主要体现在其要求相互保险公司在业务报告书中披露初始运营基金和基金赎回情况。

1. 业务报告书

根据《日本保险业法》第110条、第111条，保险公司在每个事业年度都须制作中期业务报告书和年度业务报告书，并提交内阁总理大臣。

保险公司若有子公司或者其他特殊关系公司，则每个事业年度都须制作关联中期业务报告和年度业务报告，并提交内阁总理大臣。

保险公司若有子公司或者其他特殊关系公司，则每个事业年度都须制作关联中期业务报告和年度业务报告，备置于主公司（或主营业所）或分公司（或附属营业所）或行政法规规定的其他地方，供公众阅览。

根据《日本保险业法》第59条（2）的规定，相互保险公司的年度业务报告中应包括业务报告、补充计划、投保人大会事项、资产负债表、损益表、现金流量表、盈余和损失处置表、成员资产变动表、基金赎回文件、基金利息支付文件、证券相关文件等，并披露保险金偿付能力状况。

2. 财产状况说明书

保险公司每个事业年度都须制作有关其业务财产状况的说明书，备置于主公司（或主营业所）或分公司（或附属营业所）或行政法规规定的其他地方，供公众阅览。

3. 其他

保险公司还须尽力采取措施确保投保人和其他顾客获悉公司的业务财产状况。

(二) 样本公司情况

日本生命

根据日本生命2014年年报，日本生命多途径的信息披露有利于客户清晰及时地了解公司营业信息。[①]

(1) 信息披露文件

日本生命信息披露文件在其分支机构和全国销售网点均可查阅。[②]

Nissay Disclosure

信息披露报告

NISSAY NOW

信息披露摘要版

Nissay Disclosure

半年度信息披露报告

Annual Report

年报

Variable Amount Insurance (Separate Account) Results Notification
Results report for individual variable amount

变额寿险结果报告

Variable Amount Annuities (Separate Account) Results Notification

变额年金保险结果报告

图 14－4 截至 2014 年 3 月 31 日发布的信息披露文件

---

① NISSAY ANNUAL REPORT 2014, p. 72.

② NISSAY ANNUAL REPORT 2014, p. 72.

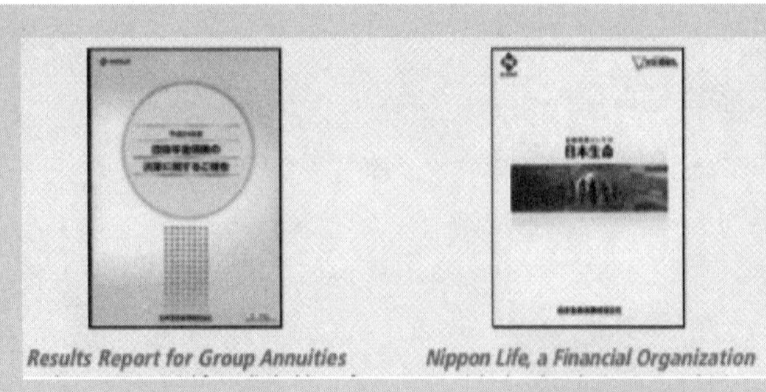

团体年金保险结果报告　　　　公司客户投资经营材料

图 14－4　截至 2014 年 3 月 31 日发布的信息披露文件（续）

（2）网站信息

日本生命在其网站上发布公司信息、代表人会议记录和决议大纲、财务信息、公司历史和企业社会责任活动等。（http：//www. nissay. co. jp/english/）

（3）决算说明会

日本生命每两年对分析家和机构投资者召开决算说明会。会议材料会在会后发布在公司网站上。（http：//www. nissay. co. jp/kaisha/annai/gyoseki/setsumei. html）

第六节　相互保险组织的合并、转制与解散清算

一、相互保险公司的合并程序

（一）缔结合并合同

根据《日本保险业法》第 159 条的规定，相互公司可与其他相互公司或股份公司合并，合并可以采取吸收合并和新设合并两种形式。此时，须缔结公司合并合同。

共有六种不同的合并的情形：

（1）相互公司与相互公司合并，其中一方为合并后继续存在的公司；

（2）相互公司与相互公司合并，设立新的相互公司；

（3）经营保险业的股份有限公司与相互公司合并，相互公司在合并后继续存在；

（4）经营保险业的股份有限公司与相互公司合并，经营保险业的股份有限公司在合并后继续存在；

（5）经营保险业的股份有限公司与相互公司合并，设立新的相互公司；

（6）经营保险业的股份有限公司与相互公司合并，设立新的经营保险业的股份有限公司。

上述情形下，合并合同中均需包括的内容有：

（1）消灭公司、新设公司、存续公司的商号、名称和住所；

（2）对消灭公司的股东和新股认购权人的补偿方法；

（3）投保人在公司合并后的权利；

（4）新设公司的，需包括新设公司章程中应规定的事项。

《日本保险业法》对合并合同的特殊规定主要体现在股份有限公司与相互公司合并的情况下。

（1）根据《日本保险业法》第 164 条，股份有限公司与相互公司合并，股份有限公司继续存在时，有以下两点特殊规定：

①若存续公司向消灭公司的社员支付股份或者金钱，若股份是存续公司的股份，合并合同中须规定股份的数量或计算方法，该存续公司的注册资本额和公积金数额或计算方法及对公司的社员分配股份的相关事项。根据《日本保险业法施行条例》第 100 条，存续公司的注册资本额和公积金数额是指合并消灭的相互公司的成员与该相互公司签订的各保险合同的寄与份的合计金额。寄与份指公司运用社员支付的保险费经营所得收益中，扣除事业费、支付给社员的保险金和返还金、为保证社员作为投保人的权利而计提入资产的部分之后剩余的金额。

若以出售新股的方法处理零股（对消灭公司的社员分配股份时所产生的不满一股的股份），合并合同中需规定有关出售新股和购买股份的事项。

②有关合并剩余金的事项。根据《日本保险业法施行条例》第 101

条，合并剩余金额是指因合并消灭的相互公司纯资产额的金额扣除成员寄与份的合计额的全额，包括合并公告时为被保险人提存的金额；未经过期间（是指在保险合同规定的保险期间中，在公告时未经过的时间）的保险费金额；公告时提存作为债权人异议的返还累积金的金额。

（2）根据《日本保险业法》第165条，当股份有限公司与相互公司合并，设立新的股份有限公司时，有以下三点特殊规定：

①消灭的相互公司，至新设公司的成立之日，须全额赎回基金总额。

②相互公司的社员可以决定在组织变更后接受股份公司的股份或金钱。股份或金钱，必须与社员的寄与份相对应。

③新设的股份公司，必须将合并盈余金额规定于公司章程中，作为章程记载事项。合并盈余金额是针对全体退社员、依行政法规规定计算的金额。①

（二）成员大会决议

相互公司进行合并，需要有成员大会的决议，该决议需半数以上的成员出席成员大会，并由所有出席大会的成员所拥有表决权的四分之三以上的多数赞同，方能通过；相互公司设有成员代表会时，则需要有成员代表会的决议，该决议需半数以上的成员代表出席成员代表会，并由所有出席大会的成员代表所拥有表决权的四分之三以上的多数赞同，方能通过。

---

① Article 165 (1) In a consolidation – type merger between a Stock Company (or stock companies) and a Mutual Company where the Insurance Company, etc. to be incorporated is a Stock Company,

(6) The provision of Article 91 shall apply mutatis mutandis to a Formed Stock Company. In this case, the term "amount of surplus in Entity Conversion" in that Article shall be deemed to be replaced with "amount of surplus from consolidation"; and the terms "capital Reserve on Entity Conversion" and "calculations on Entity Conversion" in Article 91, paragraph (3) shall be deemed to be replaced with "capital reserve on a consolidation – type merger under Article 165, paragraph (1)" and "calculations on such consolidation – type merger," respectively; any other necessary technical change in interpretation shall be specified by a Cabinet Order.

Article 91 (2) The amount of surplus in Entity Conversion shall be the total amount calculated for all withdrawn members as specified by a Cabinet Office Ordinance in accordance with a Cabinet Office Ordinance set forth in paragraph (2) of the preceding Article.

（三）公告合并决议

欲进行合并的保险公司从合并的决议之日起两个星期以内，须将合并合同的要旨及各公司的资产负债表予以公告。

（四）投保人异议

投保人对合并公告持异议的，应在一定期限内提出，但该期限应不少于一个月。投保人未于该期限内提出异议的，视为承认合并。合并公告发布时，已经对保险公司产生保险金请求权的投保人无权对该合并提出异议。如果提出异议的投保人的人数超过投保人总数的五分之一，并且合并公告公布之时，与提出异议的投保人的保险合同有关的债权（保险金请求权等除外）的数额相当的金额（生命保险公司保险人积累的资金额超过该金额的五分之一；损害保险公司的保险合同尚未经过期间相对应的保险费金额加上返还积累金所应积累的金额的总和超过该金额的五分之一），则合并决议无效。

（五）提交合并申请

欲进行合并的保险公司应向金融监督厅长官提交认可申请书以及其他各项法定文书，合并须经内阁总理大臣许可方能生效。因该合并而新设立的股份有限公司或相互公司，视为已得到内阁总理大臣对其从事保险业的许可。合并后继续存在的保险公司或因合并设立的保险公司为相互公司时，因合并而解体的保险公司的投保人进入该相互公司成为成员，除非该相互公司的章程另有规定。

（六）办理公司登记及公告

合并后继续存在的保险公司应进行变更登记，申请变更登记应提交各项法定材料；因合并而新设立的保险公司应进行设立登记。申请设立登记应提交各项法定材料。

合并后继续存在的保险公司或因合并而新设立的保险公司，合并后应及时地将合并事宜在总公司或主要事务所的所在地予以公告。已经进行了合并公告的保险公司如取消合并，则应及时地将取消合并事宜在总公司或主要事务所的所在地予以公告。

表 14－13　　六种合并情形下合并合同内容一览表

<table>
<tr><th colspan="3">合并合同</th></tr>
<tr><td rowspan="2">相互公司与相互公司合并</td><td>其中一方继续存在</td><td>（1）存续公司和消灭公司的名称和住所。
（2）对消灭公司的社员应交付的金钱数额。
（3）消灭公司投保人在公司合并后的权利。
（4）吸收合并生效之日。</td></tr>
<tr><td>设立新的相互公司</td><td>（1）消灭公司的名称和住所。
（2）新设公司的目的、名称和主事务所所在地。
（3）新设公司章程中应规定的事项。
（4）新设公司设立时董事的姓名。
（5）新设公司设置会计参与人、监事、会计监察人的姓名。
（6）对消灭公司的社员应交付的金钱数额。
（7）新设合并后投保人的权利。</td></tr>
<tr><td rowspan="3">股份有限公司与相互公司合并</td><td>相互公司继续存在</td><td>（1）消灭公司和存续公司的商号、名称和住所。
（2）对消灭公司的股东和新股认购权人的补偿方法。
（3）存续公司的公积金的相关事项。
（4）合并后消灭公司的投保人的权利。
（5）吸收合并的生效日期。</td></tr>
<tr><td>股份有限公司继续存在</td><td>（1）存续公司和消灭公司的商号、名称和住所。
（2）若存续公司向消灭公司的社员支付股份或者金钱，关于股份或者金钱的以下事项：
①若股份是存续公司的股份，股份的数量或计算方法，以及该存续公司的注册资本额和公积金数额；
②金钱的数额或计算方法。
（3）前号所述情形下，对公司的社员分配股份的相关事项。
（4）若以出售新股的方法处理端股（对消灭公司的社员分配股份时所产生的不满一股的股份），行政法规规定的有关出售新股的事项。
（5）若购买前号所述端股，行政法规规定的有关购买股份的事项。
（6）对消灭公司的基金份额持有人应支付的金钱数额。
（7）消灭公司的投保人在吸收合并后所享有的权利。
（8）有关合并剩余金的事项。
（9）吸收合并的生效日期。</td></tr>
<tr><td>设立新的相互公司</td><td>（1）消灭公司和新设公司的商号、名称和住所。
（2）新设公司的目的、名称和主事务所所在地。
（3）新设公司的公司章程应规定事项。
（4）新设公司设立时董事的姓名。
（5）新设公司设置会计参与人、监事、会计监察人的姓名。
（6）对消灭公司的股东和新股认购权人的补偿方法。
（7）对消灭公司的社员应交付的金钱数额。
（8）新设公司的公积金的相关事项。
（9）新设合并后投保人的权利。</td></tr>
</table>

续表

合并合同		
股份有限公司与相互公司合并	设立新的股份有限公司	（1）消灭公司的商号、名称和住所。 （2）新设公司的目的、商号、总公司所在地和可能发行的股份总数。 （3）新设公司的公司章程应规定事项。 （4）新设公司设立时董事候任人的姓名。 （5）新设公司设置会计参与人、监事、会计监察人的姓名。 （6）新设公司对消灭的股份公司的股东应支付的股份数或计算方法。在决定新设公司对消灭的股份公司的股东应支付的股份数或计算方法时，必须按照消灭公司的股东所持有股份数支付新设公司的股份。① （7）新设公司对消灭的相互公司的社员应支付的股份数或计算方法。 （8）新设公司的注册资本金和公积金的相关事项。 （9）对消灭的股份公司的股东或消灭的相互公司的社员进行第六号和第七号所述的股份分配时，股份分配的相关事项。 （10）若以出售新股的方法处理端股（对消灭的相互公司的社员分配股份时所产生的不满一股的股份），行政法规规定的有关出售新股的事项。 （11）若购买前号所述端股，行政法规规定的有关购买股份的事项。 （12）若新设公司将对消灭公司的新股认购权人支付新设公司的新股认购权或金钱，则合并合同须包括以下事项： ①新设公司的新股认购权的内容和计算方法； ②若消灭公司发行的是附新股认购权公司债，新设公司继承该公司债的允诺、所继承公司债的种类、每种公司债的合计金额或计算方法； ③对①所述新股认购权人以外的新股认购权人支付金钱时，金钱数额和计算方法。 （13）前号情形下，对消灭公司的新股认购权人分配新设公司的新股认购权或金钱时的相关事项。 （14）若对消灭公司的股东、基金份额持有人或社员支付金钱，支付的数额。 （15）新设合并后投保人的权利。 （16）合并剩余金的相关事项。

① Article 165 (3) Where paragraph (1) applies, the provisions for the particulars listed in item (vi) of that paragraph shall include a clause that the shares of the Stock Company Established by the Consolidation-Type Merger shall be allocated in accordance with the number of shares (or, where the articles of incorporation include provisions for the particulars listed in item (ii) of the preceding paragraph, the number of shares by class) held by each shareholder of the Consolidated Stock Company (excluding any Consolidated Stock Company, consolidated mutual company or holder of the class of share set forth in item (i) of the preceding paragraph).

二、相互保险公司的分立

《日本保险业法》第 8 章第 3 节公司分立第 172 条之 2—9 仅规定了保险股份公司分立的情况，而未规定相互公司的分立，实践中也未有相关操作。

三、相互保险公司的转制

（一）转制的程序

表 14 – 14　　　　相互公司和股份公司转化对比表

	内容	股份公司到相互公司的组织变更	法条	相互公司到股份公司的组织变更	法条
1	组织变更	保险公司可以由股份公司变更为相互公司。 （1）实行组织变更后，相互公司须扩募基金，以使其基金总额达到十亿日元。基金总额的部分或全部，可以用组织变更时提取准备金来替代。 （2）必须提取与赎回额相当的赎回公积金。 （3）可以提取损失填补准备金。	68	保险公司可以实施由相互公司到股份的变更。	85
2	组织变更计划	所有股东半数以上出席，出席人所持表决权四分之三以上同意通过。	69	所有社员（或总代人）半数以上出席，出席人所持表决权四分之三以上同意通过。	86
		组织变更计划中必须包含以下内容： 一是组织变更后的相互公司的基金总额。 二是组织变更时提取准备金和损失填补准备金额。 三是有关补偿股东和新股预约权人的事项。 四是组织变更后投保人的权利。 五是组织变更生效之日，以及行政法规规定其他事项。 根据《日本保险业法实施条例》第 36 条，其他事项包括利润分配补充规则、股权认购规则、相互公司的自愿准备金等。	69	组织变更计划中必须包含的内容中的特殊规定包括： （1）相互公司的社员在组织变更后取得的股份公司的股份数或股份数的计算方法，以及组织变更后的股份公司的资本金和公积金的有关事项。 （2）对相互公司社员的股份分配事项，若对相互公司社员支付金钱以替代分配股份，该金额数或计算方法。 （3）若对相互公司社员分配股份，由此所产生的端股（转换计算后未满一股的股份）的处理方法，以及若公司回购端股的回购方法。	86

续表

	内容	股份公司到相互公司的组织变更	法条	相互公司到股份公司的组织变更	法条
3	组织变更计划书及相关文件的备置和阅览	实施组织变更的股份公司，自变更计划书备置开始日到组织变更生效日之间，需将变更计划书的内容和行政法规规定的其他事项，以书面或者电磁记录的方式备置于各营业所。	69条之2	同股份公司到相互公司的组织变更	87
4	债权人异议	股份公司的投保人和其他债权人，有权就组织变更提出异议。 在异议期间内提出异议的投保人，若人数超过投保人总数的五分之一，且所持有保险合同债权超过保险合同总债权的五分之一，则组织变更计划承认决议不生效。	70	同股份公司到相互公司的组织变更	88
5	生效	组织变更未经内阁总理大臣，不得生效。 内阁总理大臣须审查以下事项： 一是组织变更后的相互公司是否具备足够的财产基础，以保障保险公司业务的健全、有效运营。 二是组织变更是否可能损害投保人利益。 三是是否存在其他影响保险公司营业健全有效的因素。	80	同股份公司到相互公司的组织变更	96条之10－13
6	公告	组织变更后的相互公司须立即公告该事实以及行政法规规定的其他事项。	82	同股份公司到相互公司的组织变更	96条之15
7	登记	实施组织变更的股份公司，须自变更之日起两周内（在总公司或主事务所）或三周内（在分公司或附属事务所）完成原公司的解散登记和新公司的设立登记。	84	同股份公司到相互公司的组织变更	96条之14
8	组织变更无效之诉	组织变更无效之诉，须自变更生效之日起六个月内提起。 以下人员享有诉权：变更前股份公司的股东、破产管理人、不承认组织变更的债权人。	84条之2	同股份公司到相互公司的组织变更	96条之16

（二）特殊规定

《日本保险业法》中对相互公司到股份公司转制的特殊规定有以下几点：

1. 基金的赎回

根据《日本保险业法》第 89 条，实施组织变更的相互公司，至变更生效之日，须全额赎回基金总额。

但是，如果变更时股份公司根据《日本保险业法》第 92 条增发股份，出资人可以将其出资以债转股的方式转成新公司的股份。

2. 对相互保险公司原有成员分配股份

按照组织变更计划书的规定，相互保险公司的成员可以接受组织变更后的股份有限公司分配的股份，分配股份应依照成员的寄与份进行。

寄与份是日本法下的一个特有概念，指相互保险公司成员对公司累积盈余的贡献程度，类似于股份有限公司下的股东对公司净资产的份额。在计算成员的贡献程度时，从成员缴纳的保险费以及由保险费所产生的收益的合计金额中，首先扣除用于支付的保险金、退款、其他给付金、事业费和其他支出的金额，再扣除为履行保险合同上的债务而应确保的资产额后得到一个余额，就代表成员的寄与份。上述的各种费用、金额，取决于每一相互保险公司所设定的不同种类的保险合同，其数额和计算方法也各不相同。如果成员与相互保险公司缔结一份以上的保险合同，其总的贡献程度为每一份保险合同的贡献程度的合计金额。

3. 组织变更剩余金额

根据《日本保险业法》第 91 条，实施组织变更的相互公司，必须将组织变更剩余金额规定于公司章程中。组织变更时应计入资本公积金的金额、组织变更剩余金额的减额，以及组织变更时的其他必要事项，由行政法规规定。

组织变更剩余金额是针对全体退社员、依社员的寄与份计算的金额。根据《日本保险业法施行条例》第 45 条（1）的规定，组织变更剩余金额的整体总额是组织变更时的净资产金额扣除成员寄与份后的余额 ，实质上是未确定具体归属的所有者权益。[①] 该部分权益既没有列入对成员的分红准备金，也没有反映成员的寄与份中。在公司转制时，该部分转成了新公司的资本公积，不得用于分配，但可以用来弥补亏损或转为准备金。

具体来说，组织变更后的股份公司，依据以下所示事由资产负债表中的净资产部或负债部所记金额减少时，就该减少额部分，可对组织变更剩余金额相应减额：

（1）对剩余金、资本准备金或利润准备金的亏空的填补；

（2）资本金金额的减少；

（3）因保险费和责任准备金的计算方法变更，而需要追加保险费储备金的；

（4）价格变动准备金的耗尽；

（5）危险准备金的耗尽。

4. 组织变更时的股份发行

根据《日本保险业法》第 92～96 条，实施组织变更的相互公司，可以由变更后的股份公司发行股份。此时，组织变更计划中必须包含：一是组织变更后的股份公司发行股份的数额；二是组织变更时发行股份的认购金额或计算方法；三是现物出资时，出资财产的内容和价额；四是组织变更时发行股份的股款缴纳期限；五是与所增加的注册资本金或资本公积金相关的事项。

组织变更时发行股份的认购申请人，须向公司提交认购申请书。

组织变更时发行股份的认购人，在行使认购人权利后，或者变更生效

---

① 《日本保险业法实施条例》第 45 条：法 91 条第 3 项规定的依据内阁府令计算的金额，是指将组织变更相互会社的组织变更时的净资产金额，乘以第 1 号所示金额中第 2 号所占的比例所计算出的金额。

一、根据第 44 条第 1 项计算社员的寄与份的合计金额时所使用的方法之同样的方法所评价的组织变更相互会社的组织变更时的总资产金额中，扣除以下金额。

（1）第 44 条第 2 项第 2 号所示金额；

（2）就法 63 条第 1 项的保险合同，以计算第 44 条第 2 项第 2 号所示金额时使用的方法之相同方法所评价的保险合同，为履行该保险合同上的债务应确保的资产的金额；

（3）依据计算第 44 条第 2 项第 2 号所示金额时使用的方法之同样方法评价的组织变更相互会社的组织变更时的债务，为履行该债务所应确保的资产的金额（除第一项和第二项列出的以外）。

二、从前号所示金额中扣除第 44 条第 1 项所规定的社员的寄与份的合计金额。

一年后，不得以错误为由主张认购无效，或者以欺诈、胁迫为由主张撤销认购。

5. 组织变更的股份交换

根据《日本保险业法》第96条之5－7的规定，实施组织变更的相互公司，可让其他股份公司取得变更后的股份公司的全部股份。

若股份交换完全母公司向相互公司的社员交付股份，组织变更计划和股份交换合同内必须包含该股份的数额或其计算方法，该完全母公司的注册资本金和公积金数额，以及对实施组织变更的相互公司的社员（股份交换完全母公司除外）分配股份之事项，对实施组织变更的相互公司的社员分配股份时产生的端股的处理方法。

若相互公司在组织变更的同时实施股份交换，组织变更股份交换完全母公司自变更生效之日起，取得变更后的股份公司发行的全部股份。若相互公司在组织变更的同时实施股份交换，其社员自变更生效之日起，成为股东。

6. 组织变更的股份转移

根据《日本保险业法》第96条之8－9的规定，相互公司在变更组织形式的同时，可以实行股份转移。“组织变更的股份转移”是指实施组织变更的相互公司，将变更后的股份公司发行的股份转移给其他股份公司持有。

在组织变更时实施股份转移的，变更计划中必须包含组织变更股份转移设立完全母公司在股份转移之时，交付给相互公司社员的、该组织变更股份转移设立完全母公司的股份数额或其算定方法，以及该完全母公司的注册资本金和公积金数额。对实施组织变更的相互公司的社员分配股份之事项。

四、解散和清算

（一）日本相互保险公司的解散

1. 相互保险公司的解散事由

根据《日本保险业法》第152条的规定，相互保险公司可因以下事由而解散：

（1）成员大会（或成员代表大会）决议解散，相互保险公司决议解散时，须由所有成员（或成员代表）半数以上出席，并经出席人所持表决权四分之三以上同意通过；

（2）因合并而产生的解散；

（3）因启动破产程序而解散；

（4）司法判决解散；

（5）转移所有保险合同；

（6）保险业营业执照被撤销。

2. 相互保险公司解散的认可及公告

根据《日本保险业法》第153条规定，以下事项未得内阁总理大臣认可，不得生效：（1）关于解散保险公司的股东大会决议；（2）停止保险营业的股东大会决议；（3）经营保险业的股份公司的合并。

内阁总理大臣受理认可申请后，须审查：（1）解散公司、停止营业或公司合并是否出于不得已之事由；（2）是否有损害投保人利益之虞。但若保险公司尚有保险合同未履行完毕时，内阁总理大臣不得作出同意对前述事项的认可。

另外，得到内阁总理大臣认可后，相互保险公司须依行政法规之规定，立即公告受认可之事项。

3. 解散相关文件的备置

根据《日本保险业法》第157条的规定，相互保险公司自有关公司解散决议的成员大会（或成员代表大会）召开之日的两周前，至作出决议之日，相互公司须将公司解散之议案，以及记载有行政法规规定事项的书面或电磁记录，备置于各事务所。

4. 解散后保险合同的解除

相互保险公司解散时，投保人可以解除保险合同，但解除行为不具有溯及效力。若投保人不解除合同，该合同自公司解散之日起三个月后自动终止。因相互保险公司解散而解除保险合同的，清算保险公司必须向投保人返还剩余保险费等行政法规规定的金额。

（二）相互保险公司的清算

1. 相互保险公司清算概述

清算事由：（1）公司解散；（2）法院判定公司设立无效。

相互保险公司除因解散而清算外，在法院判定公司设立无效情形下，亦须进行清算。清算中的相互保险公司，在清算的目的范围内，继续享有权利能力。清算中的相互保险公司必须设置一个或两个以上的清算人和监事。清算中的相互保险公司可以在章程中规定设置清算人会或监事会，设置监事会的清算中的相互公司，必须设置清算人会。

2. 清算人

（1）清算人的任免

根据《日本保险业法》第 180 条之 4 的规定，下列人员可以成为清算中的相互公司的清算人：董事、公司章程规定人员，以及由成员大会（或成员代表大会）决议选任者。

相互保险公司的成员大会（或成员代表大会）可随时决议解任相互保险公司的清算人（由内阁总理大臣选任者除外）。连续持有成员权 6 个月以上、人数达到 3 000 名或成员总数的 3‰者，若有重要事由，可申请法院解任清算人。

（2）内阁总理大臣任免清算人

相互保险公司若由于司法判决而解散，并且没有符合法律规定条件的人选时，内阁总理大臣可以依据利害关系人或司法部长的申请，或依职权，选任清算人。

内阁总理大臣若有重要理由，可以解任公司清算人（特别清算除外），但同时必须选任新的清算人。内阁总理大臣解任清算人时，须嘱托清算保险公司的总公司或主事务所所在地的登记所完成该项登记。

（3）清算人的职责

根据《日本保险业法》第 180 条之 7 的规定，清算中相互保险公司的清算人履行以下职务：了结债务；回收债权、清偿债务；分配剩余财产。

此外，根据《日本保险业法》第 180 条之 8 的规定，清算人负责执行清算中相互公司的业务。除公司章程另有规定外，清算中相互公司事务的决定，须过半数清算人同意。以下事项必须由过半数清算人同意通过，章程不得另行规定：①支配人的选任和解任；②附属事务所的设置、转移与废止；③为确保清算中相互保险公司的业务的适合经营，依行政法规规定进行体制整备。

（4）清算中相互保险公司的代表

清算人代表清算中的相互保险公司；若另选有代表清算人，或其他代表清算公司的人员，则不在此限。若清算人有两人以上，则各自拥有公司代表权。清算中的相互保险公司（清算人会设置相互公司除外）可以根据公司章程之规定，由清算人互选或由成员大会选举代表清算人。若由董事担任清算人，则代表董事为代表清算人。

（5）清算中相互保险公司的破产

根据《日本保险业法》第 180 条之 10 的规定，若清算中的相互公司发生明显资不抵债的情形，清算人须立即申请破产。在破产管理人未接任之前，清算人须继续履行管理职务。破产管理人对于清算人支付给公司债权人的财产，享有取回权。

（6）清算人的损害赔偿责任

清算人须赔偿因懈怠对公司造成的损害。相互保险公司的清算人履行职务时，因故意或者重大过失而致第三人损害，须对第三人承担损害赔偿责任。若清算人存在以下行为，同样适用前项之规定：①募集公司债时违反信息披露之规定；②财产目录、资产负债表、事业报告书及其附属明细表，存在虚假记载或记录；③虚假登记；④虚假公告。

根据《日本保险业法》第 180 条之 13 的规定，清算人或监事对公司或第三人承担损害赔偿责任时，其他清算人或监事须承担连带责任。

（7）清算人会的权限

根据《日本保险业法》第 180 条之 14 的规定，清算人会由全体清算人组成。清算人会履行以下职务：①决定公司的业务执行；②监督清算人执行职务；③代表清算人的选定和解职。

清算人会须在清算人中选定代表清算人，并有权解职所选定的代表清算人，但无权再选任或解任内阁总理大臣依法选定的清算中相互保险公司的代表清算人。

以下事项，以及其他重要事项，只能由清算人会负责：①重要财产的处分和受让；②大额借款；③支配人以及其他重要使用人的选任和解任；④附属事务所以及其他重要组织的设置、变更和废止；⑤有关募集公司债的重要事项；⑥为确保清算中的相互公司的业务的适合经营，依行政法规规定进行的体制整备。

代表清算人（或清算人会决议选定的代表清算人）负责执行公司业务，每三个月须向清算人会报告一回职务执行情况。

（8）清算财产处分的顺序

根据《日本保险业法》第 181 条的规定，相互保险公司的清算人必须清偿相互公司的债务，并回赎基金份额，但基金回赎必须晚于债务清偿。

（9）清算中剩余财产的分配

根据《日本保险业法》第 182 条的规定，清算中相互保险公司的剩余财产应依公司章程规定予以分配；若公司章程无相关规定，则依成员大会决议分配，该项决议须由所有成员半数以上出席，并经出席人所持表决权四分之三以上同意通过，并且该决议须经内阁总理大臣同意后才生效。剩余财产必须分配给成员，或以有益于投保人的方式予以处分。若将剩余财产分配给成员，必须与成员的寄与份相对应。该寄与份是指：公司运用社员支付的保险费经营所得收益中，扣除事业费、支付给社员的保险金和返还金、为保证社员作为投保人的权利而计提入资产的部分之后剩余的金额。解散的相互公司的成员与该相互公司签订的各保险合同的寄与份的合计额为该成员的寄与份总额。

若将剩余财产以有益于投保人的方式予以处分，对退出成员的分配必须按照行政法规规定进行。

根据保护投保人等方法处置相互公司的剩余财产时，针对全体原成员以上述计算出来的金额为上限。

五、案例

实践中，日本现代保险历史上由相互公司转制为股份公司的第一家出现在2002年4月，该公司由“大同生命保险相互会社”，转换为“大同生命保险株式会社”（股份有限公司）。

共荣生命、太阳生命于2003年各自进行了从相互制公司到股份公司的改组，同时其他许多相互保险公司也在制订着改组的计划。

1997年至2010年，日本寿险市场上有7家相互公司破产、2家合并、5家转型成股份制公司，相互保险公司数量从1995年的18家减少到目前的5家。①

表14－15　　　　14家原生命保险相互公司的动向

公司名称	动向
日产生命保险相互公司	1997年10月破产，现并入美国Prudential保险股份公司
东邦生命保险相互公司	1999年6月破产，现并入美国Gibraltar保险股份公司
第百生命保险相互公司	2000年5月破产，现并入加拿大Manufactures保险股份公司
大正生命保险相互公司	2000年8月破产，并入原大和生命保险相互公司，后者转制为股份公司
千代田生命保险相互公司	2000年10月申请适用《金融更生法》，现并入美国Gibraltar保险股份公司
协荣生命保险相互公司	2000年10月申请适用《金融更生法》，现并入美国Gibraltar保险股份公司
东京生命保险相互公司	2001年3月申请适用《金融更生法》，现并入日本T&D控股生命保险股份公司
大和生命保险相互公司	2002年4月与破产的大正生命保险相互公司合并，转制为股份公司；2008年10月破产，重组后现改名为Prudential Gibraltar Financial生命保险股份公司
大同生命保险相互公司	2002年4月转制为股份公司，现更名为T&D控股生命保险股份公司
太阳生命保险相互公司	2003年4月转制为股份公司，为T&D控股公司的子公司
安田生命保险相互公司	2004年1月，双方合并为明治安田生命保险相互公司
明治生命保险相互公司	
三井生命保险相互公司	2004年4月转制为股份公司
第一生命保险相互公司	2010年4月转制为股份公司

资料来源：小藤康夫：《大和生命の経営破綻と生保の株式会社化》，载《生命保険論集》，2010（172）：1－24。

① 日本金融厅：《金融厅年度报告》（2000—2010年），http：//www. fsa. go. jp.

第七节　相互保险组织的章程管理

根据《日本保险业法》第22～24条，为设立相互公司，发起人须制作章程并由全体成员签名或者盖章。

相互公司章程的绝对必要记载事项包括目的、公司名称、主要营业场所所在地、基金总额、基金出资人的权利、基金偿还方法、利润分配方法、公告方法、发起人的姓名（或名称）与场所。

相互公司章程中的相对必要记载事项包括约定在相互公司成立之后受让的财产、对价和让与人的姓名（或名称），发起人的姓名（或名称）、发起人的报酬或其他特别利益，由相互公司负担的公司设立费用。

相互公司章程的修改需要有成员大会的决议，决议需半数以上成员出席成员大会并由所有出席大会的成员所拥有表决权的四分之三以上的多数赞同方能通过，相互公司设有成员代表会时，则需要有成员代表会的决议，该决议需半数以上成员代表出席成员代表会并由所有出席大会的成员代表所拥有表决权的四分之三以上的多数赞同方能通过。

当涉及以下事项时必须得到内阁总理大臣的许可，否则无效：（1）商号或名称；（2）有关基金偿还的事项；（3）成员的退出事项；（4）有关成员代表的法定人数以及选任方法的事项；（5）有关非成员保险合同的事项；（6）有关解散时处理剩余财产的事项。

第八节　保险保障基金的缴纳

在日本，保险保障基金被称为“投保人保护机构”。在保险公司破产程序中，投保人保护机构对救助保险公司提供资金援助，具有极其重要的作用。

一、投保人保护机构的产生

保险合同是投保人与保险公司之间缔结的私合同，因此保险公司的破产风险本应由保险公司的股东和保险公司的债权人即投保人全部承担。但是，因为保险合同密切关系着国民生活和国民经济基础，特别是寿险合同的保险期限较长，一旦寿险合同被解除后，投保人及被保险人很难再以同等条件重新得到相应寿险产品的保障，所以，在保险业无可否定地存在着不能过于严苛地将责任推卸给投保人及被保险人的共识。因此，在日本作为保险公司破产时着重保护投保人一方权益的制度，投保人保护机构即应运而生。①

该制度在适用之初是作为临时性制度被制定的，因为20世纪90年代金融危机中日本保险界发生了寿险公司接连破产的情况，因此，在特定适用于寿险投保人保护机构的前提下，该制度已作为长期性制度得以保留。

二、投保人保护机构的作用

根据《日本保险业法》第265条之28的规定，投保人保护机构的作用主要有两项，第一，对破产保险公司相关的保险合同转让程序及保险合同的承继程序提供资金援助；第二，接受破产保险公司相关的保险合同转让及对接受后的保险合同进行管理及处分。

实践中，投保人保护机构的主要运行方式有三种，第一，向接手的救援公司提供财务援助；第二，在没有公司提供援助的情况下承担破产公司的赔偿责任；第三，建立过渡子公司以临时接管破产公司的保险合同以及向因短期现金流问题而无力支付赔偿的保险公司提供贷款。②

在保险公司破产程序中，当保险管理人主导进行保险公司合并及保险合同转让时，可以通过削减被转让保险合同的保险金额，使其他承继破产保险公司债务的保险公司需承继的债务得以控制。此时，投保人保护机构的作用是对破产保险公司的保险合同转移等提供资金援助和接受保险合同转让等。在得到国会审议通过的范围内，日本政府可以对投保人保护机构的该项借款提供担保。

---

① ［日］稻田行祐：《投保人保护机构是如何运作的》，马强译，载《中国保险报》，2011(5)。

② 江生忠、朱威至、陈佳：《保险保障基金制度的国际比较与借鉴》，载《保险研究》，2008(11)：39。

• 在有救济公司接管破产保险公司保单情况下

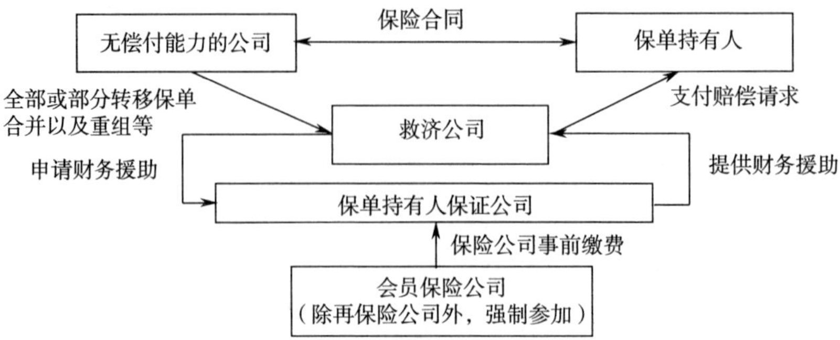

• 在保单持有人保护公司接管破产保险公司保单情况下

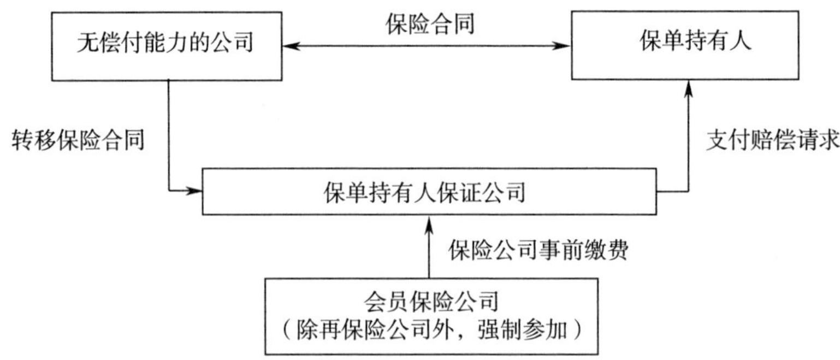

• 在由过渡公司接管破产保险公司保单情况下

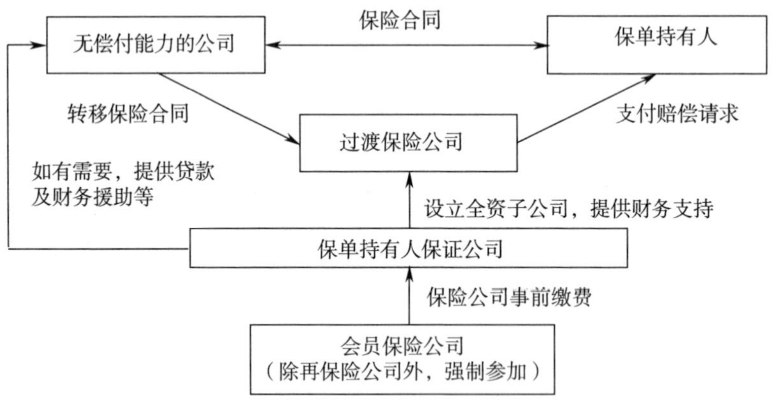

图 14－5　投保人保护机构运行方式

被管理保险公司在与投保人保护机构签署资金援助协议的情况下，负有给付对象保险合同规定的保险金的给付义务。被管理保险公司在停止业务期间内，如果停止针对发生的保险事故的保险金给付，将会对投保人一方的生活造成重大影响，因此，在该被管理保险公司与投保人保护机构签署了资金援助协议时，应对该资金援助对象的保险合同项下的被保险人支付保险金。

三、投保人保护机构的组织运作

（一）机构的设立

根据《日本保险业法》第261条、第262条、第265条，日本现有寿险投保人保护机构和财险投保人保护机构两家机构。投保人保护机构具备法人资格，是根据日本保险业经营许可证的种类分别设立起来的法人机构。设立时，需要有10家以上的拟成为会员的发起人保险公司发起。

投保人保护机构的会员仅限于保险公司，日本现有的小额短期保险公司不在该制度的适用对象范围之内。日本相关法律原则上不允许保险公司从机构中退出，在仅限于保险公司的保险业务经营许可证被吊销、或失效、或得到保险监管当局批准的情形下，保险公司可以从机构中退出。

（二）机构的组织构成

投保人保护机构中的理事会由1名理事长、2名以上的理事及1名以上的监事组成。投保人保护机构的业务基本上是由理事长及过半数的理事决定的。

投保人保护机构的理事长除对外代表机构外，还全面管理投保人保护机构的各项业务，理事辅佐理事长的管理工作。

投保人保护机构中设有运营委员会和评价审议会。前者主要负责审查保险合同转让时是否进行资金援助，后者主要负责审查破产保险公司对自身财产进行评估时的妥当性。为了确保能够进行中立性的判断，相关委员会的委员必须从具备必要的学识经验和专业知识的人选中选任，得到保险监管当局批准后，由理事长任命。因为作出向破产保险公司保险合同转让程序提供资金援助的决定意味着要增加会员保险公司的负担，因此作为会员保险公司代表的理事会作出该决定是非常困难的，对此，采取了由分别站在中立性立场的委员组成的运营委员会和评价委员会进行判断的方法进行解决。

此外，投保人保护机构的理事、工作人员、各委员都负有保密义务，违反该保密义务的可能会受到刑事处罚。

(三) 机构的资金来源

会员必须在每一个财务年度向投保人保护机构缴纳负担金，负担金的调配方法有事先承担方式和事后承担方式两种。日本相应法律制度中采用的是事先承担的调配方法。这种方法可以使发生破产危机的保险公司也缴纳该资金，因此是比较公平的资金调配方法。但是，该方法不可避免地会导致事先要积存一些不必要的资金，从而阻碍资金的运用效率。

负担金的金额为各保险公司的年度保费收入额乘以一定的负担金比率，加上年度责任准备金余额乘以一定负担金比率后的合计金额（《日本保险业法》第265条之34）。

此外，投保人保护机构在判断有必要进行资金援助等业务时，在一定范围内，在取得保险监管当局批准的情况下，可以从保险公司或银行以及其他金融机构借款（《日本保险业法》第265条之42）。关于该借款的上限额度，因日本接连出现过寿险公司的连续破产而被一度提升为9 600亿日元，目前被调整为投保人保护机构设立当初时规定的借款上限，即4 600亿日元。

四、对机构的监督

投保人保护机构受保险监管当局的监督管理，保险监管当局可采取要求投保人保护机构报告或对投保人保护机构实施现场检查等相应的行政监管措施。

第九节　偿付能力监管

一、偿付能力标准框架

日本的偿付能力标准框架主要参考了美国的风险资本（RBC）标准，

其目的是通过建立一个指数，即偿付能力充足率（Solvency Margin Ratio，SMR）来反映一家保险公司面临的潜在风险水平。《日本保险业法》规定，保险公司应根据偿付能力充足率采取有效措施完善自身的偿付能力状况，以保证公司经营管理的合理性和安全性。同时，法规还规定日本保险业的监管机构——金融服务局（Financial Service Agency，FSA）有权对偿付能力不达标的保险公司采取相应的早期矫正监管措施，以确保对保险公司经营的合理性和安全性，保护保单持有人的利益。

（一）基本原理和方法

日本偿付能力监管的基本思想是在充分考虑资产和负债面临风险的基础上，根据保险公司的规模和承担的风险总量来设定资本的要求。保险公司的实际资本额度应与其经营的业务相匹配。

该监管体系的主要做法是，首先将保险公司面临的风险分成几大类，然后评估每一类风险所需要的资本，得到总风险资本要求，同时评估保险公司的偿付能力边际、比较偿付能力边际和风险资本要求。根据监管的规定，如果 SMR 低于一定水平，就要采取相应的监管措施。监管机构要求保险公司在年报中提供 SMR 结果，同时对公众披露。

（二）风险资本的框架

1. SMR 的计算

在日本目前的偿付能力标准体系下，SMR 是一个具有决定性意义的重要指标，监管机构用该比率来判断保险公司运营安全性。SMR 是一家保险公司的偿付能力额度总额与其风险总额（超预期风险额）的比值，具体计算公式为

$$SMR = \text{偿付能力额度总额} / \text{风险总额} \times 1/2$$

其中，偿付能力额度总额是保险公司在监管财务报表中资产超过负债的差额（即净资产金额），可以直接从保险公司的监管财务报表中找到；它不仅用来表示保险人保护保单持有人索赔权益的能力的大小，同时也是衡量保险公司抵御不利波动的财务实力的重要标志。计算公式中，风险总额乘以 1/2 的主要原因是日本在引进偿付能力额度比率制度时参考了美国的风险基础资本制度，与美国风险基础资本制度一样，当保险公司的偿付

能力额度比率达到200%时，其风险总额与偿付能力额度总额实现一致。

在日本的偿付能力标准中，寿险公司和非寿险公司风险总额的计算公式不同，具体如下：

（1）寿险公司的风险总额计算方法

$$\sqrt{(R_1+R_8)^2+(R_2+R_3+R_7)^2}+R_4$$

其中，R_1 为承保风险，是指保险事故发生率超出预期值引发的风险（不包括由于巨灾引起的风险）；寿险公司的承保风险被分为三类：普通死亡率风险、生存风险和其他风险；三类风险对应的风险额都是采用保额或者准备金乘以风险系数的形式来计算，在三类风险汇总时，不是三类风险额的简单相加，而是考虑到三类风险的相关性。R_2 为预定利率风险，是指保险公司在运用保险资金进行投资时实现的收益率低于预定利率的风险，它是寿险公司和非寿险公司共同面临的风险。R_3 为资产管理风险，它也是寿险公司和非寿险公司共有的风险，主要是指由于股票市场暴跌或者货币市场剧烈波动以及因借款公司破产而使保险公司不可回收债务急剧升高所导致的保险公司资产急剧贬值的风险。资产管理风险额计算公式为：R_3 = 价格波动风险额 + 信用风险额 + 子公司风险额 + 衍生交易风险额 + 再保险风险额 + 再保险可摊回风险额；公式中的每一项风险额都是采用资产价值乘以风险系数的形式来计算的，但价格波动风险额还要再乘以一个投资分散化效应系数。R_4 为经营管理风险，是指与保险公司经营管理有关的、但又没有反映在其他风险额中的风险。经营管理风险额的计算公式是：R_4 = 其他风险额汇总额 × 运营风险系数；其中，当年年底财务报表亏损的公司对应的运营风险系数为1%，其他公司的运营风险系数为2%。R_7 为最低保证风险，是指与可变保险和可变年金产品最低保证利益相关的风险。R_8 为第三部门保险风险，在日本，第三部门保险一般是指医疗、损害和护理保险产品等。

（2）非寿险公司的风险总额计算方法

$$\sqrt{(R_5+R_8)^2+(R_2+R_3)^2}+R_4+R_6$$

其中，R_2、R_3、R_4 和 R_8 的含义与计算方式和寿险公式相同，只有 R_5 和 R_6 是非寿险公司特有的风险类型。R_5 为非寿险的普通承保风险，是指保险赔付发生率超出预期值引发的风险；R_6 为巨灾风险，是指发生巨大自然灾害（相当于关东大地震或伊势湾台风）引发的风险，它是非寿险公司面临的重要风险之一，计算公式为：巨灾风险额 = max（地震损害风险额，台风/洪水损害风险额），其中，地震损害风险额和台风/洪水损害风险额分别根据各险种在地震易发区和台风/洪水易发区的风险暴露决定。

综上所述，在偿付能力充足率的计算中，偿付能力总额可以直接从保险公司的监管财务报表中找到，而较为复杂的则是公式中风险总额如何计算取得。保险业建立了一套对承保标的的风险进行定价、评估和管理的方法。特别是精算师职业的产生和发展，使得保险公司已经在日常经营活动中配置了一个进行风险管理的体系，利用保险的经验数据进行建模指导产品开发、负债评估和资产负债管理。这意味着，保险业传统上已经建立了关于承保标的的风险的识别和计量方法，这种方法的主要特点是基于经验分析的统计建模技术。

2. SMR 分类及相应措施

表 14 - 16　　　　偿付能力充足率分类及监管措施

分类	偿付能力充足率	监管措施
非对象区分	200% 以上	无
第 1 区分	100% 以上、200% 以下	提出整改计划、实施整改计划
第 2 区分	0 以上、100% 以下	（1）提出整改计划、实施整改计划； （2）禁止或限制股东分红； （3）禁止或限制投保人分红、员工分红； （4）变更新业务保单的保费计算方式； （5）禁止或限制高级管理人员的奖金或其他经营费用； （6）禁止或限制部分资产运用方式； （7）缩小部分营业场所或事务所的业务； （8）停止部分营业场所或事务所； （9）缩小分公司等的业务； （10）处理分公司等的股份或权益； （11）缩小附属业务、周边业务（法定业务）或禁止接受新业务； （12）其他金融厅长官认为必要的措施。
第 3 区分	0 以下	停止全部或部分附带期限的业务

二、日本生命案例：监管要求的评估与解读

由于受股票价格、市场利率、医疗技术进步以及重大灾难发生的影响，人寿保险公司的经营环境处于波动之中，所以正确识别和恰当管理基于前述因素而产生的风险是日本生命运营管理的重要问题。[①] 基于此种认知，日本生命建立了如图 14 –6 所示的风险管理体系：

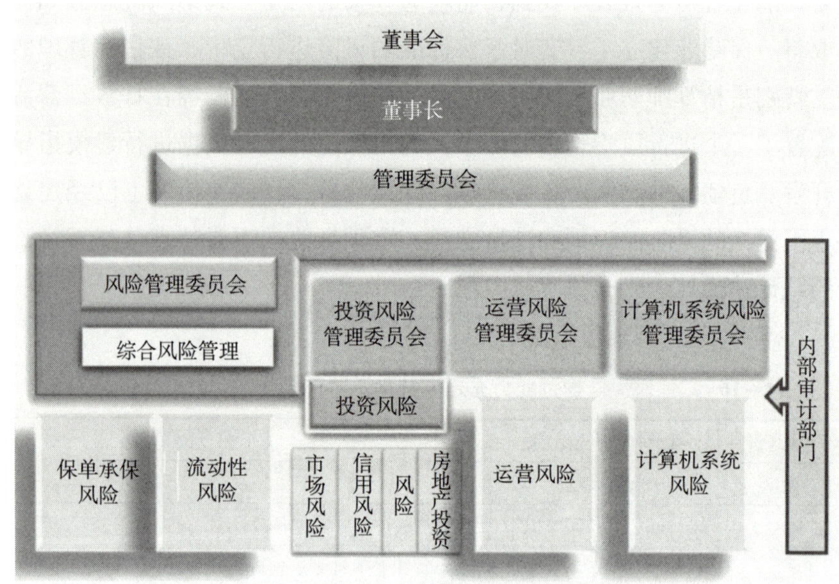

图 14 –6　日本生命风险管理体系

1. 承保风险管理

（1）当保费确定时，如果经济环境发生变化，风险事件发生率升高，投资回报率较低，运营成本升高等与预期不符的情况发生，承保风险将会增加损失。

① 日本生命 2014 年年报第 62 页：Life insurance companies operate in an environment of fluctuations in economic conditions, including share prices and interest rates, along with rapid progress in medical technology, and the occurrence of major disasters. We recognize that the correct identification and appropriate management of risks caused by these various factors are of utmost importance in NipponLife's management.

（2）寿险公司应当为客户分散未来几十年内的长期风险，这要求保险公司在承保时根据对客户健康状况的估计制定合理的费率，既要合理控制承保的风险，又要保证赔付的稳健性 。

（3）此外，为了应对环境和条件的改变，日本生命引入了一个资产负债管理系统，使得利益评估更加合理，坚守成本管理原则。

2. 流动性风险管理

流动性风险包含现金流风险和市场流动性风险。

现金流风险指的是当不可预期事件导致的超速资金流出引致损失的风险，比如自然灾害，这可能会导致一个极低价格的资产清算。日本生命通过投资规划和每日现金流管理来处理现金流风险，这种管理要保证流动资产至少要超过规定的门槛。当现金流情况恶化的时候，公司会采取相应措施，例如规定非流动资产的最高值。

市场流动性风险指的是由市场混乱或其他因素导致的不能交易或者不情愿地以极低的价格成交而引致损失的风险。日本生命通过为每项资产设置与市场适应的、合理的交易限额来控制这项风险。

3. 投资风险管理

投资风险指的是由于公司资产负债的变化而引致损失的风险。这项可以被分成市场风险、信贷风险和房地产投资风险。

基于寿险保单条款的长期负债的特点，公司需要一个长期的方案来解决投资风险。日本生命在风险管理部下设立了投资风险管理处，并且，为了维持并完善风险管理系统，公司在追求稳定投资回报的同时，试图把损失控制在可接受范围内。

4. 运营风险管理

运营风险指的是给客户带来问题的风险和由行政失误，或管理层、雇员以及保险推销员的行为不当带来的风险。

为了控制运营风险，日本生命基于客户投诉和失误处理情况，搜集和分析行政事务案例，逐步厘清公司此类风险。在此基础上，公司制定避免类似失误的措施，确保实施进程的效率。

从客户的角度来讲，日本生命同时提供行政培训，来确保任务快速而准确地完成。同时，总部的审计部门以及分公司实行多层面的检查以确保行政过程的准确，同时引导其进行改善。通过这些措施来降低甚至解决运营风险。

5. 计算机系统风险管理

计算机系统风险指的是由于计算机系统的漏洞、运转失灵以及错误操作引起损失的风险。

日本生命通过为规划、发展、运营以及系统的使用设立了安全标准，公司努力保证高度安全性，让客户对其服务放心。为了处理计算机系统崩溃，公司还建立了公司层面的应急措施，保障紧急情况下有所作为。

此外，日本生命建立了一个异于主要电脑中心的后援中心，这可以防范区域性的瘫痪，并且实施了一系列安保措施来处理潜在的系统的漏洞、运转失灵以及错误操作、数据泄露。公司通过遵循自己对于系统的规划和发展、运营和监管的安全标准，来降低公司层面的风险。

参 考 文 献

［1］陈文辉等：《中国偿付能力监管改革的理论和实践》，北京，中国经济出版社，2015。

［2］中国保监会：《国际相互保险业务发展与监管及对我国的启示》，载《保险监管参考》，2015（71）。

［3］［德］D. 法尼：《保险企业管理学》（第3版），北京，经济科学出版社，2002。

［4］［美］亨斯曼：《企业所有权论》，北京，中国政法大学出版社，2001。

［5］汪生忠：《保险企业组织形式研究》，北京，中国财政经济出版社，2008。

［6］陈欣：《保险法》，北京，北京大学出版社，2001。

［7］《各国保险法规制度译编》，北京，中国金融出版社，2000。

［8］蒋大兴：《公司法的观念与解释1》，北京，法律出版社，2009。

［9］杜景林、卢谌：《德国股份法、德国有限责任公司法、德国公司改组法、德国参与决定法》，北京，中国政法大学出版社，2000。

［10］Sigma：《相互保险公司：面临彻底解除的挑战》，1999（4）。

［11］刘燕：《相互保险公司的发展路径及其对立法的影响》，载《保险研究》，2006（11）。

［12］江生忠、朱威至、陈佳：《保险保障基金制度的国际比较与借鉴》，载《保险研究》，2008（11）。

［13］Michael A. Haskel. The Legal Relationship Among A Reciprocal Insurer's Subscribers, Advisory Committee and Attorney-in-fact, 6 New York City

Law Review 35, 2003.

[14] David Cowan Bayne, S. J. . The Curse of Corporate Control: A Mutual Insurance Company, 1979 Brigham Young University Law Review 227, 1979.

[15] Buist M. Anderson. Policyholder Control of a Mutual Life Insurance Company, 22 Cleverland State Law Review 439, 1973.

[16] Norma L. Larsen. Defining Equity in Surplus Distribution, The Journal of Risk and Insurance, Vol. 46, No. 4, 1979.

[17] Howard E. Winklevoss and Robert A. Zelien. An Empirical Analysis of Mutual Life Insurance Company Surplus, The Journal of Risk and Insurance, Vol. 40, No. 3, 1973.

[18] ICMIF. Market Insights: USA (2014 edition), available at: http://www.icmif.org/market-insights-usa-2014.

[19] 美国联邦财政部: Regulatory Capital Rules: Standardized Approach for Risk-Weighted Assets; Market Discipline and Disclosure Requirements.

[20] NAIC: Statement of Statutory Accounting Principles No. 41.

[21] European Parliament Policy Department, The Role of Mutual Societies in the 21st Century.

[22] 国际合作和互助保险联合会(ICMIF): Global Mutual and Cooperative Market Infographic 2015.

[23] Simon Broek. Bert-Jan Buiskool. Alexandra Vennekens. Rob van der Horst: Study on the Current Situation and Prospects of Mutuals in Europe.

[24] AFM, The UK Corporate Governance Code, An Annotated Version for Mutual Insurers.

[25] Deloitte, UK Corporation Tax for Life Assures Summary Guide and Example Computation.

[26] PWC: Japan—Comparison of Insurance Taxation, October 2011.

附件
普华永道税收报告——美国

一般保险		
专门准备金/平衡准备金	会计	税收
未到期责任准备金（UPR）	为尚未提供保险服务的预付保费所提取的准备金，属于一项负债。通常按时间比例计提。	一般来讲，增加额的80%可税前扣除。
已报告未赔款准备金	按预期解决索赔的最终成本扣除剩余财产和代位权所产生的赔偿金的净额计提。只有保险赔款金额确定之后才可以从准备金中扣减，例如针对特定工人的赔偿责任。	该准备金按现值（如需折现）确认计量，现值的计算依据公司或行业经验，并取决于合理性测试。已发生损失金额为扣除预计剩余财产和代位权所产生的赔偿金的净额。
已发生未报告赔款准备金（IBNR）	承保损失已发生但未向主要保险公司报告。根据以往经验适用公认的精算方法计算。	该准备金按现值（如需折现）确认计量，现值的计算依据公司或行业经验，并取决于合理性测试。已发生损失金额为扣除预计剩余财产和代位权所产生的赔偿金的净额。
未到期风险	在未折现基础上，如果索赔成本、损失调整费用、未摊销保单获取成本以及维持成本超过预缴的保费，则视为保险合同发生损失。评估保险合同损失时可以考虑保费的投资收入。	—
一般应急/偿付能力准备金	不允许。	不允许。
平衡准备金	不允许。	不允许。

续表

费用/返还	会计	税收
保单获取成本	若发生的内、外部费用与获取增量保险合同直接相关，则其将被递延。此外，职工赔偿总额的一部分及其他对应未确认销售（收入）的直接成本可能会被递延。 所有其他保险合同获取成本应在发生时立即确认为费用。资本化的保单获取成本在保费被确认收入时计入费用。法定会计准则不承认递延的保险合同获取成本所形成的资产。	一般可立即税前扣除。
未决索赔的损失调整费用（索赔处理费用）	预计与解决未决索赔相关的成本应计入负债。	该负债按现值（如需折现）计量，现值的计算依据公司或行业经验，并取决于合理性测试。
基于历史经验的保费返还（experience-rated refunds）①	如果被保险人的理赔记录好于保费收取时估计的理赔金额，则需返还1%的已付保费给被保险人。保费返还金额按历史经验和合同规定确定，应计为一项单独负债。	可税前扣除。
投资	会计	税收
投资损益	可供出售金融资产的未实现损益属于直接计入所有者权益的损益，除非其价格下跌并非暂时性的、且与利率变动无关。由于与信用相关的原因，管理层认为可供出售金融资产的摊余成本不能恢复，或者公司有出售证券的意图时，未实现投资损益要转入投资收益。	收入包含已实现的损益、已实现的净资本利得。公允价值计量适用于证券交易商，但一般不适用于保险人。

① Experience-rated refunds are based on a comparison of the actual loss experience, usually of either the policyholder or the insurer, and the premiums produced by the covered risk during a given period of time. The refunds are determined by a formula set forth within the insurance contract and are generated when the premiums paid exceed the losses paid for a particular period of time. Experience rating may be either prospective, based on the loss experience of a prior period, or retrospective, based on the loss experience of the period being covered.

续表

投资	会计	税收
投资准备金	不允许。	不允许。
投资收入	包含在收入中。	包含在收入中。收到的持股80%~100%的子公司红利可以全额税前扣除。收到的持股比例大于等于20%、小于80%的被投资方红利可获得80%的税前扣除。收到的持股比例小于20%的被投资方红利可获得70%的扣除。但是已发生亏损之扣除额必须减去15%的免税利息和15%的1986年以后取得的债券及股票的已获分红扣除额。
再保险	会计	税收
再保险保费和索赔	未到期责任准备金和损失准备金，应计入再保险总额；预付的再保险保费和可收回再保险赔款，应讣入资产。	可税前扣除。但是，国内税务署（IRS）有权在特定情况下确定当事人之间的税额分配、扣除项、抵免等，从而防止过度避税。
相互制保险公司	会计	税收
相互保险公司（所有利润返还给成员）	相互保险公司一般按照法定会计准则，并考虑GAAP对相互保险公司的要求来制作财务报表。	一般与股份制公司相同。

进一步的公司税收特征	税收
亏损结转	一般亏损可向前抵2年，向后延20年。资本亏损可向前抵3年，向后延5年。
国外分支机构收入	应税所得包括国外收入；在国外已纳税额按法律规定的限额抵免。
国内分支机构收入	按一般规则计税。 但是，收入包括与投资净收益实际相关的最低额，该部分计入规定的公司资产以及国内投资收益。对外国公司在美国的分支机构因回调收益而征的利润税税率为30%（除非因条约而减少）。

续表

进一步的公司税收特征	税收
企业所得税	联邦所得税税率为 35%。第一次出现年收入低于 7.5 万美元时，适用更低的税率。 在 10 万美元至 33.5 万美元的收入区间内适用的低税率逐渐被取消。 33.5 万美元至 1 000 万美元的应税收入适用 34% 的税率。 1 000 万美元至 1 833.3333 万美元的应税收入适用的 34% 税率逐渐被取消。
其他税收特征	税收
保费税	州保费税的税率介于 1% 到 4% 之间，各州不同。
资本税和证券税	少数州征收。
专业自保公司	真正的保险和自保之间的边界持续有争议。 有相关方风险的兄弟公司或有不相关方风险的母子公司，曾经有成功申请适用保险业的税收待遇。
增值税	—
人寿保险	

收入分配的计算方法	会计	税收
对股东和保单持有人的收入分配	一般而言，对保单持有人的分红根据精算估计将应付金额计入负债。	以总收入为基础，不区分投资收入和承保收入。已支付或已计提的保单持有人分红税前可扣除。
投资收益的计算	会计	税收
投资收益和资本利得的计算	收入包括已实现的损益和投资收益。	应税收入为会计上确认的投资收入扣除免息债券和分红抵免之后的金额。已实现的净资本利得包含在毛收入中。

续表

投资收益和资本利得的计算	会计	税收
精算准备金	按照保险合同签订时的预期投资收益、死亡率和适用的（退休金计划的）终止保险假设，以保单未来给付额和相关费用之和的现值，减去预计的未来净保费现值，从而得出应计提的精算准备金金额（属于一项负债）。上述假设应当包括应对不利偏差风险的准备金。特定合同的特征，例如保证给付额，可能满足嵌入式衍生品的定义，因此需要按照公允价值单独计量。法定精算准备金一般根据规定的死亡率、发病率和利息假设来计提。	一般可税前扣除，按退保净值与依据《国内税收法》规定的（逐单计提）标准计算的准备金孰高计量，受年报中所披露准备金的限制。
未到期风险	如果根据与投资收益、死亡率、发病率、终止保险以及费用有关的历史经验，现存合同责任加未来总保费现值不足以覆盖未来给付额的现值和未摊销保单获取成本之和，则视为保险合同发生亏损。	
保单获取成本	若发生的内、外部费用与获取增量保险合同直接相关，则其将被递延。此外，职工赔偿总额的一部分及其他对应未确认销售（收入）的直接成本可能会被递延。 所有其他保险合同获取成本应在发生时立即确认为费用。资本化的保单获取成本在保费被确认收入时计入费用。法定会计准则不承认递延的保险合同获取成本所形成的资产。	公司被要求将其保单获取成本予以资本化和分期摊销［一般指的是递延保单获取成本（DAC）］。DAC按具体保险合同所规定的保费金额的法定比例（资本化率）来确定。一般规定按10年摊销。年金合同的摊销率是1.75%，团体人寿保险合同是2.05%，其他特定保险合同是7.7%。
投资损益	可供出售金融资产的未实现损益属于直接计入所有者权益的损益，除非其价格下跌并非暂时性的、且与利率变动无关。由于与信用相关的原因，管理层认为可供出售金融资产的摊余成本不能恢复，或者公司有出售证券的意图时，未实现投资损益要转入投资收益。	已实现净资本利得包含在毛收入中。

续表

投资收益和资本利得的计算	会计	税收
投资的市场损失准备金	法定准备金建立的目的是补偿潜在信用风险而产生的投资损失，并递延确认因整体投资率变化而产生的资本损益。	无。
股息收入	包括在投资收入中。	包含在收入中。收到的持股80%～100%的子公司红利可以全额税前扣除。收到的持股比例大于等于20%、小于80%的被投资方红利可获得80%的税前扣除。收到的持股比例小于20%的被投资方红利可获得70%的扣除。
保单持有人红利	一般不适用。	一般不适用。
其他特殊扣减	无。	资产小于5亿美元的小型人寿保险公司可享有60%的扣除。公司收入介于300万美元到1 500万美元之间的，此种扣除在逐步取消。
再保险	会计	税收
再保险保费和索赔	未到期责任准备金和损失准备金，应计入再保险总额；预付的再保险保费和可收回再保险赔款，应计入资产。	可税前扣除。但是，国内税务署（IRS）有权在特定情况下确定当事人之间的税额分配、扣除项、抵免等，从而防止过度避税。
相互制保险公司/股份制保险公司	会计	税收
相互保险公司	相互保险公司一般按照法定会计准则，并考虑GAAP对相互保险公司的要求来制作财务报表。	没有额外规则。
进一步的公司税收特征		税收
亏损结转		一般亏损可向前抵3年，向后延15年。资本亏损可向前抵3年，向后延5年。
国外分支机构收入		应税所得包括国外收入；在国外已纳税额按法律规定的限额抵免。

续表

进一步的公司税收特征	税收
国内分支机构收入	按一般规则计税。 但是，收入包括与投资净收益实际相关的最低额，该部分计入规定的公司资产以及国内投资收益。对外国公司在美国的分支机构因回调收益而征的利润税税率为30%（除非因条约而减少）。
企业所得税	联邦所得税税率为35%。第一次出现年收入低于7.5万美元时，适用更低的税率。 在10万美元至33.5万美元的收入区间内适用的低税率逐渐被取消。 33.5万美元至1 000万美元的应税收入适用34%的税率。 1 000万美元至1 833.3333万美元的应税收入适用的34%税率逐渐被取消。
保单持有人税收	税收
保费的可扣除性	保单持有人方面一般不可扣除。
累积利息	如果合同满足人寿保单的定义，则不对累积利息征税。
生存期间获得的收益	一般来讲，人寿保险和养老保险合同的收益只在全额返还投资之后被征税。支付的年金按以下两种方式征税：与每次支付时分配的收益和投资返还同时课税，或者在先收入后返还投资的基础上课税。变更的养老保险合同根据年金规则课税。
死亡赔偿金	只要合同始终满足人寿保险的法定定义，则受益人免税。

后　　记

自《国务院关于加快发展现代保险服务业的若干意见》明确提出“鼓励开展多种形式的互助合作保险”以来，中国保险监督管理委员会（以下简称中国保监会）在充分借鉴国际监管经验并结合我国保险市场实际的基础上，制定并出台了《相互保险组织监管试行办法》（以下简称《试行办法》）。《试行办法》是开展相互保险监管的统领性、基础性文件，为将《试行办法》所体现的相互保险监管的主要原则和核心理念落到实处，中国保监会还需要在相互保险组织的各个方面进一步制定配套细则，逐步构建一套完整、系统的相互保险监管制度体系，以促进相互保险组织规范健康发展。

2015 年 3 月，中国保险保障基金有限责任公司在中国保监会发展改革部领导下，成立了课题研究小组，并邀请北京大学法学院金融法研究中心、北京金杜律师事务所、普华永道会计师事务所、德勤会计师事务所共同参与课题研究工作。项目组成立后，经过初步调研和集体会议，项目组成员对课题研究框架、成员分工及时间安排等问题形成了初步共识：普华永道团队主要负责美国和德国、德勤团队负责日本和英国等资料搜集整理等工作，北京大学金融法研究中心刘燕教授团队负责整体资料整理和撰写工作。在前期筹备工作的基础上，项目组研究了美国、德国、英国、日本的相互保险制度和实例，并在撰写过程中通过各类研讨会、交流会充分听取各方意见，不断进行修改和完善。历时一年有余，通过对各国相互保险制度理论与相互保险公司实践的研究，总结了域外相互保险组织运作与风险管理经验，形成了《相互保险组织运作及风险管理研究》一书，为建立健全我国相互保险制度、细化各项监管规则提供了理论和实务支持。

我们衷心感谢参与本课题研究的中国保险保障基金有限责任公司的熊樱、张丽莎、孙梦涵，北京大学法学院金融法研究中心的刘燕教授及其团队成员缪若冰、李敏、王志宇、金雪儿、赵姿昂、葛向孜、陆华强、朱侃、宋雨薇、欧宇、李涛，北京金杜律师事务所的贾棣彦、林喆，普华永道会计师事务所的葛峰、李维霖，德勤会计师事务所的刘皓宇、邹昊等同志的辛苦付出，中国保监会各位会领导以及有关部门的指导和支持，以及中国金融出版社对本书编辑、出版、发行给予的大力支持。

由于编写时间紧迫以及相互保险制度及实际运作的复杂性，本书难免存在疏漏之处，敬请各位专家、同人批评指正。

编者
2017 年 8 月

责任编辑：张　铁
责任校对：刘　明
责任印制：程　颖

图书在版编目（CIP）数据

相互保险组织运作及风险管理研究（Xianghu Baoxian Zuzhi Yunzuo ji Fengxian Guanli Yanjiu）/梁涛主编. —北京：中国金融出版社，2017.8
ISBN 978-7-5049-9134-8

Ⅰ.①相…　Ⅱ.①梁…　Ⅲ.①保险业—对比研究—世界
Ⅳ.①F841

中国版本图书馆CIP数据核字（2017）第190740号

出版发行　中国金融出版社
社址　北京市丰台区益泽路2号
市场开发部　（010）63266347，63805472，63439533（传真）
网上书店　http://www.chinafph.com
（010）63286832，63365686（传真）
读者服务部　（010）66070833，62568380
邮编　100071
经销　新华书店
印刷　北京市松源印刷有限公司
尺寸　169毫米×239毫米
印张　25.5
字数　378千
版次　2017年8月第1版
印次　2017年8月第1次印刷
定价　56.00元
ISBN 978-7-5049-9134-8